Korean for Professionals Volume 3, 2018

Korean for Professionals

Series Editor
Sang Yee Cheon

The Korean Language Flagship Center (KLFC) aims to produce professionals who can function in Korean in their chosen fields. After two years of intensive Korean language training customized to their fields, graduates of this program are expected to take their place among the next generation of global professionals as Korea specialists, commanding professional-level proficiency in Korean. Successful completion of the program and demonstration of the ability to use Korean at a professional level (ILR 3, ACTFL Superior) lead to the Master of Arts degree in Korean for Professionals. This monograph series is a compilation of the students' research on critical and controversial issues in Korea or Korea-US relations.

This volume is the third in the series and is published by the KLFC at the University of Hawai'i at Mānoa.

Ordering information at nflrc.hawaii.edu

Korean for Professionals

Volume 3, 2018

edited by
Dongkwan Kong

Manufactured in the United States of America.

The contents of this publication were developed in part under a grant from the U.S. Department of Education (CFDA 84.229, P229A140014). However, the contents do not necessarily represent the policy of the Department of Education, and one should not assume endorsement by the Federal Government.

ISBN: 978-1-64007-190-2
ISSN: 2159-2454
Library of Congress Control Number: 2010203814

Distributed by
National Foreign Language Resource Center
University of Hawai'i
1859 East-West Road #106
Honolulu HI 96822-2322
nflrc.hawaii.edu

Contents

Editor's Preface

With this third volume of Korean for Professionals, I am happy to continue our effort to educate future Korea specialists, and compile their final products of the Korean Language Flagship MA Program in the Korean Language Flagship Center (KLFC) at the University of Hawai'i at Mānoa (UHM).

The writers of the papers in this volume completed intensive language and content training at the home institution, UHM, and at the overseas study abroad institution, Korea University (KU) in Seoul, Korea. Especially in Korea, they all do internships in professional work environments as well as accumulate language and cultural training. This experience tremendously help the graduates write professional-level papers in Korean as well as the subject-matter courses they take at KU. The supervisors at the internship sites in Korea, and professors in the subject-matter courses and language instructors at KU and UHM, all contribute their share of input in each of these papers. I'd like to take this opportunity to thank all of them for their continuous support throughout the years and for many coming years. Without their support and encouragement, the success of our graduates wouldn't have been possible.

Similar to the previous two volumes, this volume includes crucial and sometimes controversial topics in Korea or Korea-US relations, each deeply delved into by the writer. The majority of the topics are North Korea-related, but some other topics are Korea-US relations, Korean politics, linguistics, and literature. It is my hope that readers will enjoy the papers and reflect on the critical issues in Korea and Korea-US relations through the voice of future Korea specialists, KLFC MA Program graduates.

Dongkwan Kong

참여적 개발의 개념을 중심으로 보는 1970년대의 새마을운동과 새마을운동 해외 전수 사업

목타르 아부바카르 (MOCTAR ABOUBACAR)
MA, Korean for Professionals, University of Hawaii at Manoa, 2012

KOREA'S NEW VILLAGE MOVEMENT AND KNOWLEDGE SHARING PROGRAM'S NEW VILLAGE DEVELOPMENT PROJECT IN PARTICULAR PERSPECTIVE

1. 서론

최근 들어 국제개발협력은 보다 나은 원조 및 개발을 위해 민주적이고 참여적인 개발 구상에 중점을 두고 있다.[1] 이러한 흐름은 책무성, 투명성 등의 영역에서 볼 수 있는가 하면 기존 개발사업의 방법론까지 재검토할 필요가 있다는 주장도 많다.[2] 60여 년 동안 진행된 서구 중심의 개발협력은 특히 하향식 개발, 투명성의 결여, 개발 원조의 점진적 축소 현상 등의 한계를 지니고 있다.[3] 개발사업의 방법론 재검토, 그리고 2008년 미국발 금융위기 및 최근 유럽의 재정위기로 인한 개발원조의 양적-질적 문제를 타개하기 위해 2011년 11월 부산에서 열린 제4차 고위급 포럼-부산세계원조총회(이하 부산 총회)에서 국제시민사회, 민관협력, 신흥국에 대한 개발협력에 있어 새로운 행위자(new actors)의 역할을 강조한 바가 있다. 새로운 협력 체제를 구축함으로써 개발로 인한 수혜국 주민들의 이해관계에 초점을 둘 수 있게 이례적으로 민주적 주인의식(democratic ownership)[4 5]이라는 개념이 소개되었다.

---

[1] "Busan Partnership for Effective Development Co-operation." Fourth High Level Forum on Aid Effectiveness. (2011).

[2] 양영미. "부산세계원조총회 무엇을 남겼나". 참여연대 국제연대위원회. (2012).

[3] Ibid.

[4] 부산총회 결과문서를 통해서 이러한 민주적 주인의식을 실현시킬 수 있는지에 대한 의구심이 제기되기도 한다. 특히 부산총회에서 강조된 민관협력과과 남남협력에 대한 이견이 분하다. 양영미. "부산세계원조총회 무엇을 남겼나" 참여연대 국제연대위원회. (2012) 참조.

즉, 국제개발협력은 개발의 주체가 주민임을 강조함과 동시에 개발협력의 행위자가 다양해지는 과정을 겪고 있다.

하지만 이런 새로운 행위자 중에 막대한 재력과 국제 경제-안보적 차원에서 중대한 역할을 갖게 된 중국을 위시한 신흥국이 있는데 이들의 개발 경험과 부산총회에서 선언한 새로운 원조 파트너십은 다소 충돌한다.[6] 동아시아의 개발협력에 있어 후발주자인 한국, 중국과 일본을 본다면 이 국가들의 개발원조 방식에 한계가 있음을 알 수 있다. 중국은 개발원조와 자국의 이익이 맞물려 있는 자원외교를 펼친다는 지적을 받고 일본은 주로 원조의 군사화 문제가 지적이 되고, 한국은 원조의 규모, 지속가능한 개발사업(sustainable development)보다 생색내기 식의 원조정책을 수립한다는 지적이 있다.[7]

신흥국에 대한 우려와 기대가 뒤섞이는 상황에서 한국의 최근 공적개발원조(Official Development Assistance, 이하 ODA)는 새로운 방향을 잡고 있는 것으로 보인다. 특히 주목되는 것은 한국의 개발지식공유사업(Knowledge Sharing Program, 이하 KSP)이 있다. 앞서 언급한 개발 사업의 문제점을 타파하고 한국만의 경험을 전수하려는 KSP는 2004년 기획재정부에 의해 출범되었다. 한국의 개발정책 연구원인 한국개발연구원(KDI)가 기획재정부와 같이 KSP를 실행하고 있다.[8] KSP의 본래 목표는 직접적으로 실행하는 개발사업보다 정책자문과 연구를 통한 한국의 개발 경험을

---

[5] 주인의식이라는 개념은 제2회 고위급포럼의 결과문서인 파리 선언(Paris Declaration)에서 처음 등장했지만, 수혜국 중심의 개념으로 이해되어 부산 총회에서 언급된 민주적 주인의식과 달리 단지 수혜국의 이해관계뿐만 아니라 지역주민들의 이해관계를 우선시하고 그들이 개발의 주체가 된다는 것에 초점을 맞춘 개념이다.

[6] 부산총회 결과문서에서는 신흥국들의 참여를 유도하기 위해 각종 투명성 책무성을 위한 조치를 내세웠지만 이러한 공약에 대한 구속력이 없다. 그만큼 신흥국들이 서구 중심 개발원조사회의 규범에 미치지 못한다고 해도, 그들의 재력이 필요하다.

[7] Kim, S. "Bridging Troubled Worlds? An Analysis of the Ethical Case for South Korean Aid". Journal of International Development. (2011).

[8] 그 외에도 한국형 ODA를 설정하려는 시도가 있다. 국제협력단이 추진하는 KoDev Partnership 21 (“21세기 한국형 원조모델 정립 및 활용 방안” KOICA 개발정책 포커스 2호. (2011) 참고) 도 유사한 논리와 문제의식을 가지고 있다. 또한 시야를 넓혀서 본다면 개발 지식 공유하는 국제기구의 움직임도 볼 수 있다. 대표적으로 OECD의 ‘Knowledge-based Economy', 세계은행의 '글로벌 지식 파트너십‘, 그리고 아시아 개발은행의 ‘지식 관리 프레임워크’가 있다.

전수하고[9]과 수혜국의 상황에 부합하는 경제적 개발을 이룩하는데 있다.[10]

민주적 주인의식이 중요시되는 국제 논의에 부합하는 KSP의 사업 중 하나는 새마을운동[11] 해외전수사업[12]이다. 다른 KSP 사업과는 달리 새마을운동 전수사업은 직접적 개발 사업이며 전국적 경제정책보다는 소규모 마을 단위의 사업이다. 또한 단순히 경제개발뿐만이 아니라 마을의 자립화를 강조하고 주민들이 의식을 개혁하고 스스로 개발의 주인공이 되게끔 하는 기본 개념 때문에 참여적이고 국제사회가 추구하는 원리를 지니는 사업으로 소개되고 있다.[13] 하지만 새마을운동에 과연 주민이 개발사업 주인공이었는지 충분히 의구심을 받을 소지가 있다. 한국의 새마을운동은 개발국가의 권위주의에 의해 진행되었기 때문에 주민들의 자발적 참여와 의사가 어떤 역할을 했는지 검토되어야 한다. 한국의 새마을운동 전수 사업은 과연 개발의 당사자인 지역주민을 개발의 원동력으로 만들 수 있을까.

1.1. 연구 방향

국제사회에서 새롭게 중요성을 획득한 신흥국, 그리고 새로운 가치로 부상한 민주적 주인의식과 참여라는 개발 원리를 감안했을 때 다음과 같은 연구 방향을 제시할 수 있다.

KSP의 새마을운동 사업과 최근의 새마을운동 해외 전수 사업을 둘러싼 담론은 참여적인 개발 방식을 성공적으로 통합하고 있는가. 또한, 1970년대 새마을운동의 참여적인 요소가 어떻게 정의되고 있으며 이는 새마을운동 해외 전수 사업에 어떤 영향을

---

[9] 기획재정부와 KDI는 한국의 개발경험이 지니는 의의를 정리하는 이른바 모듈화 사업을 진행하고 있다. "KSP 모듈화 추진 현황 및 향후 계획." 기획재정부, 한국개발연구원 (2010) 참고.

[10] "Knowledge Sharing Program". 기획재정부, Korea Development Institute. (2010).

[11] 새마을운동은 1970년부터 진행되어온 박정희 대통령에 의해 제창된 한국의 농촌개발운동으로 근면, 자조 및 협동이라는 개념을 중심으로 지역사회의 근대화를 추구했다. 새마을운동을 통해 국가가 지역사회의 마을들에 각종 지원을 제공하며 농촌의 소득증대를 이룩한 것이다.

[12] 1970년대부터 한국의 새마을운동 해외 전수 사업은 각종 국내 개발단체들에 의해 실행되어왔다. ("새마을운동 ODA 사업 기본계획" 국무총리실, 기획재정부 (2011) 참고) 이번 KSP는 기존 새마을운동 전수 사업을 수렴해 하나의 체계적 개발 모델로 만들 계획이다. 장지순 국무총리실 개발협력정책관실 실장. 인터뷰. 2012년 2월 27일. 참고.

[13] "Knowledge Sharing Program". 기획재정부, Korea Development Institute. (2010).

미치는가. 더 넓은 의미에서, 한국은 기존 서구의 하향식 개발 사업에 현실적이고 실용적인 대안을 제시할 수 있는가에 대한 질문이 그것이다.

1.2. 연구의 필요성

역사적인 새마을운동과 새마을운동 전수사업에 대한 학계의 연구가 상당하지만 이 두 개념을 동시에 비판적으로 살펴보려는 시도는 상대적으로 적다. 더군다나 KSP의 새마을운동 전수 사업은 새로 생긴 사업인 만큼 연구도 적은 편이다. 또한 새마을운동과 해외 전수 사업에 대한 연구 중 상당 부분은 비판적 시각보다 소개나 정당화하는 논리를 가지고 있다.[14] 마지막으로 본 논문은 새마을운동과 새마을운동의 전수 사업이 가지는 경제적 효과나 정치적 함의보다 참여적인 과정이라는 독특한 시각을 가진다는 점에서 유의미한 연구이다.

1.3. 연구 방법론

1.3.1. 정의 및 범위설정

본 논문에서 다룰 새마을운동은 1970년대 농촌 새마을운동이다. 그 이유는 새마을운동 해외 전수 사업이 주로 농촌지역에 집중되어 있기 때문이다. 아울러 새마을운동은 1970년대 이후 형태 및 방법론이 다양해지면서 다소 지리멸렬해졌다는 평가가 있어 [15] 개발 행위자의 입장에서 개발도상국에 전수하기 가장 바람직하다고 간주되는 형태의 새마을운동을 선정한다.

새마을운동 해외 전수 사업에 관해 한국 KSP의 계획뿐만 아니라 일반적인 새마을운동 전수사업에 대한 논의도 필요하다. 그 이유는 KSP 새마을운동이 아직 모델을 제출하지 않은 첫 단계에 있기 때문이다. 또, 이에 대한 세부적 계획과 문서 대부분은 비공개되어 있다.[16] 그래서 KSP와 더불어 최근 한국

---

[14] 이에 대한 대표적인 예는 문병진의 논문 "새마을운동의 실제와 그 발전대책 - 농촌 새마을운동을 중심으로."이다.

[15] 하재훈. "새마을 운동과 한국형 국제농촌개발협력 모델" ODA Watch 제27차 ODA 원례토크. (2010)

[16] 본 논문와 관련해 필자는 2012년 2월에 기획재정부, 외교통상부, 국무총리실, 행정안전부에 15 건의 정보공개 청구를 신청한 바가 있지만 다 비공개로 처분되었다.

학계와 개발 행위자가 생각하는 새마을운동의 참여적 개념을 살펴보겠다. 마지막으로 본 논문의 목적은 새마을운동과 참여적 방법을 보는 것이기에 새마을운동에 관한 소득증대 등의 경제적 효과를 보지 않을 것이다.

1.3.2. 검토할 자료

본 연구는 다음과 같은 자료를 중심으로 할 것이다. 새마을운동의 역사에 대한 국내외 논문 및 도서, 새마을운동 해외 전수에 대한 논문, KSP 관련 일반 공식 문서 및 KSP 새마을운동에 대한 기본계획 문서, KSP 관계자의 발언, 참여적 개발 사업 이론에 대한 논문 등이 그것이다.

새마을운동을 보는 역사학계의 시각과 개발 행위자가 이해하는 1970년대 새마을운동을 비교분석하는 한편 한국의 새마을운동 해외 전수 사업에 담겨진 참여적 원리와 참여적인 개발 이론을 같이 볼 것이다.

1.3.3. 분석 프레임워크

새마을운동과 새마을운동 해외 전수 사업을 참여적 개발 사업으로 평가하는 본 논문은 참여라는 개념을 수립하여 분석할 수 있는 틀, 즉 분석 프레임워크(analytical framework)를 설정해야 한다. 참여라는 개념을 어떻게 정의하느냐에 따라 분석 결과가 좌우되기 때문에 개발 사업에 있어 참여에 대한 연구 성과를 간략하게 살펴본 다음 알맞은 분석 프레임워크를 설정하겠다.

우선 개발 사업에 참여를 정의하는 이론은 몇 개의 공통점을 가지고 있다. 참여란 권력의 질서를 전복시켜 개인과 소외 집단 등 사회적 약자가 권력을 가지게끔 하는 과정이다.[17] 또한 참여는 사회적인 현실을 개발 당사자의 입장에서 이해하려 하는 만큼 민주적 과정이자 자유의 원리를 지닌다.[18]

하지만 이런 공통 뿌리에서 두 개의 주요 갈래로 나뉜다. 소위 기능파(functionalist school), 그리고 변화파(transformative school)가 있다. 기능파는 기본적으로 참여를 개발사업의 목표를

---

[17] Jennings, R. "Participatory Development as a New Paradigm: The Transition of Development Professionalism". USAID (2000); Mohan, G. "Participatory Development" in Desai, Vandana and Potter, Rob eds. The Arnold Companion to Development Studies (2001).
[18] Sen, A. 2000. Development as Freedom. New York: First Anchor.

이루기 위한 도구로 간주하고[19] 다양한 개발 방법론과 개발행위자와 함께 동원될 수 있다고 본다. 이를 지역사회의 개발 차원에 적용한다면 국가, 기업을 비롯한 행위자들은 지역사회에 기여할 수 있는 바가 큰 만큼 개발 사업에 개입해서 자신의 이해관계도 적극적으로 내세워야 공정하고 안정적인 개발을 이룩할 수 있다는 결론에 달한다.[20] 더구나 권력관계를 본다면 참여적 개발은 아래로부터의 상향식 움직임에 위로부터 내려가는 하향식 움직임이 병행되어야 한다고 주장한다.[21]

대조적으로 변화파는 참여적 개발 사업에 대한 더 혁명적인 입장을 가지고 있다. 우선 참여는 개발 사업을 하는데 있어 유용한 수단이나 참여는 개발의 명백한 목표임을 강39고 주장한다. 이런 관점에서 보면 변화파는 일종의 '반개발'(anti-development)를 주장하는 셈이다.[22] 하지만 자유로운 참여에 제동을 걸 경우 기존 억압적 사회 구조와 권력관계에 대한 피상적 변화밖에 줄 수 없다고 한다.[23] 국가와 지역 주민의 주종관계를 갈아엎기 위해 국가가 개발 계획에 따라 지역 개발을 기획하지 않고 오히려 주민들의 지역 개발이 국가의 거시적 개발전략에 피드백(feedback) 기능으로 작동해야 한다는 주장이다. 더군다나 개발이라는 개념 자체를 정하고 가치를 부여하는 것은 개발의 당사자인 지역주민이 민주적 과정을 통해 해야 한다고 주장한다. 변화파는 참여의 정의, 권력관계의 이해 및 국가와 주민의 소통을 기능파보다 근본적으로 달리 이해하고 있다.

필자는 변화파의 근본주의적 접근을 선호한다. 참여적 개발은 주민을 개발의 주인공으로 만듦과 동시 개발사업의 개념 자체를 초월해야 한다고 생각된다. 물론 변화파의 접근법은 현실성이 결여할 수도 있다. 철저한 민주적 참여의 원칙에 의해 움직이면

---

[19] "Participatory Development and Good Governance" Global Development Research Center. (2002); Ondrik, R. "Participatory Approaches to National Development Planning". Asian Development Bank (1999); "Participatory Development and Good Governance" OECD Development Co-operation Guideline Series (1995)

[20] Ondrik, R. "Participatory Approaches to National Development Planning". Asian Development Bank (1999); "Participatory Development and Good Governance" OECD Development Co-operation Guideline Series (1995)

[21] "Participatory Development and Good Governance" Global Development Research Center. (2002)

[22] Mohan, G. "Participatory Development" in Desai, Vandana and Potter, Rob eds. The Arnold Companion to Development Studies (2001)

[23] Mohan, G. 'Participatory Development'. The Companion to Development Studies. Hodder Education. pp 46 (2008); Mohan, G. "Participatory Development" in Desai, Vandana and Potter, Rob eds. The Arnold Companion to Development Studies (2001)

사업이 느려지거니와 국가의 간섭을 받지 않으면 사업은 전문성, 재원 그리고 정책일관성이 부족하게 될 위험이 있다. 하지만 필자는 변화파의 기본 주장인 국가와 주민 간의 쌍방적 소통과 주민이 개발의제를 정할 수 있는 실제적 권한 부여에 동의하여 변화파의 입장에 입각한 분석 프레임워크를 선정했다.

위의 참여적 개발 사업에 대한 이론을 토대로 해서 분석 프레임워크를 설정했다. Rahnema[24]의 분석프레임워크를 수정해서 만들어낸 것이다. 이 논문의 분석 프레임워크는 다음과 같은 세 개의 핵심적 부분으로 구성된다.

● 구조적 참여

구조적 참여는 제도화 된 참여를 말한다. 정치-사회적 제도상, 얼마나 참여할 권리와 기회가 있느냐는 것이다. 예를 들어 투표권은 구조적 참여의 대표적인 예이다.

● 정치적 참여

정치적 참여란 참여를 통해 실행할 수 있는 실질적 변화를 의미한다. 예를 들어 투표권은 구조적 참여의 상징이라면 정치적 참여는 국민이 원하는 정치대표를 선출시킬 수 있는 능력, 즉 그 제도의 유효성과 효율성을 말한다.

● 인지적 참여

인지적 참여는 개발 사업의 의제를 정할 수 있는 능력, 즉 주민이 자신의 현실, 관점과 욕망으로 개발 사업에 의미를 부여하는 것을 의미한다. 예를 들어 주민이 자기 지역에 개발이란 무엇인지를 분명히 표현하고 실행할 개발을 자기가 구상하는 것이다.

위의 분석 프레임워크로 우선 역사적인 새마을운동에 대한 평가를 분석한 다음 KSP 새마을운동을 중심으로 현재 새마을운동 해외 전수 사업의 계획을 살펴보겠다.

2. 새마을운동의 역사적 평가

새마을운동에 대한 역사적인 평가를 보기에 앞서 새마을운동 해외 전수 사업을 보기 위해 왜 1970년대 새마을운동을 봐야

---

24 Rahnema 1992, in Mohan, G. "Participatory Development" in Desai, Vandana and Potter, Rob eds. <u>The Arnold Companion to Development Studies</u> (2001). Rahnema가 설정한 틀에 의하면 '인지적, 정치적, 기능적' 참여를 언급한다.

하는가 하는 질문에 답해야 한다. 그 이유는 새마을운동 전수사업은 한국에 있었던 새마을운동을 그대로 옮겨 원조 수혜국에 심어놓으려는 시도가 아니기 때문이다. 사업은 주로 일종의 현지화 단계를 거치고 수혜국의 상황의 경제사회적 조건에 어느 정도 맞춰서 진행한다. 하지만 한국의 개발 경험을 전수하려는 새마을운동을 활용한 다양한 단체들과 KSP의 취지는 한국의 성공사례를 전수하는 것이다. 따라서 새마을운동은 하나의 명백한 성공사례로 인식을 받고 주요 방법론 및 가치관이 재생산된다는 것을 의미한다. 또한 새마을운동 차원에서 교육-연수 제도를 운영하는 한국 정부는 예비 새마을운동 지도자들에게 새마을운동의 역사를 가르치고 있다.

참여적인 과정에 있어 새마을운동의 성공여부를 가늠해야 한다. 이를 위해 먼저 학계가 새마을운동을 어떻게 보는지 살펴본 다음, 새마을운동 해외 전수를 위한 연구 성과를 보며 이런 한국의 농촌운동이 어떻게 기억되고 있으며 참여에 있어 어떤 식으로 이해되는지 살펴보겠다.

기본적으로 앞서 말한 학계와 새마을운동 해외 전수를 실행하는 전문가들은 참여에 대한 두 가지 입장이 있다. 새마을운동이 참여적이었다고 평가하는 이들은 그 운동이 주민들의 자발적 참여를 성공적으로 유도했다고 평가하는 반면 반대 진영은 새마을운동이 개발국가와 독재체제 등에 의한 주민의 강제동원을 강행했다는 입장이다. 하지만 궁극적으로 중요한 것은 '자발참여'냐 '강제동원'이냐 하는 이분법이 아니라 어떤 형태의 참여가 이루어졌는지를 보는 것이다. 자발적인 참여가 있었다 해도 그 참여를 통해 어떤 것이 가능했으며 주민이 자기 것으로 받아들였는지 분명치 않기 때문이다.

2. 1. 구조적 참여

구조적 참여의 중요성을 강조할 필요가 있다. 개발 사업에 있어 구조적 참여는 법률, 관행 등에 의해 제도적으로 소외된 인구로 하여금 개발 과정에 참여하게끔 구조적 테두리를 마련하는 것을 의미한다. 장기적으로 이러한 참여는 구습이나 차별하는 제도에서 탈각해 새로운 사회 패러다임을 구축할 수 있는 기반을 세우고, 나아가 사회 인식까지 변화시킬 수 있다. 그에 대표적인 예는 1960년대 미국에 있었던 흑인투표이다.

새마을운동을 보는 기존 학계의 논의에 따르면 새마을운동은 구조적 참여를 실현하는데 부분적인 성공을 거두었다고 한다.

새마을운동이 성공한 구조적 참여를 살펴본 다음 구조적 참여가 미흡했던 부분이 무엇인지 모색해볼 것이다.

2.1.1. 개발 사업 참여 권한

새마을운동은 사업의 당사자인 농촌주민들에 개발 사업에 참여할 수 있도록 특별한 권한을 부여했다. 정부의 주도가 강했던 새마을운동 초기에 군, 읍, 면사무소를 통해 새마을운동 지도자를 선정해, 마을마다 새마을운동 관련 사업의 주 관계자가 되게끔 권한을 부여했다.[25] 즉, 정부가 아닌 마을 주민이 직접 국가 임무를 수행하게 되는 마을 지도자 제도는 전형적 권력집중 현상을 보였던 1960년대 한국의 모습과 대조적인 모습이다. 그 뿐만이 아니라 마을 내의 결정권이 비교적 민주적 절차를 거쳐 이루어졌다. 마을회관에서 중대한 문제를 놓고 그 찬반을 투표할 수 있는 기존 마을의 제도는 새마을운동에 맞춰졌다.[26] 1974년 이후 마을에 보다 많은 자율성을 부여하려는 국가는 자금조달에 집중하는 반면 마을 주민이 사업 진행의 세부사항을 결정하는 역할을 하게 되었다.[27]

하지만 이러한 측면에서 구조적 참여를 완전하게 실현하지는 못했다는 분석이 유력하다. 이 주된 원인은 굳어진 국가의 수직적 구조, 그리고 새마을운동을 통한 마을 기득세력의 강화이다.

우선 국가는 새마을운동을 진행하면서 하향식의 개발을 이루어질 수 있도록 수직적 구조를 유지했다. 이에 대한 설명에 앞서 잠시 새마을운동의 이전 모델인 1930년대 농촌진흥운동(이하 농진운동)을 언급할 필요가 있다. 새마을운동과 상당히 유사한 농진운동은[28] 일제강점기 당시 진행된 것으로, 제도 및 법을 이용하고 마을 중심의 결정권을 부여했으나 동시에 오히려 국가 권력 강화 및 농촌지역의 동요를 무마시키려는 의도가 있었다.

새마을운동처럼, 농진운동은 어떤 정치적 위기 타개와 마을 단위의 농촌주민 동원이라는 특징을 가지고 있다.[29] 나아가, 농촌주민을 동원한 것은 새마을운동과 같이 "공동성과 협동"[30]이라는 수단을 활용했다. 즉, 농민이 운동의 중심이 되는

---

[25] 김영미. <u>그 들의 새마을운동</u>. 서울: 푸른역사. (2009)

[26] Ibid.

[27] 김홍순. "근대화 프로젝트로서의 새마을운동에 대한 비판적 고찰: 1970년대를 중심으로" 한국지역개발학회지. (2000).

[28] 김영미. <u>그 들의 새마을운동</u>. 서울: 푸른역사. (2009)

[29] 정갑진. "1970년대 한국 새마을운동의 정책경험과 활용." 한국개발연구원. (2010)

[30] Ibid. p. 233.

것처럼 참여적 사업을 벌였고 마을의 결속을 다지기 위한 노력도 없지 않았지만 궁극적으로 이는 식민통치에 저항하려는 농촌지역을 통제하기 위한 수단으로도 인식되고 있다.

박정희 정권이 계획한 새마을운동은 농진운동과 유사한 특징뿐만 아니라, 농진운동 이후에 진행된 만큼 그 구조와 의도까지 유사했다고 주장할 수 있다. 새마을운동은 그 "시기 국가의 정책이 마을에까지 미치는 농민 총제의 기반을 일제의 농진운동을 통해 마련됐다." [31] 그래서 마을 단위에서 이루어지는 구조적 참여와 더불어 국가 구조도 상당한 중요성을 갖는다. 따라서 새마을운동의 구조적 참여 측면을 보는 것은 전국적인 차원과 미시적인 마을 차원을 결합할 때야 정당한 분석을 할 수 있다.

전술한 바와 같이 국가는 마을에 사업 세부사항의 결정권을 부여하면서도 새마을운동 관련 거시적인 틀은 국가가 마련했다. "새마을운동이 지향한 근대성의 내용은 1972년 개최된 전국지방장관회의에서의 결정사항을 통해 구체적으로 드러난다." [32] 즉 새마을운동과 관련된 사업의 유형, 콘텐츠, 진행 조건은 우선 기존 국가의 기관 및 정치 인사들이 정했다는 것이다. 더군다나 새마을운동의 규모가 확대되며 새마을운동 중앙본부가 결성되었고, 그리고 그 산하에 새마을운동 지도자 중앙협의회, 부녀 중앙협의회 등의 협의회가 만들어졌다. [33] 새마을운동의 성격은 상향식의 개발 구조와 정반대되는 개념이었다는 분석이 가능하다. 새마을운동 중앙본부는 전국적인 새마을운동 진행 의제를 정했으므로 마을 단위에서 주민들이 행사했던 마을총회 투표권은 제도적으로 제한되었다. 물론 자신의 마을 이외에 전국적 새마을운동 진행에 대한 영향을 미칠 통로가 없었다.

또한 마을 내의 주민의 의사를 거스르는 공무원들의 개입은 주어진 결정권을 무효화 시키는 제도적 장치로 작용했다. "공무원들은 목표량 달성을 위해 직접 마을로 출근해서 독려해야 했다. 주민들은 협조하려고 했지만 강압적이고 과도한 할당량에 허덕여야 했다." [34] 생산 사업에 목표 물량을 설정함으로써 정부는 면, 군과 읍사무소의 계속적인 간섭과 감시를 가능케 했고, 이는 마을총회에서 거부할 수 없는 새마을운동의 핵심적 제도 중

---

[31] Ibid. p. 235.

[32] 김홍순. "근대화 프로젝트로서의 새마을운동에 대한 비판적 고찰: 1970년대를 중심으로" 한국지역개발학회지. (2000). p. 25.

[33] 정갑진. "1970년대 한국 새마을운동의 정책경험과 활용." 한국개발연구원. (2010).

[34] 김영미. 그 들의 새마을운동. 서울: 푸른역사. (2009) p.222.

하나였다. 그 강압성은 목표량 달성이라는 구실도 있었지만 공무원들은 사업 수행을 위해 필요하다고 여겨지는 절차를 엄밀히 지키기 위해 주민이 반대해도 사업을 강행한 기록도 남아 있다. 가장 대표적인 것은 도로 건설이나 마을 길 넓히기 위해 어느 주민의 토지가 필요했을 경우 이는 강제적으로(하지만 합법적으로) 빼앗기기도 했다.[35] 그 외에도 각종 불복종으로 국가가 주민을 구속한 사례도 있고[36] 심지어 어떨 경우에는 반대하는 주민을 공산주의자로 몰아 구속하기도 했다.[37] 따라서 국가의 전제주의는 마을 주민의 자발적 참여에 제도적인 제동을 걸었다고 주장할 수 있다.

뿐만 아니라 더 근본적으로 새마을운동이라는 프로그램에 참여하는 것은 국가의 철저한 관리를 받는다는 것을 의미했다. 이른바 경쟁의 원리를 통해 성과를 거둔 '부지런한 마을'에 더 많은 지원을 주는 반면 생산율을 높이지 못한 마을에 지원을 자동적으로 삭감하거나 사업에서 제외시켰다.[38] 물론 마을 간의 "선의의 경쟁"[39]을 고무함으로써 사업의 효과성을 증진시킬뿐더러 마을주민이 사업에 대한 주인의식을 가질 수 있다는 긍정적 견해가 있다. 하지만 각 마을이 참여하기 위해 국가가 설정한 목표, 생산량 등에 부합해야 했기 때문에 주민이 개발의 원동력이 되지 못한 구조였다. 더군다나 많은 경우에 마을 간의 경쟁은 이미 가지고 있었던 특징, 위치, 지형적 조건 등에 달려 있어 경쟁의 원리는 "원칙적으로 불공정한 게임"이었다.[40] 국가의 수직적 구조로 인해 주민의 구조적 참여가 결실을 맺지 못했거나 국가로부터 내려오는 기준에 의해 좌지우지되었다고 볼 수 있다.

설사 국가가 설정한 틀 안에서라 할지라도 참여와 개발 사업에 대한 민주적 주인의식이 이루어지기 어려웠다. 그 주된 이유는 새마을운동 차원에서 마을에 부여되었던 권한은 모든 주민이 민주적 과정을 통해 향유할 수 있었던 것이 아니라 마을의 기득세력이나 새마을운동을 통해 생겨난 새로운 지도자가

---

[35] Moor, M. "Mobilization and Disillusionment in Rural Korea: The Saemaul Undong Movement in Retrospect." Pacific Affairs. (1985).

[36] Ho, S. "Rural-Urban Imbalance in South Korea in the 1970s. Asian Survey. (1979).

[37] Seung-Mi Han. "The New Community Movement: Park Chung hee and the Making of State Populism in Korea." Pacific Affairs. (2004).

[38] 김홍순. "근대화 프로젝트로서의 새마을운동에 대한 비판적 고찰: 1970년대를 중심으로" 한국지역개발학회지. (2000).

[39] 정갑진. "새마을교육을 통한 해외보급 방안." http://cafe.daum.net/sushf 출처. 2012.02.10.

[40] 김영미. <u>그 들의 새마을운동</u>. 서울: 푸른역사. (2009) p.207.

행사하는 구조로 나타났기 때문이다. 새마을운동의 민주적 측면을 밝혀내고자 하는 연구는 사업 참여율을 비롯한 그 당시 공적 통계를 활용하는 경향이 있는데[41] 이는 마을의 실체를 오히려 놓칠 수 있다[42]. 마을주민의 참여가 높았던 주장은[43] 기득세력과 새마을운동 지도자의 영향을 간과하는 것일 수도 있다.

2.1.2. 소외집단

새마을운동을 통해 여성을 비롯한 소외된 계층에게 특별 권한이 위임되었다. 특히 여성들의 새마을운동 사업에 직접적 참여는 부인할 수 없는 것이고[44] 부녀회의 설정과 부녀지도자의 선정을 통해 여성들이 받지 못했던 참여의 권한이 주어졌다. 이러한 부녀회 지도자들은 몇 개의 사업을 맡아 주도적으로 이끌었는데 그 중 "가족계획 계몽"운동, "생산장려운동" 등이 있었다.[45]

셋째는 새마을운동과 관련된 통계를 보면 사업에 참여하는 주민이 많았음을 알 수 있다. 총 참여하는 마을과 마을마다 부담하는 사업의 비용도 1970년대 내내 지속적으로 증가했고[46] 마을 내에도 마을총회 참석률은 60%대를 유지되었다고 분석된다.[47] 따라서 마을 내 참여와 국가 차원의 마을 참여가 제도화되어 증가했다고 분석할 수도 있다.

요컨대 새마을운동은 국가기관에서 마을로 분권(分權)하고 소외된 인구를 제도적으로 포함한 결과 상대적으로 높은 참여율을 유지했다는 점에서 학계로부터 참여적이라는 평가를 받고 있다. 소외 계층을 포함한 주민에게 권한이 부여되었다는 점에서 이러한 참여는 구조적인 참여라고 규정할 수 있다.

---

[41] 김홍순. "근대화 프로젝트로서의 새마을운동에 대한 비판적 고찰: 1970년대를 중심으로" 한국지역개발학회지. (2000).

[42] 김영미(2009)는 새마을운동에 대한 거의 민족지학적(ethnographic) 연구를 실행하며 그 당시 통계 및 국가의 담론은 가시적 성과를 과시하려는 의도가 강한 결과 전적으로 신뢰할 수 없는 것이라고 언급한다. 새마을운동 당시 주민의 현실을 알려면 직접 주민들과 소통하는 것이 가장 적합한 방법이라는 것은 그녀의 저서를 통해 볼 수 있다.

[43] 김홍순. "근대화 프로젝트로서의 새마을운동에 대한 비판적 고찰: 1970년대를 중심으로" 한국지역개발학회지. (2000).

[44] 김영미. 그 들의 새마을운동. 서울: 푸른역사. (2009)

[45] 장미경. "개발시기, 새마을운동 부녀지도자의 정체성의 형성과 변화: 부녀 지도자의 성공사례, 수기를 중심으로." (2005). p. 431.

[46] 정갑진. "1970년대 한국 새마을운동의 정책경험과 활용." 한국개발연구원. (2010)

[47] Ibid.

2.1.3.기득권 세력

우선 새마을운동 실시를 통해 어떨 경우에 기존의 촌락 전통세력은 강화되었지만 일반 마을 주민의 상황은 크게 바뀌지 않았다. 마을의 기득권 세력은 마을뿐만 아니라 면-읍사무소에 영향을 미쳐 각종 거래 및 사업 조정을 할 수 있었다. 나아가 국가도 새마을운동을 실시하는데 있어서 획일성과 질서를 보장하기 위해 "마을 엘리트의 욕망을 포섭"하기도 했다.[48] 김영미(2009)가 살펴본 마을 중 하나에 이장의 막대한 영향과 면사무소에서 근무하는 아들 덕에 새마을운동을 실시하면서 오히려 권력을 확장하여 마을 개발 의제에 보다 많은 영향을 미칠 수 있게 되었다.

또한 가장 흔한 경우로, 기존 세력을 견제하려는 국가의 의도에 따라 새로 투입된 새마을운동 지도자들은 막대한 권력을 누리게 되어 주민의 결정권을 억누르는 결과를 낳기도 했다. 가장 대표적인 예는 부녀지도자에 대한 연구에서 찾을 수 있다. 부녀지도자들은 새마을운동 교육을 받고 업무를 수행했는데, 장미경(2005)에 따르면 이는 "수직적인 관계 형성"했고 "자신과 다른 사람들 사이에 경계 짓기, 구별 짓기"를 통해 청년지도자, 부녀지도자와 같은 지도자들은 사업 수행에 있어 권력의 민주화를 추진하지 않았다고 한다.[49] 즉 기존의 마을 세력도, 새마을운동을 통해 성립된 새로운 역학구조도 주민의 참여를 억제하는 기능을 한 것으로 해석할 수 있다.

지금까지 새마을운동에서 구조적인 참여라는 개념이 어떻게 작동했는지 살펴보았다. 국가는 주민의 참여를 부분적으로 보장할 수 있었지만 자발적이고 민주적인 참여에 제동을 거는 구조적 요소도 작용했다는 것을 알 수 있다.

2.2. 정치적 참여

앞서 살펴봤던 구조적 참여는 더 넓은 참여라는 개념의 빼놓을 수 없는 부분이지만 참여의 전부가 아니다. 설사 구조적 참여가 전적으로 보장되었다 해도 이는 참여할 수 있는 제도화된 기회, 즉 일종의 틀에 불과하다. 그 틀 안에서 자유롭게 움직여 참여함으로써 가시적 변화를 줄 수 있는 능력은 참여적 개발의 주축 중 하나인 정치적 참여이다. 정치적 참여는 두 개의 근본적 질문을 던진다. 첫 째는 참여는 개발의 목표냐, 개발을 위한

[48] 김영미. 그 들의 새마을운동. 서울: 푸른역사. (2009) p. 234.

[49] 장미경. "개발시기, 새마을운동 부녀지도자의 정체성의 형성과 변화: 부녀 지도자의 성공사례, 수기를 중심으로." (2005). p. 438.

수단이냐 하는 것이다. 서론에서 언급된 것처럼 필자가 동의하는 변화파의 논리에 의하면 진정한 참여적 개발에서 참여는 수단이자 목표라고 간주한다.[50] 둘째는 참여를 통해 주민이 변화를 실행할 수 있느냐 하는 것이다.

새마을운동의 정치적 참여를 검토하기 위해 다음과 같은 요인을 살펴보겠다. 우선국가의 개입을 살펴볼 필요가 있다. 국가의 아젠더를 위해 새마을운동을 포섭하고 마을주민의 의사와 별개의 정치적 목표를 달성하기 위해 움직였다는 것은 어떠한 의의를 지니는지 살펴보겠다. 그 다음에 새마을운동을 실행하는데 주민들이 주체적 역할을 실제로 했는지 검토하겠다. 마지막으로 새마을운동의 참여 개념이 새마을운동에 그쳤는지, 아니면 이를 뛰어넘어 마을주민들이 다른 차원에서도 활용할 수 있는 초超 개발 개념으로 성립되었는지 살펴보겠다. 구조적 참여는 부분적인 성과를 거뒀다고 해석할 수 있는 것처럼 1970년대 새마을운동에 정치적 참여는 어떤 의미에서의 성공을 거둘 수 있었으나 치명적 단점으로 인해 제한적 참여밖에 이루어지지 않았다고 볼 수 있다.

2.2.1. 국가의 정치적 아젠다

국가가 새마을운동을 진행하면서 지도부만의 뜻에 따라 정치적 아젠더를 각 마을에서 실행했다. 국가가 정치적인 아젠다를 가지고 있었다는 것 자체가 부정적이지는 않다. 아무리 참여적인 개발 사업이라도 그 뿌리를 내리게 하는 수직적 과정이 있는 법이다.[51] 하지만 한국의 새마을운동을 보았을 때 주민의 참여를 해칠 수 있는 요소가 분명히 있었던 것으로 보인다. 우선 국가의 정상적이고 사업의 취지에 부합하는 아젠다를 본 다음 박정희 정권의 독재정치를 통한 정치적 참여 저하를 살펴보겠다.

국가는 새마을운동 초기에 사업 진행에 있어 독자적으로 다방면에 관여했다. 즉, 사업의 방향에 직접적인 영향을 미쳤고 각종 개발 목표에 도달하기 위해 새마을운동의 사업을 지원했다. 특히, 재정 지원, 시멘트를 비롯한 물적 지원, 교육 실시, 영농 기술 보급 등을 통해 국가가 원했던 방향으로 사업을 이끌었다.[52]

---

[50] Mohan, G. ‘Participatory Development’. The Companion to Development Studies. Hodder Education. pp 46 (2008)

[51] Ondrik, R. "Participatory Approaches to National Development Planning". Asian Development Bank (1999)

[52] 문병집. “새마을운동의 실제와 그 발전대책 - 농촌 새마을 운동을 중심으로.” 지방행정. (1975).

이러한 국가의 개입은 사업 초기에 필요한 것을 제공함으로써 주민이 참여할 수 있도록 하는 것이다.[53]

하지만 국가의 개입은 다른 양태도 띨 수 있다. 1970년대에 진행된 새마을운동은 그 당시 독재정권의 정치적 영향을 많이 받았다는 것은 통설이다.[54] 김영미(2009)는 "새마을운동을 추진한 배경에 정치적인 의도가 작용하고 있었다"고 주장한다.[55] 1970년대 초반에 박정희의 권력은 다소 약화하는 조짐을 보이던 시절이다. 1971년 대선에서 재야후보인 김대중은 예상보다 많은 표를 얻은 결과 정권은 권력을 유지하기 위해 지지기반을 확대할 필요를 느꼈다.[56] 따라서 지역주민과 국가 간의 소통의 통로를 활용해 유신체제를 위한 대중의 지지를 확보하고 공화당의 세력을 강화시키려고 했다. 유신체제는 새마을운동에 관한 각종 정기회의와 지도자 교육을 통해 홍보되었다. 국가는 "유신체제를 대중들에게 해석해주는 대중적 교사"가 되었다.[57] 공화당의 세력을 강화시키기 위해 새마을운동을 통해 두각을 나타낸 주민을 뽑아 선거운동을 실행했다. "공화당의 상부에서는 마을에서 똑똑하고 일 잘하고, 주민 사회의 신임을 얻고 있는 사람들을 [...] 포섭하여 이들로 하여금 농촌 사회에서 선거운동을 전개하도록 했다."[58] 국가의 위기 타개의 인환으로 새마을운동을 활용하여 주민의 동조를 이끌었다.

결론적으로 국가가 자신의 정치적 의제를 새마을운동을 통해 강행했다고 알 수 있다. 그 결과 참여는 국가에 의해서 도구화 되었다고 해석할 수 있다. 국가가 지역사회에서 유신체제를 위한 지지기반을 마련할 수 있었다는 것은 결국 주민들의 자유롭고

---

53 국가의 적극적 개입만이 새마을운동의 참여성을 보장할 수 있었다는 주장은 새마을운동 해외 전수에 관한 논문 및 계획에 거듭 등장한다. 이른바 선 하향식, 후 상향식의 사업이라고 불린다.

54 물론 이에 반대하는 학자 및 정치가가 있다. 대표적으로 박정희의 지서실장이었던 김정렴은 새마을운동이 "정치화 되지 않았다"고 단언한다(Kim Chung Yum. "From Despair to Hope: Economic Policymaking in Korea, 1945-1979." Korea Development Institute. (2011) p. 225 참고). 하지만 이 주장을 뒷받침하는 근거는 1970년대 각 마을 내에 서로 정치성향이 다른 주민이 있었다는 주장뿐이다.

55 김영미. <u>그 들의 새마을운동</u>. 서울: 푸른역사. (2009) p. 334.

56 고원. "박정희 정권 시기 농촌 새마을운동과 '근대적 국민 만들기.'" 경제와 사회 (2006).

57 박진도-한도현. "새마을운동과 유신체제: 박정희 정권의 농촌 새마을운동을 중심으로". 한국정신문화연구원 특별기획. (1999). p. 63.

58 김영미. <u>그 들의 새마을운동</u>. 서울: 푸른역사. (2009) p. 218.

자발적 참여에 이데올로기적 한계를 둘 수 있다는 의미를 지닌다.

2.2.2. 주민의 개발 사업 진행 능력

새마을운동에 있어서 주민들이 개발 사업을 실행하는 주체였기 때문에 당연히 이 차원에서 정치적 참여가 이루어졌다고 볼 수가 있다[59]. 지도자는 물론 일반 주민들도 나가서 길 넓히는 일이나 새 지붕을 바꾸는 일, 각종 새마을운동 사업에 참여하는 것, 또는 1970년대에 농촌 지역의 소득 증대를 이루는데 주요역할을 했다는 것도 부인할 수 없는 사실이다.[60] 하지만 주민들이 외부 요소로 인해 항상 개발의 주체가 되지 못했고 몇 가지 경우에 원했던 성과를 이룰 수 없었던 것으로 나타났다.

새마을운동에서의 참여에 초점을 두어 해석하는 학문적 연구가 적으나, 새마을운동의 성과를 말하며 정치적 참여가 간접적으로 언급되기 마련이다[61]. 그 이유는 정치적 참여라는 개념의 일부는 참여와 성과를 연결하는 논리기 때문에 '주민들이 만든 새마을운동' 내지 '주민의 힘으로 이례적 소득 증대를 이룩한 새마을운동'에 대해 많이 다루어지는 내용과 겹치기 때문이다. 마을주민이 건설한 새로운 마을이라는 점은 주지의 사실이다.

이를 다른 관점에서 봐도, 일반인과 지도자의 개발 사업 실행 능력이 성과를 거두는데 주요역할을 했을 뿐만 아니라[62] 그 후 농촌지역의 소득 증대로 인해 마을 주민의 권화(權化, empowerment)가 가능했다고 볼 수 있다. 소득증대 및 인프라 구축은 향후 농촌지역의 발전은 물론, 농촌지역 주민의 역량 강화되었다는 것을 의미한다.[63] 따라서 주민들이 참여하면서 가시적 성과를 거두고 농촌지역에 변화를 가져다줄 수 있었다.

하지만 위와 같은 요소를 인정하면서도 농촌지역이 장기적으로 개발을 그리 성공적으로 수행하지 못했다는 점과

---

[59] 역사학자 중에 새마을운동과 관련된 주요 쟁점은 마을 주민들이 자발적으로 참여했는지, 강제적으로 동원이 되었는지 하는 논쟁이다. 필자가 앞서 언급한 바와 같이 이러한 이분법보다 참여는 수단이냐, 목표냐 하는 문제, 그리고 강제동원이든 자발 참여든 주민의 권화(權化)가 이루어졌느냐는 문제를 우선시하기 때문에 새마을운동 사업을 위해 밖으로 나가 일을 한 노동자나 사업을 주도한 지도자가 일종의 개발행위를 한 바가 있기 때문에 일단 이를 '참여'라고 지칭하기로 했다.

[60] 정갑진. "1970년대 한국 새마을운동의 정책경험과 활용." 한국개발연구원. (2010)

[61] 문병집. "새마을운동의 실제와 그 발전대책 - 농촌 새마을 운동을 중심으로." 지방행정. (1975).

[62] 장미경. "개발시기, 새마을운동 부녀지도자의 정체성의 형성과 변화: 부녀 지도자의 성공사례, 수기를 중심으로." (2005).

[63] Ho, S. "Rural-Urban Imbalance in South Korea in the 1970s. Asian Survey. (1979).

주민이 직접 참여하는 새마을운동 사업에도 개발의 주체가 아닐 때도 있었음을 잊어서는 안 된다. 특히, 원자재를 제공하고 비용의 상당부분을 부담한 국가는 마을주민의 자율성을 저하시키는 역할을 했고, "자생력 변화 대신 외부에 의한 강제적 변화"를 초래한 것은 가능한 해석 중 하나다.[64] 또한 1970년대 초에 실시된 설문조사에 의하면 총 응답자의 79.8%가 마을의 일에 보다 많은 영향을 원한 것으로 나타났다.[65] 즉 마을 단위를 보았을 때 변화의 주인공이 되지 못했다는 주장과 더불어 마을 내에서도 일반인이 누려야 할 결정권보다 많은 권한이 요구되었다.

아울러 새마을운동이 진행 한참이던 1970년대 말에 농촌지역이 이룩했던 소득증대가 둔화했고 도시화 현상 등의 요인으로 각 마을이 사업에 참여해도 만족할 만한 효과를 보지 못했다.[66] 한국의 압축성장의 부산물 중 하나인 극심한 도시화 현상에 구조적 원인도 있고 그 어느 나라에서도 작용하는 요소도 있었을 것이다. 하지만 이러한 현상에 봉착한 새마을운동은 각 마을의 적극적 참여, 마을 안 주민의 참여에도 불구하고 성공적으로 헤쳐 나갈 수 없었다. 정치적 참여의 마지막 부분에 새마을운동의 초超 개발 개념을 살펴보면서 사업 지속성 문제를 더 심도 있게 언급하겠다.

결국 부인할 수 없는 참여가 이루어졌음에도 불구하고 국가의 역할을 비롯한 몇 가지 구조적 요소로 인해 주민들의 개발사업 진행 능력이 커다란 난관에 봉착하게 되었다. 마을 내의 참여는 가능했으나 이를 통해 변화를 항상 실행될 수 없었다.

2.2.3.. 초(超) 개발 개념의 참여

지금까지 주민의 개발 사업 진행 능력 부분에서 새마을운동의 마을단위 참여에 초점을 두어 사업을 성공적으로 실행할 수 있었는지를 살펴보았고 이제 '초超 개발 개념의 참여'는 마을과 마을 주민들이 전국적 정책기조 및 결정에 영향을 미칠 수 있었는지를 살펴봐야 한다. 정치적 참여는 단지 눈앞의 임무를 완수할 수 있느냐는 것이 아니라, 참여해도 무엇에 참여하는지, 그리고 개발을 지휘하는 거시적인 구조에 대한 영향이 있는지를

---

64 김홍순. "근대화 프로젝트로서의 새마을운동에 대한 비판적 고찰: 1970년대를 중심으로" 한국지역개발학회지. (2000). p. 28.

65 Keim, W. "The South Korean Peasantry in the 1970s." Asian Survey. (1974). p. 868.

66 Moor, M. "Mobilization and Disillusionment in Rural Korea: The Saemaul Undong Movement in Retrospect." Pacific Affairs. (1985).

살펴본다는 점을 강조한다.[67] 먼저 새마을운동 사업이 지닌 마을 단위에서의 참여의 태생적 한계를 살펴본 다음 왜 주민들이 국가 차원의 정책에 영향을 미칠 수 없었는지 보겠다.

우선 개발 사업이 마을 단위에 국한된다는 점은 궁극적으로 수행할 수 있는 범위의 사업에도 한계가 있다는 것이다. 새마을운동 초기에 지붕 개량 등의 마을 환경 개선 사업이 대규모로 이루어졌지만 [68] 사업이 한창 진행됨에 따라 마을 주민들이 할 수 있는 새로운 사업이 극히 한정되었다. Moore(1985년)에 따르면 1970년대 말의 농촌지역에는 "더 이상 수행할 사업이 없었다"고 한다.[69] 즉 새마을운동 사업의 범위가 사전에 정해져 있었고 이를 넘을 수 있는 노하우(know-how)가 전수되지 않았고 이에 맞설 수 있는 권한이 부여되지 않았다.[70] 애초에 제한된 사업은 마을 발전에 자동적으로 제동을 걸었고, 1970년대가 가져다준 소득증대 등의 경제 개발에도 불구하고 "진정한 변화를 도모하지 않았다"는 일부 역사학자의 비판을 불러일으켰다.[71]

또한 마을은 거시경제에 대한 영향력을 행사할 수 없었기 때문에 중앙정부가 정한 경제 전략을 따를 수밖에 없는 구조였고 사업의 지속가능성이 희박했다. 그 당시 정부는 새마을운동을 통한 지역사회 개발보다 경공업 및 중공업 중심의 도시 발전을 우선적으로 추구하고 있었다.[72] 즉 농촌지역이 도시와의 경쟁에서 도태되고 있었고 국가는 도시의 발전 및 농촌의 발전 중에 선택해야 한다면 도시를 선택한다는 것이다. 아무리 발전하는 마을이라고 해도 도시의 활성화를 가로막는다고 간주된다면 즉시 배제되었다. 예를 들어 새마을운동의 우수마을로 지정된 대구시의 근교에 위치한 달성 마을의 경우, 새마을운동의 총아로

[67] Mohan, G. 'Participatory Development'. The Companion to Development Studies. Hodder Education. (2008).

[68] 정갑진. "1970년대 한국 새마을운동의 정책경험과 활용." 한국개발연구원. (2010).

[69] Moor, M. "Mobilization and Disillusionment in Rural Korea: The Saemaul Undong Movement in Retrospect." Pacific Affairs. (1985). p. 590.

[70] 이런 해석이 가능한가 하면 김영미(2009)와 같이 새마을운동은 적어도 마을단위에 초점을 맞췄다는 것은 한국 농촌지역의 문제를 개념화시켰다는 주장도 있다. 하지만 이런 두 가지 주장이 상호 배타적이지 않다. 김영미(2009)도 농촌 문제 개념화를 호평하면서도 마을주민들은 국가의 일방적 소통방식에 대응할 수 없었다는 점을 문제시 한다.

[71] 김홍순. "근대화 프로젝트로서의 새마을운동에 대한 비판적 고찰: 1970년대를 중심으로" 한국지역개발학회지. (2000) p. 29.

[72] "새롭게 보는 한국의 개발경험" KoFID Issue Brief 4호. (2011).

인정받았는데도 1977년에 갑작스럽게 없어졌다. 박정희 대통령은 대구 근처에 산업단지공단을 건설하자고 제안한 결과 건설 현장으로 선택된 달성 마을이 결국 파괴된 것이다.[73] 새마을운동의 우수마을마저도 해체를 면할 수 없었다. 요컨대 새마을운동에 참여하는 마을들은 국가의 개발 전략, 경제 전략에 영향을 미치지 못한 결과 사업의 지속가능성이 떨어졌을 뿐만 아니라, 주민들이 마을 단위에서 사업에 참여한 것은 결국 헛수고로 귀결될 가능성이 있었다고 볼 수 있다.

결론적으로 수단화된 새마을운동의 참여는 새마을운동과 마을이라는 틀을 초월할 수 없었다. 새마을운동은 지역개발의 유일한 통로가 되었다. "주민이 참여하는 모든 활동은 새마을운동이라는 이름 아래 추진되었다."[74] 따라서 참여, 그리고 이를 통해 이룩한 경제적 개발, 환경 개량 등이 주민의 자치적 노력의 결실보다 개발국가가 진행한 하향식 개발 사업의 결과라고 볼 수 있다. 따라서 1978년부터 국가의 대對 농촌 보조금이 삭감되기 시작했을 때 새마을운동 마을들이 속수무책으로 당했던 것이다.[75] 비유적으로 국가가 지역주민에게 생선을 주기만 하고 생선을 잡는 법은 가르치지 않았다고 할 수 있다.

2.3. 인지적 참여

인지적 참여는 주민들이 개발의 의제를 직접 정하고 주민이 이루는 공동체가 원하고 합의한 개발 사업의 틀을 스스로 구축한다는 것을 의미한다. 인지적 참여를 통해 참여의 효과가 하나의 사업에 그치지 않고 광범위한 의미의 개발을 이룩할 수 있게 주민의 의사 및 상상력, 가치관 등이 작용한다.

인지적 참여를 생각할 때 함께 고려해야 할 두 가지 부분이 있다. 첫째는 누구의 인지에 초점을 둘 것인가 하는 것이다. 개인 내지 소수집단이 개발을 정의하는데 공동체와 다른 관점을 가지기 마련인데 이런 무수한 차이를 고려해야 하는가 하는 문제가 있다. 본 논문에서는 국제사회가 우선시하는 민주적 주인의식을 중시하는 만큼 개발의제를 정할 수 있는 민주적 절차가 인지적 참여의 최소조건이라는 점을 강조한다. 두 번째로 고려해야 할

---

[73] Seung-Mi Han. "The New Community Movement: Park Chung hee and the Making of State Populism in Korea." Pacific Affairs. (2004). p. 88.

[74] 박진도-한도현. "새마을운동과 유신체제: 박정희 정권의 농촌 새마을운동을 중심으로". 한국정신문화연구원 특별기획. (1999). p. 38.

[75] Moor, M. "Mobilization and Disillusionment in Rural Korea: The Saemaul Undong Movement in Retrospect." Pacific Affairs. (1985).

점은 주민의 참여에 필수적으로 수반되는 전문가의 입장이다. 개발을 주민의 입장에서 생각할 필요가 있지만 적용 가능하고 현실적인 사업을 위해 각 분야의 개발 전문가의 견해도 고려 안 할 수가 없다. 하지만 최종 결정권이 주민에게 있다면 인지적 참여가 이루어진다고 볼 수 있다.[76]

1970년대 새마을운동에서 주민의 결정권이 부족했다는 점은 앞서 언급했지만, 더 넓은 의미에서의 개발을 정의함에 있어서 외부적 영향으로부터 자유롭지 못했다는 점에 집중할 필요가 있다. 따라서 새마을운동에서 인지적 참여의 역할을 보기 위해 그 당시 지역 개발에 특정한 가치를 부여한 요소를 살펴보겠다. 첫째, 그 당시 근대화 담론과 정책을 살펴보며 국가가 지역사회 개발에 대한 특정한 이해를 바탕으로 개발 사업을 진행했다는 것을 확인할 수 있다. 둘째, 개발에 지장이 된다고 판단되었던 농촌지역들의 구습을 보며 새마을운동은 주민의 전통과 가치관을 반영하지 않았던 새마을운동의 모습이다.

2.3.1. 근대화

국가는 근대화 담론과 새마을운동 정책을 통해 농촌지역의 개발의제를 정하였다. 그렇게 개발의제를 정했다는 것은 개발의 당사자인 마을주민들은 자신의 문제에 대한 해석과 진단이 새마을운동에 반영되기 어려웠다는 것을 의미한다. 새마을운동에서 동원된 근대화의 개념은 지역사회가 개발하는데 있어 근본적 문제, 그 원인과 해결책 모두 정하는 개념이다. 대안을 제시하지 못했다는 것은 주민이 농촌사회의 문제를 진단할 수 없었다는 것을 의미한다.

우선 새마을운동에는 '새로운 것이 좋지만 오래된 것이 나쁘다'는 인식이 있었다. 그 당시 정부의 담론을 분석한 학자는 "'농촌=낡은 것=비생산적인 인습= 가난'과 '새것=합리적 정신=경제성장'의 이분법"이 국가의 논리였다고 주장한다.[77] 국가는 새마을운동에 관한 각종 신문기사, 논문 및 관제 잡지를 통해 마을에 도입되는 새로운 것을 긍정적으로 평가했다고 밝혀졌다.[78] 더구나 마을과 도시의 이분법을 만들고 농촌지역의 문제를 획일화 시키면서 근대화가 아닌 다른 식의 빈곤 타파나 경제성장을 제시하지 못하게 하였다. 예를 들어

---

[76] Parfitt, T. "The Ambiguity of Participation". Third World Quarterly (2004)

[77] 김홍순. "근대화 프로젝트로서의 새마을운동에 대한 비판적 고찰: 1970년대를 중심으로" 한국지역개발학회지. (2000). p. 26.

[78] 정홍섭. "새마을소설에 나타난 근대화 담론의 자기모순성." 민족문학사학회 (2005)

1970년대 초반부터 발간된 "새마을"이라는 기관 잡지에서 한국의 농촌지역이 이루어야 할 진정한 성공이란 "소득증대와 미신타파"라고 무수히 언급된다.[79] 새마을운동을 통해 국가가 모든 마을을 묶어놓은 다음 주요 개발의제를 정한 것이다.

또한 국가가 보았을 때 지역사회의 보편적인 문제에 보편적인 원인이 있다고 간주했다. 이는 바로 지역주민의 게으른 태도였다. 박정희 정부는 농촌 가난의 구조적 요인을 인정하면서도 농촌지역의 개발을 가로막는 주요요인을 주민들의 "정신, 태도, 자세"라고 간주했다고 한다.[80] 모든 농촌주민들이 온 사회의 문제를 자신의 문제로 인식하지 못했다는 것은 공동체의 발전을 위해 노력할 의지가 없는 것으로 정의되었다.[81] 새마을운동의 교육 부분은 이러한 논리의 결과물이다. 농촌개발을 설명하는 기술적 교육이 있었으나 새마을 지도자의 교육과정의 상당부분은 각 마을에서 사업을 이끌어갈 사람에 올바르다고 간주되었던 태도를 고취시키는 것이었다.[82] 더군다나 새마을 교육은 국가의 일방적 견해를 가진 것으로 개발에 대한 대안적인 개념이 소개될 수 없었던 억압적인 것이었다. 왜냐하면 이러한 근대화 교육은 "도덕적 배제와 일탈에 대한 공포를 통해 생활의 근대적 규율화를 꾀하고자 한 것"이었기 때문이다.[83] 요컨대 국가의 근대화 담론은 지역사회의 문제를 획일화시키고, 그 문제의 원인도 주민의 태도로 정할 뿐만 아니라 그 해결책은 역시 천편일률적 '정신교육'으로 정했다. 이런 과정에서 주민이 개발 문제를 해석할 수 있는 대안적인 견해가 반영되지 않았다.

하지만 국가가 개발의 의제를 정했음에도 불구하고 마을주민들은 자신이 생각하던 '개발'이 근대화였고, 그 당시 온 농촌지역이 근대화를 갈망했다는 일각의 주장을 잠시 살필 필요가 있다. 왜냐하면 주민의 근대화를 위한 욕구가 새마을운동의 기본방향에 부합했다면, 주민이 원하고 택했던 방향으로 움직이게

---

[79] Ibid p. 123.

[80] Seung-Mi Han. "The New Community Movement: Park Chung hee and the Making of State Populism in Korea." Pacific Affairs. (2004). p. 85.

[81] 농촌주민은 자신이 살고 있는 사회의 문제를 내면화하고 책임감을 고취시킨다는 개념은 새마을운동 이전에 일제의 농진운동 때에도 활용된 전략이다.
김영미(2009)는 이러한 이른바 '사사화私事化' 과정에 주민자체가 개발의 차질이라는 인식이 확장할 수 있다고 견고한다. 김영미. 그 들의 새마을운동. 서울: 푸른역사. (2009)

[82] 고원. "박정희 정권 시기 농촌 새마을운동과 '근대적 국민 만들기.'" 경제와 사회 (2006).

[83] Ibid p. 187.

되고, 이는 인지적 참여에 영향을 미칠 수 있기 때문이다.[84] 1970년대에 온 농촌사회가 기술적 정신적 근대화를 원했다는 주장을 확인할 수 있다. 한병진(1995)은 마을주민들은 자신의 근대화에 대한 욕구와 "긴밀히 연결된 사업에 보다 적극적으로 참여했다"고 주장하며, 근대화는 오히려 주민의 참여를 유치하는 역할을 했다고 한다.[85] 보다 구체적인 예는 부녀지도자를 통해서 찾을 수 있다. 부녀지도자들이 가졌던 "여성의 배움에 대한 욕구"와 국가의 "잘 살아보세 정신"은 서로 잘 맞아 그들로 하여금 새마을운동을 위해 보다 적극적으로 활동하게 하였다고 한다.[86] 따라서 국가의 근대화 담론과 그에 입각한 새마을운동 정책들이 그 당시 국민들의 개발욕구와 잘 맞았다면 국가와 국민이 함께 '개발'에 의미를 부여하는 것이라는 주장이 가능하다.

이에 답하기 위해 앞서 언급한 바와 같이 개발 사업에 있어서의 참여는 개발을 이루기 위한 수단이자 그자체가 가치가 있는 목표라는 것을 상기시킬 필요가 있다. 우선 1970년대의 근대화 담론과 새마을운동이 불러일으킨 변화에 대해 저항한 농민이 있었다.[87] 즉 그 어떤 정책도 온 국민의 무조건적 지지를 얻지 못했다. 하지만 무엇보다 중요한 것은 근대화를 위한 제도화된 지향점을 마련한 것은 국가이지 주민들이 아니라는 것이다. 김정렴 박정희비서실장이 주장하는 것은 국가가 주민의 욕구를 간파하여 그들의 기대에 부응했다는 주장으로, 이는 주민이 독자적으로 정한 것이 아니다. 비록 사업을 통해 나타나는 결과가 같겠지만, 전술한 것처럼 참여는 하나의 목표라고 생각했을 때 개발의 과정이 개발의 결과만큼이나 중요해진다. 이를 보여주는 가장 적합한 예는 김영미(2009)가 70년대 새마을운동을 겪은 남성과의 인터뷰에서 새마을운동에 대해 기억하냐고 질문했을 때이다. 그 남성은 "새마을운동이요? 언제쯤 한 거예요? (중략) 일 나가니까 모르죠. 일 나가서 생각 못했죠.

[84] Kim Chung Yum. "From Despair to Hope: Economic Policymaking in Korea, 1945-1979." Korea Development Institute. (2011).

[85] 김홍순. "근대화 프로젝트로서의 새마을운동에 대한 비판적 고찰: 1970년대를 중심으로" 한국지역개발학회지. (2000). p. 28.

[86] 장미경. "개발시기, 새마을운동 부녀지도자의 정체성의 형성과 변화: 부녀지도자의 성공사례, 수기를 중심으로." (2005). p. 437.

[87] 김영미. 그 들의 새마을운동. 서울: 푸른역사. (2009).

(중략) 새마을운동이라고 잘 몰라요." [88] 분명히 새마을운동의 사업에 참여했던 노인이지만 새마을운동 그 이름조차 몰랐다. 이러한 사람은 근대화의 욕망을 품고 새마을운동 사업에 직접 참여했음에도 불구하고 그 의의를 알지 못했다는 것이다. 인지적 참여가 결여한 개발은 비록 주민들의 욕구에 부합할지라도 주민의 영력(agency)과 사업에 대한 주인의식(ownership)을 유발하지 못한다.

2.3.2. 지역사회의 전통 및 구습

새마을운동을 통해 지역사회의 전통과 구습이 상당한 억압을 받은 것으로 나타났다. 이는 무엇보다 효율성과 개발에 대한 새로운 개념을 우선시했던 근대화의 담론과 관계가 있다. 새마을운동은 한국 지역사회의 전통을 부정하고, 나아가 농민들의 자치적인 지역사회 개발 사업도 무시했기 때문에 마을주민의 인지적 참여를 유도했다고 보기 어렵다.

첫째, 새마을운동은 한국 지역사회의 전통을 부정했다. 마을의 전통과 국가가 실행하던 각종 사업을 대립시키면서 마을의 구습은 개발의 발목을 잡는다고 인식되었다. 마을의 신앙체계는 물론, 각종 상징적 가치를 지닌 장소나 물건은 많은 경우에 있어서 새마을운동 사업이유로 파괴되었다. 대표적인 예로 한 마을에 마을회관을 건설하기 위해 "신앙의 구심인 장등이" 해체되었다고 전해진다. [89] 이러한 "'신성'의 해체와 재구성" [90] 작업은 마을의 발전을 위해서라고 설명되었다. 새마을운동의 근대화 지향 속에서 "전통문화는 마을의 발전을 가로막는 미신으로 치부"되었다고 주장할 소지가 있다. [91] 새마을운동 정책은 구세대 방식과 전통을 부정하면서 개발 및 긍정적인 변화는 마을 밖에서 온다는 인식도 심었다. 즉 전통은 "낭비적이고 미신적인 폐습으로 규정되었으며 새로운 변화의 방향의 면으로부터 [...] 전해졌다"고 한다. [92] 개발이라는 질문의 적절한 답은 오직 새마을운동 당국과 그

---

[88] 김영미(2009)는 연구하면서 수차례에 걸쳐 인터뷰를 진행했는데, 위와 같이 새마을운동에 참여했음에도 그 사실을 몰랐다는 주민과의 인터뷰가 또 있다. 인지적 참여의 부재를 보여는주 또 하나의 예는 다음과 같다. "난 그런 거[새마을운동] 전혀 몰라. 집에서 살림만 했지. [...] 동네 나가서 청소하고 신작로 화초밭 매고 풀 자르고 뽑고." 김영미. <u>그 들의 새마을운동</u>. 서울: 푸른역사. (2009) p.194.

[89] Ibid. p. 201.

[90] Ibid. p. 35.

[91] Ibid. p. 201.

[92] Ibid. p. 64.

정책을 시행했던 면, 읍, 군, 읍, 면사무소라는 인식이었다.
둘째, 새마을운동 이전에도 지역주민들만의 참여적 개발 사업이 있었지만 새마을운동 사업에 포함되지 않았다. 하지만 마을 주민이 온 마을의 개발을 위해 공동체 활동에 참여하는 제도는 많은 경우에 새마을운동과 유사했다. 대표적인 주민 협력 활동은 "두레와 품앗이, 계, 향약 등"이 있었다.[93] 그러한 활동을 통해서 마을 사람들이 결속력을 다지고 공동체 활동에 적극적으로 참여할 수 있는 기회가 되었지만 새마을운동이 진행한 각종 소득증대 사업이나 교육은 이러한 방법을 활용하지 않았다.[94] 따라서 일부 학자는 새마을운동의 "일률적 농법"을 지적하면서 마을들의 기존의 개발 사업을 포함하지 않는 "정부의 강요된 시책은 오히려 방해 요인이 되었다."[95] 결론적으로 새마을운동은 근대화의 논리대로 지역사회의 전통을 개발의 지장으로 간주하고 지역주민의 자치적인 개발 활동도 억제함으로써 주민이 '개발'로 여겼던 활동과 관습이 새마을운동의 틀에 영향을 주지 못해 인지적 참여가 극히 제한되었다. 이러한 면에서 새마을운동은 인지적 참여를 유도하는데 실패했다고 볼 수 있다.
1970년대의 새마을운동이 지니는 참여적 요소를 살펴보았다. 그러면서 구조적 참여, 정치적 참여, 그리고 인지적 참여라는 세 관점에서 살펴본 새마을운동이 어떤 한계를 지니고 있는지 분석했다. 그 결과는 1970년대 새마을운동이 지역주민의 참여를 제한하는 몇 가지 요소가 있었다. 우선 구조적 참여에 관해서, 주민에게 부여된 권한과 소외집단의 참여가 충분했는지, 그리고 새마을운동이 기득세력을 더욱 강화시키는 것이 아니었는지 에 대한 의문이 있었다. 그 다음으로, 정치적 참여의 관점에서 주민의 뜻을 우회하려는 국가만의 정치적 아젠더가 주민의 실질적 사업 진행 능력을 저하시키는 것이 아니었는지 의문을 제기할 수 있고, 주민이 새마을운동 사업을 통해 얻은 사업 진행 능력은 새마을운동이라는 틀 밖에서도 쓰는 '초 개발 개념의 참여'를 획득했는지 불분명했다. 마지막으로 인지적 참여의 관점에서 봤을 때, 근대화 담론은 새마을운동에서의 '개발' 개념을 일방적으로 수립하고 지역사회의 전통 문화나 구습을 배척하는 요인으로 작용했다는 것을 알 수 있다. 이러한 1970년대 새마을운동의 약점을 파악함으로써 한국 정부가 KSP를 통해 추진하는

---

[93] 정갑진. "1970년대 한국 새마을운동의 정책경험과 활용." 한국개발연구원. (2010). p. 7.

[94] Keim, W. "The South Korean Peasantry in the 1970s." Asian Survey. (1974).

[95] 김영미. 그 들의 새마을운동. 서울: 푸른역사. (2009) p. 227.

새마을운동의 해외 보급을 체계적으로 검토하고 보완할 요소를 지적할 수 있을 것이다.

3. KSP 새마을운동 해외 전수 사업에 대한 평가

3.1. KSP 새마을운동 해외 전수 사업의 특징

새마을운동의 해외 전수 사업은 1970년대의 새마을운동과 차이가 있다. 이미 경상북도와 같은 자치단체뿐만 아니라 굿네이버스(Good Neighbors)와 같은 비영리 단체도 새마을운동의 기본 원리를 바탕으로 해외 개발 사업을 진행해왔다.[96] 또한 각 조직이 마련하는 새마을운동 해외 전수 사업의 성격은 근본적으로 다른 경우가 많은 것으로 파악된다.[97]

모든 새마을운동 해외 전수 사업에는 개발도상국에 새마을운동이라는 모델을 그대로 이식시키지는 않는다는 공통점을 가진다. 각 사업에 따라 다른 면이 있지만 새마을운동 해외 전수 사업의 특징은 두 개가 있다. 첫째, 사업의 규모는 한국에서 진행된 전국적 규모보다 작다는 것이다. 한국에서 국가가 추진하는 사업인 만큼 전국적으로 확산시킬 수 있었지만 "개발도상국에서는 이를 국가차원에서 전면적이고 적극적으로 추진할 형편은 아니다"라고 판단이 되어 모든 새마을운동 해외 전수 사업은 수혜국의 제한된 지역 안에서만 실시되었다.[98] 둘째, 이러한 해외 사업을 하는 조직은 새마을운동에 한국만의 독특한 사회-문화적 요소가 포함되어 있다고 판단하여 필요에 따라 추진 사업, 의사결정 절차와 전체적 사업의 틀이 개발도상국 지역사회의 사회-문화적 여건에 맞게 조절되어왔다. 즉, "새마을운동의 경험과 노하우가 현지의 문화와 풍토에 맞을 때 건강한 새싹이 움틀 수 있다"는 판단이다.[99] 이는 KSP의 새마을운동 해외 전수를 기획하는 "새마을운동 ODA 기본계획"에서도 언급된다. 이 기본계획에 따르면 새마을운동 사업에서 "개발도상국은 지역별로 전통에 따른 다양한 풍습과

---

[96] 김경아. "새마을운동 해외전수 활성화를 위한 과제에 관한 연구." 영남대학교 대학원 석사학위논문. (2010); 정갑진. "새마을교육을 통한 해외보급 방안." http://cafe.daum.net/sushf 출처. 2012.02.10.

[97] 하재훈. "새마을 운동과 한국형 국제농촌개발협력 모델" ODA Watch 제27차 ODA 원례토크 (2010).

[98] 정갑진. "새마을교육을 통한 해외보급 방안." http://cafe.daum.net/sushf 출처. 2012.02.10.

[99] Ibid.

문화가 있음을 고려"하겠다고 한다.[100]
이러한 차이에도 불구하고 1970년 새마을운동을 통해 KSP의 새마을운동 해외 전수 사업을 살펴볼 가치가 있다. 그 이유는 두 가지다. 우선 새마을운동의 역사가 해외 전수 과정의 일부인 초청 연수 사업을 진행하는데 중요한 역할을 하기 때문이다. KSP 새마을운동 사업의 기본 방향을 제시하는 "새마을운동 ODA 사업 기본계획"에서 초청연수 단계에서 새마을운동의 역사에 대한 심도 있는 학습이 있을 것이라고 명시되어 있다.[101] 즉 새마을운동에 대한 역사적 이해가 초청 연수를 이해하는데 도움이 될 수 있다. 두 번째 이유는 KSP 새마을운동 해외 전수 사업은 1970년대 새마을운동의 기본 원리 및 사업 추진 방향을 모방하고 있다는 점이다. 그 모방은 세 요인으로 이루어져 있다. 첫째, KSP사업 계획에 지역주민의 빈곤 타파를 위한 "소득 증대 사업"과 도로와 주택 개량 등의 "환경 개선"[102]을 강조한다. 이 두 가지는 1970년대 새마을운동에서도 중요하게 간주되었다. 둘째, 새마을운동처럼 KSP의 새마을운동 전수 사업에서 지역주민의 의사결정을 토대로 해서 개발 사업을 진행한다.[103] 셋째, KSP의 사업은 새마을운동의 특징적 요소인 주민의 "근면, 자조, 협동"을 기본 목표로 하고 있다.[104] 요컨대 KSP의 개발 사업은 1970년대 새마을운동과 유사한 점이 많기 때문에 새마을운동을 분석하면서 발견한 참여에 대한 문제점을 자세히 살펴볼 가치가 있다.

3.2. KSP의 새마을운동 전수 사업의 추진 현황

전술한 바와 같이 새마을운동 해외 전수 사업은 다양한 조직에 의해 진행되어왔지만 KSP의 새마을운동 사업은 처음으로 기존의 새마을운동 전수 사업을 획일화시키려고 한다. 2008년에 한국의 공적개발원조(Official Development Assistance, ODA) 정책을 논의하는 국제개발협력 기본정책문서에서[105] KSP 산하의 새마을운동 전수 사업이 새마을운동 해외 전수 사업의 일환으로 처음 등장했다. 그 다음으로 2010에 한국의 국제협력단과 함께 기획재정부는 KSP 새마을운동 해외전수사업을 공식적으로 채택했다.[106] 이어서 2011년 5월에 기획재정부 및 국무총리실을

[100] "새마을운동 ODA 사업 기본계획" 국무총리실, 기획재정부 (2011)
[101] Ibid. p. 7.
[102] Ibid. p. 6.
[103] Ibid. p. 8.
[104] Ibid. p. 2.
[105] "국제개발협력 기본정책문서" 국무총리실. (2008).
[106] "ODA 선진화 방안." 국무총리실 국제개발협력위원회. (2010).

위시한 10 개의 부처[107] 가 협력해서 새마을운동 ODA 사업 기본계획을 도출했다.

이 계획에서 한국정부가 새마을운동 해외 전수 사업을 어떻게 진행할지에 대한 세부적 내용과 일정이 명시되어 있다. 사업 내용은 다음과 같은 세 부분으로 구성되어 있다. 첫째, 새마을운동에 대한 교육 및 정책자문으로 구성된 "지도자 양성" 사업이 있다. 둘째, 자발적 협의체를 육성하고 소액금융 활동을 비롯한 소규모 개발 사업을 진행하는 "자립역량 배양" 사업이 있다. 마지막으로 다른 개발단체의 사업과 연계해 지속가능한 개발을 목표로 하는 "지역발전" 사업이 있다.[108] 사업의 일정은 세단계로 구성되는데 첫 단계는 "지도자 양성"사업이고, 둘째는 "자립역량 배양" 사업이고, 셋째는 소득 증대를 위한 다양한 "지역발전" 사업들이다.

KSP 당국은 이 사업 계획의 타당성을 검토하기 위해 먼저 두 개발도상국에서 시범사업을 진행하기로 했다. KSP당국은 동남아시아의 라오스와 중앙아프리카의 르완다를 선정해 2011년 상반기에 현지조사를 실시하고, 2011년 8월부터 사업의 첫 단계를 실시했다.[109] 시범 사업이 완료될 때 그 결과를 중심으로 새마을운동 해외 전수 사업 모델이 수립될 예정이다.[110]

KSP 새마을운동 해외 전수 사업이 최초로 시작된 것인 만큼 정보의 접근성이 낮다.[111] 공식 서류의 비공개 처분이 연구의 폭을 좁히는 요인으로 작용하지만 무엇보다도 아직 진행 중인 KSP 사업에 대해 정확하고 세부적 권고를 할 수 없다. 따라서 이 부분에서는 앞서 분석한 1970년대 새마을운동의 참여적인 관점을 바탕으로 해서 이번 KSP의 기본계획을 간략하게 검토하고 새마을운동 해외 전수 사업의 모델을 수립하는데 참여에 있어 간과해서는 안 될 요인을 지적하겠다. 서론에서 택한 분석 프레임워크대로 분석하겠다.

---

[107] 새마을운동 ODA 사업 기본계획은 국무총리실, 기획재정부, 외교통상부, 행정안전부, 농림수산식품부, 농촌진흥청, 수출입은행, 국제협력단, 경상북도, 그리고 새마을운동중앙회, 총 10개의 부처에 의해 작성되었다.

[108] "새마을운동 ODA 사업 기본계획" 국무총리실, 기획재정부 (2011), p. 5.

[109] 장지순 국무총리실 개발협력정책관실 실장. 인터뷰. 2012년 4월 2일.

[110] "새마을운동 ODA 사업 기본계획" 국무총리실, 기획재정부 (2011), p. 15.

[111] 본 논문과 관련해 필자는 2012년 2월에 KSP 새마을운동 사업과 관련된 15 건의 정보공개 청구를 신청한 바가 있다. 특히 진행 중인 라오스와 르완다 사업에 관한 외교통상부 및 국무총리실 자료 청구를 신청했지만 모든 자료가 비공개로 처분되었다.

3.3. 구조적 참여

1970년대 새마을운동을 분석함에 있어서 구조적 참여에 대해 다음과 같은 평가를 할 수 있다. 우선 새마을운동을 통해 지역주민이 개발 사업에 참여할 수 있도록 특별한 권한을 얻었지만 국가의 수직적 구조로 인해 이러한 권한에 제한이 있다. 또한 새마을운동 사업을 실시하면서 여성이나 빈민층을 비롯한 사회약자가 소외될 가능성이 높다. 마지막으로 새마을운동을 통해 지역사회의 기득세력이 강화되거나 새로운 엘리트 계급이 형성되는 것은 민주적 진행절차를 방해하는 요인을 방해하는 요인으로 작용한다. KSP의 새마을운동 해외 전수 사업 기본 계획 내용을 통해 위의 세 가지 요소를 살펴보겠다.

3.3.1. 개발 사업 참여 권한

새마을운동 ODA 기본계획에 의하면 새마을운동 전수 사업을 진행하면서 마을주민에 대한 특별한 권한이 주어진다. 하지만 새마을운동의 역사를 분석했을 때와 마찬가지로 부분적 참여를 유도하는 요소가 있어도 참여를 제한하는 요소도 있다. 우선 마을 협의체를 통해 많은 권한이 부여되고, 그 다음 수혜국 정부와의 정책자문 과정에서 부분적인 권한이 부여된다. 반면 개발 사업을 보도(모니터링)하는 과정에서 주민의 참여가 제한된다.

우선 주민에게 부여되는 주요 권한은 마을 단계의 의사결정을 할 수 있는 협의체를 통해 살펴볼 수 있다. KSP당국은 마을에서 자발적 협의체를 구성하여 이를 통해 마을주민들이 중대한 의사결정을 하도록 할 것을 설명한다. KSP의 새마을운동 기본계획에 의하면 한국 정부는 마을에 직접 소규모 자금을 지원하고, "협의체를 중심으로 지역주민의 토론을 거쳐 사업 발굴부터 완료시까지 스스로 결정.관리"할 수 있게 한다.[112] 즉 마을만의 협의체를 활용하여 주민들이 "스스로 마을 개발을 논의할 수 있는"[113] 공간을 마련할 뿐만 아니라 개발 사업에 직접 개입해서 중요한 역할을 수행할 것이라고 명시되어 있다.

그 다음으로 KSP 당국과 수혜국의 정책자문 과정에서 마을주민에게 발언권이 있다. KSP 당국들은 새마을운동 사업을 마을 단위로 시행하면서 수혜국과 정책자문을 통해 농촌지역의

---

[112] "새마을운동 ODA 사업 기본계획" 국무총리실, 기획재정부 (2011), p.8.

[113] Ibid. p.17.

개발증진을 위한 정책을 내세우기로 했다. 이 과정에서 마을주민의 부분적 참여가 보장되어 있다. KSP의 새마을운동 사업을 담당하는 장지순 국무총리실 개발협력정책관실 실장에 의하면 KSP 당국과 수혜국 정부의 농촌지역 개발에 대한 정책 자문 과정에서는 "제도적인 부분에 대한 컨설팅에 대해서는 주민이 직접 얘기할 수도 있고, 주민의 의견을 반영하는 방법도 있다"고 강조했다.[114] 하지만 주민의 의견이 어느 정도 반영될 것인지에 대한 추가적인 설명이 없었다.

마지막으로 이 사업을 보도(모니터링)하고 평가하는 작업은 향후 더 나은 개발 사업을 위한 필수적인 일이다. KSP의 새마을운동 기본계획에서 이러한 작업이 언급된다. 진행 중인 시범 사업을 "주기적으로 모니터링하고 평가"하겠다는 내용이다.[115] 하지만 이 과정에서 마을주민들이 사업의 이점과 한계가 무엇인지, 자신의 의견을 직접 제시할 통로가 없다. 국무총리실에서 KSP 새마을운동 사업에 관련된 보도(모니터링) 및 평가들은 모두 "현지정부의 협조를 통해 한국 정부에서 주관해서 실행"하기로 되어있다.[116] 즉, 사업 보도(모니터링)와 평가에 관한 직접적 참여를 할 수 있는 당국은 오직 한국정부와 수혜국 정부뿐이다. 결론적으로 KSP당국은 마을주민이 직접 개발 사업에 참여할 수 있게 권한을 부여했지만, 정책자문과 사업 평가와 같은 중요한 단계에서 주민이 참여할 수 없거나 부분적으로만 참여할 수 있게 되어 있다.

3.3.2. 소외집단

1970년대 새마을운동을 통해 개발 사업이 여성들과 빈민층을 비롯한 사회 약자를 성공적으로 포함시키지 못하고 오히려 사업을 진행하면서 더욱더 소외되었다. 하지만 소외집단이 생긴다는 주장은 KSP 새마을운동의 시범 사업에서 일어날 것인가는 파악하기 어렵다. 그 이유는 현지의 사회가 가진 특징을 파악할 수 없으며 새마을운동 사업이 각 마을에 어떻게 적응해서 현지화가 될지 미지수기 때문이다. 또한 기본계획에서 소외집단이 생길 위험에 대한 언급이 없다. 마을 주민의 민주적 결정 과정이 언급되지만 현지 사회 약자의 입지에 대한 고려가 없는 것으로 분석된다.

---

114 장지순 국무총리실 개발협력정책관실 실장. 인터뷰. 2012년 4월 2일.

115 "새마을운동 ODA 사업 기본계획" 국무총리실, 기획재정부 (2011), p.9.

116 장지순 국무총리실 개발협력정책관실 실장. 인터뷰. 2012년 4월 2일.

3.3.3. 기득권 세력

앞서 살펴본 바와 같이 1970년대 새마을운동을 실시하면서 촌락 전통세력이 강화되거나 새마을운동 지도자가 새로운 세력으로 급속히 부상한 경우가 있었다. 따라서 개발 사업이 마을 중심으로 이루어졌다고 해도 마을 내의 개발이 민주적 과정을 거쳐서 이루어졌는지에 대한 의문이 제기되었다.

KSP 새마을운동 사업에도 같은 우려가 있다. 비록 새마을운동 ODA 사업 기본계획에서 주민들의 민주적 결정과정이 강조되었지만 이는 실현될지 불분명하다. 기본계획에 따르면 개발 사업에 관한 결정을 "지역 주민의 토론을 거쳐" 진행한다고 한다.[117] 그 주된 이유는 마을별 의사결정을 하는 협의체의 구성과 운영에 관한 것이기 때문이다.

우선 기본계획에서 마을별로 협의체를 "구성토록 지원하되, 기존의 자치조직이 있는 경우 이를 활용"하기로 결정했다.[118] 더군다나 장지순 국무총리실 개발협력정책관실 실장에 따르면 협의체가 없을 경우에 "협의체의 필요성, 역할 등에 대해 자문하는 것이다. 구성방법 등은 전적으로 지역 주민의 의사결정과정이다"라고 했다.[119] 즉 협의체 는 민주적인 결정과정을 보장하는 조직으로 수립한다고 KSP 실행 담당자가 표명한다.

하지만 주민이 협의체의 구성을 전적으로 결정하거나 기존의 조직을 활용하겠다는 것은 기존 마을 사회에 내재되어 있는 불평등이나 소수부족의 소외 등의 현상을 간과한다. 마을의 기득세력이 그 결정과정을 장악하고 여성, 장애인 등 취약층의 자발적 참여를 가로막는 요소로 작용할 수도 있다. 1970년대 새마을운동에서 살펴본 바와 같이 기존 사회의 불평등이 새마을운동이라는 틀을 통해 재생산된 경우가 있었다. 수혜국의 지역주민이 전적으로 결정한다는 것은 민주적인 결정임을 전제하고 있지만, 실제로 민주적인 조직의 형성을 보장하는 장치나 계획이 부재한 상태이다. 따라서 마을 협의체의 구성과 운영에 관해 주민들의 민주적 결정과정이 이루어질지에 대해 의구심을 제기할 소지가 있다.

3.4. 정치적 참여

이번 KSP 새마을운동 사업의 정치적 참여는 상당한 한계가 있다.

---

117 "새마을운동 ODA 사업 기본계획" 국무총리실, 기획재정부 (2011), p.8.

118 Ibid. p. 8.

119 장지순 국무총리실 개발협력정책관실 실장. 인터뷰. 2012년 4월 2일.

그 이유는 개발 사업을 통해 마을주민이 가졌던 실제적 진행 능력을 알 수 없기 때문이다. 현재 새마을운동 시범 사업이 라오스와 르완다에서 진행 중이기 때문에 명백히 살펴볼 수 있는 1970년대의 새마을운동과 달리 KSP 시범사업을 어떤 성과를 나타낼지 파악할 수 없다. 따라서 이 항목에서 새마을운동을 분석하면서 봤던 국가의 정치적 아젠다, 주민들의 개발사업의 진행 능력이나 '초 개발 개념의 참여'를 다룰 수 없다.

3.5. 인지적 참여

1970년의 새마을운동은 인지적 참여에 있어 근대화론에 지나치게 입각했다는 것과 지역사회의 전통 및 구습을 배척했다는 두 가지 문제점이 지적되었다. 하지만 KSP의 새마을운동 사업에 위의 문제점과 같은 우려가 적다. 그 이유는 1970년대 이후 근대화론이 쇠퇴했기 때문이다.[120] 그럼에도 불구하고 KSP 새마을운동에 인지적 참여가 제한될 수 있다는 우려가 있다. 우선 이미 본 바와 같이 KSP의 기본계획에서 수혜국과 수혜국 주민이 직적 개발 의제를 창출할 수 있는 권한이 주어질 뿐만 아니라 개발 사업이 현지 상황에 맞게끔 변화시켜 진행되어야 한다고 표명된다. 하지만 KSP 사업의 일환으로 진행되는 초청교육과 마을 선정이라는 두 부분에서 지역 주민이 생각하고 원하는 개발이 이루어지는지 의문을 제기할 수 있다.

3.5.1. 현지화

KSP의 기본계획에서 한국의 새마을운동을 개발도상국에 일방적으로 전수하는 것이 현지의 사회문화적 여건에 맞지 않을 수 있다고 인식한다. 새마을운동을 현지 상황에 적응시킬 필요가 거듭 언급된다. 우선 KSP 새마을운동의 당국은 시범 사업을 시작하기 전에 사전조사 및 수혜국과의 협의 관정에서 최대한 현지의 여건을 고려해 맞춤형 새마을운동 사업을 만들겠다고 기본계획에서 표명한다.[121] 또한 마을 자발적 협의체도 "현지실정에 맞게" 구성하겠다고 한다.[122] 그 뿐만 아니라 "새마을 지도자회, 부녀회, 청년회 등 현지여건에 맞게 구축지원"하겠다고 한다.[123] 각종 조직과 운영 장치를 수혜국 여건에 맞게 설정함으로써 새마을운동 당국은 수혜국과 수혜국 주민이

[120] Przeworski, A. "Modernization: Theories and Facts." World Politics. (1997).
[121] "새마을운동 ODA 사업 기본계획" 국무총리실, 기획재정부 (2011)
[122] Ibid. p. 16.
[123] Ibid. p. 17.

새마을운동이라는 틀 안에서 원하는 방식의 개발을 실시할 수 있도록 한다. 그러한 의미에서 기본계획에 인지적 참여에 대한 고려가 부분적으로 이루어지고 있다고 볼 수 있다.

하지만 새마을운동 사업이 현지화 된다고 해도 주민들의 인지적 참여가 보장되는지에 대한 세 가지 우려가 있다. 첫째, 앞서 언급한 바와 같이 새마을운동 해외 전수 사업을 통해 현지의 기득권 세력이 더욱 많은 권한을 누릴 수 있는 우려가 있다. 둘째, 기본계획에서 언급되는 현지화 과정은 구체적으로 어떻게 이루어질지에 대한 설명이 없다. 주민에 의해 이루어지는지, 아니면 KSP 새마을운동 당국이 주도하는 과정인지 파악할 수 없다. 셋째, KSP 새마을운동 시범사업의 3단계인 지역 발전 사업은 기획재정부와 농림수산식품부, 그리고 농촌진흥청이 주관해 필요한 자금 조달을 결정한다는 점이다.[124] 이러한 요소를 고려했을 때 현지화에 관한 우려가 아직도 남아 있다고 해석할 수 있다.

3.5.2. 초청교육

KSP 새마을운동에 수혜국 마을 주민 몇 명을 선발하여 한국으로 초청해 새마을운동 교육을 실시하는 초청교육제도가 있다. 새마을 지도자 및 부녀회, 청년회 지도자를 양성하는 제도이다. 분석한 것처럼 1970년대의 새마을운동에 지도자 양성은 일반주민의 참여를 저지하는 요소로 작용했다는 일각의 평가가 있다. KSP 새마을운동에 유사한 우려가 있다. KSP 새마을운동을 주관하는 정부 부처들이 초청교육을 전적으로 주관하고 있어 지도자들이 자신의 마을 주민이 생각하는 것보다 한국 정부가 의도하는 방식의 개발을 우선시하고 재생산할지 에 대한 우려가 있다.

첫 번째 우려되는 요인은 지도자의 선정 과정이다. 그 이유는 지도자 선정 과정에 한국 정부와 수혜국의 의사가 반영되는 반면 마을 주민의 결정이 반영되고 있지 않기 때문이다. 초청교육을 실시하려고 마을 지도자를 선정하는데 선정 조건과 누구를 택할지에 대한 최종적인 결정은 한국 정부가 하고 있다. 한국 정부는 "초청연수의 대상에 대해서는 일정한 자격조건을 제시하면 현지 정부에서 추천하는 인사를 대상으로 실시하고 (일반적으로, 자격조건은 한국 측 초청연수기관에서 제시"하는 제도를 갖추었다.[125] 기본계획에서도 "선발과정에서 행정안전부,

---

[124] Ibid. p. 8.

[125] 장지순 국무총리실 개발협력정책관실 실장. 인터뷰. 2012년 4월 2일.

경상북도, 새마을운동중앙회 의견을 최대한 반영"할 것이라고 명시되어 있다.[126] 한국 정부에 최종적 결정권이 있고 수혜국은 인재를 추천할 수 있지만 마을 주민의 결정권이 그 어디에도 보장되지 않고 있다고 결론할 수 있다.

또 우려되는 요인은 초청 교육의 내용이다. 그 내용은 한국 정부의 각 부처가 일방적으로 마련하고 실시하기 때문이다. 우선 새마을운동에 대한 교육을 실시하는데 정부가 내용을 일방적으로 정하는 것은 필요하다고 볼 수 있다. 그 이유는 농촌 지역의 생산력을 높이는데 사용하는 기계나 기술을 전수하는 것이 지식을 전하는 것인 만큼 일방적으로 해야 교육의 효과성을 높일 수 있다. 하지만 새마을운동의 역사를 전달하려는 "새마을운동 이해 기초 교육"[127]은 한국정부의 견해를 제시하고 새마을운동에 대한 학계 및 한국 사회의 이견을 전달하지 않을 수도 있다는 우려가 있다. 예를 들어 KSP 새마을운동의 기본계획은 새마을운동은 "우리의 성공한 개발 경험"[128]이라고 정의하고 "근대화에 기여"[129]했다고 하는데 앞서 살펴본 바와 같이 이 두 가지 점에 대해 의견이 분분하다. 마찬가지로 새마을지도자의 바람직한 역할 등에 대한 교육을 한국 정부가 일방적으로 실시하고 있고 마을 주민이 생각하는 개발을 피력하고 이를 이룩하기 위해 어떻게 해야 하는지에 대한 교육이 이루어지는지 불분명하다. 결국 초청 교육의 내용이 한국 정부에 의해 만들어지기 때문에 마을 주민의 인지적 참여의 수준이 떨어질 우려가 있다.

3.5.3. 마을 선정

마지막으로 마을 주민의 KSP 새마을운동에 대한 인지적 참여를 저하시킬 수 있는 요인은 사업 실시 마을의 선정이다. KSP 새마을운동의 시범사업에서 마을 선정은 한국정부와 수혜국 정부 간의 협의를 거쳐 이루어졌기 때문에 지역 주민들이 요구하는 방식의 개발에 대한 고려가 없었다고 볼 수 있다.

장지순 국무총리실 개발협력정책관실 실장은 현지 시범사업 마을의 선정 과정을 설명하면서 현지 마을의 결정권에 대해 언급하지 않았다. 마을의 선정 과정은 다음과 같다. 우선 한국 정부는 수혜국 정부와 연락해 "현지에 시범마을을

126 "새마을운동 ODA 사업 기본계획" 국무총리실, 기획재정부 (2011), p.9.

127 Ibid. p. 15.

128 Ibid. p. 1.

129 Ibid. p. 2.

추천해달라고 요청"한다.[130] 수혜국 정부가 적합하다고 판단하는 지역과 마을은 선발해서 한국 정부에 추천한 뒤 KSP 당국이 해당 마을에 조사단을 파견한 후에 사업을 실시할 마을을 선택한다고 설명한다.[131] 또한 기본계획에서 언급하는 마을의 선정 과정은 KSP 당국이 "국가 내 국가 내 대상지역은 중장기적으로 파급효과가 큰 곳을 중심으로 검토하되, 수원국 정부 및 전문가, 재외공관, ODA 지원경험이 있는 관련기관 의견을 종합하여 선정"하겠다고 한다.[132] 즉, 마을 선정 과정에서 수혜국 정부와 다양한 기관 및 조직, 전문가 등의 의견을 고려해 마을을 선정한다고 해도 정작 마을 주민에게 새마을운동을 실시해야 하는지 그 여부를 묻지 않는 것으로 보인다. 물론 KSP 당국은 마을에 조사단을 파견해 조사를 실시하면서 마을 주민의 의견이 고려된다. 그러나 기본계획에 명문화되어 있지 않기 때문에 결국 인지적 참여가 제한될 우려역시 존재한다.

결론적으로 마을 지역의 개발에 새마을운동을 포함시키는 것이 바람직한지 그 여부를 직접 마을 주민에게 물어보는 것은 자신이 원하는 개발의 틀을 추축하고 참여할 수 있는 인지적 참여를 보장하는 것이지만 KSP 새마을운동에서 이러한 참여가 이루어지지 않을 우려가 있다. 현지의 지역 사회에 대한 고려는 한국 정부와 수혜국 정부의 의견을 포함하지만 사업을 현지화 하는 과정과 초청교육 과정, 그리고 마을 선정 과정을 통해 마을 주민의 의사가 간과될 것이라고 우려할 소지가 있다.

4. 연구 성과 및 한계

1970년대의 한국의 새마을운동은 본 연구에서 수립한 참여적인 개발의 개념에 부분적으로 맞지 않다고 결론을 내릴 수 있다. 또한 KSP 새마을운동 해외 전수 사업에서 참여적인 개발을 방해할 우려가 있는 요소는 많으며 1970년대 새마을운동과 유사한 형태를 보인다. 아직 KSP 새마을운동 해외 전수 사업이 초기단계에 있고 체계적인 모델을 수립하지 않은 상태[133]이기 때문에 마을 주민의 참여를 저하시킬 우려가 있는 부분에 대한 보완이 가능하다. 본 연구는 KSP 새마을운동 해외 전수 사업 기본계획과 관계자와의 인터뷰에 편중된 분석을 했지만 KSP는 새마을운동 해외 시범 사업의 모니터링 및 평가 결과를

---

130 장지순 국무총리실 개발협력정책관실 실장. 인터뷰. 2012년 4월 2일.

131 Ibid.

132 Ibid. p. 11.

133 Ibid.

공개한다면 보다 자세하고 정확한 분석이 가능할 것이며 본 논문이 제기하는 새마을운동 해외 전수 사업에 대한 우려가 타당한지에 대해 검토가 가능 할 것이다.

본 연구는 1970년대의 새마을운동을 분석하고 참여적인 개발에 걸림돌이 되었던 요소를 파악한 뒤 KSP 새마을운동 해외 전수 사업에 유사한 문제가 있는지 검토했다. 1970년대의 새마을운동에 참여적인 개발을 방해하는 요소가 파악되었고 KSP 새마을운동 해외 전수 사업의 시범사업에서도 유사한 패턴이 있다.

새마을운동 해외 전수 사업을 살펴보면서 국제 개발 사업에 있어서 한국이 봉착하게 되는 두 가지 문제점이 드러난다. 첫째, 한국이 수혜국에 대한 지속적인 개발을 진행하면서 개발의 당사자인 수혜국 주민들이 핵심적인 역할을 할 수 있게 하는 문제이다. 둘째는 한국의 개발 경험을 전수하는데 있어서 생길 수 있는 문제들이다.

우선 한국이 원조 공여국으로서 국제 원조 사회에서 보다 핵심적인 역할을 수행하려면 앞서 언급한 첫 번째 문제를 해결할 필요가 있다. 본 연구에서 살펴본 새마을운동 해외 전수 사업의 계획에서 지역 주민에 대한 권한 부여, 실제능력 향상과 개발에 대한 인지적인 참여는 완전하게 이루어지지 않았고 오히려 한국 정부와 수혜국 정부의 권력을 집중시키는 현상이 보인다. 이와 대조적으로 최근 국제 사회가 부산총회에서 핵심 개념으로 소개된 민주적 주인의식은 주민들에 주인의식이 부여되어야만 그들이 개발의 주체가 될 수 있다는 논리 하에 수립되었다.

두 번째 문제는 한국정부가 한국의 특수한 개발경험을 어떻게 전수해야 하느냐는 문제와 그러한 경험을 전수하는 것이 바람직하냐는 문제이다. 한국의 기획재정부는 한국의 개발경험을 체계적으로 전달하려는 KSP의 예산을 획기적으로 증액할 계획을 밝혔다.[134] 그만큼 한국 정부가 KSP를 국제 개발 협력의 한 축으로 설정할 계획이다. 또한 개발도상국들이 한국의 괄목상대할 만한 경제 성장을 파악하고 싶어 한다.

하지만 한국의 개발 경험을 전수하는데 그 역사-문화적 배경이 중요하고 한국의 성장 역사를 바로 해석할 필요가 있다. 한국의 역사-문화적 배경은 특수한 만큼 그대로 전수할 수 없다. KSP 당국들은 이러한 점을 감안하여 새마을운동 해외 전수 사업을 계획했다는 것을 확인할 수 있었다. 하지만 한국의 성장 역사를 해석하는데 다소 문제가 있는 것으로 보인다. 한국은

---

134 "KSP 발전방안" 국무총리실 국제개발위원회. (2011).

성장과정에서 경험했던 모든 개발 사업처럼, 일장일단이 있어 그 사업을 전수하는데 있어 장점을 강조하여 단점을 최소화하려는 작업이 있어야 한다. 1970년대의 새마을운동의 경우에 참여적인 과정이 부족하다고 본 연구가 결론을 내렸지만, KSP는 유사한 문제점을 가진 새마을운동 해외 전수 사업을 진행한다.

새마을운동처럼, 한국의 개발 경험을 사업의 형태로 진행하는 것에 대해 우려를 제기할 수 있다. 어느 개발 사업의 장점만을 전수할 수 있는 확실한 방법은 없지만 새마을운동에 대해 몇 가지 대안이 제시되고 있다. 한국의 경험을 사업의 형태가 아닌, 순수한 정책 자문을 비롯한 다양한 형태로 적용하는 방식이 제안되고 있다.[135] 어떠한 방법이 됐든 한국의 경제 성장 경험을 전수하는 것에 한국의 개발 역사에 대한 철저한 이해가 수반되어야 한다고 본다.

그럼에도 불구하고 한국은 유일무이한 압축 경제 성장의 경험을 가진 원조 공여국으로서 국제 개발 협력에 크게 기여할 수 있다. 서구 중심의 원조 및 개발 방식을 재고하는 구제 사회는 현재 새로운 패러다임을 형성하는 중요한 시기이다. 한국은 앞으로 성장의 역사에 입각하여 개발도상국 주민이 개발의 원동력으로 만들 수 있는 지속가능한 개발 방안을 제시할 수 있다면 국제사회에서 인정받는 원조 선진국이 될 수 있다.

---

[135] 소진광. "아프리카 지역 개발에 새마을운동의 적용방안 연구." United Nations Project Office on Governance. (2010).

참고문헌

1995. "Participatory Development and Good Governance" OECD Development Co-operation Guideline Series
2002. "Participatory Development and Good Governance" Global Development Research Center.
2008. "국제개발협력 기본정책문서" 국무총리실.
2010. "Knowledge Sharing Program". 기획재정부, Korea Development Institute.
2010. "KSP 모듈화 추진 현황 및 향후 계획". 기획재정부, 한국개발연구원.
2010. "ODA 선진화 방안." 국무총리실 국제개발협력위원회.
2011. "21 세기 한국형 원조모델 정립 및 활용 방안" KOICA 개발정책 포커스 2 호.
2011. "새롭게 보는 한국의 개발경험" KoFID Issue Brief 4 호.
2011. "새마을 운동 ODA 사업 기본계획." 국무총리실, 기획재정부. 국가정책조정회의.
2011. "Busan Partnership for Effective Development Co-operation." Fourth High Level Forum on Aid Effectiveness.
2011. "KSP 발전방안" 국무총리실 국제개발위원회.
김경아. 2010. "새마을운동 해외전수 활성화를 위한 과제에 관한 연구." 영남대학교 대학원 석사학위논문.
김영미. 2009. 그 들의 새마을운동. 서울: 푸른역사.
김홍순. 2000. "근대화 프로젝트로서의 새마을운동에 대한 비판적 고찰: 1970 년대를 중심으로" 한국지역개발학회지. 제 12 장. pp.21-38.
고원. 2006. "박정희 정권 시기 농촌 새마을운동과 '근대적 국민 만들기.'" 경제와 사회 제 69 호. pp. 178-199.
장미경. 2005. "개발시기, 새마을운동 부녀지도자의 정체성의 형성과 변화: 부녀 지도자의 성공사례, 수기를 중심으로." 사회과학연구 제 16 장.
장지순 국무총리실 개발협력정책관실 실장. 인터뷰. 2012 년 4 월 2 일.
장지순 국무총리실 개발협력정책관실 실장. 인터뷰. 2012 년 2 월 27 일.
정갑진. 2010. "1970 년대 한국 새마을운동의 정책경험과 활용." 한국개발연구원.

정갑진. "새마을교육을 통한 해외보급 방안." http://cafe.daum.net/sushf 출처. 2012.02.10.

정홍섭. 2005. "새마을소설에 나타난 근대화 담론의 자기모순성." 민족문학사학회.

문병집. 1975. "새마을운동의 실제와 그 발전대책 - 농촌 새마을 운동을 중심으로." 지방행정. 제 24 호. pp. 84-93.

박진도-한도현. 1999. "새마을운동과 유신체제: 박정희 정권의 농촌 새마을운동을 중심으로". 한국정신문화연구원 특별기획.

소진광. 2010. "아프리카 지역 개발에 새마을운동의 적용방안 연구." United Nations Project Office on Governance.

양영미. 2012. "부산세계원조총회 무엇을 남겼나". 참여연대 국제연대위원회.

하재훈. 2010. "새마을 운동과 한국형 국제농촌개발협력 모델" ODA Watch 제 27 차 ODA 원례토크.

Ho, S. 1979. "Rural-Urban Imbalance in South Korea in the 1970s. Asian Survey. Vol. 19. pp. 645-659.

Jennings, R. 2000. "Participatory Development as a New Paradigm: The Transition of Development Professionalism". USAID.

Keim, W. 1974. "The South Korean Peasantry in the 1970s." Asian Survey. Vol. 14. pp. 854-868.

Kim, C. 2011. "From Despair to Hope: Economic Policymaking in Korea, 1945-1979." Korea Development Institute.

Kim, S. 2011. "Bridging Troubled Worlds? An Analysis of the Ethical Case for South Korean Aid". Journal of International Development. Vol 23. pp. 802-822.

Mohan, G. 2001. "Participatory Development" in Desai, Vandana and Potter, Rob eds. The Arnold Companion to Development Studies. London, UK: Hodder, pp. 49-54.

--------. 2008. 'Participatory Development'. The Companion to Development Studies. Hodder Education. pp 46.

Moore, M. 1985. "Mobilization and Disillusionment in Rural Korea: The Saemaul Undong Movement in Retrospect." Pacific Affairs. Vol 57. pp. 577-598.

Ondrik, R. 1999. "Participatory Approaches to National Development Planning". Asian Development Bank.

Parfitt, T. 2004. "The Ambiguity of Participation". Third World Quarterly, Vol. 25, No. 3. pp. 537-556.

Przeworski, A. 1997. "Modernization: Theories and Facts." World Politics. Vol. 49. pp. 155-183.
Sen, A. 2000. Development as Freedom. New York: First Anchor.
Seung-Mi Han. 2004. “The New Community Movement: Park Chung hee and the Making of State Populism in Korea." Pacific Affairs. Vol. 77. pp. 69-93.

북한의 3대 세습에 따른 새로운 권력 구도: 김정일과 김정은의 권력세습 비교

조소망 (SOMANG CHO)

MA, Korean for Professionals, University of Hawaii at Manoa, 2011

A STUDY ON NORTH KOREA'S NEW REGIME AFTER THE 3RD GENERATION HEREDITARY SUCCESSION

The purpose of this paper is to analyze and predict the characteristics of Kim Jong-Eun's new regime. In order for this an extensive study on the specifics of the power structure currently utilized in North Korea was conducted. The nature of this study was based on the definition of the so-called 'ruling elite' as well as a comprehensive look into the structure of the Worker's Party of Korea. Furthermore, the characteristics of Kim Jong-Il's rise to power was also examined to observe his methods of purging his rivals and threats as well as his strategy to control the Worker's Party. This was done to compare Kim Jong-Il and Kim Jong-Eun's ascent to power in order to have a more accurate forecast into how Kim Jong-Eun's regime might be similar or different to his late father's. More so then to predict the way Kim Jong-Eun will rule North Korea, this paper puts its focus into potential forces that could hinder Kim Jong-Eun's ability to hold onto absolute power using his late father's succession path as a means to compare.

1. 서론

북한은 1966년 제2차 당대표자회 이후 44년 만인 2010년 9월 27일 제3차 당대표자회가 개최되었다. 3차 당대표자회는 후계체제 즉 김정은으로의 세습세력 구축과 밀접한 관계가 있었으며 2012년 강성대국 진입을 예고한 북한에게는 매우 중요한 사건이라고 할 수 있다. 김정은은 제3차 당대표자회에서 당중앙위원회 위원에 선출되었으며, 당중앙앙위원회 전원회의에서 당중앙군사위원회 부위원장직을 맡았다. 동년 10월 10일에는 당 창건 65주년 열병식 자리에서 김정일과 함께 주석단에 모습을 드러내면서 북한의 유일한 후계자임을 대외적으로 알렸다.

반면에 김정일은 1972년 12월 당 제5기 전원회의에서 비밀리에 후계자로 결정되었고 이어 1974년 2월 12월 당중앙위원회 제5기 8차 전원회의에서 김정일은 김일성의 후계자로 공식 결정되었다. 이후 1994년 김일성이 사망할 때까지 약 20여 년간 김정일 권력 안정화와 세습교육을 거쳐 실질적 지도자가 되었다. 당시 김정은 역시 앞으로 수십 년간의 권력세습교육을 통해 실질적 지도자가 될 수 있을까라는 의문이 제기되었고 김정일의 건강과 나이를 고려해 이는 불가능할 것으로 판단되었었다. 따라서 김정은으로의 세습과정은 김정일의 건강악화에 따른 후계자 내정 및 후계체제 구축의 필요성을 절감하면서 진행된 것이라고 볼 수 있다.

그러던 찰나 12월 17일 김정일이 갑작스럽게 사망하였고 김정은 체제의 본격적인 시작을 알렸다. 초기 사망 이후의 우려와 다르게 김정은은 김정일과 마찬가지로 당군정을 장악하기 위한 절차를 밟고 있다. 2012년 4월 11일 제4차 당대표자회가 열리면서 김정은은 스스로를 노동당 제1비서관, 당 정치국 상무위원 그리고 중앙군사위원회 위원장으로 추대 되었고 김정일은 영원한 총비서로 추대하게 된다. 즉 북한 내 최고 권력기관인 당과 군부를 사실상 모두 장악하게 된 것이다.

이 글의 목적은 이러한 점에 주목하여 김정은과 김정일의 권력세습과정을 비교하는 것이며 북한의 권력구도의 특징에 대해 새롭게 정리하는 것이다. 이를 위해 제3차, 4차 당대표자회의 주요 내용과 특징을 살펴볼 것이며 나아가 향후 후계체제 구축과정에 대한 전망을 제시하고자 한다. 본 논문은 우선 북한의 권력 특징에 대해 살펴볼 것이다. 우선 북한의 권력 엘리트 구조와 특징을 간략하게 정의하고 제3장에서는 북한의 김정일과 김정은의 권력세습과정을 비교분석해 볼 것이다. 그리고 제4장에서는 김정은 체제의 권력을 전망해 보겠다.

2. 북한의 권력

2.1 권력엘리트의 개념

우선 권력엘리트에서 권력(power)의 사전적 의미는 개념은 남을 복종시키거나 지배할 수 있는 공인된 권리와 힘을 이야기한다. 특히 국가나 정부가 국민에 대하여 가지고 있는 강제력을 이르기도 한다. 그리고 엘리트(elite)는 사전적 개념은 사회에서 뛰어난 능력이 있다고 인정한 사람 또는 지도적 위치에 있는 사람을 이야기한다.

북한에서의 권력엘리트는 하일리와 버튼(John Highly and Michael Buton)이 제시한 엘리트 유형으로 정리해 보겠다. 그들은 엘리트를 "강력한 조직이나 기타운동의 요직에 자리 잡고 있음으로 인해 정례적으로 그리고 본질적으로 국가정치결과에 영향을 줄 수 있는 사람들"이라고 정의하면서 그 유형을 '합의적으로 통합된(consensually unified)' 엘리트, '분열된(disunited)'엘리트, '이데올로기적으로 통합된(ideologically unified)' 엘리트로 분류하였다.[1] 따라서 북한의 권력엘리트는 이들의 모형에서 하일리와 버튼의 유형 가운데 전형적인 제3유형[2], 즉 공산주의 혁명노선보다 구체적으로는 주체사상으로 뭉친 단일화.획일화된 엘리트라고 볼 수 있다. 또한 북한의 김일성과 김정일 그리고 그들의 권력핵심세력들에게 가장 잘 들어맞는 모형이라 할 수 있다.

2.2 북한의 권력엘리트 구조

사회주의 국가의 정치체제는 일반적으로 당 국가체제(Party-State System)의 형태를 띤다. 이와 같이 사회주의 국가가 당 국가체제로 작동하는 것은 사회주의체제의 일반적 특성과 깊은 연관성을 갖는다. 사회주의국가들은 첫째, 마르크스-레닌주의 또는 그것의 변형이라고 할 수 있는 사상을 공식적인 당과 국가의 지도이념으로 삼는다. 둘째, 공산당의 영도권이 이념적 차원에서뿐만 아니라 정치적·제도적인 차원에서도 보장된다. 즉, 공산당의 지배는 선거나 다수결 원칙으로 정당화되고 합법화되는 것이 아니라, 당 국가체제의 이념과 제도 안에 내장되어 있다. 셋째, 정도의 차이는 있지만 대부분의 사회주의 국가에서는 공유제의 원칙이 강조되면서 사적 소유와 사적 경제활동이 제약을 받는다. 또한, 기본적으로 계획경제의 틀 안에서 당과 국가가 경제에 대해 직접적으로 통제한다. 즉, 사회주의 국가의 경제는 공유제(public ownership)이고 명령경제(command economy) 또는 관리경제(administered economy)의 특성을 띤다. 넷째, 프롤레타리아 국제주의와 양대 진영론을 표방한다. 사회주의 국가는 기본적으로 프롤레타리아트 국제주의를 내세우면서 사회주의 진영의 연대를 강조하고, 자본주

[1] 강영은, "북한 김정일 정권의 권력엘리트 구조에 관한 연구", 2009, p.15.

[2] 이념적으로 단합된 엘리트는 목표, 이데올로기, 정책의 통일성으로 특징 지워지며, 공산주의, 파시즘 또는 신정주의 노선에 따라 조직된 국가들에서 발견된다. 1930년대와 1940년대 나치 독일의 전체주의적 파시스트 엘리트와 소련과 동유럽의 공산주의 엘리트가 그 좋은 예이다. 현재에는 쿠바, 북한, 중국과 같은 공산주의체제에 포함된다. 이러한 엘리트 유형은 몇몇 공산주의체제와 중동의 근본주의적 이슬람 국가를 제외하고는 대체로 쇠퇴하였다.

의와 사회주의 양대 진영의 경쟁과 갈등 그리고 대결을 통해 복잡한 국제관계를 해석한다.

따라서 사회주의 국가에서의 '일반적 권력'으로서의 성격은 사회주의체제의 정치, 경제, 사회문화적 권력이 융합되는 것을 의미하고 정치, 경제, 사회의 구분 없이 전 영역이 일련의 특권적 엘리트에 의해 운영되는 것이다.[3] 그리고 사회주의체제의 권력이기 때문에 중앙에 의해 모든 것이 독점되며 상부 중앙권력은 전체가 하나로 융합되어 하부로 내려가면서 그 기능적 분업에 따라 세분화되는 피라미드적 위계구조를 이루게 된다. 정리하면 다음과 같은 구조로 정리할 수 있다.

<그림 1> 공산당 조직구조

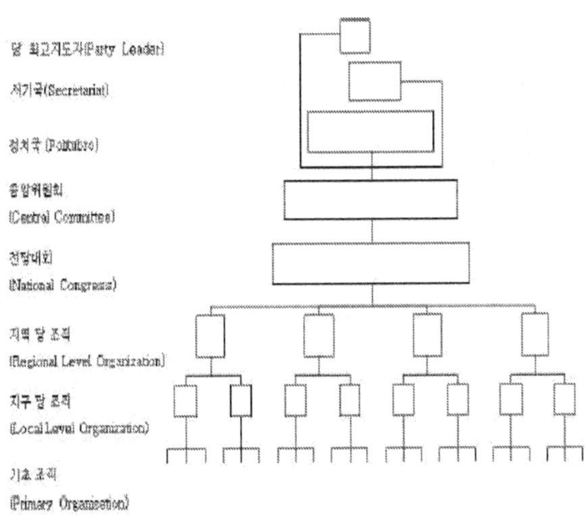

출처: Bertsch b(1978, 101); 안택원(1986, 140).

(1) 조선로동당

다음으로 구체적인 당·정·군에 속한 북한 엘리트들에 대해 살펴보도록 하겠다. 조선로동당은 중국공산당과 마찬가지로 소련공산당을 모델로 했다. 중앙당에는 당 대회, 당 중앙위원회, 정치국,

---

[3] 강영은, "북한 김정일 정권의 권력엘리트 구조에 관한 연구", 2009, p.16-17. 참고

비서국이, 최하부에는 초급당, 그 중간에는 각급 도·시·군당 조직이 있는 3단계 구조이다. 소련 및 중국의 공산당이 당 창건 초기때 주요 정책을 결정하는 기구였던 중앙위원회가 유명무실해진 과정은 조선로동당에서 반복되고 있으며 조선로동당의 정치국 역시 사전에 결정된 안건을 추인하는 형식적 기구로 변질되었다. 그리고 중국공산당이 그런 것처럼 조선로동당도 당 중앙군사위원회의 신설 및 정치국 내 상무위원회를 설치, 정치국의 기능을 상무위원회라는 소수집단으로 이전했다.

현재 정치국 상무위원은 김정은, 김영남, 최룡해, 최영림, 이영호 이렇게 5명으로 구성되어 있다. 그 외 4차 대표자회를 통한 변화로는 김정각, 장성택, 박도춘, 현철해, 김원홍, 리명수가 당중앙위원회 정치국 위원으로 승격하였고 곽범기, 오극렬, 로두철, 리병삼, 조연준을 당중앙위원회 정치국 후보위원으로 보선하였다.

조선로동당의 실질적인 당 운영은 비서국과 전문부서의 거대 관료조직이 맡고, 총비서가 중앙위원회, 정치국을 대표하며 권력을 독점하는 점에서 소련, 중국과 차이가 없다. 하지만 당 위원회가 해당 단위의 다른 기관을 통제하는 최고지도기관이라는 당 우위제도는 소련과 중국에서는 점차 사라졌으나 아직까지 북한에서는 견고한 원칙으로 남아있다.[4] 현재 비서국의 총비서는 김정일이며 4차 당대표자회에서 영원한 총비서로 추대되었고 김정은이 제1비서로 임명되었다. 나머지 비서는 11명의 인사로 구성되어 있으며 당중앙군사위원회 위원장은 김정일에서 김정은으로 바뀌었으며 부위원장으로는 이영호가 되겠다. 그리고 김경희 노동당 경공업부장은 4차 당대표자회를 통해 비서로 승진했고 곽범기 역시 비서로 선거되었다. 따라서 영원한 총비서 김정일을 제외한 제1비서인 김정은이 당의 전반을 총괄한다고 볼 수 있으며 김정일 사망 이후 김정은이 실질적이고 공식적 1인자의 자리를 물려받았다고 할 수 있을 것이다.

검열위원회는 현재 김국태가 위원장을 맡고 있으면 제1부위원장은 정명학이 맡고 있다. 부위원장으로는 이득남 그리고 4명의 위원(차관석, 박덕만, 차순길, 김용선)이 함께하고 있는 구조다. 검열위원회의 기능은 당 기강을 바로잡기 위해 당의 상하기관을 통제하는 기능을 하고 당의 재정 및 경리 사업을 검사하고 당 대회에서 이 사업을 총화 보고하는 기능을 하고 있다.

당중앙군사위원회는 인민군의 각급 부대에 설치된 당 조직 전체를 지도하고 지휘하는 당 군사부문의 최고정책결정기구이다. 당

[4] 윤진형, “조선로동당의 권력구조와 위상에 관한연구”, 2009, p.38.

규약 제27조는 "당 군사정책 대행방법을 토의·결정하며 인민군을 포함한 전 무장력 강화와 군수산업발전에 관한 사업을 조직·지도하며 우리나라의 군대를 지휘한다."고 규정하고 있다. 과거 이 위원회는 국방위원회에 회부되는 모든 사안을 사전에 토의 결정하는 최고군사기구였으나, 국방위원회의 급부상에 따라 그 위상이 현저히 약화되었다.[5]

종전까지는 위원장이 김정일이었으나 이번 4차 당대표자회를 통해 부위원장이었던 김정은이 위원장으로 추대되었다. 그 외 16명의 위원과 함께 구성되어 있다. 하지만 그 위상이 축소되어 실질적 정규군을 통솔·운영하기보다는 민간무력에 역점을 두고 있는 것으로 판단된다. 하지만 당의 군사정책을 협의하여 결정하는 당내 회의체로서의 기능은 여전히 수행하고 있는 것으로 여겨지며 김정일 시대가 막을 내리고 김정은 시대에 당중앙군사위원회의 역할은 점차 커질 것으로 예상된다.

(2) 국방위원회

1972년 국방위원회가 신설될 시에는 당 우위 체제아래 당중앙군사위원회의 부문별 위원회에 지나지 않았다. 사회주의 헌법 제93조에 따라면 주석이 전반적 무력의 최고사령관, 국방위원회 위원장으로 되며 국가의 무력을 지휘 통솔하도록 되어있었기 때문에 더욱더 권력구조상 특별한 의미는 갖지 못했다.

그 후 위상의 변화는 1992년 헌법에 타나났다. 즉 국방위원회가 국가주석과 분리되고 독립시켜 여기에 군 통수권을 부여하게 된다. 1998년 개정헌법에서는 기존 국방위원장의 권한에다 국방관리 기관과 사업 전반을 지도한다는 내용이 포함되었고 이는 국방과 관련된 국가사업 전체를 지도한다는 것을 의미하게 된다. 이로써 국방위원회는 사실상 북한 국가 기관 내 최고 권력기관이 되었다. 현재 국방위원회 위원장은 김정일이다. 하지만 앞서 설명했던 비서국의 총비서의 자리와 비교한다면 아래라고 볼 수 있다. '2000년 남북정상회담'에서 김정일이 총비서라는 칭호를 사용하지 않고 국방위원장으로 '6.15공동선언'에 서명한 이유도 총비서가 자치하는 위상이 남한의 대통령보다 우위라는 점을 강조하기 위함이라 보인다.

---

[5] 윤진형, "조선로동당의 권력구조와 위상에 관한연구", 2009, p.52.

(3) 내각

과거 '정무원'[6]이라 불렸던 내각은 1998년 개정 헌법 제117조에 따라 최고주권의 행정적 집행기관이자 전반적 국가관리기관이다. 이는 법령·결정들을 전국적 범위에서 조직집행하는 최고행정기관이라는 것을 의미한다. 과거에는 정무원 총리에 관한 규정이 전혀 없었던 데에 반해 개정 헌법에서는 내각 총리가 "조선민주주의인민공화국 정부를 대표한다."고 기술, 상승된 내각의 지위를 반영하였다.[7] 현재 내각 총리는 최영림이다.

(4) 최고인민회의

최고인민회의는 간략하게 설명해서 입법권을 행사하는 기구이다. 1998년 개정헌법 91조에 따르면 최고인민회의는 각종 국가지도기관 즉, 국방위원회 위원장, 최고인민회의 상임위원회 위원장, 내각 총리, 중앙재판소 소장을 선거 또는 소환하는 권한을 가지며, 헌법 수정, 국가의 대내외 정책의 기본원칙 수립, 국가의 인민경제발전계획과 그 실행정형에 대한 심의·승인, 국가예산과 그 집행정형에 대한 심의·승인, 조약 비준 등의 권한을 갖는다. 1998년 개정헌법 이후 최고인민위원회 상임위원회가 신설되었고 이는 종래의 중앙인민위원회와 최고인민회의 상설회의 그리고 주석직이 갖고 있던 주요 권한 대부분을 이양 받았다. 현재 최고인민회의 상임위원에는 김영남이 위원장으로 있으며 최고인민위원회에서는 최태복이 의장으로 있다.

3. 북한의 권력세습과정

지금까지 북한권력구도에 대해 간략하게 살펴보았다. 위와 같이 북한은 당우위 체제를 가지고 있으며 1998년 개정헌법 이후에는 국방위원회의 역할과 내각 그리고 최고인민위원회, 최고인민회의 상임위원회 등 그 위상과 역할이 조금씩 격상되고 구조화되며 변화하고 있다. 하지만 이는 민주주의 국가로써의 기본골격을 모방하기 위함이며 지금까지도 실질적 권한은 당에서 나오며 독점적인 권력체제를 유지하고 있다고 볼 수 있다. 즉 당내 1인자인 김정일

---

[6] 정무원은 1948년 "조선민주주의인민공화국 헌법"에 규정되었던 국가주권의 최고집행기관인 내각이 1972년 "조선민주주의인민공화국 사회주의헌법" 제정 이후 개칭된 것이다. 즉 1998년 9월까지 최고주권기관의 행정적 집행기관으로서 주로 행정집행과 행정지도를 담당했다. 정무원은 내각의 주요권한 중 일부를 중앙위원회에 이양하고 순수한 행정집행기구의 역할만을 담당하였다.(네이버 백과사전 참고)

[7] 강영은, "북한 김정일 정권의 권력엘리트 구조에 관한 연구", 2009, p.53. 참고

이 모든 정책결정과정에서 실질적 역할을 할 수 있는 구조를 가지고 있다. 김정일외 주요 직책 담당자에 대해 아직 다루지는 않았지만 사회주의체제의 권력구조에서 나타나는 특징 가운데 하나는 바로 겸직현상이다. 겸직현상의 의미는 각각의 개별화된 의무를 띤 부서들이 어떠한 동질성이 유지될 수 있다는 점이고 민주주의 국가운영에 나타나는 분권현상이 아닌 폐쇄적이고 응집적인 독점적 체제가 발생될 수 있는 근거가 된다.

따라서 이러한 응집력이 높을수록 엘리트 통합의 도움이 될 것이며 엘리트들 간의 응집력과 1인자와의 원활한 교류를 위해 직책의 변화나 겸직의 여부는 권력체제 연구에 주요한 잣대가 될 수 있을 것이다. 따라서 제2장에서는 김정일과 김정은의 권력세습과정을 비교하며 주요 엘리트의 직책 변화와 특징 그리고 엘리트구조에 대해 비교분석해보겠다.

3.1 김정일의 권력세습과정

황장엽의 책 "나는 역사의 진리를 보았다"라는 책에 따르면 김정일은 자신의 권력 확보 의지와 노력의 결과로 세습을 성취하였다고 기술하고 있다. 즉 김정일의 권력세습이 북한이 선전하는 것처럼 타고난 후계자의 자질과 인민의 추대에 따른 승계도 아니고 이와 반대로 외부세계에서 말하는 것처럼 무능한 왕자의 봉건적 세습도 아니라는 뜻이다. 당시 북한의 대내외 상황을 살펴보면 소련 흐루시초프의 스탈린 개인숭배 비판과 중국 마오쩌둥의 후계자로 지목된 린뱌오의 반란 등으로 하여 북한의 후계자 문제는 김정일로 하여금 새로운 중요성을 부각시켰고 대내적으로 역대 '종파분자'들이 소련과 중국을 등에 업고 김일성에 권력에 도전한 사실 그리고 '갑산파사건'과 '김창봉사건'에서 볼 수 있듯이 빨치산 출신들조차 믿을 수 없다는 인식은 세습의 필요성을 더욱 부각시켰다.[8] 또한 김정일의 라이벌이었던 김일성의 동생 김영주가 당 조직비서로서 권력 2인자의 지위를 차지하고 김일성의 후처인 김성애 세력이 득세하는 등 전형적인 족벌정치 구조가 형성된 것은 세습을 당연시하는 분위기를 조성하기도 했지만, 동시에 김정일로써는 후보자들을 물리쳐야 하는 숙제였다.

1994년 김일성의 사망까지 김정일의 세습과정을 살펴보면 다음과 같다. 1960년 '김일성종합대학' 경제학부 정치경제학과를 졸업한 김정일은 로동당 중앙위원회에서 정치경력 입문을 쌓으면서 후

---

8 현성일, 『북한의 국가전력과 파워엘리트 -간부정책을 중심으로-』, 2007, p.110. 참고

계를 위한 준비 작업에 들어갔다고 볼 수 있다. 이 후 1974년 후계자로 내정될 때까지 10년 이라는 시간은 김정일이 김일성에게 권력을 맡길 수 있다는 신뢰와 리더십을 인정받기 위한 시간이었다. 1960년대 후반 '반종파투쟁'과 종파여독 청산 과정, 선전·선동, 문화예술, 출판보도부분에 대한 실무지도 과정에서 김정일은 김일성에게 신뢰와 책임감 그리고 충섬심을 인정받기 위한 시간이었고 반종파투쟁 과정에서 선전비서 김도만과 국제비서 박용국 등 김영주의 측근들이 거세된 것도 김정일의 후계자의 지위에 보다 근접할 수 있는 계기였다. 김정일의 생모 김정숙의 빨치산 동료들인 원로간부들의 후원도 후계자 내정에 무시할 수 없는 배경이 되었다. 즉 '혁명1세'들과 유자녀출신 간부들과의 친분관계를 돈독히 하는 한편, 선전·선동부문과 문화예술 부문에서 항일 빨치산의 업적과 혁명전통을 적극 내세우도록 하였다. 이것이 1974년 2월 당 제5기 8차 전원회의에서 김일, 최현, 오진우, 림춘추, 한익수, 황순희 등 원로들이 김정일을 정치위원회 위원으로 추천하고 김일성이 이를 수락하는 형식으로 후계자 내정이 마무리될 수 있었던 주요 배경이었다.[9]

하지만 정통 마르크스주의자들의 시각에서는 김정일의 세습이 쉽게 받아들이기 어려운 문제였다.[10] 또한 삼촌 김영주와 이복형제인 김평일 등 경쟁자들과 이들을 추종하는 세력, 그리고 이들 이복형제에 대한 김일성의 변함없는 부성에도 김정일에게는 큰 부담으로 작용하였던 것으로 보인다. 더욱이 김일성의 나이가 환갑이 지났지만 당장 권력을 물려주어야 할 정도로 건강이 나쁘지 않았다는 점도 후계체제의 장기화에 대비해야 할 하나의 과제였다. 이러한 정치상황은 권력을 승계한 김정일로 하여금 후계자로서의 자질과 능력을 최대한 발휘함으로써 세습의 부정적 이미지를 해소하고 후계권력기반을 확고히 구축하고 공고화해 나가는 방향으로 국가전략과 간부정책을 추진하지 않으면 안 되게 만들었다.[11]

김정일이 당 정치위원회 위원에 임명된 직후부터 김정일은 사상적 준비에 들어간다. 수령절대주의체제를 확립함으로써 '김일성주의'의 독자적인 지위를 확립하게 되는데 이는 김정일의 후계체제 구축에 장애가 된다는 판단에서 비롯되었다고 볼 수 있다. 또한 유일지도체제 구축과 권력 장악에 있었어도 '당의 유일사상체계

---

[9] 이종석, 『현대북한의 이해』, pp.501.502, 현성일, 『북한의 국가전력과 파워엘리트 -간부정책을 중심으로-』, 2007, p.110. 참고

[10] 황장엽, 통일정책연구소 연구위원들과의 간담회에서 한 증언,(1997년 12월 26일)

[11] 현성일, 『북한의 국가전력과 파워엘리트 -간부정책을 중심으로-』,2007, p.111-112. 참고

확립 10대원칙'에서 김일성의 유일적 영도는 김정일의 유일적 지도체제 확립을 전제로 한다는 논리를 전개하고 있다.

김정일의 당권장악 1972년 12월 최고인민회의 제5기 제1차 회의에서 주석제를 핵심으로 하는 헌법 개정과 국가기구 개편이 단행되면서 공고해진다. 김일성은 주석제의 신설로 명실상부 최고 정상의 지위를 차지하게 되고 비서국이 인사문제와 대내 문제 등을 결정할 수 있는 권한이 부여되면서 김정일이 조직 및 선전비서로서 당을 완전히 장악하도록 하기 위한 사전포석의 기능을 맡게 된다.[12] 하지만 군권장악에 있어서는 당을 책임진다는 김정일이 김일성의 직권을 침범하는 남용 행위로 비춰질 수 있어 신중히 진행하였다. 때문에 군을 직접 장악하기 보다는 각 분야에 포진되어 있는 당 조직들을 통해 이들 분야에서 유일지도체제를 확립하는 방법으로 영향력을 확대해 나갔다.

특히 1970년 제5차 당 대회에서 당 규약개정을 통해 당중앙위원회 군사위원회가 모든 무력을 지도한다고 명시함으로써, 직업군인의 독단적 행동이나 군지휘관의 단독지휘권 행사를 불허하였다. 또한 김일성은 1973년 5월 사회안전부(현 인민보안성)내의 비밀사찰기관이었던 정치보위국을 분리하여 국가정치보위부(현 국가안전보위부)를 신설하였다. 국가정치보위부는 이후 수령절대주의체제와 유일지도체제 확립에 반하거나 저항하는 인물이나 세력을 적발·제거하는 사명을 수행하면서 노동당 조직지도부와 함께 김정일의 후계체제 확립에 결정적인 기여를 하였다. 정권기관장악은 당적 지도 강화 방식으로 이루어졌다. 북한이 당국가체제의 성격이 강하다는 견지에서 볼 때 해당 분야의 당 조직을 장악한다는 것은 곧 그 분야 전반을 장악한다는 것을 의미한다. 따라서 정권기관과 행정·경제 분야에 대한 김정일의 권력 장악은 이 분야들에 조직되어 있는 당 조직들을 장악하는 것만으로도 충분하다고 볼 수 있었다.

이외 김정일은 정치적 여러 장애요소를 제거함을 시작으로 후계체제의 공고화 작업으로 들어갔고 1990년 5월 국방위원회 제1부위원장에, 1991년 12월 인민군 최고사령관에, 그리고 1992년 공화국원수에 추대된 데 이어 1993년 4월에는 김일성으로부터 국방위원장직을 공식 승계함으로써 권력승계에 대비한 모든 절차상의 준비를 기본적으로 마무리하였다.

---

[12] 서대숙, 『현대북한의 지도자』, 2000, p.197.

3.2 김정은의 권력세습과정

북한은 지난 9월 28일 제3차 조선노동당 대표자회와 중앙위원회 전원회의를 개최하여 노동당을 정비하고 김정일의 3남인 김정은이 후계자임을 대내외에 알렸다. 당시 제3차 당대표자회는 1980년 당 대회 이후 30년 만에 그리고 1966년 제2차 당대표자회 이후 44년 만에 개최된 당 관련 최고행사였다. 즉 북한의 3대 권력승계는 더 이상 놀라움의 대상이 아닌 현실의 문제로 다가왔었다. 과거 두 차례 당대표자회가 김일성의 권력을 강화했던 것과 마찬가지로 제3차 당대표자회에서는 김정일 유일지도체제의 강화로 나타났다. 조선로동당 조직 개편을 통대 당-국가기구 체제를 복원함으로써 이를 김정일의 권력강화와 연계시켰다. 첫 의제였던 김정일의 조선로동당 총비서 추대로 정한 것에서 김정일 유일지도체제의 강화를 잘 알 수 있다.[13] 이는 북한에서 수령이나 수령의 후계자는 '선거'되는 것이 아니라 인민대중의 절대적인 지지와 신뢰에 기초하여 인민대중 스스로 '추대'해야 한다는 수령론·후계자론과도 연결된다고 볼 수 있다.

따라서 김정일을 당중앙위원회가 아닌 당 대표자회를 통해 재추대 절차를 밟은 것은 여전히 김정일이 당의 최고 영도자이며 아직까지는 김정일 유일지도체제가 건재함을 대내외에 과시하려는 목적이었다. 예컨대 당대표자회를 통해 구성된 권력엘리트들이 후계자의 등장에도 불구하고 김정일의 측근들의 거의 임명되었다는 점에서도 알 수 있다. 80대의 김영남 최고인민회의 상임위원장, 70대의 강석주 부총리, 60대의 장성택 국방위 부위원장 등 김정일의 측근세력들이 거의 대부분 유임되었다. 이는 김정일이 이들 측근들을 중심으로 직할통치를 지속하겠다는 것을 의미하며 향후 김정은으로 후계체제 구축과정 역시도 이들 세력들을 중심으로 이루어질 것임을 보여주고 있다.[14] 따라서 김정일이 1960년대 후반 선전·선동부문과 문화예술 부문에서 항일 빨치산의 업적과 혁명전통을 적극내세워 '혁명1세'들과 유자녀출신 간부들과의 친분관계를 통해 후계 구축의 지원자 역할을 했듯이 후계자로 지목된 김정은 역시 이와 같은 절차를 밟을 것으로 보인다. 따라서 비서국의 비서들이 정치국 후보위원과 겸직률이 100%인 점을 고려하고 비서국 중심의 직할통치를 지속할 거라는 점을 미뤄봤을 때 김정은이 고려하고 신경을 써야할 인물들을 유추해 볼 수 있을 것이다.

북한은 특성상 당우위의 국가체제이다. 하지만 1994년 김일성

---

[13] "조선로동당대표자회 진행", 조선중앙통신 2010년9월28일

[14] 전현준, "북한의 제3차 당대표자회 개최 의미와 전망", 2010, 통일연구원

사망 이후 당의 기능은 제대로 작동하지 못했고 비서국과 군사위원회 중심으로 비정상적으로 운영되어 왔다. 하지만 2009년 헌법 개정을 통해 국가기관을 정비했으며 조선로동당의 정비와 기능을 정상화하고 전통적인 당-국가체제의 복원을 시도할 것으로 판단된다. 이는 김정은의 효과적은 세습절차를 밝히기 위한 수순으로 보인다. 따라서 1980년 제6차 대회를 끝으로 개최되지 못하고 있는 조선로동당 최고의결 기구인 당대회도 앞으로 열릴 가능성이 존재한다. 여기서 김정은이 김정일이 아닌 스스로의 리더쉽을 발휘하고 당을 기반으로 권력을 확장해야 함을 의미하게 된다. 여기서 김정일이 과거 그러했듯이 김정은 역시 잠재적 저항세력을 제거할 것으로 예상된다.

김정은은 이번 3차 당대표자회를 통해 당 중앙군사위원회 부위원장직을 올랐다. 1990년 5월 김정일이 군방위원회 제1부위원장에 오른 것과 비교 당의 정상화 기능을 위해 당 중앙군사위원회의 역할도 다시 증대될 것으로 판단되며 국방위원회가 아닌 이제는 다시 당 중앙군사위원회가 군을 통제할 것으로 예상된다. 현재 당 중앙군사위원회의 구성원들 역시 북한군의 실질적인 권한을 가지고 있는 인사가 많다. 김영춘(인민무력부장), 김명국(총참모부 작전국장), 리병철(공군사령관), 정명도(해군사령관), 윤정린(호위사령관) 등과 공안을 담당하는 김정각(총정치국 제1부국장), 김원홍(보위사령관), 우동측(국가안전보위부 제1부부장) 등을 들 수 있다. 이와 같은 주요 인물들의 직책을 놓고 봤을 때 김정일과 다르게 당 중앙군사위원회의 역할을 통해 김정은이 군을 장악할 가능성이 높다. 하지만 절대적 실질적 권한을 가진 총비서의 자리를 승계하지 않은 점을 아직도 김정일이 건재하고 김정일이 세습을 한 과정처럼 김정은 역시 수순을 밟아 올라갈 시간이 있다는 뜻을 의미한다고 할 수 있었다. 그 이후 4차 당대표자회를 통해 김정은이 국가기관에 대한 권력 장악은 현실로 다가왔고 김정일 사망 이후 초고속으로 당과 군부를 장악해 나가고 있다. 이런 과정에서 함께 승진하는 인물들에 초점을 맞추어 향후 북한의 새로운 권력엘리트를 예상해 볼 수 있을 것이다.

하지만 후계체제를 공고히 하기 위해 김정일이 행했던 절차상의 준비와 비교하면 불안한 점이 많다. '당의 유일사상체계 확립 10대원칙' 같은 김정일의 유일적 지도체제 확립을 전제한 논리 등은 현재 김정은 세습과정에서의 부재를 들 수 있다. 김정은의 출생지에 대한 논란과 정통성이 미흡한 상황에서 김정은과 같은 안정적 정착은 기대하기 힘들다고 보인다. 또한 엘리트내 숙청작업도 미흡한 상태다. 김정일은 1950~1960년대의 '반종파투쟁'과정에서 김일성의 유일지배체제에 걸림돌이 되었던 모든 정치적 이단세력을 제거하였다. 그럼에도 불구하고 김정일의 후계자 세습과정에서 계모 김성애, 이복형제 김평일 등 이른바 '곁가지 세력'들과, 김정일의 세습에 불만을 품은 원로세력들이 존재하여 도전에 직면할 위험이 있었다. 정확하게 확인되지 않지만 현재 김정남 암살시도 실패 등 김정은의 정치적 장애요소 제거 작업은 오히려 김정남 세력을 분노하게 만들고 공세에 몰릴 수 있는 가능성을 만든다. 이런 상황에서 김정일이 조기 사망 이후 4차 당대표자회를 통한 실질적 권력 장악은 세습과정과 권력 장악 과정이 김정일의 유일지배체제처럼 공고하다고만은 할 수 없을 것이다.

특히 1960년부터 김정일은 권력세습을 위해 부단한 노력을 한 것과 비교한다면 김정은의 길은 아직 멀고도 험하다. 당·정·군을 장악하기 위한 김정일의 행보에 걸맞은 여러 가지 난제가 김정은 앞에 펼쳐져 있다고 볼 수 있다. 이러한 난제를 극복하기 위해서는 정치적 후원자의 힘이 필요한데 그러한 역할을 김경희나 장성택이 할 것으로 보인다.

4. 결론: 김정은 체제의 권력변화 전망

지금까지 북한의 엘리트 개념과 구조 그리고 김정일·김정은의 세습과정을 살펴보았다. 김정일의 세습과정과 김정은의 경우에서의 가장 큰 차이점은 검증기간이라 하겠다. 김정일은 1960년대부터 후계자로 임명받기 위해 준비단계와 구축단계 그리고 공고화단계 이렇게 3단계를 거쳐 충실히 준비해온 반면 김정은은 다르다. 김정일이 앞으로 수십 년간 생존할 수 없다는 사실을 미뤄봤을 땐 세습과정의 불안은 불가피하다. 김일성 사망 뒤 많은 전문가들이 북한붕괴를 점쳤지만 북한상황인식을 잘못한 오판으로 여겨졌지만 이번 상황은 다르다. 김정일의 후계자가 되기 위한 정통성도 부족하며 인격적·제도적 리더십 확립도 이루어지지 못하고 있다. 단순히 당과 군부를 장악했다는 인식적 추대는 진행되었으나 김정일 시대만큼 공고하리라고는 단언할 수 없다. 즉 김정은을 가까이에서 보좌할 누군가의 힘이 필요할 것이다. 특히 김경희의 역할이 커질 것으로 예상된다. 지난해 12월 김정일 장의 위원회 명단에서만 보더라도 김경희의 위치는 서열 14위에 불과하였지만 '참배 순위'에서는 5위로 나타났다. 즉 김정은의 혈족이자 정치적 후원자 역할을 기대하는 김정은으로서는 김경희의 격상이 필요할 것으로 판단하고 있을 것이다.

따라서 4차 당대표자회를 통해 표면적인 변화와 몇몇 인물들의 지위 격상을 판단한다면 김정일의 유언을 집행하는 누군가의 힘이 필요할 것이며 예상되는 인물로는 김경희 비서를 들 수 있다. 김일성 생일 100주년을 맞는 2012년을 전후로 김정은제1비서의 체제를 공고히 하기위해 힘 즉 군사력을 과시할 필요가 생기는 것이다. 즉 당 중앙군사위원회를 중심으로 당내 리더십을 확보하고 국가기관을 장악하고 안정화 되고 있음을 보여줄 필요가 생긴다. 이를 위해서는 미국과의 약속과 국제적 비난에도 불구하고 추가 미사일 발사 및 핵실험을 감행할 것이며 성공여부와 상관없이 그의 위상은 한층 더 격상될 것으로 보인다. 실제로 2012년 4월 13일 평화적 실용위성으로 가장해 북한은 광명성 3호를 발사했다. 또한 김정일이 '빨치산1세대'의 지지를 받은 것처럼 김정은 역시 원로세력의 후견을 위한 지지자 확보에 노력을 기울일 것으로 판단된다. 여기에는 제4차 당대표자회에서 임명된 원로 인사들을 계속해서 주목할 필요가 있다. 김일성과 김정일에 비해 세습의 정당성이 부족한 김정은으로서는 어떤 형태로든 우상화작업이 필요할 것이다. 북한 내부를 안정화시키기 위해서도 김정은은 군부의 힘에 의존할 수밖에 없을 것이다. 이에 따른 한반도내 안보적 불안요소들을 지속해서 전망하고 김정은 체제의 새로운 권력구도를 연구해 나가야 할 것이다.

참고 문헌

강영은, 2009, “북한 김정일 정권의 권력엘리트 구조에 관한 연구”, 건국대학교 대 학원 석사학위 논문.
김병진, 2009, “북한 권력승계 과정의 특징과 김정일 후계구도에 관한 연구”, 상명대학교 정치경영대학원 석사학위 논문.
박영자, 2009, “북한의 집권엘리트(Centralized Power Elites)와 Post 김정일 시대”, 이화여자대학교 통일학연구원
서대숙, 2000, 『현대북한의 지도자』, 2000.
이기동, 2010, “제3차 노동당 대표자회 이후 북한 권력구조 확립의 쟁점 및 과제”, 국가안보전략연구소.
이시균, 2010, “북한헌법과 김정은 체제 등장 분석”, 경기대학교 정치전문대학원 석사학위 논문.
정태창, 2011, “북한 3대세습 정권승계 과정 분석과 전망에 대한 연구”, 충남대학교 행정대학원 석사학위 논문.
조성환, 2010, “김정일 시대의 북한군의 지위와 역할에 관한 연구”, 경기대학교 정치전문대학원 박사학위 논문.
최진욱, 1996, “김정일의 당권장악과정 연구”, 북한연구실.

통일부 2011 북한권력기구도
통일부 2011 북한의 주요인물
통일부 2011 북한기관, 단체별 인명집

참고 사이트

조선일보
중앙일보
통일부
통일연구원(북한주간정세)
한겨례

한국의 대미 정치력 신장과 재미 교포들의 역할

최고요 (ERIN CHOI)

MA, Korean for Professionals, University of Hawaii at Manoa, 2012

SOUTH KOREA'S LOBBY EFFORT IN THE U.S.

Not enough attention has been given to the role of lobbying in the academic discussions and research on U.S.-Korea relations. Especially in an asymmetrical power dynamic (as is the case in U.S.-Korea relations), lobbying becomes a valuable tool to supplement formal diplomacy when a weaker state seeks assistance from its stronger counterpart. Hence, lobbying has immense potential for a state like Korea to influence the direction of U.S. foreign policy. Without a good understanding of the nature of lobbying in the U.S. and the best way to utilize it – the possibilities, tactics, obstacles, and limits – Korea will miss out on improving its leverage in negotiations with the U.S.

As a rising nation with interests to protect in continuing its growth and development, Korea needs effective representation in the American political arena to deal with increasing political, economic and security issues. In this paper, I look at the Israeli lobby because of its success in securing Israeli interests in Washington. I identify the elements that define their success in order to see if those same elements can be taken and adapted by Korea. Then, I look at the Korean lobby in three main areas: security, trade, and human rights, and I conclude that Korea has not been as successful in lobbying Washington for policies that are more favorable to its national interests. I investigate the problems and limits of Korean lobby efforts before discussing ways in which the Korean lobby can improve, mainly through indirect lobbying strategies such as coalition building and grassroots mobilization that utilize ethnic ties with the Korean American community.

1. 서론

미국은 냉전 시대의 붕괴로 지난 25 년 동안 정치, 경제, 군사 안보적으로 패권을 쥐고 주도해왔다. 미국의 정책 결정이 다른 나라들의 정치, 경제, 사회, 문화의 요인들에 다방면으로 큰 영향들을 미치게 됨에 따라 미국의 정책 입안과 결정에 국가간 관심이 집중되었다. 따라서 약소 국가들이 공식적 외교 협상에서의 힘의 불균형을 극복하기 위해서는 유력한 미국의 행정부나 의회의 담당자와의 접촉이 자국들의 국익에 중요하다. 이러한 필요성과 인식이 많은 국가들의 로비 활동들을 가속시켜 오고 있는 것이다.

로비가 외교 관계에 중요하다는 사실에도 불구하고 그 동안 이 주제에 대한 연구가 많지 않았던 것이 사실이다. 미국 내에서 로비 활동이 미국 기업과 권익 단체 및 시민 단체를 위한 로비 연구는 그나마 꾸준히 있어 왔지만 외국 로비나 외부 압력 단체의 활동에는 별 관심을 기울여 오지 않았다. 별로 다양하지 못한 외국 로비에 대한 연구도 유태인과 중국의 1950~1960 년대의 로비 활동 정도 뿐, 한국 같은 신흥 국가 또는 개발 도상국들의 로비 활동에 대한 연구는 찾아 보기가 쉽지 않다.

외교 정책 및 국제 관계에 대한 학문적 논의 에서도 로비에 대한 충분한 연구와 토론이 이제까지는 별로 많지 않았다. 로비가 미국의 정치, 외교 및 경제 정책을 좌우할 수 있는 중요한 도구이기 때문에 이를 간과한다는 것은 중요한 실수가 될 수도 있다. 아직까지는 한국과 같은 타국가들은 로비 활동을 하려고 하면서도 잘 이해하지 못하고 또한 그 도구들을 잘 활용하지도 못하고 있다. 선진화된 신흥 개발국으로서 한국이 미국의 정치·경제계에 영향력을 미치려면, 효과적이고 체계적인 외교 전략과 외교 압력 수단이 반드시 있어야만 한다. 그럼으로 한국의 정치, 경제 및 안보 문제 등을 순조롭게 해결할 수가 있고 한국의 이익을 보장 받을 수 있는 것이다.

본 논문에서는 가장 성공하고 있는 외국 로비 세력 중에 하나인 유태인 로비 활동을 모범으로 삼아 그들의 성공 원리와 공식을 발견해낸 후 이를 한국의 로비 활동에 적용을 시켜 보려고 한다. 한국의 로비 활동에 대해서는 주로 안보, 통상 무역, 그리고 인권의 주요 세 부문에서 살펴볼 것이다. 마지막으로 미국의 로비 체제, 유태인의 로비와 정치 영향력, 한국의 로비 활동과 평가 그리고 재미 교포들의 정치 세력화라는 주제에 대한 큰 틀을 가지고 본 연구의 진행과 전망을 알아본다.

2. 미국에서의 로비 활동

2.1. 미국 로비의 특성과 현황 [1]

[1] Chung-in Moon, "Influencing Washington: An Analysis of the South Korean Lobby in the United States," *Alliance under Tension: The Evolution of South Korean-U.S. Relations*, By Manwoo Lee, R. D. McLaurin, and Chung-in Moon, Boulder: Westview, 1988: 103-127.

로비 종류는 크게 두 가지로 구분 지을 수 있으며 이는 국내 로비와 국외 로비로 나눌 수 있다. 국내 로비란 미국 내에서 어떤 단체들의 이익을 추구하기 위해 정책 입안 과정에 대해서 영향을 끼치는 행위이며 국외 로비란 어떤 외국의 국익을 추구하기 위해서 미국 내에서 정치 로비 활동을 하는 것이다.

2.1.1. 로비와 관련된 법안

이미 180 년이 넘는 로비의 역사를 가진 미국은, <외국 대리인 등록법 (Foreign Agents Registration Act FARA, 1938)>과 <연방 로비 규제법 (Federal Regulation of Lobbying Act, 1946)> 그리고 <로비 공개법 (Lobby Disclosure Act LDA, 1995)>의 규정 안에서 외국의 로비 활동을 합법적으로 허용하고 있다. <외국 대리인 등록법>은 연방정부 차원에서 최초로 로비 활동을 포괄적으로 개혁하고 통제하려고 시도한 법이다.[2] 이 법안의 주요한 목표는 외국의 로비 대리인들이 무제한적으로 미국의 정치와 입법 활동에 영향력을 미치는 것에 대한 사전 제한적 규정들을 두기 위해서 제정되었다. 특히 그 당시의 아돌프 히틀러가 나치즘을 미국에서 확산시킬 수 있다는 우려가 하나의 동기가 되었다. 제 2 차 세계 대전 이후 연방의회가 <연방 로비 규제법>을 제정하여 정부 차원에서 로비 활동을 파악하고 규제하려고 했다. 이 법안의 목적은 로비스트들의 등록을 의무화하고, 수입을 철저하게 공개하도록 하기 위해 만들어졌다. 로비 활동을 제재하기 위해서라기보다는 보다 더 투명성 있게 하고자 함이었다. <로비 공개법>은 앞에 언급했던 <외국 대리인 등록법>과 <연방 로비 규제법>들이 가지고 있는 문제점들을 좀 더 개선하기 위해서 만들어졌다. 어떤 사람이 로비스트이고 어떠한 행위가 로비 활동인지를 더 명백하게 규정하고 제한했다. 그리고 누구를 접촉해야 로비라고 여겨지는지, 그 정의의 폭도 더 광범위해 졌다. 이전에는 연방 상하원들과 접촉하는 것만 로비로 간주되었으나 <로비 공개법> 이후로는 공무원과 접촉을 하는 것도 로비 활동이라고 규정되었다. 이러한 조항을 어기면 범죄 행위로 고발이 되고 엄중한 처벌을 받게 되었다. 결과적으로 <로비 공개법>은 로비를 상당한 수준으로 제한할 뿐 아니라, 모든 로비 활동을 보다 더 공개적으로 제도화하는 계기가 되었다.

미국에서 로비 활동이란 어떤 단체, 기업 혹은 개인의 이익을 위해서 정부나 의회에 영향을 미치는 행위를 말한다. 이런 로비 활동에는 실제로 로비활동의 가장 효율적인 결과를 획득하기 위해,

---

[2] Craig Holman, *Origins, Evolution and Structure of the Lobbying Disclosure Act*, Public Citizen, 11 May 2006.

로비 대상과 목적에 대해 필요한 정보를 캐내고, 적극적으로 그 당사자들에게 홍보 및 무언의 압력을 가하며, 이해관계가 얽힌 어떤 문제의 입법 통과를 위해 노력하고, 연방 정부나 지방정부의 필요한 도움을 획득하고자 하는 모든 행위를 포함한다.

2.1.2. 로비의 종류 [3]

로비는 개인, 기업 및 조직의 관심사를 정책 결정자들에게 로비이스트들을 통해 직접 전달하거나 혹은 간접적으로 전달 할 수 있다고 본다. 직접 로비는 '권력'과 '전문'이라는 로비활동을 말한다. 로비스트들이 직접 국회의원이나 공무원을 만나서 그들의 주장을 제시 하거나 설득하는 것이다. 정책 결정자를 만나 면담을 하는 것뿐만 아니라 의회 청문회에서의 증언, 공청회에 참석하는 것과 법원 제소 등의 행위를 직접 로비라고 한다. 간접적인 로비에는 PR 을 통한 여론 조성 그리고 '연합체 결성'과 '풀 뿌리 동원'등이 있다. 간접적인 로비가 직접적인 로비보다 더 많은 노력과 시간을 요구하지만 장기적인 안목으로는 훨씬 더 효과적인 방법이 될 수가 있다. 현재 로비스트들은 그들의 로비 고객에 대한 미국 우호적 여론 조성과 홍보에 적극적인 노력을 기울이고 있다. 로비활동은 여론에 영향력을 행사하기 위해 광고, 뉴스, 독자 투고, 사회 공익 캠페인, 사회 네트워크 등을 통하여 수 많은 에너지와 홍보 자금들을 투입하는 것이다. '연합체 결성'은 상호적인 이익을 위해서 여러 조직들이 모여 미국 정부에 연계적인 합동 청원을 한다. 예를 들면 이번 한미 FTA 를 위해 한국이 Chevron, HP, Ford, U.S. Rice Producers Association, Google, Kraft Foods, Pfizer 및 American Meat Institute 와 같은 기업이나 단체와 서로 연계하여 로비 캠페인을 진행했다. 마지막으로 '풀 뿌리 동원' 전략은 정책을 입안하는 상하의원들에게 선거 지역 주민들이 항의, 서신, 전화, 이메일 등의 간접적인 설득 방법으로 압박을 가함으로써 정책 결정에 영향력을 끼치는 것으로서 이는 가장 효과적인 국내 로비 테크닉 중의 하나이다.

로비를 4 가지의 목표로 구분할 수 있다. 첫째는 예방적 로비활동이다. 대상 국가에 대한 불리한 법률안이 제정되거나 개정 되기 전에 전문 로비스트들이 미리 대응할 준비를 하는 로비활동을 말한다. 경고 시스템이나 신뢰할 수 있는 정보원을 통해 로비 활동을 손님에게 손해가 발생 되지 않도록 조치를 취한다. 둘째는 방어적 로비 활동이다. 사법부, 입법부 혹은 행정부 등 로비대상

[3] Chung-in Moon, "Complex Interdependence and Transnational Lobbying: South Korea in the United States," *International Studies Quarterly* 32.1 (1988): 67-89.

기관으로부터의 손해를 최소화하는 로비활동이다. 로비스트들이 정책 결정자들로 하여금 법률안을 거부하도록 설득하거나 법률 소송을 해결하거나 정책 실시를 연기하도록 로비하는 것이다. 셋째는 공격적인 로비로서 자국의 이익을 위하여 현존하는 정책을 개정하거나 새로운 정책들을 제정할 수 있도록 유도하는 것이다. 마지막은 홍보 로비이다. 이는 호의적인 정책 및 입법 환경을 마련하기 위하여 언론 매체와 여론을 유리하게 조성하는 것으로써 왜곡된 정보와 잘못된 이미지를 바로 잡는 활동을 한다.

3. 이스라엘의 로비 활동과 정치 영향력

3.1. 간접 정치 참여로서의 유태인 로비 활동

유태인의 로비 활동에 있어 가장 중요한 목표는 중동에서의 이스라엘의 안전 보장과 미국의 최대 우방으로서의 미국·이스라엘 관계를 친밀하게 유지하는 것이다. 이러한 목표를 가지고 유태인들은 '풀 뿌리 동원' 전략에서 어느 인종 그룹 보다 더 뛰어난 지식과 경험을 가지고 있다. 유태인의 막강한 자본력과 인적자원은 미국 내 사회, 문화, 언론, 금융 및 법조계 등 사회 각계 각층으로부터의 고위급 재원들로 인해 각 분야에서 막강한 영향력을 발휘하고 있다. 유태인이 미국의 각 부문에서 영향력을 행사할 수 있는 중요한 요소 중 하나는 정교하게 조직된 인적 네트워크와 공생을 위한 기부문화 때문이라고 할 수 있다. 요약하자면 유태인들은 높은 선거 참여율에서 알 수 있듯이 이들은 정치 참여 의식이 높고, 커뮤니티 기부 캠페인 등에 적극적으로 참여를 해서 서로의 관심과 뜻을 나누는 사회 참여 의식이 높으며, 또한 교육열이 높아서 각 분야에서 엘리트 인재들을 양성하고 조직적으로 후원을 한다.

미국 이스라엘 공공 문제 위원회 (American Israel Public Affairs Committee, AIPAC) 로비 단체는 1950 년에 설립되어, 워싱턴 정가에서 본국 이스라엘 관련 문제에 대해 영향력을 계속 행사해 왔다. 1 억 달러 기부금 , 10 만 여명이 넘는 회원 과 연간 약 1000 만 달러의 로비 지출을 통해 매일 워싱턴에서 이스라엘을 위한 조직적인 정치 활동을 하고 있다.[4] AIPAC 은 친 이스라엘 정책을 유도하고 후원하는 미국 유태인 커뮤니티를

[4] Neil A. Lewis, "U.S. Jews Get a New Voice in Washington," *The New York Times,* 24 Apr. 2008 <http://www.nytimes.com/2008/04/24/world/americas/24iht-lobby.4.12320195.html?scp=1>.

대표하는 가장 강력한 로비 단체이다. 전문성과 효율성에 있어서는 세계 최고의 로비 단체 중의 하나로 여겨지고 있다.

게다가 이스라엘의 정치 사회 권익 단체들은 놀랄 만큼 잘 조직화 되어 있고, 각 단체들 간의 연계 활동들은 효율적으로 움직여지고 있다. 미 전국에 거주하는 유태인들을 체계적으로 연결해주는 Conference of Presidents of Major American Jewish Organizations (COP)와 Jewish Council for Public Affairs (JCPA)라는 대표적 단체가 있다. 미국에서 51 개의 주된 유태인 조직들을 포함하는 COP 는 미국계 유태인들의 의견을 일치시켜서 공동 연합 전선을 취할 수 있도록 각 조직들을 통제하는 지도적 기능을 가지고 있다. 그래서 미국의 정치 지도자들이 이스라엘과 관련된 이슈나 정책을 의논하고 미국계 유태인들의 의견을 알고자 하면 COP 에 상담을 하러 가야 할 정도이다. 또한 그들은 로비활동을 직접하지는 않지만, AIPAC 과 가깝게 협력 활동을 하는 연계 조직이다. JCPA 는 당면한 문제들에 대한 전략을 세우고 언론 매체나 정치인 및 다른 시민단체들과 협력해서 문제를 해결 하기 위하여 노력을 한다. 국제적으로 이스라엘과 미국의 관계, 글로벌 반유대주의, 위험한 지역에서 거주하고 있는 유대인의 안전과 인권 문제를 다루고, 국내적으로 반유대주의, 교육, 종교의 자유, 사회정의 같은 문제들을 다루기도 한다. JCPA 는 14 개 의 전미 유태인 조직들과 127 개의 지방 조직들과 함께 활동한다. 유태인과 관련된 문제들에 부딪힐 때는 COP 와 JCPA 의 전국의 유태인들과 연결 되어 있기 때문에 정보, 상황 및 계획 등을 빠른 시간 내에 알리고, 유태인들을 전국적으로 동원하고 협력시키는데 앞장을 서고 있다.

정치 행동 위원회 (PAC)는 선거 전에 정치 자금과 인력을 지원하여 그들이 후원하는 정치인이 당선되도록 하기 위해서 설립된 단체이다. 친 이스라엘을 표방하는 PAC 은 1980 년에 의회의 반 이스라엘 파들을 몰아내기 위해서 설립되었고, 친 이스라엘 파로 여기는 후보의 당선과 재선을 위해 적극적으로 활동하고 있다. 미국 내 친 이스라엘 PAC 의 수는 60 개나 된다 - National PAC, Joint Action Committee for Political Affairs, Desert Caucus, Washington PAC, National Action Committee, Motor City PAC 등 이름으로만 봐서는 친 이스라엘 PAC 인지 알수가 없다.

PAC 은 1978-2009 년까지 총 $48,989,535 의 정치 자금을 기부했다.[5]

<그림 1>친 이스라엘 PAC 의 정치 자금 분석[6]

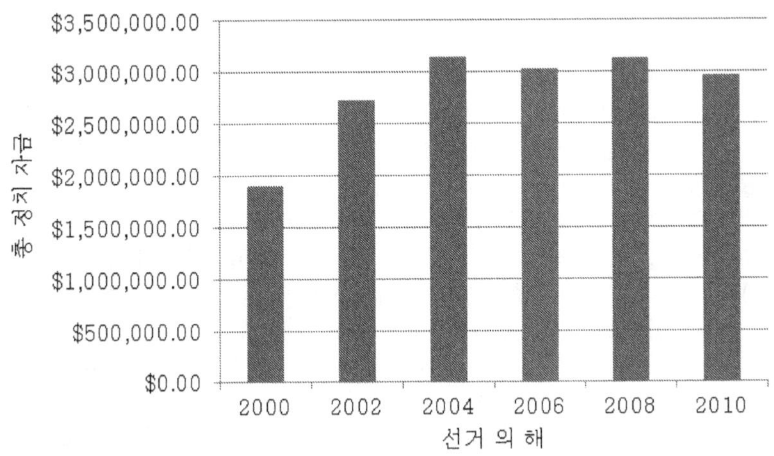

선거의 해	**기부하는 친 이스라엘 PAC**[7]
2000	35
2002	37
2004	36
2006	35
2008	32
2010	31

---

[5] "Pro-Israel PAC Contributions to 2010 Congressional Candidates." *Washington Report on Middle East Affairs | Telling the Truth for 30 Years.* <http://www.wrmea.com/component/content/article/351-2010-may-june/9045-pro-israel-pac-contributions-to-2010-congressional-candidates.html>.

[6] "Pro-Israel | OpenSecrets." *OpenSecrets.org: Money in Politics -- See Who's Giving & Who's Getting*. Web. 16 Feb. 2012. <http://www.opensecrets.org/pacs/industry.php?txt=Q05>.

[7] "Pro-Israel | OpenSecrets." *OpenSecrets.org: Money in Politics -- See Who's Giving & Who's Getting*. Web. 16 Feb. 2012. <http://www.opensecrets.org/pacs/industry.php?txt=Q05>.

3.2. 직접 정치 참여로서의 영향력

현재 미 연방 상원의원 100 명 중 13 명, 하원의원 435 명 중 26 명이 유태인이다.[8] 미국내에서 유태인은 전체 인구의 2.3% 정도인 소수 민족으로 약 600 만 명으로 집계가 되지만, 미국 사회에서 정치, 사회, 경제적으로는 미 주류 백인계를 압도하는 엄청난 영향력을 발휘하고 있다.[9] 행정부, 입법부, 정보 기관, 언론, 금융 기관 등 각 분야의 지도층들과의 연결고리를 잘 활용하여 영향력을 극대화 시킬 뿐 아니라, 체계적인 조직력을 통하여 영향력을 항구적으로 관리하기 위해 노력을 가하고 있다.

유태인의 정치력은 각종 선거 때마다 적극적으로 참여하는 가운데에서 나온다. 유태인 커뮤니티는 다른 어떤 인종 국가 그룹보다 더 국가 대소사에 관심이 많고, 참여 의식이 훨씬 더 강하다. 전체 미국인들의 평균 투표율이 52.4% 남짓인 반면에 유태인들의 평균 투표율은 74.5%에 달한다.[10]

또한 그들은 캘리포니아, 텍사스, 뉴욕, 플로리다, 일리노이, 펜실베니아, 오하이오, 뉴저지, 매사추세츠와 메릴랜드같은 선거인단의 규모가 큰 주에 집중해서 살고 있다. 이 10 개의 주만 해도 246 선거인단 투표가 나온다. 대통령으로 당선이 되려면 총 538 선거인단 투표 중 270 선거인단 투표가 나와야 한다.[11] 그리고 그곳들을 그들의 주요 정치 경제 사회 활동을 위한 생활 무대로 삼고 있다.[12]

4. 한국의 로비 활동

4.1. 평가[13]

---

[8] "Jewish Members of the 112th Congress," *Jewish Virtual Library – Homepage*, <http://www.jewishvirtuallibrary.org/jsource/US-Israel/jewcong112.html>.

[9] Elizabeth Williamson, "Jewish Membership in Congress at All-Time High," *Washington Post: Breaking News, World, US, DC News & Analysis*, 12 Jan. 2007, 09 Feb. 2012, <http://www.washingtonpost.com/wp-dyn/content/article/2007/01/11/AR2007011101666.html>.

[10] 김재기. "미국의 유대인 단체와 AIPAC 의 친이스라엘 정치활동: 재미한인단체의 정치세력화." 『대한정치학회보』 제 14 권 제 2 호 (2006): 351-80.

[11] "Jewish Vote in U.S. Elections." *Jerusalem Center for Public Affairs*. 15 Dec. 2003. <http://www.jcpa.org/jl/vp509.htm>.

[12] Ibid.

[13] Chung-in Moon, "Influencing Washington: An Analysis of the South Korean Lobby in the United States," *Alliance under Tension: The Evolution of South Korean-U.S. Relations*, By Manwoo Lee, R. D. McLaurin, and Chung-in Moon (Boulder: Westview, 1988): 103-127.

한국 로비의 기원은 일제 식민지 시대 때 미국에 살던 교포들이 미국 개신교회들을 통해서 한국의 독립을 호소 했었던 활동을 기점으로 여긴다. 미국의 대외 정책에 대해 무지함은 물론이고 어떤 방식으로 누구에게 접근하고, 어떻게 홍보를 해야 효율적인 성과를 거둘 수 있는지 조차도 몰랐던 시기였다. 하지만 6.25 전쟁 발발 이후로는 미국에도 한국 전쟁 참전 용사들과 반공산주의자들 중심으로 친한파 세력들이 서서히 생기기 시작했다. 한국이 미국의 군사원조와 경제원조를 시급하게 필요로 했음에도 불구하고, 워싱턴 정치계에 대한 정보가 너무 부족했기 때문에 제한된 외교경로에만 의지할 수 밖에 없었기에 그들은 로비 활용을 적극적으로 수행할 수가 없었다. 그 당시 한국 국내 정치 상황으로서는 감히 한국이 미국의 정책입안 과정에 영향력을 미칠 수 있다고는 상상조차도 하지 못했던 시점이었기 때문이다.

1970 년 이후에는 한국도 서서히 미국 정가에서 다양한 로비 활동으로 한국의 국익을 위해서 열심히 일하기 시작하였다. 닉슨 독트린의 결과로 미국의 안보 동맹의 무드가 약화되면서, 정치 외교 갈등으로 인해 외교 채널들의 소통이 원활하게 되지 못했다. 따라서 이때 한국은 정식적인 외교 통로보다는 유력한 로비스트 고용을 통한 로비 활동에 더 의지할 수 밖에 없었다.

안보 문제는 레이건 행정부에 들어오면서 점차 안정되었지만, 무역 불균형으로 인한 통상마찰이 또 다른 새로운 외교 갈등의 원인이 되기 시작하였다. 따라서 한국의 대미 통상을 위한 로비 활동이 무역마찰의 해결을 위한 가장 중요한 요소 중의 하나가 되었던 것이다. 또한 당시 국제적인 관심사로 떠오른 독재정권 하 한국사회의 인권유린은 미국의 주요 언론 매체에서도 심각한 이슈로 보도되었다. 한국에서의 각종 정치 규제나 감금을 당했던 민주 운동 인사들과 정치적 반체제 인사들 그리고 인권 운동 지지자들은 미국이 보다 더 강력하게 한국의 군사 독재정권에 인권회복과 자유회복을 위해서 압박하도록 로비 활동을 시작하기도 하였다. 이와 같이 한국의 로비 활동의 특징을 구분해 보면 안보, 무역 통상 및 인권 로비의 세가지 큰 그룹으로 요약해 볼 수 있다.

4.2. 한국 로비 활동의 특징[14]

4.2.1. 안보

안보 이슈는 한국과 미국 쌍방의 동맹 관계가 기본 토대가 되었다. 왜냐하면 그 당시에 한국의 생존이 미군 주둔과 미국의 경제 원조에

---

[14] Ibid.

달려 있었기 때문이다. 1970 년대까지는 두 나라의 안보 관계가 어느 정도 안정적이었지만 1970 년 이후부터는 닉슨 독트린의 영향으로 한국의 강력한 반대에도 불구하고 미국은 지상군을 서서히 철수시키려 시도했었다. 게다가 박정희 전 대통령의 억압적인 유신 군사 정권 때문에 미국 의회는 미군 철수 대신에 지급하기로 했던 15 억 달러의 군사원조를 무기한 연기하였다. 한국 정부는 공식 외교 채널로서는 미군의 철수를 막을 수도 없었고 미국 의회의 군사 원조 승인도 받을 수 없었으며, 또한 유신 정권의 정통성을 인정 받을 수 없음을 서서히 인식하기 시작 했었다. 그래서 교착 상태에 빠진 외교 갈등 관계를 새로운 대안으로 해결하고자 하였으며 그 해결 대안으로 떠오른 것이 바로 로비 활동이었다. 한국 정부는 워싱턴 정가에서 광대한 인맥 연줄을 맺고 있었던 박동선을 로비스트로 고용하였으며, 쌀을 독점 수입할 수 있는 특혜 및 직·간접적인 막대한 로비 자금들을 부여하면서 워싱턴 정가에 한국에 대한 우호적 분위기를 만들기 위해서 노력했다. 하지만, 결국 코리아게이트 스캔들이 [15] 터지면서 한미 관계는 난관에 빠지게 되었다.

카터 행정부는 한반도내 미군 철수 계획을 철회했는데 이것은 한국의 로비활동 때문이 아니라 미국의 전 세계 방위 전략의 전면적 수정에 의한 것이었다. 레이건 행정부 때는 미군철수에 대한 문제는 없었지만 한국에 대한 신형무기 판매 금지와 다른 전략 무기 구매의 규제 그리고 방위비 분담 등의 사안들이 한미 안보 동맹을 위태롭게 만들었다.

반면에 이스라엘은 지난 30 년 동안 미국 해외 원조 의 가장 큰 수혜자였고 1985 년 이후 로는 워싱턴 으로부터 매년 군사 원조 및 경제 원조 로 약 30 억 달러를 받았다. 미국의 원조 는 이스라엘 의 총 국방 예산 의 20 % 이상 을 차지하고 있다. 이스라엘은 미국의 가장 큰 무기 수입국가 중 하나이다. 1996 년에서 2005 년 사이에 이스라엘은 101.9 억 달러

---

[15] 1975 년 한국의 중앙정보부는 박동선을 통해 미국과의 우호적인 분위기를 조성하기 위해 미국 국회의원에게 뇌물을 제공하기 시작했다. 1975 년 6 월 도널드 프레이저 국회의원이 주도하는 의회 국제관계위원회가 한국 중앙정보부가 미국 내에서 영향을 끼치려고 활동하는 것을 조사하게 되면서 이 스캔들이 미국 언론에서 공개되었다.

규모의 무기와 군 장비를 수입했다.[16] 한국은 1997 년에서 2004 년 사이에 미국으로부터 79 억 달러 규모의 무기를 수입했다.[17]

4.2.2. 무역

안보에 대한 로비 활동은 그 동안 비효율적이고 소극적인 대처로 인해 생산적인 결과를 거두지 못했는데 무역 통상에 대한 로비도 마찬가지로 크게 효과적인 결과를 거두지 못한 추세다. 1970 년대 말부터는 한국과 미국의 통상 거래의 양이 증가한 만큼 통상 관세 갈등과 무역마찰도 그 만큼 증가하였다. 1975 년에서 1985 년까지 한국이 미국으로 수출하는 총 수출액이 매년 21%씩 증가하였고, 수입은 13%씩으로 늘어났다. 1980 년대부터 한국은 미국의 7 번째 교역상대국이 되었지만, 한국의 무역수지 흑자는 지속적인 논쟁을 일으켰다. 이에 미국이 한국의 무역 흑자의 불균형에 대응하여 신 관세 및 무역 정책들을 내세워 한국의 수입물품들을 제한하기 시작하였다. 그리고 워싱턴 정가에서는 한국으로의 수출양을 증가시키기 위해서 한국의 시장을 자유주의 무역으로 문호 개방을 시도하였으며 한·미 FTA 를 성사시키기 위해 노력했다.

한국도 한미 FTA 협정을 미국 의회에서 통과시키기 위해 미 주요 신문에 전면 광고를 실었을 뿐만 아니라 미국이 기업, 노조연합 및 경제단체들과 연대하여 한국교역에 대하여 우호적인 상황을 갖추도록 홍보 활동을 적극적으로 해왔다. 그리고 미국의 상공회의소, 미국 제조자 협회, 금융 서비스 협회, 미국 농업 협회, 한미 자유 협회 등과 함께 적극적인 로비 활동을 펼쳤다. 수출 규제와 국내 시장의 비관세 자유 개방이라는 이중 압력에 직면하면서 한국의 정치 경제 지도자들은 형식적인 외교협상만으로는 목적을 달성할 수 없다는 결론을 내리고 한국 정부와 민간 부분으로 나누어서 다양한 로비 전략을 세우기 시작하였다. 단기적 '권력 지향적 접근법'이 한국이 선택한 첫 번째 로비 전략이었다. 이번 한미 FTA 를 위해서 한국은 2010 년만 해도 3,990 만 달러를 로비와 홍보 비용으로 썼다.[18] 그리고 Akin Gump,

---

[16] Frida Berrigan and William D. Hartung, "Who's Arming Israel?" (Washington, DC: Foreign Policy in Focus, 2006 July 26), http://www.fpif.org/articles/whos_arming_israel.

[17] Richard F. Grimmett, "Conventional Arms Transfers to Developing Nations, 2001-2008," Congressional Research Service (CRS) Report for Congress, 2009 Sept. 4; Richard F. Grimmett, "Conventional Arms Transfers to Developing Nations, 1993-2003," Congressional Research Service (CRS) Report for Congress, 2001 Aug. 16.

[18] Lindsay Young, "Longtime Lobbying Campaign Pays Off for South Korea with Recent Trade Deal."

Daniel J. Edelman, Fierce Isakowitz & Blalock, Patton Boggs, Thomas Capitol Partners, Podesta Group 같은 일류 로비 회사들을 고용하였다.

이것뿐만 아니라 1984 년 한국의 일반 특혜 관세 제도(GSP)가 폐기되기 직전에, 한국정부는 미국의 입을 막기 위해 급하게 특별한 수입 임무를 띤 경제 대표단을 미국에 파견하였다. 그들은 정치적인 계산을 하면서 알래스카에서부터 플로리다, 메인, 캘리포니아까지 여러 지역을 나누어서 광범위한 수입 구매를 했다. 그리고 미주리 주 (John Danforth 상원 무역위원회 위원장의 고향)와 캔자스 주 (Robert Dole 상원 원내총무의 고향)와 같은 전략적으로 중요한 주에서 한국의 관세 특혜 조약이 파기되지 않도록 하기 위해 신중하게 수입의 양과 물품들을 결정하려하였다.

경제 무역에 있어서의 법적이고 기술적인 접근법은 무역 충돌과 관련된 소송을 원활하게 처리하는 것이 목적이다. 1980 년 이후로 반덤핑 제소 케이스들이 증가하면서 이를 위하여 한국은 더 많은 수의 변호사들을 필요로 하게 되었다. 그러나 소송뿐만 아니라 변호사와 전문 컨설턴트들이 조기 경보 체계를 개발하고 현실적인 전략을 만든 것이 상당한 도움이 되었다. 그들은 정보를 수집해서 정책 동향을 분석하고, 공무원과 대화하면서 전략을 세우고, 다른 로비스트와 법률사무소의 움직임을 지켜보았다. 이렇게 함으로써 한국은 미리 문제를 파악하고 대응을 준비했다. 이 때 홍보 전문가들도 미국 여론을 조성하기 위해 광고, 뉴스, 사회 공식 캠페인, 사회 네트워크 등을 통해 미국 내의 여론을 우호적으로 조성하기에 힘썼다. 특히 한미경제연구소 (Korea Economic Institute, KEI)는 미국 공무원들과 국회의원들에게 한미 경제 협력의 긍정적인 면을 중점적으로 홍보하는 역할을 맡았다.

현재 한국과 미국은 증가하는 경제 통상 거래 때문에 좀더 복잡한 상호 의존적 상황이 되었고, 한국에는 로비로 풀어야 할 문제들이 많이 발생하였다. 그리고 7 번째로 큰 무역 파트너로 한미 FTA 가 비준되어서 한국은 미국에 더 중요한 정치 경제 안보의 우방 국가로 되었다.

안보 문제와 달리 무역 로비는 주로 방어적인 것이 특징이다. 우선적으로 한국의 호의적인 안건과 법안을 미국에 제시하는 게 아니라 한국은 반덤핑과 통상 소송을 해결하고 불리한 법안이 통과되지 않도록 온 힘을 집중하고 있다. 사후에 문제를 해결하는

Sunlight Foundation Reporting Group. 14 Oct. 2011. <http://reporting.sunlightfoundation.com/2011/lobbying-behind-us-korea-free-trade-agreement/>.

것보다 문제를 예방하는 편이 훨씬 더 쉽고, 경비와 에너지가 덜 들기 때문에 점점 컨설턴트를 통해 조기 경보 체계를 가동하고 있다.

4.2.3. 인권

카터 행정부 때부터는 한국의 인권 문제와 민주주의가 한미 관계에 중요한 이슈로 인식되기 시작하였다. 한국의 인권 운동가들과 정치인들은 미국이 한국의 인권 회복과 민주주의를 복구하는 데 결정적인 역할을 해줄 것을 기대하였다. 인권 로비를 통해 '풀 뿌리 동원' 전략과 함께 우호적인 여론에 의한 미 국민들의 공조를 얻기 위하여 다양한 홍보 수단과 경로를 이용하기도 하였다. 실제로 많은 효과적인 결과를 거두기도 하였는데 80 년대 전두환 정권 때에는 정치적 반체제 인사들과 교포 및 미국 진보적인 세력들이 전두환의 독재를 반대하였고 미국의 절대적인 관심과 협력을 구했다. 김대중 전 대통령의 한국인권문제연구소 (Korean Institute for Human Rights)와 김영삼 전 대통령의 국가문제연구소 (Institute for National Problems)도 이 연합전선에 참여했으며, 이는 미국뿐만 아니라 전 세계적인 관심을 불러 일으키며 국제적으로 동조를 얻는데 핵심적인 역할을 담당하였다. 김대중 전 대통령이 그 당시 한국으로 귀국할 수 있었던 이유도 바로 이러한 로비 활동이 있었기 때문에 가능하였다.

최근에는 북한주민 인권과 일본 위안부 문제에 활발한 로비 활동이 집중되고 있다. 지속적이고 적극적인 북한 인권 로비활동 덕분에 2004 년에는 드디어 북한 인권법이 미국 국회에서 통과되었다. 법안은 북한 주민의 인권신장과 인도적 지원 및 중국의 탈북자 보호를 주요 골자로 하고 있다. 그리고 북한 인권 특사를 임명하여 북한 인권 문제를 특별 담당하게 하였다. 하지만 가장 성공적인 로비 운동은 일본군 위안부 이슈이었다. 이는 미국이 일본의 공식 사과 성명을 발표하게끔 법안을 통과 시키는 것이 목적이었다. 위안부 문제를 더 강력한 인권 이슈로 부각시켰기 때문에, 미국 의회 내에서도 많은 공감과 반향을 불러 일으킬 수 있었다. 그것은 많은 사람들이 위안부들의 주장에 적극적 관심을 가질 수 있도록 여러 관점에서 이 이슈를 다루었는데 예를 들면, 위안부의 주장을 전시 배상, 성적 착취를 위한 인신매매, 여권 (女權), 반전(反戰) 등의 다양한 측면에서 깊이 있게 다루어서 여러 단체들의 동조를 이끌어 내는 것이었다.

2007 년 1 월 31 일 미국 하원의 Mike Honda 의원이 다른 7 명의 국회의원들과 함께 일본군 위안부법을 House Resolution 121 로 발표했다. 일본계 미국인 Honda 는 가족과 함께

제 2 차 세계 대전 때, 전쟁 억류자 수용소에서 있었던 일을 기억하면서 인도주의 차원에서 이 법안을 제안했다. 위안부 법안이 의회에 제출될 때, 위안부 로비 단체가 국회의원들이 직접 증언을 들을 수 있게끔 2007 년 2 월 15 일 하원 아시아 태평양 글로벌 환경 위원 앞에서 전 위안부 이영수, 김건자와 Jan Ruff O'Herne 등이 증언을 하도록 하였다. 입안 토론과 동시에 위안부 로비 운동가들이 한국 교포들 및 미 주류 인권 운동가들과 연계하여 해당 지역구 의원들을 만나 풀 뿌리 캠페인을 진행하였다. 인구가 가장 많은 지역들은 위안부 이슈를 담당하는 조직이 생기게 되어, 뉴욕에서는 한인 유권자 센터(Korean American Voters Council)와 캘리포니아에서는 HR 121 California Solidarity 그리고 워싱턴에서는 Washington Coalition for Comfort Women 등이 활동을 시작하게 되었다. 위안부 할머니들이 미국의 각 도시를 다니면서 그들이 겪었던 참혹한 상황들을 생생하게 증언을 하면서, 미국 사람들로부터 많은 공감대를 이끌어 내었으며 한국의 인권 운동가들과 미국교포들은 미국의 상하의원들에게 협조를 당부하는 서신을 지속적으로 보냈다. 이러한 노력으로 인해 위안부 이슈는 미국의 미디어에 대대적으로 보도되었고 관심과 우호적인 여론을 불러 일으킬 수 있었다.

인권 로비의 특징은 적극적인 공세 전략이다. 다른 로비와 달리 인권 로비는 보다 공격적인 색채를 취하는 특징이 있는데 이는 법안을 적극적으로 상정하고 인권 문제에 대해서 가능한 PR 수단을 총동원하여 사회적인 관심과 동정심을 불러 일으킨다. 그러나 안보와 무역 로비와 달리 인권 로비는 자금 충당과 앞장서서 일하는 책임자나 보조 인력이 비교적 빈약한 편이다.

4.3. 한국 로비의 효과와 문제점

로비는 단순한 정치 활동이 아니다. 로비는 복잡하고 상호 모순된 목적을 가지고 있다. 일반적으로 한국은 간접적인 로비를 하려고는 하지만, 아직까지는 직접적인 로비에 더 의존하는 편에 속한다. 로비는 외교 협상에서 외교 활동을 보충하는 기능을 가지고 있기 때문에 과감한 변화를 한번에 기대하면 안 된다. 하지만 효과적인 로비는 정치, 외교, 군사, 무역 통상 등의 제반 협상에 있어서 예상 외의 더 심각하고 막대한 영향을 미칠 수 있다. 그렇다면 로비에 있어서 어려운 문제는 어디에서 발생되는가?

첫째는 모순되는 이슈 분열이다. 다시 말하자면 안보, 통상 무역, 인권 등이 모두 갈등과 충돌의 방향으로 나아갈 수 있다. 이 세 이슈에서 한꺼번에 긍정적인 결과를 전부 가진다는 것은 불가능하다.

미국의 안보 약속을 받는 것은 무역에서 양보를 해야한다. 한국의 군사 원조와 신무기 개발에 찬성하는 보수적인 국회의원들은 한국으로의 수출이나 한국의 보호무역주의 때문에 무역불균형이나 무역마찰을 겪는 주들의 출신인 경우가 많다. 그래서 그들은 한국의 안보 군사 원조를 해주는 대신에 자기들의 지역구 주민들을 의식한 경제적인 다른 이익 제공을 반대 급부로 기대한다. 인권 로비도 마찬가지다. 인권 지지하는 국회의원들은 보통 무역에서는 보호주의를 많이 추구한다. 한쪽의 인권문제를 해결해주는 대신에, 다른 한 쪽인 통상무역이나 안보 로비 쪽에서는 손해를 볼 수도 있다.

둘째 특히 안보와 무역과 관련된 문제들은 직접 로비를 통해 해결한다고 해도 언젠가는 다시 이슈화되어서 그 문제들이 다시 떠오른다. 예를 들면 1984 년 한국의 일반 특혜 관세 제도 (GSP)가 폐기 될 뻔 했을 때, 한국이 로비 활동을 시기 적절하게 함으로써 사전에 그것을 미리 막을 수 있었다. 마찬가지로 미국이 섬유, 신발 및 의류 수입을 줄이기 위한 Textile & Apparel Trade Enforcement Act 법안 [19] 도 성공적으로 막았지만, 두 이슈가 또 다시 1986 일괄 무역 법안 (Omnibus Trade Bill)에서 재차 나타났다. 직접 로비는 부딪히는 그 순간만 효과가 있지, 행정부나 여야당이 바뀌면 언제든지 문제가 다시 나타날 수 있기 때문에 한국이 직접적 로비에만 의존한다면 밑 빠진 독에 물 붓는 것처럼 계속 로비이스트와 전문 변호사나 컨설턴트들을 고용해야 한다. 이런 문제들을 보더라도 한국도 이제는 이스라엘처럼 미국 내 현지 교포들의 잠재되어 있는 차세대 고급 인력들을 잘 발굴하고 양성을 하여 앞날에 미 주류 정치계에서 핵심적인 영향력을 발휘하는 역할을 할 수 있도록 후원을 하여야 할 것이다.

효과적인 로비 운동에 있어 또 다른 장애물은 체계적인 지식 및 정확한 정보의 부족이다. 워싱턴을 좌지우지하는 데는 지름길이 없다. 효과적인 로비는 별 다른 게 아니라 정치, 경제, 사회, 문화 단체들의 전방위적인 연계 활동에 있다. 한국 사람 중에는 워싱턴의 로비계에 영향력을 미치는 두드러진 실력자가 박동선 이후에는 아직까지는 없다. 또한 한국 정부는 어떤 유능한 로비스트가 워싱턴을 단독적으로 혹은 소수의 핵심 그룹으로 쉽게 좌지우지 할 수 있다는 잘못된 생각을 가지고 있다. 한국에서는 막후에서의 조종이나 배경의 연줄 없이는 어떤 프로젝트도 효율적으로 추진할

---

[19] 이 법안이 통과 되었다면 한국의 섬유 및 의류 수출이 3 분의 1 로 감소되어 한국의 경공업이 큰 타격을 받았을 것이다. 한국이 미국시장에서 22 억 달러 규모의 섬유 제품과 12 억 달러 규모의 신발을 수출했다. 게다가 위의 두 산업에는 850,000 여명의 근로자가 고용되어 있으므로, 직업 시장도 큰 타격을 입었을 것이다.

수 없다고 생각하는데 그 원리 방식 그대로 미국에서 적용을 시도하다가는 대부분의 경우에 실패하는 것을 볼 수가 있다. 그래서 더 막강한 연줄을 가지고 있는 로비스트를 찾기 위하여 더 많은 노력과 자금을 투입한다. '권력 접근법'이 효과적일 수도 있지만, 한 사람이나 소수의 로비스트가 모든 권력을 장악하여 속 시원한 해결점을 바로 마련해 줄 수 있다는 보장이 워싱턴 DC 에는 없음을 반드시 알아야 할 것이다.

마지막으로 한국은 활용할 수 있는 인적 자원들을 충분히 이용하지 못했다. 실제로는 개인과 정치 단체들이 서로 유기적으로 연결되어 활동하는 연합전선과 풀 뿌리 접근법이 가장 이상적인 로비 전략으로 인정을 받고 있다. 현지 선거권을 가진 미국 지역 주민들을 통해서 상·하원의 국회의원들을 설득하고 로비 하는 것이 가장 효과적인 결과를 거둘 수 있는 방법이 될 수 있다. 그래서 로비의 힘을 충분히 발휘하기 위해서는 미국 시민권을 가지고 있는 교포들과 동일한 인식과 해결 목표를 가지고 다른 한국 단체들과도 연계 활동을 병행해 나가야 한다.

5. 미주 한인들의 인구 통계, 분포 및 정치 참여율 [20]

5.1. 인구 통계

미국 통계국의 정기 인구통계 조사에 따르면 2000 년 기준으로 108 만 명의 한국인이 미국에 거주하고 있다. 그 중에 35%는 미국에서 태어났고, 65%는 한국에서 태어났다. 한국에서 태어난 한국인 중에 49%가 미국 시민권을 취득하였다. 미국에서 태어난 한인과 시민권을 취득한 한인이 미국에 있는 한인의 인구의 3 분의 2 를 차지한다. 한국에서 꾸준히 이민 오는 사람들로 인해 한국 사람들의 인구는 계속 늘어나고 있는 추세이다. 지난 30 년 안에 한인 인구가 15 배나 증가했다. 1950 년에는 70,000 명에서 1970 년에는 355,000 명, 1990 년에는 799,000 이 되었다. 2010 년에는 한인사회의 인구가 170 만 명으로 미국의 인구 0.6%를 차지했다. 미국내 한인은 아시아계 중에 5 번째로 가장 큰 이민 단체로서 중국, 필리핀, 인도, 베트남 인구 다음으로 가장 크다.

5.2. 인구 분포

한국 이민자들은 다른 아시아 이민자들보다 지리적으로 더 분산되어있다. 한국인은 다른 아시아인처럼 미국의 서부 쪽에 모여

---

[20] Pyong Gap Min, "Korean Americans," *Asian Americans Contemporary Trends and Issues*. Thousand Oaks (California): Pine Forge, 2006.

있다. 1950 년까지 대다수의 한국인들은 하와이나 캘리포니아에서 살았다. 하지만 1960 년부터 분포가 급속도로 변화하였으며 한국인은 다른 아시아 인종보다 분포 범위가 크며 그 속도도 빠르다. 2000 년의 통계에 따르면 44%의 한국인은 서부, 23%가 동부, 12%가 중서부, 21%가 남쪽에 거주한다. 그러나 이러한 분산 배치된 인구 분포는 정치적으로 불리할 수 있다. 분산되어 떨어져 살면 인력동원 면에서도 쉽지 않고 한인들의 투표 파워를 효과적으로 보여 주는 것이 불가능하게 된다.

5.3. 한인들의 정치 참여율

<그림 2> 인종별 정치 참여 현황 - 지난 4 년간 어떤 방식으로 정치에 참여를 하였습니까?[21]

참여 활동/ 인종	한국인	중국인	일본인	유태인	백인
국회의원이나 다른 정치인에게 전화나 문서로 연락했다.	4%	6%	15%	34%	38%
어떤 정치 사회 이슈를 신문, 잡지 혹은 텔레비전 방송국에 알렸다	7%	4%	5%	34%	38%
선거 운동에 정치 헌금을 하였다	7%	8%	20%	23%	26%
공청회, 정치대회 혹은 모금 행사에 적극적으로 참여를 했다.	8%	7%	22%	—	—
사회 문제를 해결하기	11%	16%	27%	—	—

[21] Pyong Gap Min, "Korean Americans." And Anna Greenberg and Kenneth D. Wald, "Still Liberal After All These Years? The Political Behavior of American Jewry," *Jews in American Politics,* 2001, ed. L. Sandy Maisel and Ira N. Forman, Lanham, MD: Rowman and Littlefield, 161-9.

위해 다른 사람과 협력 활동을 하였다					
청원서에 서명했다.	23%	10%	24%	—	—
주민 위원회나 공공 소위원회에 참여를 하였다	2%	2%	1%	—	—
시위 운동에 참여했다.	7%	5%	7%	—	—
정치 활동이나 공공 기관 활동에 관여를 한적이 있다.	1%	—	3%	—	—
정치에 관심이 있다.	—	—	—	43%	27%
유권자 등록을 했다. (시민권을 소유하고 있는, 동 인종 그룹 중)	20% (47%)	31% (53%)	33% (62%)	84%	85%
2000 년 총 선거에 투표를 하였다 (시민권을 소유하고 있는, 동 인종 그룹 중)	17% (39%)	26% (45%)	27% (50%)		73%

위 도표에서 보듯이, 미주 한인들의 정치 참여율은 유태인이나 백인과 비교가 안 될 정도로 현저히 낮고 중국이나 일본의 다른 아시아계 미국인들보다도 훨씬 저조함을 볼 수가 있다. 유권자 등록 및 선거 참여와 같은 가장 기본적인 정치 활동조차도 미 주류 백인들의 수준 이하의 비율을 보여주고 있다. 이는 타 민족들에 비해서 훨씬 짧은 미국 이민 역사로 인해 이민 1 세대들의 언어 소통 문제와 미 주류 사회에 제대로 동화되지 못하는 동서양의 문화 차이, 미국 정치에 대한 무지 그리고 아직 사회 제반의 문제 등으로 눈을 돌릴 여유가 없는 경제적인 원인 등으로 인해 적극적인 정치 참여를 하기에는 아직까지는 내부적인 한계성과 외부적인 제약 조건들이 많이 있다.

6. 재미교포들의 정치 세력화

6.1. 영향력 있는 차세대 지도자 육성

미국 한인들의 정치 결집력 및 영향력은 일본, 중국, 이스라엘 및 기타 민족들보다도 훨씬 더 미약하며 기반이 약한 것이 사실이다. 다른 민족 그룹들에 비해서 이민역사가 짧고, 영어라는 언어 장벽과 동서양의 문화 차이 등으로 아직까지도 한인 커뮤니티는 이민 1 세들

위주로 명맥을 이어가고 있기 때문에, 미국 주류사회로의 진입과 영향력을 제대로 발휘하기에는 너무나 많은 제약이 있다. 1965 년대 미국 이민국적법(Immigration and Nationality Act)[22] 의 발효로 인하여 본격적으로 미국 이민물결이 시작되고 나서 이제는 한인의 이민 2 세대들도 40 세의 나이로 접어들었다. 그래서 몇 년 전부터 서서히 이민 2 세들이 미 주류사회의 요직들로 진출을 많이 하고 있다. 이민 1 세대들의 근면과 성실성을 발판으로 삼아서 30~40 년 전과 비교하여 미국에서 한국계 2 세와 3 세들은 뉴욕 월스트리트의 금융계와 문화 언론계 그리고 워싱턴 DC 의 정치, 행정, 사법부까지 영향력을 끼칠 수 있는 자리로 거침없이 나아가야 한다. 미국의 유태인과 같이 우리도 한인 2~3 세 인재들을 육성하기 위해 지도자 양성을 위한 교육과 후원의 프로그램들을 적극 실행해야 한다. 이를 위해 전국 조직망을 가진 한미 연합회 (KAC)나 한인 차세대 정치 후원회 및 한인 봉사 교육 단체 협의회 등의 관심을 가진 단체들이 체계적인 연대활동을 하여서 적극적으로 인재를 발굴하고 효율적인 후원활동을 지속적으로 해 나가야 한다.

미국에서 한인 이민 1 세들의 근면, 성실성을 통한 사업의 성공과 일류대학 학벌위주의 자녀 교육과 높은 교육열이 미국 현지 국민들의 놀라움의 대상이 된지는 이미 오래 전의 일이다. 이제 한인들은 각 분야에서 수많은 차세대 지도자들과 뛰어난 전문 인력들을 배출해내고 있다. 앞으로 20~30 년 후 이민 2 세와 3 세들이 청장년 그리고 노년기에 접어들었을 때는 전 세계적으로 막강한 영향력을 지니고 있는 유태인 로비 단체인 AIPAC 이 활동을 하고 있듯이 한인 이민 2 세와 3 세들이 주축이 되어 뛰어난 국제 정치감각을 바탕으로 한국을 위해 정치 영향력을 탁월하게 발휘할 날이 올 것으로 기대한다.

<그림 3> 한인 정치 지도자 리스트

성명	직책 ·직분	이민 세대	임직 상태
김진형 Gene Kim	타운 교민회 창설자 LA 경찰국 위원 및 고문	1	은퇴

[22]미국은 1965 년에 인종차별적인 국가별 이민할당제를 규정했던 구(舊)외국이민제한법(1924)을 개정했다. 특히 기술·기능자나 가족 중 미국시민이 있는 사람들의 이주를 더 쉽게 해줬다.

김창준 Jay Kim	연방 하원 의원	1	은퇴
임용근 Steve Lim	오레곤 주 상원의원 주지사 후보	1	은퇴
신효범 Paull Shin	워싱턴 주 상원의원	1	현역
강석희 Sukhee Kang	캘리포니아 얼바인 시장	1	현역
미셀박 Michelle Park Steel	캘리포니아 조세 형평국 위원 캘리포니아 공화당 협회장	1	현역
고홍주 Harold Koh	연방 국무부 법률 고문	2	현역
고경주 Howard Koh	연방 보건부 차관	2	현역
Christopher Kang	백악관 수석 법률보좌관	2	현역
John Choi	미네소타 램시 카운티 검사	2	현역
Jun Choi	뉴저지주 에디슨 시장	2	전임
Herbert Choy	연방 판사	2	현역
Harry Kim	하와이 카운티 시장	3	전임
Michelle Rhee	워싱턴 DC 교육감	2	전임
Sam Yoon	보스턴 시의원	2	현역
John Yoo	부시 행정부 법률고문	2	전임
Ronald Moon	하와이 대법원장	3	은퇴
Eugene Kang	오바마 대통령 특별 보좌관	2	현역
Betsy Kim	백악관 노동부 연락 보좌관	2	현역
Gary Lee	백악관 의회 담당 입법 보좌관	2	현역
Rexon Ryu	국토 안보부장 보좌관	2	현역
Anna Kim	백악관 비서실 차장	2	현역
David Kim	교통국 차관보	2	현역
Rhea Suh	내무부 정책 관리 예산 담당 보좌관	2	현역

6.2. 정치력 신장과 유태인 벤치마킹

미국에서 미국계 유태인들이 보여주고 있는 공동체 의식과 적극적인 정치참여 의식을 재미 한국인들에게서는 아직은 찾아보기가 힘들다. 오늘날 유태인 커뮤니티가 가진 정치영향력은 단순한 이민 1 세들의 경제적 성장과 그 다음 세대들의 고학력을 통한 전문직 진출을 통해서만 이루어진 것이 아니다. 경제 성장의 결과를 미국 주류사회로 환원시키는 기부금 문화와 전문직 진출을 기본으로 삼아 유태인의 전체 사회의 이익에 부합하는 것이었다. 미국 내 유태인 사회의 자발적인 사회 참여와 기부 문화는 그들이 겪었던 홀로코스트의 악몽 및 아직 중동의 긴장된 정치 상황과 전쟁의 위험에서 하루하루를 보내야 하는 모국 이스라엘의 상황에서 기인한다. 이는 한국이 6.25 전쟁을 겪었고 아직도 한반도의 전쟁위기 긴장 상태에서 벗어나지 못하고 있는 한국의 정세와 비교할 때에 크게 다르지 않다. 이러한 이유로 미국 내 한인 사회가 앞으로 어떤 역할을 할 것인가에 대한 질문의 답은 어떻게 미국계 유태인들이 워싱턴과 관계를 강화하고 정책 결정에 영향력을 미치고 있는가를 벤치마킹 하는 것에서 출발한다. 미국 내의 2.3%밖에 안 되는 유태인들이 미국을 움직인다는 이야기를 듣게 된 것은 유태사회가 미국의 정치 중심인 워싱턴을 향해 끊임없는 노력을 해왔기 때문에 가능했던 것이며, 이것은 오늘날 유태인 사회의 진정한 힘이 되고 있다.

재미 교포들의 시민권 취득 율은 51.7%로 아시아계 가운데 필리핀 출신의 61.5%, 베트남의 60.2%, 중국의 54.1%에는 뒤지고 있다. 미국내의 유태인의 투표 참여율은 78%로 가장 높고, 흑인과 라틴계는 각각 43%와 40%를 기록하고 있으며 아시아계에서도 중국계 26% 인도계 25%를 보이고 있다.[23] 이러한 정치 참여 실태를 보면 한인들의 정치력 과시나 미 주류사회에서의 정치력 신장은 아직도 부족하다고 할 수 있다. 한인들이 미국 시민권을 많이 취득하고 선거 때마다 유권자등록을 한 후 투표에 참여를 한다면 한인들의 정치력을 신장시키고 주류 사회에서 정당한 몫을 찾아 참여하게 될 것이다. 또한 재미교포들의 정치력 신장은 호의적 한미 관계를 창출하는데 실질적 영향을 행사하는 데 효과가 있을 것으로 본다.

7. 결론

한국의 대미 정치력 신장에 있어서 간접적 정치 참여인 로비 활동과 미래에 직접적 정치 참여의 주역이 될 수 있는 재미 교포들이

[23] Lien, Pei-te. "Asian Americans and Voting Participation: Comparing Racial and Ethnic Differences in Recent U.S. Elections." *International Migration Review* 38.2 (2004): 493-517.

있다. 미국 내의 소수 민족으로서 막강한 영향력을 발휘하고 있는 유태인을 벤치마킹함으로써 장래에 한인들 또한 미 주류 사회에 큰 영향력을 끼치는 자들이 될 것이다. 좀 더 결속력 있는 한국 민족만의 공동체 의식과 보다 더 적극적인 정치 참여의 의식이 우리에게는 필요하다. 고학력과 엘리트 전문직으로의 진출을 바탕으로 한 차세대 한인들의 자발적인 사회 참여 활동과 조직적인 정치 기부 문화 조성 여부는 장래 한인들의 정치력 신장에 있어서 관건이될 것이다.

이제는 로비스트를 고용하거나 로비 회사와 계약을 맺어서 획득되는 단발성이나 일회적인 정치력의 효과 보다는 인재 양성과 조직적인 후원을 통한, 보다 장기적인 안목이 정치력의 결과를 거둘 수 있을 것이다. 우리도 적어도 30 년 내지는 100 년 후를 내다 보는 재미 교포들의 차세대 지도자 발굴과 인재 양성, 그리고 체계적인 후원 및 한인 단체들간의 효율적인 연대 활동 등을 해 나가야 한다. 미국 내에서 배출된 한 사람의 한인 정치 지도자나 정책 결정권자는 뒤에서 활동하는 100 명의 로비스트들 보다 낫고, 전국 네트워크를 가진 현지의 한 한인 정치 단체는 100 개의 로비 회사보다도 더 강력한 정치 영향력을 끼칠 수 있음을 간과해서는 안 될 것이다.

참고문헌

구영록. "동아시아국가의 대미로비전략 비교연구." 『한국국제정치학회』 제 26 권 제 1 호.

서울: 국제정치논총(1986): 1-16.

김노열. "시민권취득 한인." 『한국일보』 2012 년 2 월 4 일.

김동만. "미국 로비제도에 관한 소고." 『중앙대학교 국가정책연구소』 제 14 권 제 1 호. 서울: 중앙행정논집 (2001): 1-9.

김용규. "한국의 대미 (對美) 국제통상 로비 전략." 『한국산학경영학회』 제 7 권 제 1 호. 서울: 산학경영연구학회 (1994): 1-14.

김종빈. "합법적인 로비도 못한다." 『한국논단』 제 71 권. 서울: 한국논단 (1995): 1-10.

김재기. "미국의 유대인 단체와 AIPAC 의 친이스라엘 정치활동: 재미한인단체의 정치세력화." 『대한정치학회보』 제 14 권 제 2 호 (2006): 351-80.

민경훈. "사라진 희망." 『한국일보』 2012 년 1 월 31 일.

이정희. "미국 내 외국로비스트에 관한 행태적 연구." 『한국정치학회』 제 22 권 제 1 호. 서울: 한국정치학회(1988): 3-12.

이효성. "한국언론정보학보." 『전통 뉴스 매체와 뉴스 웹 이용이 이민자들의 주류 정치사회화에 미치는 매개적 역할』 제 22 권 (2003): 211-83.

정재영. "미국의 1995 년 로비 공개법과 우리의 대응." 『한국국제통상학회』 제 2 권 제 2 호. 서울: 국제통상연구소 (1997): 24-35.

Chang, Gordon H., ed. *Asian Americans and Politics: Perspectives, Experiences, Prospects*. Washington, D.C.: Woodrow Wilson Center, 2001.

Collet, Christian, and Pei-te Lien, eds. *The Transnational Politics of Asian Americans*. Philadelphia: Temple UP, 2009.

Feingold, Henry L. *Jewish Power in America: Myth and Reality*. New Brunswick, NJ: Transaction, 2008.

Goldberg, J. J. *Jewish Power: Inside the American Jewish Establishment*. Reading, MA: Addison-Wesley, 1996.

Greenberg, Anna, and Kenneth D. Wald. 2001. "Still Liberal after All These Years?" In *Jews in American Politics,* ed. L. Sandy Maisel and Ira N. Forman. Lanham, MD: Rowman and Littlefield. 161-93.

Holman, Craig. *Origins, Evolution and Structure of the Lobbying Disclosure Act*. Rep. Public Citizen, 11 May 2006.

Hrebenar, Ronald John and Thomas, Clive S., The Rise of the New Asian Lobbies in Washington, D.C: China, India and South Korea" (2011). APSA 2011 Annual Meeting Paper. <http://ssrn.com/abstract=1901573>

Jobst, Andreas. "Foreign Lobbying in the U.S. - A Latin American Perspective." *European Trade Study Group Working Paper* (2002): 1-57. <http://www.etsg.org/wpapers/jobst.pdf>.

Kim, Ki-Joo. "The Future of the ROK-US Alliance in the Context of the Korean Unification." Thesis. Naval Postgraduate School. Dec. 2000.

Knott, Alex. "Lobbying by Foreign Countries Decreases : Roll Call Lobbying & Influence." *Roll Call*. 15 Sept. 2011. <http://www.rollcall.com/issues/57_29/Lobbying_by_Foreign_Countries_Decreases-208745-1.html>.

"Korean American Philanthropy, Traditions, Trends, Potential." (2011). Give2Asia. <http://give2asia.org/documents/Give2ASia-2011KoreanAmerican-Report.pdf>.

Levinthal, Dave. "South Korean Auto Lobby Bucks Industry Spending." *Politico.com*. 21 Nov. 2011. 17 Jan. 2012. <http://www.politico.com/news/stories/1111/68879.html>.

Lewis, Neil A. "U.S. Jews Get a New Voice in Washington." *The New York Times*. 24 Apr. 2008. <http://www.nytimes.com/2008/04/24/world/americas/24iht-lobby.4.12320195.html?scp=1>.

Lien, Pei-te, Christian Collet, Janelle Wong, and S. Karthick Ramakrishnan. "Asian Pacific-American Public Opinion and Political Participation." *PS: Political Science and Politics* 34.3 (2001): 625-30.

Lien, Pei-te. "Asian Americans and Voting Participation: Comparing Racial and Ethnic Differences in Recent U.S. Elections." *International Migration Review* 38.2 (2004): 493-517.

-------------. *The Making of Asian America through Political Participation*. Philadelphia: Temple UP, 2001.

Ling, Cheah Wui. "Walking the Long Road in Solidarity and Hope: A Case Study of the "Comfort Women" Movement's Deployment of Human Rights Discourse." *Harvard Human Rights Journal* 22 (2008): 63-107.

Min, Pyong Gap. "Korean Americans." *Asian Americans Contemporary Trends and Issues*. Thousand Oaks (California): Pine Forge, 2006.

Moon, Chung-in. "Complex Interdependence and Transnational Lobbying: South Korea in the United States." *International Studies Quarterly* 32.1 (1988a): 67-89.

-------------------. "Influencing Washington: An Analysis of the South Korean Lobby in the United States." *Alliance under Tension: The Evolution of South Korean-U.S. Relations*. By Manwoo Lee, R. D. McLaurin, and Chung-in Moon. Boulder: Westview, 1988b: 103-127.

"Pro-Israel PAC Contributions to 2010 Congressional Candidates." *Washington Report on Middle East Affairs | Telling the Truth for 30 Years*. <http://www.wrmea.com/component/content/article/351-2010-may-june/9045-pro-israel-pac-contributions-to-2010-congressional-candidates.html>.

"Pro-Israel | OpenSecrets." *OpenSecrets.org: Money in Politics -- See Who's Giving & Who's Getting*.
<http://www.opensecrets.org/pacs/industry.php?txt=Q05>.

Ramakrishnan, Karthick. "Political Participation and Civic Activism." *The State of Asian America: Trajectory of Civic and Political Engagement*. Rep. Comp. Paul Ong and Megan E. Scott. LEAP Asian Pacific American Public Policy Institute. <www.leap.org/docs/PPI%20PDFs/karthick.pdf>.

Ramakrishnan, S. Karthick, and Irene Bloemraad. *Civic Hopes and Political Realities: Immigrants, Community Organizations, and Political Engagement*. New York: Russell Sage Foundation, 2008, <http://www.russellsage.org/sites/all/files/ramakrishnan_chapter1_pdf >.

"Results for Korea - Foreign Lobbying Influence Tracker - A Project of ProPublica and Sunlight Foundation." *Foreign Lobbying Influence Tracker*. ProPublica & Sunlight Foundation. 17 Jan. 2012. <http://foreignlobbying.org/country/Korea/>.

Terrazas, Aaron. "Korean Immigrants in the United States." *Migration Information Source*. Migration Policy Institute, Jan. 2009. 12 Jan. 2012. <http://www.migrationinformation.org/USfocus/display.cfm?id=716>.

"Voter Turnout Data for Korea, Republic of (Parliamentary, Presidential)." *International Institute for Democracy and Electoral Assistance*. International Institute for Democracy and Electoral Assistance (International IDEA), 5 Oct. 2011. 17 Jan. 2012. <http://www.idea.int/vt/country_view.cfm?CountryCode=KR>.

Young, Lindsay. "Longtime Lobbying Campaign Pays Off for South Korea with Recent Trade Deal."
Sunlight Foundation Reporting Group. 14 Oct. 2011. <http://reporting.sunlightfoundation.com/2011/lobbying-behind-us-korea-free-trade-agreement/>.

Yu, Eui-Young, Peter Choe, and Sang Il Han. "Korean Population in the United States, 2000 Demographic Characteristics and Socio-Economic Status." *International Journal of Korean Studies* 6.1 (2002): 71-107. Korean American Coalition – Census Information Center. <www.calstatela.edu/centers/ckaks/publication_info/Korean_pop.pdf>.

탈북자의 사회적응을 위한 지원 방안 연구

정조은 (LYDIA CHUNG)

MA, Korean for Professionals, University of Hawaii at Manoa, 2011

STUDY ON SUPPORT MEASURES FOR THE SOCIAL ADAPTATION OF NORTH KOREAN DEFECTORS

The 66 year geopolitical divide between North and South Korea has caused two countries of the same blood to have two completely different societies. Due to this difference, the adjustment to South Korean society has been a difficult journey for the North Korean defectors. Therefore, a well-established and effective adaptation program for North Korean defectors has been a significant issue of concern to the South Korean government. The major purpose of this paper is to call upon the areas in need of restructuring the adaptation process of North Korean defectors. This paper will analyze the current policies, adaptation programs, and personal statements from North Korean defectors to identify the areas of improvement. An effective adaptation will not only help the current defectors' well-being, but also will enable the South Korean and international community to prepare and indicate methods for a smooth unification of the two Koreas in the future.

Key words: North Korean defectors, South Korea, adaptation, restructure

1.서론

1.1. 문제 제기

북-중 국경의 사선을 넘어 중국 내 한국, 일본 및 각국 외교공관에서 사투를 벌이는 등 탈북자들이 한국으로 입국하는 과정이 국제적인 관심을 받고 있다. 이들은 목숨을 걸고 북한을 탈출하여 중국 등지에서 1-2 년간 자금을 모으고 입국 정보를 수집하는 등 각고의 준비 끝에 서울에 온다. 탈북자들은 북한의 식량배급 부족을 못 견디거나 혹은 북한에서의 삶이 더 이상 희망이 없다고 판단하여 국경을 넘는 것이다. 탈북자 수가 급속히 증가하면서 한국 정부는 북한이탈주민의 한국 적응이 고통스럽지 않도록 돕기 위한 지원 정책을 진행하기로 했다. 그 지원 정책 하에 정부는 기본적으로 경제적, 심리적, 그리고 교육적인 부분을 돕는다. 하지만 그럼에도 불구하고 탈북자들은 아직까지 그 적응에 어려움을 겪고 있다. 탈북자는 이탈 후 적응 과정에서 여러 가지 힘든 현실에 직면하게 된다. 그들은 북한에서 형성되었던 가치관과 인식을 남한 사회에 맞게 변화 시켜야 하고 새로운 관계도 맺어야만 한다. 또한 한국의 자본주의 체제 및 사회적 관습에 동화 되어야 할 필요성도 가진다. 탈북자는 경제적, 정치적 혹은 사회 경제적인 측면뿐만 아니라 심리적인 부분에서도 한국 사회에 적응을 해야 하는 것이다. 선행 연구에서는 경제적 또는 심리적인 문제점들과 더불어 이들이 겪고 있는 다양한 어려움의 사례들이 언급되고 있다. 그러한 사례들과는 달리 정치적인 분야에서는 적응의 어려움이 적다고 보고되는데[1] 이는 탈북자들의 선택이 자발적이었기 때문인 것으로 보인다.

탈북자의 적응 과정을 돕기 위해서는 그 과정에 대한 보다 세밀한 검토가 필요하다. 알려진 바대로 그들이 북한 사회에서 이탈하는 과정은 매우 힘든데, 다수의 한국 국민들은 그 탈출 과정 못지 않게 그들의 한국 사회 적응이 힘들다는 사실을 인식하지 못하고 있다. 또한 그러한 인식에 더하여 그들에 대한 이해가 바탕이 되어야 그에 맞는 적절한 제도를 만들 수 있을 것이다. 따라서 현재의 탈북자 지원 제도 및 프로그램을 그들의 실제적인 어려움과 함께 고려, 분석하여 보다 효과적이고 실질적인 도움이 되는 방안을 모색해야 한다. 작년인 2010 년, 탈북자 중 30%는 한국 사회를 떠나 다른 나라로 이주할 생각이 있다고 답했는데 그 주된 이유는 그들이 겪고 있는 적응의 어려움 때문이었다.[2]

그러한 부분을 고려해봤을 때, 북한이탈주민 적응 과정은 개선할 필요성이 있다. 단지 개개인의 삶의 질 때문만은 아니다. 한국 정부는 제도, 법률상의 책임을 가지고 있다. 또한 한국 정부는 이 문제를 극복했을 때 비로소 미래를 향한 발판을 마련할 수 있다. 가까운 장래에 통일이 되기 전까지는 탈북자 정착에 대한 완성도 높은

---

[1] Woo-taek Chun, "A Study of the Adaptation and Self-Identity of North Korean Refugees According to Their Social Backgrounds," *Unification Studies* 1, no. 2 (1997): 121.

[2] "Thirty percent of North Korean defectors living in South Korea are considering immigrating to another country[…],Woo-yul Choi, "24 Pct. Of Nk Defectors Wish to Leave S. Korea: Poll," *Dong-A Ilbo (Republic of Korea)*, 2010 년 10 월
22 일. http://english.donga.com/srv/k2srv.php3?biid=2010102297498 (accessed April 05, 2011).

대책이 마련되어 있어야 한다. 이러한 준비와 전략을 지금부터 실험하고 개선해야 탈북자에 대한 위기 상황에 직면하지 않을 것이다. 현재까지 제안된 정착지원은 아직 부족하고 탈북자 적응 도움에 그리 효과적이지 않다. 한나라당 소속 국회 외교통상통일 위원회 구상찬 씨는 벌써 한국에서 탈북자 자살률이 16.3%에 달한다고 밝혔다.[3] 이 자살률은 전 세계 탈북자 자살률 중 제일 높은 것으로 보도 되었다. 이것은 심각한 문제라고 볼 수 있고 현재 운영하는 제도가 탈북자들에게 정작 필요한 지원은 해주지 못하고 있다는 점을 알 수 있다. 따라서 본 연구의 목적은 한정된 부분에서나마 제일 효과적인 탈북자 지원을 제안하는 것이다.

본 논문에서는 지금까지 이루어지고 있는 탈북자에 대한 지원 현황과 그 조직들의 특성을 살펴 보고 그에 따른 탈북자들의 사회 참여 현황을 차례로 살펴봄으로써, 탈북자들의 지원 제도 및 프로그램에 있어 좀 더 현실적이고 효과적인 방향을 모색해보고자 한다.

1.2. 탈북 현황과 탈북자의 개념

탈북자는 특히 남한사회로 탈북한 사람을 의미하고 있다. 매년 북한을 탈출해 수는 증가하고 있다. 1994 년 이후로 탈북자들의 국내 입국자 수는 1994 년 이후 급격히 증가하여 2000 년에는 312 명을 기록하였고 2001 년 583 명, 2002 년에는 1,139 명, 2003 년에는 1,281 명, 2004 년에는 1,894 명으로 계속 증가하는 추세를 보였다. 그러나 2005 년에는 1,383 명이 입국하여 2004 년에 비해 감소하였다. 이는 탈북자들이 체류하고 있는 중국 등의 현지 단속이 강화되었고 국내 입국과 관련된 개인 및 단체들의 활동이 약화되었기 때문으로 분석된다. 허나 이후로 2006 년도 2,019 명 2007 년 2,553 명, 2008 년 2,809 명, 2009 년 2,927 명이 입국하여 다시 증가 추세를 보이기 시작하였고[4] 2010 년에는 탈북자 수가 2 만 명을 넘어섰다.[5] 2009 년도에는 가족을 동반하거나 이미

---

[3] 2009 년에 사망자 중에 16%가 자살이었다. 신동규, "구상찬 '탈북자 자살 비율 16.3%...통일부 집계도 못해' ," *데일리안 (대한민국)*, 2010 년 10 월 05 일. http://www.dailian.co.kr/news/news_view.htm?id=221535(accessed 2011 년 04 월 14 일).

[4] 박영호, 김수암, 이금순 and 홍우택, *북한인권백서* (서울: 통일연구소, 2010), 397.

[5] Sam Kim, (2nd Ld) Number of N. Korean Defectors to S. Korea Tops 20,000: Ministry, *Yonhap News Agency (Republic of Korea)*, November 15, 2010. http://english.yonhapnews.co.kr/northkorea/2010/11/15/20/0401000000AEN20101115004000315F.HTML (accessed April 03, 2011).

입국한 가족의 도움을 받아서 중국 혹은 북한에 체류하던 사람들이 입국하는 비율이 지속적으로 증가하였다.

탈북자의 정의는 다소 혼란스러울 수 있다. 북한에서는 탈북자들을 공식적으로 "인민을 배반한 사회주의 배신자, 체제에 대한 배신자" 라고 규정하고 있다. 북한 사회에서는 "난 사람, 깬 사람"이라고 부른다.[6] 1990 년대 이전에는 귀순자라는 용어를 사용했다. 귀순자라고 쓴 이유는 대부분 정치적인 이념이 북한을 떠나는 주된 원인이었다고 볼 수 있다.[7] 1990 년대 이후로는 북한의 경제난 때문에 북한에서 넘어온 사람들의 사용하는 용어가 탈북자로 변했다. 이어서 2005 년에 2005 이후로 남한에 정착한 탈북자가 급속히 증가하면서 '탈북자'라는 용어가 부정적인 의미와 거부감을 줘서 새로운 터전에서 삶을 시작하는 사람의 약칭 '새터민'으로 바꾸었다.[8] 이는 새로운 용어로 북한을 탈출한 사람을 의미하는 순 우리말이다.[9] 하지만 한번 더 바꿔 단순하게는 이들을 북한을 떠나 남한으로 넘어 온 북한 동포라고도 볼 수 있으며 대한민국의 공식적인 용어로는 북한이탈주민이다. "북한 이탈 주민의 보호 및 정착 지원에 관한 법률"[10] 제 2 조(정의)에 따르면 "북한이탈주민"이라 함은 북한에 주소-직계-가정-배우자-직장 등을 두고 있는 자로서 북한을 벗어난 후 외국의 국적을 취득하지 아니한 자"라고 처음으로 언급하고 있다.[11] 따라서 탈북자는 북한을 탈출해서 남한 사회에서 거주하는 이들의 총칭이라 할 수 있다. 그 가운데 북한에서 직접 오거나 북한에서 중국을 거쳐 남한으로 오는 경우도 있다. 선행연구에서는 탈북자라는 용어보다는 다른 단어를 만들어야 한다는 조언도 한다. 하지만 대표적인 탈북자인 황장엽은

---

[6] 윤여상, "재외탈북자 실태와 지원체계: 중국지역을 중심으로" (diss., 통일연구논총, 1998), 9.

[7] 명세희, "탈북자? 새터민? 정확한 명칭은 뭘까?" 통일부 공식 블로그, entry posted April 19, 2011, http://blog.daum.net/mounification/8768607 (accessed April 23, 2011).

[8] Ibid.

[9] Jih-Un Kim and Dong-Jin Jang, "Aliens Among Brothers? The Status and Perception of North Korean Refugees in South Korea," *Asian Perspective* 31, no. 2 (2007): 5.

[10] 북한난민주민의 보호 및 정착지원에 관한 법률. 1999. 12. 28. 법률 제 6056 호.

[11] 강상년, "탈북자의 한국사회 적응에 관한 연구" (대진대학교 통일대학원, 2004), 4.

새터민이라는 용어를 쓰지 말아 달라고 요청을 했다.[12] 탈북자들은 새터민이란 용어에 거부감을 느낄 수 있으므로 그 대신 탈북자라는 용어를 써줄 것을 원한 것이다. 따라서 이 논문에서는 새터민과 북한이탈주민을 뜻하는 말로 가장 널리 쓰이고 있는 "탈북자"를 사용하도록 하겠다.

2. 탈북자의 적응 실태

2.1. 정치적인 측면

이미 알려진 바와 같이 북한은 정식 명칭인 '조선민주주의공화국'에 '민주주의'라는 단어가 있지만 이는 민주주의라고 보기 어렵다. 북한은 공산주의 및 주체사상을 따르고 있기 때문에 남한의 민주주의와 많이 다르다. 하지만 서로의 체제가 많이 달라도 탈북자는 정치적으로 자연스럽게 적응할 수 있다. 1990 년 이전에 탈북한 사람들은 주로 정치적인 이유로 탈북을 선택했다. 따라서 이들은 이미 의식 변화와 체제 변화의 준비가 되어 있었다. 북한에서부터 1997 년 3 월부터 자유아시아 방송을 통해 민주주의의 개념과 공민권을 북한에 방송하고 있었기 때문에 실질적으로는 이미 의식 개방이 된 것이라고 볼 수 있다. 남한에서는 하나원에서 탈북자들에게 한국 정치에 대한 이론 교육을 실시하고 남한 시민과 같은 공민권을 갖도록 허용해서 자연스럽게 정치적인 적응이 이루어지도록 하고 있다. 특히 남한에서 탈북자는 남한의 선거법에 따라 선거권을 가질 수 있다. 따라서 탈북자는 남한사회로 진입할 때 공민권을 부여 받기 때문에 남한 국민들과 같은 선거권 관련 법을 따르면 된다. 첫째, 제 15 조 (선거권)을 따르면 "19 세 이상의 국민은 대통령 및 국회의원의 선거권이 있다".[13] 둘째, 출입관리법을 따라 영주의 체류자격 취득일 후 3 년이 경과한 외국인으로서 선거할 수 있다.[14] 이러한 법에 따라 탈북자는 남한국민과 같은 선거권을 가지게 된다. 덧붙여 피선거권에 대해서는 제 16 조에서 설명되어 있다. 1997 년 1 월 13 일에 개정된 피선거권 법률에서는 선거일 현재 5 년 이상 국내에 거주하고 있는 40 세 이상의 국민에게 대통령 피선거권이 있다고

---

[12] "최근 뉴스: 탈북자냐," 탈북자 동지회, http://nkd.or.kr/news/article/view/2254 (accessed April 25, 2011).

[13] 대한민국공직선거법, 선거권과 피선거권, 제 2 장.

[14] "제 10 조에 따른 영주의 체류자격 취득일 후 3 년이 경과한 외국인으로서 같은 법 제 34 조에 따라 해당 지방자치단체의 외국인등록대장에 올라 있는 사람, 대한민국공직선거법, 선거권과 피선거권, 제 2 장.

명시하고 있다. 또한 25 세 이상의 국민은 국회의원의 피선거권을 가진다. 탈북자들이 공민권을 누릴 수 있게 된 가운데, 탈북자들의 정치 참여 경향을 살펴보면 과거와는 다른 주목할 만한 현상들이 나타나고 있다. 예를 들어, 2010 년 6 월 시행된 지방 선거에서는 탈북자 최초로 김인실을 포함한 탈북 여성 3 명이 주요 정당의 추천을 받아 비례 대표 후보로 선출된 바 있다. 이들은 이러한 활동 이전에도 왕성한 자원 봉사 활동 등 지역 사회에 적극적으로 참여해 왔던 것으로 알려졌다.[15] 비록 그들이 획득한 투표수는 전체 3~4% 가량으로 적었지만 탈북자들이 선거 과정에 적극적으로 참여하기 시작했다라는 점에 있어서는 의미 있는 변화라고 할 수 있다. 탈북자 가운데 80%, 즉 2 만명 가량이 여성이다 보니 탈북자들의 여성 정책에 좀 더 실질적인 도움이 될 것이라는 기대에서 출발한 행동이었다는 것이 그들의 설명이다. 탈북자 사회 곳곳에서 자신들의 어려움을 스스로 해결 하려는 움직임이 나타날 것이라는 예상이 가능한 대목이다.

뿐만 아니라 탈북자들의 사회 단체 참여도 왕성하게 이루어지고 있는데 이러한 단체들은 크게 북한민주화네트워크 계열, 북한 인권운동 그룹, 탈북자 중심의 반북, 인권 단체, 기타 탈북자 친목 단체로 분류할 수 있다[16]. 2008 년 3 월에 창설된 탈북인단체총연합회의 경우는 북한의 민주화를 목표로 다양한 북한 관련 단체들과 연합하여 활동을 전개하고 있으며, 가장 최근인 2011 년 3 월의 경우 탈북자 사회 단체 중 하나인 자유북한운동연합은 대북 전단을 북한에 기습적으로 살포한 바 있다. 이들은 주로 전단지 혹은 정보 전달을 통한 북한 사회의 민주화에 초점을 맞추거나 압력 단체로서 기능하고 있다. 그들의 출연에 더해 좀 더 주목해 볼 점은 과거와 비교하여 현대 사회의 다양한 사회 단체들이 그러하듯 진보-보수 등의 정치적 성격을 분명하게 띄기 시작했다는 것이다. 이러한 정치적 성격으로 인해 단체들 간의 분열이나 지역 주민들과의 불화라는 문제점도 함께 나타나고 있다.

---

[15] 이예진, "희망통신" 탈북자 김인실 씨의 지방선거 도전 소감, *자유아시아방송*, 2010 년 06 월 10 일.
http://www.rfa.org/korean/weekly_program/hope_news/hope_news-06102010110817.html (accessed April 09, 2011).

[16] 김당, "탈북자 1 만명 시대, 정치적 목소리 커졌다," *오마이뉴스*, 2007 년 01 월 07 일.
http://www.usci.co.kr/kboard/kboard.php?board=board3&act=view&no=60&page=23&search_mode=&search_word=&cid=&PHPSESSID=3c6817ca270ae7e74213059b44ec0911(accessed April 04, 2011).

마지막으로 탈북자 동지회 [17]와 같은 친목 단체는 등산회를 조직하는 등 정치적인 부분 이외에도 탈북자들 간의 연대를 위해 기여하고 있다.

2.2. 경제적인 측면

많은 탈북자는 남한으로 탈출하기 전에 미디어 즉, 한국 드라마를 통해 남한 사회의 일면만 보게 되기 때문에 남한의 거의모든 사람들이 상류층이라는 환상을 갖고 있다.[18] 하지만 정치적인 부분과는 달리 경제적인 측면에서 그들의 생활은 매우 힘들고 많은 어려움을 겪고 있다. 최근에 탈북자는 먹는 문제 해결을 위한 '생계형' 탈북이 아니라 좋은 환경에서 자식들을 교육시키고 높은 보수를 받는 안정적인 직장을 얻어 삶의 이상을 실현시키고자 하는 'Korean Dream' 형이 다수를 이루고 있다. 과거 미국에서 나타났던 'American Dream' 현상과 같이 탈북자는 "더 좋은 삶", 그리고 더 "나은 삶'을 위해 남한으로 탈북한다. 하지만 그런 꿈을 꾸는 것은 탈북자들이 가지고 있었던 이론적인 개념으로 인해 어려움을 겪을 수 있다. 'Korean Dream'을 성취하기 위해서는 경제적인 장애물들을 넘어서야 한다. 문제는 그러한 경제적인 문제를 극복하는 것이 의외로 어렵다는 점이다. 북한 정부는 주민들을 대상으로 개인의 이윤추구에 의한 경제활동은 자본주의적 행태라고 비난하면서 사회주의 혁명 과업 수행에 필요한 경제 및 기술지식 만을 보유할 것을 요구하고 있다. 최근 2010 년에 북한정부가 반자본주의 비디오 선전을 통해 공산주의를 촉진하려고 하였다. 게다가 자본주의 국가의 시민들이 자살을 많이 하고 굶주림에 시달리고 있는 것으로 설명하는 영상을 방송으로 내보내고 있다.[19] 이러한 세뇌 때문에 탈북자는 남한으로 올 때 경제적인 충격을 많이 받는다. 남한은 해방 이후 자본주의가 완전히 뿌리 내려 개인이 경제생활을 결정하고 책임지는 이러한 생활방식이 사회 곳곳에 깊숙이 자리를 잡게 된 반면에 북한은 뿌리까지 공산주의가 차지하고 있다. 따라서 이념적인 것 뿐만 아니라 자본주의 생활양식에 필요한 기술, 영어, 컴퓨터 및 세금 저축 등 기초적인

---

[17] 탈북자 동지회, (accessed 2011 년 04 월 03 일).

[18] "광주지역에 정착한 여성탈북자와 인터뷰" (인터뷰, 서부광주지역 하나원센터, 광주, 2011 년 3 월 24 일).

[19] Gus Lubin, "Check Out North Korea's Racy New Anti-Capitalist Propaganda Video," *Business Insider*, 2010 년 06 월 10 일. http://www.businessinsider.com/check-out-north-koreas-sexy-new-anti-capitalist-video-2010-6 (accessed April 23, 2011).

경제 및 회계지식의 이해하는 것이 불가피하다. 이와 같은 지식과 인식을 보유한다는 것은 남한 사람들조차 간단치 않은 일이다 이는 개인의 상당한 노력과 철저한 자기관리를 필요로 하기 때문이다.[20] 개개인에게 맞는 직업을 구하고 맡은 바 업무를 차질 없이 수행하기란 심각한 스트레스를 받는 일이다.[21] 남한에 거주하는 탈북자는 실업 문제에 시달리고 있다. 현재 탈북자 10 명 중 1 명은 실업자이다.[22] 탈북자의 실업률이 9%로 집계되었을 당시에 남한 사회의 실업률은 3.3%였다. 따라서 남한 사회의 실업률에 비교해봤을 때 탈북자의 실업 문제는 더 심각하다고 볼 수 있다.

3. 탈북자 지원 현황

3.1. 정부의 지원

탈북자는 남한에서 정착을 시작할 때, 총 두 가지의 지원을 받는다. 첫째는 초기 정착금 지급제도를 통한 사전 지원이 그것이다.

우선, 탈북자는 정착을 시작하기에 앞서 교육을 받게 된다. 이 교육은 사회적인 적응과 경제적인 지원을 포함해 하나원에서 진행된다. 하나 센터는 "통일부가 전국의 30 개 지역의 전문기관을 선정하여 그 지역에 새롭게 거주하게 되는 북한이탈주민의 하나원 퇴소 이후의 삶을 지원하도록 지정한 곳"이다.[23] 하나센터는 북한이탈주민의 조기 자립-자활을 도모하기 위해, 북한이탈주민의 전입 후 지역 적응 교육 및 사후 지원을 실시"한다.[24] <그림 1>을 보면 하나원에서 경험할 수 있는 일반적인 정착 과정을 알 수 있다.

---

[20] "광주지역에 정착한 여성탈북자와 인터뷰"

[21] Ibid.

[22] So-hyun Kim, "N. Korean Refugees' Jobless Rate Hits 9.2%," *Korean Herald*, 2010 년 12 월 16 일.http://www.koreaherald.com/national/Detail.jsp?newsMLId=20101216000818 (accessed April 24, 2011).

[23] "신규 북한이탈주민 초기정착지원," 경기서부 하나센터, http://hanakorea.or.kr/(accessed 2011 년 4 월 5 일).

[24] Ibid.

<그림 1>

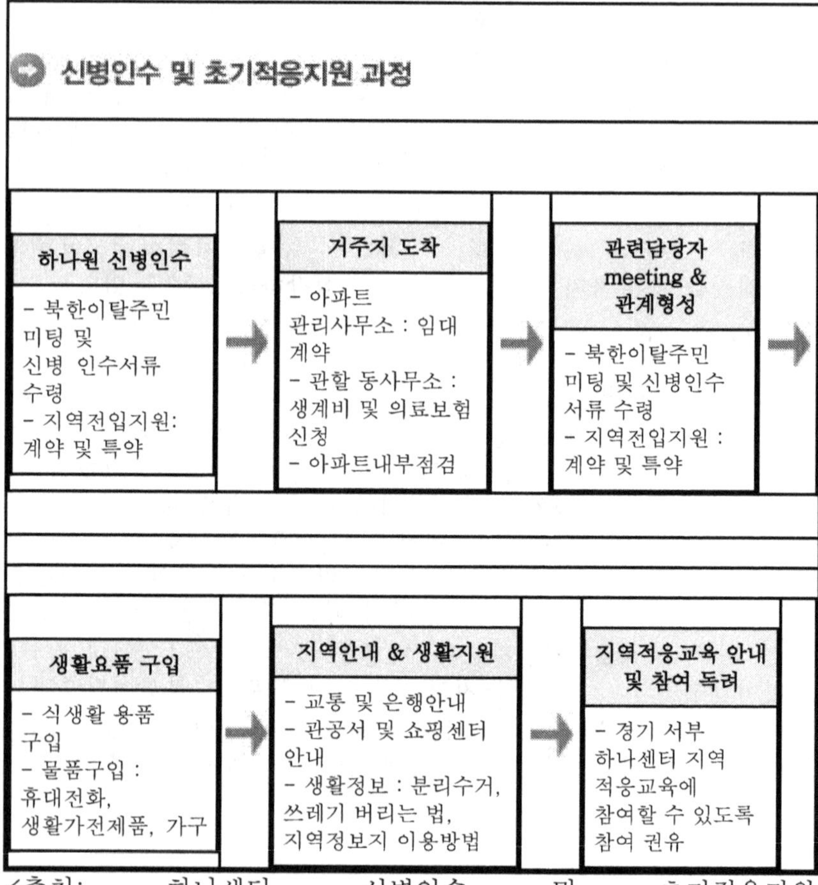

신병인수 및 초기적응지원 과정
하나원 신병인수
- 북한이탈주민 미팅 및 신병 인수서류 수령
- 지역전입지원: 계약 및 특약
거주지 도착
- 아파트 관리사무소 : 임대 계약
- 관할 동사무소 : 생계비 및 의료보험 신청
- 아파트내부점검
관련담당자 meeting & 관계형성
- 북한이탈주민 미팅 및 신병인수 서류 수령
- 지역전입지원 : 계약 및 특약
생활요품 구입
- 식생활 용품 구입
- 물품구입 : 휴대전화, 생활가전제품, 가구
지역안내 & 생활지원
- 교통 및 은행안내
- 관공서 및 쇼핑센터 안내
- 생활정보 : 분리수거, 쓰레기 버리는 법, 지역정보지 이용방법
지역적응교육 안내 및 참여 독려
- 경기 서부 하나센터 지역 적응교육에 참여할 수 있도록 참여 권유

<출처: 하나센터, 신병인수 및 초기적응지원 과정, www.hanakorea.or.kr, 2011 년 4 월 5 일 검색.>

남한 정부 최초의 탈북자 정착 지원법은 1997 년 1 월에 제정되었다.[25] 이 "북한이탈주민 보호 및 정착지원에 관한 법률"은 1997 년 7 월에 도입되어 하나원의 법적 기반이 되었다. 그것에 기초하여 하나원은 현재 세 분야의 정착과정 지원을 하고 있다.

---

[25] 이진서, "궁금증을, 개정 '탈북자 정착지원법'" *자유아시아방송*, 2010 년 04 월 06 일. http://www.rfa.org/korean/weekly_program/ad81ae08c99d-d480c5b4c90db2c8b2e4/ask_question-04062010144030.html (accessed 2011 년 04 월 03 일).

우선, 신경, 정신과의 치료를 통해 심리적 충격을 완화하여 남한과 북한 사회의 차이점을 감당할 수 있도록 돕는다. 하지만 이 심리적인 치료기간은 너무 짧을 뿐더러 효과적이지도 않고 전문가 부족이 있다는 지적이 있다. 2007 년에 하나원에서 심리적인 치료를 받았던 탈북자는 110 명이었지만 최근 이 숫자가 2010 년 7,467 명으로 크게 증가했다.[26] 사실상 어떤 문제가 있는지 조사할 필요가 있다는 것을 의미한다.

다음으로, 하나원은 여러 프로그램을 통해 자유민주주의 문화에 기반한 언어에서 발생할 수 있는 오해를 해소하기 위해 노력한다. 상담 등을 통해 탈북자들이 남한 사회를 이해할 수 있도록 격려하고 그들이 사회에 자연스럽게 적응할 수 있도록 유도한다. 마지막으로, 취업 준비를 위한 직업 상담도 진행하고 있다. 다른 상담과는 달리 하나원에서 이루어지는 직업 상담은 컴퓨터 교육, 기술교육, 요리 바느질 등을 훈련할 수 있도록 되어 있다.[27] 하지만 아직까지 이러한 훈련은 많은 곳에서 시행되지는 않고 있다. 서부지역 하나원 센터는 2011 년 하반기부터 교육을 시작한다고 한다.[28] 아쉬운 것은 이미 정착한 사람들은 이러한 교육을 받지 못해 아직까지 취업에 많은 어려움을 겪는다는 사실이다.[29] 진행된 인터뷰를 살펴보면 이러한 부분에 대해서, " [컴퓨터 교육] 미리 받을 수야 있지……거의 이름만 직업훈련학교지 우리는 컴퓨터 기초도 몰랐다…"[30]라고 말하고 있다. 현재 정부가 지원하는 내용들이 큰 효과가 없고 어떤 경우에는 아직 시행도 되지 않고 있다는 것이다.

그 밖에도 하나원에서 나오는 지원은 다양한데, 교육, 의료, 노인보건복지 등의 제공이 그것이다. 하나원에서 훈련 받은 후에 탈북자는 남한 사회의 또 다른 구성원이 된다. 이 단계를 거친 후에도 여전히 남한 사회에 적응하는 것은 어렵기 때문에 또 다른 것들이 지원된다. 교육 분야에서는 대학 진학 희망자들이 특례로 대학에 입학할 수 있도록 하고 있다. 정부는 중고등학교와 국립 대학 비용을 면제해주고 사립 대학교의 경우 50%까지 보조를

---

[26] We Must Do More For N.Korean Defectors, *Chosun Ilbo*, 2010 년 10 월 08 일. http://english.chosun.com/site/data/html_dir/2010/10/08/2010100800922.html (accessed April 24, 2011).

[27] Jae-jean Suh, "North Korean Defectors: Their Adaptation and Resettlement," *East Asian Review* 14, no. 3 (Autumn 2002): 73.

[28] "광주지역에 정착한 여성탈북자와 이터뷰"

[29] Ibid.

[30] Ibid.

해주고 있다. 하지만 주로 탈북자 대학생은 경제적인 이유로 중퇴한다. 2010 년에 475 명 탈북자 대학생들 중에 135 명이 경제적인 어려움 때문에 중퇴했다.[31] 사회 복지 분야에서는 생계 급여, 의료 보호와 연금 특례가 있다. 구체적으로 보면, 국민기초 생활보장 수급권자에게는 1 인 세대 별로 월 42 만원을 지원하며 의료 보호 차원에서 의료급여 1 종 수급권자는 본인 부담 없이 의료 혜택을 누릴 수 있다. 하지만 의료지원의 경우, 정착한 후 2 년이 지나면 지원을 해주지 않는다. 따라서 긴급상황 시 많은 탈북자들이 의료비의 큰 부담을 안게 된다. 특히 대부분의 탈북자들의 약 60.2%는 정착금으로만 살아가고 있기 때문에 이런 점들은 더욱 큰 부담으로 작용한다.[32]

통일부도 다양한 지원을 하고 있는데 <표 1>에서 그 자세한 내용을 알 수 있다. 예를 들면, 정착, 주거, 취업, 사회복지, 교육, 정착도우미 등 보호담당관을 지원해주어 많은 측면에서 도움이 되도록 하고 있다. 이러한 정착금은 많은 요인들에 입각하고 있는데 가령, 연령, 건강 상태, 일할 수 있는 능력 등에 따라 정착금이 차등 지급된다. 또한 한국 주택 공사(Korean National Housing Corporation,KNHC)는 가구 당 인원 수와 연령 등에 따라 주택을 제공한다.[33] 하지만 주택지원의 내용이 현실적이지 않다. "…정부에서 준 집에 들어가니 참 기가 막히더라. 13 평이라는 게 정말 좁다. 북한에서는 그리 좁은 집이 없어서 처음엔 한숨이 나오더라. 토끼장 같은 데서 살아야 될까"라고들 한다.[34] 이런 경우, 탈북자들은 남한 사회를 왜 왔는지 다시 생각하게 된다. 현재 성인 1 인당 주거 및 정착금은 최소 1900 만원을 지급하는 것으로 설정되어 있다. 탈북자들이 탈북한 이후에 오히려 박탈감이나 허탈함을 느낄 정도의 비현실적인 환경에 놓이게 된다면 이는 또 다른 문제점들을 양산할 수도 있다. 따라서 그러한 인식에 기초하여 남한 정부의 주택 지원에도 유동적이고 현실적인 접근이 시급하다.

---

[31] We Must Do More For N.Korean Defectors, *Chosun Ilbo*, 2010 년 10 월 08 일.

[32] Embracing North Defectors, *Korea Joongang Daily*, 2010 년 09 월 17 일.http://joongangdaily.joins.com/article/view.asp?aid=2926130 (accessed April 24, 2011).

[33] Jae-jean Suh, "North Korean Defectors: Their Adaptation and Resettlement," *East Asian Review* 14, no. 3 (Autumn 2002): 71.

[34] "광주지역에 정착한 여성탈북자와 터뷰"

<표 1>

구 분	항 목	내 용
정착금	기본금	1 인 세대 기준 600 만원 지급
	장려금	직업훈련, 자격증 취득, 취업장려금 등 최대 2,440 만원
	가산금	노령, 장애, 장기치료 등 최대 1,540 만원
주 거	주택알선	임대 아파트 알선
	주거지원금	1 인 세대 기준 1,300 만원
취 업	직업훈련	훈련기간 중 훈련수당 월 약 30 만원 지급(노동부)
	고용지원금 (채용기업주에 지급)	급여의 1/2(70 만원 한도)을 최대 3 년간 지원
	취업보호담당관	전국 55 개 고용지원센터에 지정, 취업상담・알선
	기타	취업보호(우선구매), 영농정착지원, 특별임용 등
사회복지	생계급여	국민기초생활보장 수급권자(1 인 세대 월 약 42 만원)
	의료보호	의료급여 1 종 수급권자로서 본인 부담 없이 의료 혜택
	연금특례	입국 당시 50 세 이상~60 세 미만은 국민연금 가입특례
교육	특례 편·입학	대학진학 희망자의 경우 특례로 대학 입학
	학비 지원	중・고 및 국립대 등록금 면제, 사립대 50% 보조
정착도우미	-	1 세대당 1-2 명의 정착도우미를 지정, 초기 정착지원(전국 2,000 여명)

보호담당관	-	거주지보호담당관(200 여명), 취업보호담당관(55 명), 신변보호담당관(800 여명)

<출처: "북한이탈주민정책 정착지원제도," 통일부, http://www.unikorea.go.kr/CmsWeb/viewPage.req?idx=PG0000000168 (accessed 2011 년 04 월 2 일).>

두 번째 지원은 사후 지원이다. 하나원 교육 프로그램을 마친 탈북자의 자연스러운 적응을 도울 수 있는 다양한 지원책들이 마련되어 있다. 사후 관리는 신규 및 기존 전입한 북한 이탈주민들을 전문적이면서도 체계적으로 관리하는 것을 목적으로 한다고 명시하고 있다. 또한 이전 방식과의 차별화를 위해 사례관리(Case by Case)와 통합 지원 안전망의 연계를 구축할 것을 추구한다. 이러한 목적과 특징에 기초하여 좀 더 구체적으로 살펴보자면, 사전 관리가 직업이나 적응 과정에 좀 더 초점을 맞추었다면 사후 관리에서의 상담지원은 정기적으로 각 사례에 맞는 안정적인 정착 과정을 지원하는 데 보다 주력하고 있음을 알 수 있다. 따라서 그 대상자도 초기 거주자뿐만 아니라 장기 거주자들을 대상으로 하고 있으며 그에 맞는 서비스 계획도 포함하고 있다. 또한 솔루션 위원회는 단일 기관이 아닌 지역 내 연계 기관들로 구성되어 맞춤형 서비스를 고안할 수 있으며 이를 통해 유관 기관의 발달도 기대할 수 있다.

지금까지 제시된 사전, 사후 관리는 전반적으로 탈북자들이 적응하는 과정에서 직면할 여러 가지 현실적인 괴리감을 줄이고 그들이 실질적으로 적응할 수 있도록 돕기 위해 관련 기관들과 지역사회, 정부 공동의 고민이 반영이 된 결과라고 볼 수 있다.

3.2. 사회 단체의 지원

탈북자들을 지원하기 위한 다양한 사회 단체가 있다. 서울 및 경기지역에서만 52 개 북한이탈주민 지원 민간단체가 있다. 이 단체들은 주로 대한민국 정부, 그리고 통일부와 협조해서 탈북자들을 지원하고 적응을 돕는 역할을 한다. 비정부적 성격을 가지고 있는 경우로는 종교적인 성향을 가진 조직들이 많다. 여기서는 지면상, 네 가지 지원 단체를 선정하여 간략하게 설명하도록 한다. 그 가운데 가장 크고 다양한 역할을 하는 지원 조직은 북한이탈주민지원재단이다.

북한이탈주민지원재단은 탈북자들의 하나원 교육 이후의 사후지원을 돕는 사업을 한다. 이 재단의 주요 기능은 북한 탈북자에 대한 법률, 주택, 교육 지원, 취업 등에 대한 종합적 생활상담서비스 제공을 통해 사회 적응을 도모하는 것이다.[35] 주로 네트워크를 통해 탈북자를 지원하고 그들에게 필요한 것들을 제공한다. 상담은 많은 단계로 나뉘어 있다. 의료상담에서부터 의료 지원 기관 알선까지도 담당한다. 취업과 교육 상담에서는 장학 지원, 진로 상담 및 취업 요령과 통일부 취업 지원 사이버센터 활용 방법 등을 다루고 있다. 마지막으로 법률 상담 사업에서는 변호사와 직접적으로 연결시켜 1:1 및 전화 상담을 받을 수 있도록 돕고 있다. 2009 년에 시행된 상담은 총 435 건이 있었다.[36]

탈북자동지회는 대한민국에 정착한 탈북자들을 중심으로 조직을 결성하고 회원 및 탈북자들의 처지를 우려하는 국내 외 각계 인사들과 해외 동포들 그리고 국제인권단체들의 성원으로 받아 중국 동북지방을 비롯하여 타향에서 헤매고 있는 10 여만 탈북자들을 물질, 정신적으로 도와주며, 탈북자들이 한 사람의 낙오자도 없이 서로 돕고 이끌어 안착된 생활을 할 수 있도록 하는 것을 목적으로 가지고 있다.[37] 주로 이 단체는 교육 프로그램을 통한 지원을 하고 있다. 특징은 인터넷 포럼을 이용하여 사람을 찾는 사업도 한다는 점이다.

새조위(새롭고 하나된 조국을 위한 모임)에서도 다양한 활동과 지원을 아끼지 않고 있다. 첫째, 적응 단계에서 탈북자들이 직접적인 체험 학습을 할 수 있도록 하고 있는데 그 과정 속에서 탈북자들은 조화와 질서를 배울 수 있다. 두 번째로 가정 지원을 위해 가정 방문을 한다. 가정방문을 하여 그들의 정착과정을 가까이에서 지켜보면서 문제점들을 극복할 수 있는 방법을 논의하고 분석한다.[38] 취업 및 창업, 여성 지원 단계에서는 탈북자들이 안정적으로 취업을 할 수 있도록 훈련을 시킨다.[39] 마지막으로 새조위 아카데미에서는 리더쉽 교육, 상담, 교육 등과 관련된 세미나를 주최한다.

---

[35] "종합생활상담센터 안내," 북한이탈주민지원재단,http://www.dongposarang.or.kr/life/int.php (accessed 2011 년 04 월 05 일).

[36] Ibid.

[37] "설립목적," 탈북자동지회, http://www.nkd.or.kr/intro/purpose (accessed 2011 년 04 월 03 일).

[38] "가정방문," (사)새조위, http://saejowi.org/ (accessed 2011 년 04 월 05 일).

[39] Ibid, 취업-창업 지원.

여인지사는 상대적으로 규모가 작은 단체이다. 이들은 한국에 온지 일년이 채 되지 않은 여성이탈주민들을 지원해주고 있다. 또한 북한이탈여성들이 겪고 있는 다양한 폭력과 차별 문제를 여성운동의 한 영역으로 설정하여 다양한 사업을 진행한다. 여성적 관점에서 북한 이탈 여성의 문제를 재해석하고 북한이탈여성들이 동등한 남한 사회의 구성원으로 자리 잡을 수 있도록 지원을 아끼지 않고 있으며 연대를 추진하기도 한다. 그들은 "북한이탈여성들의 문제가 여성정책의 한 영역으로 수립될 수 있도록 최선의 노력을 다할 것이다. 그리고 궁극적으로는 여성들이 추구하는 평등과 평화의 사회를 만들어 나가는 과정에서 여성 평화적 관점에서 사회문화 통합의 큰 흐름을 만들어 나가는데 기여하고자 한다." 라며 그들의 목적과 기여 방향을 밝히고 있다.

다음으로 탈북인단체총연합을 들 수 있는데 그들의 목적은 북한의 자유 민주주의의 실현이다. 그들은 "자유를 위해 북한을 탈출한 탈북인 단체들의 연합체로서 북한독재를 타도하고 북한주민의 열악한 인권개선을 위해 모든 역량과 방법을 다하여 투쟁하며 탈북인 단체들과 그들의 권익옹호를 위해 활동하여 결과적으로는 북한에 자유 민주주의를 실현하는 것을 목적으로 한다."[40] 는 점을 표명한다. 탈북인 단체 총연합은 민주주의 원칙에 기초하여 정해진 정관 규칙에 따라 관리·운영된다.[41]

4. 향후 지원 방안

매년 남한 사회에 유입되는 탈북자 수가 증가하면서 이전보다도 더 많은 적응 문제와 장애를 겪게 될 가능성이 있다. 허나 현재 진행되고 있는 제도적 시스템과 지원 프로그램만으로는 아직 부족하다. 탈북자 적응의 문제가 현실화 될 것에 대비하기 위한 더욱 효과적인 지원 방안을 구축해야 한다.

---

[40] 총 28 개 단체: 기독교사회책임 탈북 동포회, 기독북한인연합, 부산지구 탈북인 협회, 북한구원정책연구소, (사)겨레선교회, (사)탈북문화예술인총연합회, (사)통일을 준비하는 탈북자협회, (사)평화통일탈북인연합회, 새 평양 순복음교회, 열방 샘 교회, 자유북한군인연합, 자유북한여성구원연대, 자유북한운동연합, 자유북한인초대교회, 자유 북한인 협회, 재미탈북난민협회, 재미탈북선교회, 재미탈북예술단, 정착인 신문, 탈북북파공장원 협회, 탈북 문예인 협회, 탈북여성인권연대, 통일 준비 기업인회, 평양예술단, 탈북자자활쉼터 평화의 집, 새터교회(평화통일교회), 푸른하늘 새터민 자원봉사대, 휘바람 선교단, www.enku.kr/intro/intro_04.asp.

[41] Ibid.

우선적으로 남한 사회에서 내에서 탈북자와 북한에 대한 의식의 제고가 필요할 것이다. 북한 이탈주민에 대한 제대로 된 인식을 가지고 있어야만 더 세부적인 해결책을 세우고 실질적인 지원을 할 수 있기 때문이다. 탈북자들 입장에서는 하나원에서 초기 교육을 받을 때, 남한 시민들과의 연대를 형성할 수 있는 기회의 마련이 필요하다. 이러한 연대의 기회를 가짐으로써 서로에 대해서 보다 잘 이해 할 수 있을 것으로 기대된다. 또한 탈북자들이 남한으로 유입되어 정착한다고 해도 그것이 단지 남한 정부만이 다룰 수 있는 사안으로 한정되지는 않는다. 탈북자 문제와 관련된 다양한 주체의 고민과 지원이 필요하다는 이야기이다. 구체적으로 탈북자의 정착금과 취업 문제 해결을 위해서는 국제 사회의 협력을 통한 경제적 지원이 있어야 할 것이다. 이것이 남한 정부 혹은 국민들만의 몫으로 남을 경우 그것이 큰 부담감으로 작용하여 오히려 반작용을 낳을 우려를 피할 수 없다.

여러 가지 탈북자의 적응 제안 및 조언이 있다. 첫째로, 남한사회의 인식을 변화시켜야 된다. 2007 년에 남한 시민들의 37.2%는 탈북자들 출입 허가에 분리식 허가법이 있어야 된다는 의견이 있었고 2010 년에는 그 비율이 47.9% 였는데 이 의미인 즉, 남한사회의 거의 절반에 가까운 숫자가 분리식 허가법에 동의를 했다는 의미이다.[42] 거기에 탈북자 학생들 중 20%는 차별을 받아 괴롭힘을 당한다. 이런 사실들을 고려해보면 한국인들이 탈북자에 대한 의식을 변화시켜야 탈북자의 적응 과정이 나아질 수 있을 것이다. 의식을 개선하는 것은 어려운 숙제다. 하지만 남한은 이미 이 차별의 문제 해결 과정을 경험한 적이 있다. 현재 남한에 거주하는 이주노동자 및 혼혈 아이들에 대한 차별을 완화시키기 위한 선전에서 그것을 잘 알 수 있다. 예를 들면, 남한 정부가 "모두 살색입니다"라는 선전 및 운동을 한 적이 있었다. 물론 아직까지도 차별은 존재 하겠지만 이러한 개방적인 의식과 노력들은 탈북자들에 대한 의식 변화로 이어질 수도 있다. 특히 남한주민의 인식개선을 위한 이런 방향의 다문화 교육 프로그램을 구성해야 한다. 또한 유치원부터 시작하여 지속적으로 그러한 프로그램을 통한 교육이 뒷받침 되어야 된다. 이미 탈북자가 2 만명에 달하는 시대가 되었음에도 불구하고 탈북자에 대한 차별인식을 가지고 있다는 것은 미래에 더 부정적인 영향을 미칠 수 있다. 덧붙여 많은 탈북자 지원

[42] We Must Do More For N.Korean Defectors, *Chosun Ilbo*, 2010 년 10 월 08 일.

단체 및 관련 부서는 탈북자에 대해 충분히 인식하지 못하고 있다 .[43] 따라서 여러가지 상황에 무엇이 가장 효과적인 도움인지를 판단하는 것에도 어려움을 겪는다..

둘째, 적응은 단기간에 이루어지기 어렵다. 불과 3 개월이라는 짧은 시간 동안 하나원에서 교육을 받은 것만으로 남한사회에 나가 취직을 하고 정상적인 삶을 사는 것은 매우 힘들다. 탈북자들은 오랜 시간동안 폐쇄적인 국가에서 살다 왔기 때문에 지원 기간이 충분하지 않다는 생각을 가지고 있다. "적응이라는 게 1 년이 아니라 10 년이더라……지원 기간을 3 년 정도로 늘렸으면 좋겠다"라고 밝힌 바 있다.[44] 물론 정부가 지속적으로 물질적인 지원을 하는 것은 거의 불가능하지만 다른 방식의 지원을 하는 것이 가능할 것이다. 예를 들어, 지원과 초기 정착 프로그램을 조금 길게 하여 이론적인 교육보다 경험적인 교육을 통해 더 실질적인 부분을 개선시키는 것이다.

셋째, 앞에서 언급한 것과 더불어 이들에 제일 중요한 부분은 경제적인 영역에 관련된 것이다. 하나원에서 취업 준비 교육을 받는 대신에 멘토-멘티 프로그램을 설립해서 서로 돕는 과정을 확립해야 한다. 신입 탈북자들이 이미 정착한 탈북자들과의 연대를 통해 남한 사회에서 경제적인 부분 뿐만 아니라 남한사회에서 살아가는 데 필요한 다른 생활 방식을 배우는 것이다. 특히 이러한 관계를 맺으면 남한사회에 경제적인 부담을 어느 정도 최소화 할 수 있다. 또한 남한 사람들과의 관계 형성도 삶의 요령을 익히는데 많은 도움이 된다. 한 여성 탈북자는 "북한 사람들과 함께하는 것보다는 남한 사람들과 함께 하는 것이 좋다……남한 사람들의 초대를 받아 간 적 있는데……열 가지도 넘게 배운 것 같다. 집 꾸밈새, 말하는 방식, 음식, 집안 관리 등……"이라고 고백하기도 했다.[45]

넷째, 탈북자의 수가 너무 비대해졌기 때문에 이들의 취업과 경제적인 부담을 전적으로 남한 정부가 부담할 수는 없다. 따라서 이를 경제적으로 완화시키기 위해서 다국적기업들 및 한국 대기업들과의 긴밀한 관계를 통해 탈북자의 취업교육과 실제적인 도움을 줄 수 있는 프로그램을 구성할 것을 제안한다. 사실 이런 프로그램은 이미 한 기업이 자발적으로 하고 있지만 이런 종류의 프로그램을 더욱 확대하여 더 많은 부분에서 탈북자들이 혜택과

[43] 이기영, "정착지원체계의 비교: 미국의 난민과 한국의 북한이탈주민," *2009 북한이탈주민 2 만명 시대: 특별기획 심포지움* (2009 년 12 월 2 일): 72.

[44] "광주지역에 정착한 여성탈북자와 인터뷰"

[45] Ibid.

경제적 지원을 받을 수 있도록 해야 한다. 이런 부분들이 해결되지 못한다면 한국사회로의 흡수가 용이하지 않을 것이다. 종종 적응에 실패한 탈북자들은 다른 국가로 이민을 가기도 한다. 특히 일부 탈북자들은 한국 시민권을 받았음에도 불구하고 취업이 취업이 되지 않아 유럽으로 가서 난민 자격을 신청하는 경우도 있다.[46]

한 사례로, 현대자동차와 통일부가 협력한 미소 금융 프로그램이 시작되었다. 이 프로그램은 "탈북자들의 창업을 위해 최대 5,000 만원의 대출을 해준다."[47] 이러한 프로그램은 탈북자들로 하여금 경제적 자유를 얻게 할 뿐만 아니라 자산관리도 배울 수 있게 한다. 이와 비슷한 프로그램을 확대 시켜서 다른 대기업들, 이를테면 삼성전자, LG, 등과도 협력해야 한다. 허나 이러한 프로그램이 있다고 해도 탈북자들 스스로가 적극적으로 참여하지 않으면 효과적인 적응이 어려울 것이라고 볼 수 있다. 따라서 탈북자들이 적극적으로 경제적인 자유를 찾고 이러한 프로그램에 참여를 함으로써 그들이 바라던 "Korean Dream"을 이룰 수 있을 것이다.

그에 대한 제안할 점으로 우선, 탈북자들에 대한 지원은 필수적이다. 연평도 사건이나 천안함 사건이 발생 했을 때 탈북자들은 매우 불안하다고 밝혔다.[48] 또한 탈북자에 대한 지원을 살펴보면 그 정권이 통일에 어떠한 입장과 준비를 하고 있는지도 알 수 있다. 이명박 대통령은 통일이 가까운 장래라고 말했다.[49] 그렇기 때문에 정권이 바뀌면서 한반도 통일에 대한 입장에 따른 탈북자의 지원도 달라질 수 있다고 주장한다.

두 번째로 남한 정부는 유엔 회원국이며 세계인권선언에 동의를 했으므로 탈북자의 기본적인 인권을 지켜줘야 된다고 본다. 정착

---

[46] Finding Life in S.Korea Difficult, N.kOrean Refugees Seek Asylum in Europe, *Hankyoreh*, 2008 년 03 월
18 일.http://english.hani.co.kr/arti/english_edition/e_international/276477.html (accessed April 25, 2011).

[47] Young-jin Kim, "N. Korean Defectors Receive Microcredit," *Korea Times*, 2011 년 1 월
10 일. http://www.koreatimes.co.kr/www/news/special/2011/03/180_79428.html(accessed April 22, 2011).

[48] "광주지역에 정착한 여성탈북자와 이터뷰"

[49] Chi-dong Lee, "Lee Says Reunification of Two Koreas Is Drawing Near," *Yonhap News Agency (Republic of Korea)*, 2010 년 12 월 09 일. http://english.yonhapnews.co.kr/northkorea/2010/12/09/0401000000AEN20101209010800315.HTML(accessed April 25, 2011).

과정과 적응 과정을 보호해 주는 것이 바로 남한 정부의 책임이다. 인도적인 면에 있어서도 그 책임이 있다. 본 논문에서는 유엔에서도 탈북자 지원에 참여해야 된다는 입장이다. 거기에 더하여 경제적인 지원도 필수적인 부분이라고 할 수 있다. 탈북자와 한반도 통일 문제는 남북한 사이의 문제일 뿐만 아니라 전 세계적인 문제다. 이러한 남북한 관계 개선 및 안정을 위한 전반적인 노력들을 함으로써 남한은 선진국에 한 걸음 더 다가설 수 있을 것이다.

참고 문헌

"가정방문." (사)새조위. http://saejowi.org/ (accessed 2011 년 04 월 05 일).

강상년. "탈북자의 한국사회 적응에 관한 연구." 대진대학교 통일대학원, 2004.

여인지사 (여성인권지원하는 사람들), "광주지역에 정착한 여성탈북자와 이터뷰." 이터뷰, 서부광주이억 하나원센터, 광주, 2011 년 3 월 24 일.

김당, "탈북자 1 만명 시대, 정치적 목소리 커졌다," *오마이뉴스*, 2007 년 01 월 07 일.

http://www.usci.co.kr/kboard/kboard.php?board=board3&act=view&no=60&page=23&search_mode=&search_word=&cid=&PHPSESSID=3c6817ca270ae7e74213059b44ec0911(accessed April 04, 2011).

명세희. "탈북자? 새터민? 정확한 명칭은 뭘까?" 통일부 공식 불로그. Entry posted April 19, 2011. http://blog.daum.net/mounification/8768607(accessed April 23, 2011).

북한난민주민의 보호 및 정착지원에 관한 법률. 1999. 12. 28.

"북한이탈주민정책 정착지원제도."

"종합생활상담센터 안내."북한이탈주민지원재단. http://www.dongposarang.or.kr/life/int.php (accessed 2011 년 04 월 05 일).

박영호, 김수암, 이금순, and 홍우택. *북한인권백서.* 서울: 통일연구소, 2010.

"취업-창업 지원." (사)새조위. http://saejowi.org/ (accessed 2011 년 04 월 05 일).

"최근 뉴스: 탈북자냐." 탈북자 동지회. http://nkd.or.kr/news/article/view/2254 (accessed April 25, 2011).

최영애. "여인지사 소개." 여성인권을 지원하는 사람들. http://www.whrd.or.kr/intro/ (accessed 2011 년 04 월 05 일).

윤여상. "재외탈북자 실태와 지원체계: 중국지역을 중심으로." diss., 통일연구논총, 1998.

이기영. "정착지원체게의 비교: 미국의 난민과 한국의 북한이탈주민." *2009 북한이탈주민 2 만명 시대: 특별기획 심포지움* (2009 년 12 월 2 일): 51-76.

이진서, "궁금증을 풀어드립니다 개정 '탈북자 정착지원법'" *자유아시아방송*, 2010 년 04 월 06 일. http://www.rfa.org/korean/weekly_program/ad81

ae08c99d-d480c5b4c90db2c8b2e4/ask_question-04062010144030.html (accessed 2011 년 04 월 03 일).

이예진, "희망통신, 탈북자 김인실 씨의 지방선거 도전 소감" *자유아시아방송*, 2010 년 06 월 10 일. http://www.rfa.org/korean/weekly_program/hope_news/hope_news-06102010110817.html (accessed 2011 년 04 월 09 일).

"사후지원." 경기서부하나센터. http://www.hanakorea.or.kr/ (accessed 2011 년 04 월 06 일).

"설립목적." 탈북자동지회. http://www.nkd.or.kr/intro/purpose (accessed 2011 년 04 월 03 일).

"신규 북한이탈주민 초기정착지원," 경기서부 하나센터, http://hanakorea.or.kr/(accessed 2011 년 04 월 05 일).

신동규, "구상찬 '탈북자 자살 비율 16.3%...통일부 집계도 못해'," *데일리안 (대한민국)*, 2010 년 10 월 05 일. http://www.dailian.co.kr/news/news_view.htm?id=221535(accessed 2011 년 04 월 14 일).

통일부.http://www.unikorea.go.kr/CmsWeb/viewPage.req?idx=PG0000000168(accessed April 13, 2011).

Chun, Woo-taek. "A Study of the Adaptation and Self-Identity of North Korean Refugees According to Their Social Backgrounds." *Unification Studies* 1, no. 2 (1997): 121.

Embracing North Defectors, *Korea Joongang Daily*, 2010 년 09 월 17 일. http://joongangdaily.joins.com/article/view.asp?aid=2926130 (accessed April 24, 2011).

Finding Life in S.Korea Difficult, N.Korean Refugees Seek Asylum in Europe, *Hankyoreh*, 2008 년 03 월 18 일. http://english.hani.co.kr/arti/english_edition/e_international/276477.html (accessed April 25, 2011).

Kim, Jih-Un, and Dong-Jin Jang. "Aliens Among Brothers? The Status and Perception of North Korean Refugees in South Korea." *Asian Perspective* 31, no. 2 (2007): 5-22.

Kim, Sam. (2nd Ld) Number of N. Korean Defectors to S. Korea Tops 20,000: Ministry, *Yonhap News Agency (Republic of Korea)*, November 15, 2010. http://english.yonhapnews.co.kr/northkorea/2010/11/15/20/0401000000AEN20101115004000315F.HTML (accessed April 03, 2011).

Kim, So-hyun "N. Korean Refugees' Jobless Rate Hits 9.2%," *Korean Herald*, 2010 년 12 월

16 일.http://www.koreaherald.com/national/Detail.jsp?newsMLId=20101216000818 .

Lubin, Gus. "Check Out North Korea's Racy New Anti-Capitalist Propaganda Video," *Business Insider*, 2010 년 06 월 10 일. http://www.businessinsider.com/check-out-north-koreas-sexy-new-anti-capitalist-video-2010-6 .

Suh, Jae-jean. "North Korean Defectors: Their Adaptation and Resettlement."*East Asian Review* 14, no. 3 (Autumn 2002): 67-86.

We Must Do More For N. Korean Defectors, *Chosun Ilbo*, 2010 년 10 월 08 일. http://english.chosun.com/site/data/html_dir/2010/10/08/2010100800922.html (accessed April 24, 2011).

Woo-yul Choi, "24 Pct. Of Nk Defectors Wish to Leave S. Korea: Poll," *Dong-A Ilbo (Republic of Korea)*, 2010 년 10 월 22 일.
http://english.donga.com/srv/k2srv.php3?biid=2010102297498

Young-jin Kim, "N. Korean Defectors Receive Microcredit," *Korea Times*, 2011 년 1 월 10 일. http://www.koreatimes.co.kr/www/news/special/2011/03/180_79428.html(accessed April 22, 2011).

한국사회의 보이지 않는 인간들

클락 콜만 (CLARK COLEMAN)

MA, Korean for Professionals, University of Hawaii at Manoa, 2011

SOUTH KOREAN SOCIETY'S "INVISIBLE MAN"

Life as an immigrant laborer is no picnic anywhere, but immigrant laborers in Korea seem to have it especially tough. In August of 2003, the Korean government instituted the "employer permit system." This system, though a sizable improvement compared to previous policies, is still heavily flawed. Statistics related to undocumented migrant workers in South Korea continue to be disheartening. In April 2007 it was estimated that 46.7% of all immigrant laborers were illegal. In this regard, the current employment permit system appears "fatally flawed." It's crucial to understand how being an illegal immigrant not only exposes the immigrant labors to severe human rights violations, but also wives and children accompanying their husbands and fathers illegally in Korea. South Korea will need the assistance of immigrant laborers, and plenty at that, in the upcoming years if it's interested in not becoming an extinct society. Immediately, immigrant laborers need to be given the right to freely change workplaces. However, that should just be the beginning. Within reasonable limits, immigrant laborers who prove their devotion to Korea deserve a chance to become permanent residents. That's the least Korea can do for invisible men who play a large part in keeping Korea's economic train moving. Without opportunities to become permanent residents, many immigrant laborers will continue to overstay their legal limit, thus divesting themselves and their families from all legal protection. In that state, tragedy is often just a matter of time.

1. 서론

1.1. 개요

어느 나라에서든지 외국인 노동자의 생활은 험난하기 마련이지만 재한 외국인 노동자들의 생활이 특히 험난하다. 하나의 대한민국, 두개의 현실이 라는 책에서 (2007, 지승호) 저자인 지승호씨가 한국사회 평론가인 홍세화에게 다음과 같은 질문을 던졌다.

"여수에서 외국인 노동자가 10 명이나 죽고, 일부가 강제 출국되었다고 하던데요. 도대체 이런 일에 대해 한국인이 관심을 가지지 않은 이유가 뭐라고 보십니까? 만약 우리나라 사람들이 밖에 가서 그런 일을 당했다면 가만히 있지 않을 사람들인데요. 왜 그러는 걸까요?" (2007, 지승호) 질문을 받은 홍씨는 이렇게 대답을 했다. "사회 공기 자체가 굉장히 팍팍해지다 보니까 핵가족 단위에서만 그야말로 서로 위하는 존재일 뿐 모든 구성원들이 경쟁하고 비교하는 이런 사회가 돼버렸습니다. 연대 의식이 확장돼야 이주 노동자를 볼 수가 있는데, 연대의식이 확장되는 것이 아니라 축소되는 우리 사회의 현실로 볼 때, 이주노동자들의 처지에는 거의 무관심해지는 것이 아닌가 하는 생각이 듭니다" (2007, 지승호).

홍씨의 답변이 일리가 충분히 있다. 거기다가 외국인 노동자에 대한 무관심에서 아이러니를 발견할 수 있다. 바로 지난 50 년 동안 한국 사람들은 '아메리칸 드림'을 꿈꾸며 미국이나 유럽 등의 국가로 이민을 갔다. 한국의 이민자들이 성공할 수 있었던 요인을 추측해 본다면, 그들의 성실함과 부지런함은 물론, 해당 국가들의 이민자 '친화 정책'이 뒷받침 되었기 때문이다.

2011 년 현재 선진국들과 많은 면에서 어깨를 나란히 하고 있는 한국 사회는 간접적으로나마 '그 동안의 보답'으로 재한 외국인 노동자들에게 적절한 기회를 제공해줄 때가 되었음에 불구하고 한국 정부는 여전히 외국인 노동자들에게 인색한 태도를 보이고 있다.

여러 가지 형태의 심한 차별로 사회 공기가 심각한 정도로 오염된 한국의 전체적인 사회 분위기에서는 큰 변화가 일어날 때까지 외국인 노동자의 처지가 많이 좋아질 리 만무하지만 그래도 현대 재한 이동노동자들의 '삶의 질'이 얼마나 낮은지를 구체적으로 알릴 필요가 반드시 있다고 생각된다.

1.2.선행연구

2008 년에 법무부 출입국관리사무소가 공개한 통계 에 따르면 100 여 개 국가에서 100 만여 명의 외국인 노동자가 국내에서 거주하고 있다 (이경국, 15). 이제까지는 재한 외국인 노동자라는 과제를 놓고 한국이 시행하고 있는 외국인 노동자 고용허가제도를 평가하는 선행연구가 가장 많았다. 2003 년 8 월에 도입된 이 고용허가제도는 그 전에 한국이 시행했던 외국인 노동자 정책들에 비해서 이민 노당자들의 인권을 더 잘 보호해준다고 할 수 있겠지만 미흡한 점이 여전히 많다.

실은 한 국가가 국민 아닌 외국인 노동자들의 인권을 어디까지 보장해주어야 하는가 하는 것이 뜨거운 논란 대상이다. 이주 노동자라는 과제를 심층적으로 연구해 온 설동훈 박사가 주장한 대로 이주노동자가 "통제, 처분의 대상인 노동력으로" 취급을 받는다 것은 어쩌면 당연한 일이다 (설동훈, 411). 한승주도 비슷한 견해를 밝힌 바 있다. “국가의 보호와 지원을 요구할 자격과 정당성은 국적을 소지한 자에게 한정되며 국가는 국민 이외의 자에게 배타적일 수밖에 없는 근본적 한계를 지니므로 외국인에 대한 권리보장에 최대한 소극적일 수밖에 없다” (한승주, 473). 즉, 외국인 노동자들을 인간으로 대하기 보다는 단순히 ‘관리대상인 노동력’으로 여기는 추세가 압도적이다. 이런 그릇된 관점으로 인해 재한 외국인 노동자들은 인권보장을 충분히 받지 못 하고 있는 셈이다.

그렇다고 해서 다음의 견해, 즉, "일시 취업 이주노동자와 영주 이주(노동)자에게 차등을 부여하는 것은 국민국가가 자국 노동시장을 보호하기 위한 제약 일뿐, 이주노동자 인권 침해나 시민권 침해로 해석해서는 안 된다" (설동훈, 404) 라는 견해가 완전히 납득가기가 불가능한 말도 아니다. 그런데 국민 노동자들와 이민 노동자들 간에 얼마나 차등이 있어야 마땅하냐 라는 문제에 대해서 새롭게 고민해야 한다.

한국이 현재 시행하고 있는 고용허가제도 아래서 외국인 노동자들은 자유롭게 사업장을 바꾸지 못 한다. 원칙으로는 4 년인 취업기간에 사업장을 3 회 바꿔도 되는데 사업장을 4 회째 바꾼 후부터 불법체류자가 된다. 따라서 고용허가제도는 미등록 근로자를 양산시킴으로써 노동자들의 ‘협상력’을 약화시키면서 그 만큼 한국인 사업주의 위상을 강화시키기도 하다. 달리 말하면 고용허가제도에는 월급, 잔업수당을 제대로 지급해주지 않는 사업주, 그리고 폭행과 인격모독으로 외국인 노동자들을 위협해버리는 사업주를 막는 힘이 부족한다. 홍원표는 비슷한 입장을 밝힌 적이 있다. “사용주는 사업장 이탈 신고를 무기로 이주노동자에게 근로조건이나 처우 등을 불리하게 변동하고자 할 가능성이 매우 높으며, 사실상 이주노동자에 대한 임금덤핑 환경을 조성하는 데 큰 역할을 하고 있다" (홍원표, 112). 박노자 교수도 고용허가제도를 비판하고 외국인 노동자들에게 이직자유를 부여하는 제도로 바뀌어야 한다고 주장한다.

고용허가제도가 지난 8 년 동안 재한 외국인 노동자들의 근무조건을 어느 정도 개선시킨 것은 아무도 부인할 수 없는 주장이지만 다음 인용의 마지막 부분은 이 제도의 한계점을 잘 지적한다.

“고용허가제도의 시행이 외국인근로자의 권익신장, 인력도입과정의 공공성, 투명성 강화 등을 이루는데 성과가 있었다. 그러나 외국인력 도입절차 간소화, 불법체류자 감축, 송출비리 근절

문제, 외국인근로자에 대한 착취와 인권침해 문제 등은 앞으로 개선이 필요하다" (이경국, 1).

본논문은 재한 외국인 노동자의 인권을 보호해주는 차원에서 이직자유를 마땅히 부여해야 한다는 입장을 취한다. 더 나아가서 외국인 노동자 가족들은 한국에서 어떤 식으로 인권침해를 당하는지를 폭로한 다음에 영주권을 취득하기 위한 요건을 완화하는 게 최선의 해결책 뿐만 아니라 유일한 본격적인 해결책이라고 주장한다.

1.3. 연구목적

재한 미등록근로자 문제에 대한 선행연구가 많지 않다. 2007 년 4 월에 불법체류자가 외국인 인력을 46.7% 차지하고 있는 통계와 (김남경) 2006 년 말 현대 국내 체류 외국인 인구중에서 불법체류자가 23.3%이 (이경국, 15) 라고 추산되어 있다는 통계가 나와 있음에 불구 하고 이에 관한 후속조치 및 대책은 아직도 극히 미흡한 실정이다.

한국에서는 외국인 노동자들이 장기적으로, 혹은 영구적으로, 체류하지 않도록 노동허가를 4 년으로 제한하지만 비자가 만료되었어도 비교적으로 '천국'인 한국과 같은 나라를 떠나서 '지옥'인 필리핀이나 베트남이나 방글라데시와 같은 나라로 기꺼이 돌아겠다는 이들이 과연 몇명이나 될까? 그러므로 한국사회의 이민정책이 기본적으로 바뀌지 않은 이상 한국은 '불법체류자의 온상'으로 남아 있을 것임에 틀림없다. 이 신분의 불안정성으로 인해 본인뿐만 아니라 무고한 배우자와 자녀들이 얼마나 고생하는지를 이해해줄 필요가 있다. 독일 정부가 발표한 가족보고서에 나오는 기본입장은 "근로자의 이주는 근로자 개인의 이주로 이해되어서는 안 된다" 라는 것이다. 즉, "개인 근로자의 이민은 일정한 정착과 함께 가족원의 추가이민, 연쇄이민으로 이어지기 쉬우며, 미혼근로자도 유입 이후 결혼과 가구의 형성, 자녀출산 등을 통해 가족으로서의 삶을 만들어가기 때문에 외국인 노동자의 문제는 개인의 관점에서가 아니라 '가족프로젝트' 로서 접근되어야 한다" (장혜경, 93). 이제 한국에서도 외국인 노동자의 문제를 '가족 프로젝트'로서 생각할 때가 왔다. 외국인 노동자 가족관련 정책 비교연구 라는 2003 년 연구보고서에서의 인터뷰 자료에서 김현숙은 이렇게 말했다.

"비합적인 체류 가족으로 살아가야 하는 가족들에 대해서는 새로운 정책이 구상되어져야 하며, 특히 아동들의 건강권과 교육권은 부모의 신분과 상관없이 보호되어져야 한다고 생각합니다" (장혜경, 205.

이민 노동자들의 현황을 다루기로 한 가장 큰 이유는 한국사회가 앞으로 이 과제를 지금보다 훨씬 더 중요시했으면 하는 바람이 있기 때문이다. 한국사회가 유엔이 정한 인권 수준에 도달하기 위해서 재한 외국인 노동자의 현황을 다각적으로 재검토해야 한다.

2. 한국 사회의 노동력 수입과 관련된 배경 지식

2.1. 노동력 수입과 관련된 2 가지 정설

외국인 노동자의 등장원인과 관련된 두 가지 정설이 있다. 첫째, 균형이론적 관점이다. 즉, "노동력이동을 국가간의 경제성장의 격차, 유입국의 노동력부족 등에 의해 발생하는 것으로 본다. 이런 국가간의 차이는 노동력이동에 의해 균형을 이루게 될 수 있다는 점을 강조한다 (강현아, 301).

두 번째 정설은 세계체제이론이다. 즉, "자본주의의 발전과 밀접한 관련을 갖는다고 본다. 유용한 노동력을 안정적으로 확보하는 것은 자본에게 가장 중요한 문제이고 이러 한 노동력공급의 형태로서 주변국의 노동력이 중심국가로 이동한다고 파악한다." (강현아, 301-302).

2.2. 1980 년대 후반의 사회적인 배경

두 정설간에 겹치는 부분이 있지만 첫 번째 것은 한국사회의 상황을 제일 잘 정리하고 있다. 한국은 1960 년대 후반부터 1980 년대 후반까지 고성장을 이루어왔지만 언제까지나 성장만 할 수 없었다. 1988 년 하계 올림픽을 개최한 것은 한국이 이제부터 생산이 중심이 된 경제에서 다른 형태로 곧 변모할 것을 상징한 것이다. 그때부터 한국은 가전제품과 IT(정부통신 기술) 개발에 힘을 쏟기 시작했다. 그 결과로 1990 년대에 들어와서 한국인들에게 소위 말하는 3D 직종을 기피하는 경향이 두드러지게 드러나기 시작했다. 거기다가 1988 년부터 이른바 '6.29 선언'으로 노동조합 활동이 자유화되면서 한국 노동자의 임금이 크게 올랐다. 이런 정세에서 한국은 외국인 노동자의 힘을 빌리지 않을 수 없었다.

2.3. 한국의 노동력 수입의 초기

1987 년부터 한국정부가 출입국 규제를 완화시키자 재중동포와 필리핀, 방글레데시, 네팔, 파키스탄 등 외국인 노동자들은 한국으로 몰려오기 시작했고 이 시기에는 한국정부가 극심한 생산직 인력난에 대처하고자 미등록노동자들을 방치했다 (김수재, 159). 그 결과로

심각한 사회문제가 되었을 정도로 미등록노동자들이 급증했다. 이 와중에서 외국인 노동자를 관리하는 제도가 필요했던 한국 정부는 1991 년 11 월부터 외국인 산업기술연수제도를 시행하게 되었다. 이 제도의 공식적인 취지는 "해외에 진출한 기업의 현지공장 내 노동자들의 숙련을 향상" 시키고자 하는 데에 있다고 밝혀져 있었지만 사실상 이 제도는 무엇보다 국내 인력부족을 해소하고자 하는 시도 였다 (홍원표, 100-101). 그리고 이 제도아래서 해외투자기업만 산업기술연수생을 주최할 수 있었기 때문에 인력난이 가장 심각한 대다수 중소영세 사업장은 인력난을 채우기 위해서 미등록 외국인 노동자를 많이 채용해왔다. 따라서 기전 제도를 개선하든지 새로운 제도를 도입하는 게 반드시 필요했다

3. 한국 사회의 노동력 수입과 관련된 배경지식

3.1. 재한 이민 노동자와 관련된 초기 정책들의 한계점

1993 년에 한국 정부가 연수생제도를 도입했다. 이 개정된 제도는 해외투자기업 산업연수생제도에서는 도입 업종을 두배 확대하고 연수 기간은 1 년에서 2 년으로 연장할 수 있도록 하였다 (홍원표, 101). 그 당시에 이 연수생제도가 한국사회의 인력난을 잘 해결해주는 묘안처럼 보였을지 모르지만 그런 기대에 전혀 미치지 못 했을 뿐 더러 혹평에서도 자유로워지지 못 했다.

민주노동당 정책의원회에 속하는 홍원표에 따르면 연수생제도의 실패원인 다음과 같다. "산업연수생의 모집, 알선, 연수 및 사후관리를 모두 중소기업협동조합중앙회가 담당할 수 있도록 함으로써 이후 송출비리 및 각종 인권유린 문제가 발생할 소지를 만들게 된다" (홍원표, 101). 예컨대 이 제도 아래서 이주노동자들이 노동자 아닌 '연수생'으로 취급을 받았기 때문에 최저임금 위반, 강제노동, 체불 등과 같은 인권유린으로부터 법적 보장을 받지 못했다 (홍원표, 101).

1995 년부터 재한 외국인 노동자들이 "산업재해보상보험, 의료보험의 적용, 근로시간 준수 등 일부 규정의 법적 보호를 받게" 되었지만 그들의 권리 보장은 여전히 아주 미흡했다 (홍원표, 102). 이 때문에 이 산업연수생제도가 '현대판 노예제'로 낙인이 찍혔으며 국제적 비난과 시민사회단체의 반발심을 면하지 못했다 (홍원표, 102).

외국인 노동자들과 관련된 사후관리를 모두 중소기업협동조합중앙회에게 맡기는 것은 외국인 노동자들의 인권을 크게 위태롭게 했다. 1995 년 이후에 외국인 노동자들은 일부

법적 보호를 받게 되었음에 불구하고 위반하는 경우가 잦았고 외국인 노동자들의 인권을 보호하는 장치는 여전히 턱없이 부족했다.

3.2. 고용허가제도의 도입

2003 년까지 이 산업연수생제도가 여러 차례 수정되었으나 '인권침해'와 관련된 본질적인 문제점을 근절하기는 고사하고 충분히 해소시킬 수 조차 없었기 때문에 2003 년에 한국 정부가 산업연수생제도를 폐지하고 그 대신에 고용허가제를 도입하게 되었다. 실은 더 일찍 정부측에서 이 노동허가제를 도입하고자 하는 움직임이 몇년 전부터 시작 되었으나 시민사회 진영과 노동운동 진영뿐만 아니라 다수의 사용주들의 반대에도 부딪히게 되자 계속 뒤로 미뤄지게 되었다. 시민사회 진영과 노동운동 진영은 고용허가제에서도 이주노동자들의 권리가 제약을 많이 받았기 때문에 산업연수생 제도에서 발생했던 여러 문제가 그 대로 남아 있을 거라고 예상했다 (홍원표, 103). 그러나 치열한 논쟁이 벌어졌음에 불구하고 더 나은 방안이 없는 상황속에서 2004 년 8 월 17 일 부터 이 제도가 시행되게 되었다. 고용허가제가 어떤 제도인지 이해하는 데에 있어서 2008 년에 중앙공무원교육원이 출판했던 외국인 노동자 관리대책에서 나온 정의를 살펴보는 것이 필요하다. "고용허가제는 외국인근로자의 고용을 원하는 사업주에게 처음부터 고용허가를 내주어 일정기간 외국인을 근로자로 고용할 수 있게 허가하고, 외국인은 고용허가를 받은 사업주에게 고용되는 조건으로 일정기간 취업비자를 발급받아 고용되는 제도이다. 외국인 근로자는 원칙적으로 고용허가를 받은 사업주에게만 고용될 수 있을 뿐 입국 후에 다른 고용주를 찾아 이동하는 것이 원칙적으로 허용되지 않는다는 점에서 사업자 이동의 자유까지 부여되는 노동허가제도와 구분된다. 고용허가제하에서 외국인 근로자는 고용허가를 받은 사업장을 떠나게 되면 원칙적으로 취업이 불가능하게 되어 출국해야 한다."

외국인 노동자 관리대책에서 고용허가제의 기본 원칙은 이렇게 정리됐다.

#1 국내 노동시장 보완의 원칙
#2 송출비리 및 외국인력 선정과 도입 절차의 투명성 원칙
#3 외국인의 정주화 방지 원칙
#4 내외국인 균등대우의 원칙
#5 산업구조조정 저해 방지의 원칙

한국 정부가 2 번째와 4 번째 원칙을 내세우면서 고용허가제의 타당성을 주장해왔지만 2004 년에 고용허가제도의 도입은 외국인 노동자들을 보호하고자 하는 시도보다는 불법체류를 통제하고자 하는 수단으로 이용되었다. 따라서 재한 외국인 노동자들이 아직도 충분히 인권 보장을 받지 못 하고 있는 것은 당연한 일이다.

그 주장을 뒷받침해주는 통계도 있다. 임금체불 경험자가 2002 년에 (고용허가제가 도입되기 1 년 전) 51.4%에서 2005 년 (고용허가제가 도입된 2 년이 되었을 때) 47.5%로 약간 감소했으며, 근무중 상해 경험은 2002 년 32.2%에서 2005 년 38.3%로 증가세를 보였다 (홍원표, 99). 노동부와 산업안전단의 통계에 따르면 이주 노동자들은 2006 년에 하루 9 명씩 산업재해를 당했고 90 명이 사망하기도 했다 (이경국, 15). 2000 년 7 월 1 일에 외국인 노동자들이 산업재해보상보험법과 근로기준법의 보호를 받을 수 있게 되었는데 미등록신분이 드러날까 봐 마땅히 받아야 하는 보상을 포기할 수 밖에 없었던 불법 외국인 노동자들이 대부분이다 (장혜경, 143).

3.3. 고용허가제가 안고 있는 문제점

3.3.1. 인력 도입기간 문제

한국고용정보원의 분석에 따르면 외국인 노동자가 구인신청에서 입국까지 기간이 3 개월 넘게 소요되어, 2004 년 8 월 말부터 2005 년 12 월까지 절차가 너무 오래 걸리다 보니 도중에 사업주 의 요청에 따라 채용 취소를 당한 이주노동자들이 2,931 명 있었다. 그러므로 적절할 노동력을 한국 공사에 더 빨리 제공할 수 있는 제도 혹은 절차가 도입되어야 한다.

3.3.2. 송출비리 문제

사업인력 공단 현지 주재원 노동부 보고자료에 따르면 송출 직원이 평균적으로 약 600 만원인 "출국보증금"을 이주노동자에게 요구하며 이주노동자들 40%가 공식비용외 추가비용을 내야 한다. 베트남출신 이주노동자들의 경우에는 본국의 브로커에게 지불하거나 담당공문원에게 지불해야 하는 금액은 공식 송출비용보다 2 배-10 배 정도 높다고 같은 보고자료가 보도했다.

이 점을 감안하면 고용허가제의 2 번째 원칙과 현실의 괴리가 얼마나 큰지 금방 알 수 있을 것이다. 이 송출비리 문제가 바로 불법체류자 문제와 연관성이 있다. 즉, 한국의 노동시장으로 들어가기 만 하기 위해 빚을 많이 져야 하는 외국인들은 법적인 체류 기간을 초과해도 계속 돈을 벌기 위해 한국을 떠나지 않으려고 하는 가능성이 적지 않다.

3.3.3. 이직 자유가 부재의 문제

재한 외국인 근로자들은 취업기간에 법적으로 3 회만 사업장을 바꾸어도 된다 (한승주, 490). 따라서 "사용주는 사업장 이탈 신고를 무기로 이주노동자에게 근로조건이나 처우 등을 불리하게 변동하고자 할 가능성이 매우 높으며, 사실상 이주노동자에 대한 임금덤핑 환경을 조성하는 데 큰 역할을 하고 있다" (홍원표, 112). 외국인 노동자 이직자유를 제한시키므로써 한국인 노동자들을 보호하는 것 보다 외국인 노동자가 입게 될 타격은 훨씬 더 크다.

김수재연구원이 2008 년에 발표했던 재한 인도네시아 노동자들에 대한 심층보도를 통해서 직업 선택의 자유가 없다는 것이 이동노동자들에게 얼마 불리하게 작동하는지를 잘 알 수 있다. 이 보도에 따르면 재한 인도네시아 노동자들의 한 달 임금은 평균 71 만 원인 것으로 나타났다. 인도네시아 노동자들은 한국인 동료들과 어느 정도의 임금 차등을 이해할 수 있지만 지금과 같은 상황은 지나치다고 호소한다. 한국인 동료들과 마찬가지로 매우 힘들고 긴 노동시간에 몸을 바쳐야 할 뿐만 아니라 물가가 비싼 한국에서 생활을 해야 하므로 박봉을 받고 지내기 어렵다는 것이다 (김수재, 15). 그러나 직업 선택의 자유를 부여하지 않은 고용허가제로 인해 박봉을 받아도 가만있어야 하는 것은 재한 인도네시아 노동자들의 냉혹한 현실이다.

이 제도가 외국인 노동자들에게 크게 불리하게 작용할 수 밖에 없음을 다 알면서도 외국인 노동자들에게 직업선택을 부여하면 안 된다고 생각하는 이들이 많다. 재한 외국인 노동자 문제를 연구한 설동훈박사가 이런 견해를 밝힌 적이 있다.

직업선택의 자유가 외국인에게 주어질 때 내국인들과 일자리를 두고 서로 경쟁하는 관계가 될 것이며 외국인노동자의 사업자 이동의 자유를 제약하는 것은 내국인노동자의 고용기회 침식을 방지하기 위해 도입된 것이므로 정당화된다" (한승주, 474).

설박사의 입장에 따르면 독일과 일본, 그리고 다른 국가들도, 이주노동자에게 산업장 이동의 자유를 주지 않으므로 한국이 시행하고 있는 외국인 노동자 정책은 비인간적인 정책이라고 폄하해서 안 된다 (설동훈, 403).

국민의 이익은 법적으로 보장을 받는 반면에 "외국인노동자의 권리는 주로 인권의 이름으로 주장된다" (한승주, 473). 그러므로 외국인 노동자들의 법적 지위가 불안정할 수밖에 없다. 달리 말하자면 "국가의 보호와 지원을 요구할 자격과 정당성은 국적을 소지한 자에게 한정되며 국가는 국민 이외의 자에게 배타적일 수밖에 없는 근본적 한계를 지니므로 외국인에 대한 권리보장에 최대한 소극적일 수밖에 없다" (한승주, 473). 한국은 현재 합법적인 외국인 체류자의 권리보장에 대한 이미 상당히 소극적인데 불법 체류자에 대해서는 거의 완전히 소극적이라고 말해도 무방할 것이다. 그래서 미등록 신분으로 전락해 버리는 재한 외국인 노동자들의 숫자를 줄이기 위해서 이직자유를 제약하지 않은 제도로 바뀌어야 한다. 참조로 불법체류자들의 문제를 해소하는 해답으로 여기던 고용허가제가 도입된 후에 의외로 한국에서 불법체류자가 거의 80,000 명 정도 더 늘어났다 (이경국, 21).

4. 외국인 노동자와 그들의 식구들이 당하는 인권침해

4.1. 구금되는 동안 미등록 외국인 노동자들이 당하는 인권침해

한국 정부는 2008 년 9 월 불법체류자를 강제 출국시킨다고 발표하고 2012 년까지 현재 22 만 명 정도의 미등록 외국인 노동자를 절반으로 줄이겠다고 했다. 2009 년 초부터 매달 사업장, 길거리, 지하철역, 숙소 등과 같은 곳에서 수천 명의 미등록 외국인노동자들이 잡혀서 구금되거나 강제출국 당했다고 한다 (한승주, 491). 불법체류자를 강제 출국시키거나 구금하게 되면서 인권침해를 당하는 재한 미등록 외국인 근로자들이 적지 않다는 보도가 나오고 있다는 것이 문제다.

"국제 엠네스티 (2009 년)에 따르면, 2008 년 9 월, 부천에서 있었던 단속 과정에서 미얀마 출신의 외국인노동자가 체포되어 구금된 지 13 시간 만에 사망한 사건이 발생하였는데 출입국관리사무소 직원들은 이 남성이 진단을 받는 동안에 통역을 지원하지 않았고 이 남성의 추가 치료요구도 거부하였다. 2008 년 11 월 마석에서는 출입국관리사무소 직원이 필리핀 여성에게 공공장소에서 소변을 보도록 하고 속옷차림의 필리핀 출신 여성 두 명의 머리채를 잡아끌었던 사건이 있었다. 2009 년 4 월 대전에서는 출입국관리사무소 직원이 중국 여성을 구타하는 장면이 비디오에 촬영되기도 하였다. 단속과정에서 출입국공무원들은 제복착용, 신분증제시, 보호명령서 제시등의적법한 체포절차를 무시하고 있다 보고되었다" (한승주, 491).

국제엠네스티가 나서서 실태조사를 한 만큼 상황이 심각하다. 그리고 외부적인 조직이 개입해서야 이 인권 문제가 부각되었다는 사실도 큰 문젝이다. 한국에서 내부적인 '감시기능'이 제대로 작동하고 있지 않아서 미등록 외국인 노동자들의 상태는 더욱 위태롭다. 2007 년 2 월 여수에 있는 이른바 '외국인보호소'에서 벌어졌던 참사는 또하나의 대표적인 예가 된다.

2007 년 2 월 11 일 여수출입국관리소 내 외국인보호소에서 화재가 발생했다. 이 화제로 10 명의 외국인이 사망하고, 20 여 명이 크게 다쳤다. 화재를 발견했을 때 외국인들을 대피시켰더라면 인명피해가 전혀 없었을 텐데 출입국 직원들은 "철창문을 잠근 채로 진화에 나섰다" (윤보중, 10).

상당한 인명피해가 발생했던 사건이다 보니 맹성 (猛省)이 요구된 상황이었다. 다행히 이 참사의 계기로 국가인권위가 실행했던 외국인보호소에 대한 실태조사의 결과가 부각되었다.이 350 여 페이지가 넘는 조사를 통해서 외국인 노동자들의 처참한 인권침해 모습을 확인할 수 있다.

단속과 강제추방 말고는 미등록 외국인 노동자들에 대한 대응책이 부족한 한국 정부는 외국인보호소에서 일어나는 심각한 인권침해 사례를 묵과하는 셈이다. 예컨대 이 실태조사의 결과에 따르면 보호소 직원들이 구금된 외국인들에게 전화나 편지, 면회를 할 수 있는 권리가 있다고 제대로 설명하지도 않았고, 성적 모욕감을 느끼게끔 했던 알몸검사도 시켰고, 욕설이나 모욕, 구타, 폭행을 하기도 했다 (윤보중, 12-13).

구금된 외국인들에게 자기가 가져야 하는 전화나 편지, 면회를 할 수 있는 권리를 제대로 설명하지 않은 것은 문제이지만 성적 모욕감을 느끼게끔 하는 알몸검사를 시키는 행위가 절대로 용납되어서 안 되고 알몸검사를 시킨 직원이 마땅히 징계를 받아야 한다. 마찬가지로 구금된 외국인 노동자들을 구타했거나 폭행을 가한 직원도 적절한 처벌을 받아야 한다. 그리고 앞으로 외국인 보호소에서 이런 일들이 절대 일어나지 않도록 내부적인 고발 시스템을 강화해야 한다.

4.2 외국인 노동자 가족이 직면해야 하는 험난한 한국 생활

4.2.1. 외국인 노동자들에게 가족 동반이 허용되지 않는다

재한 외국인노동자들에게 가족결합권이 없으므로 만약에 남성 외국인 노동자가 '법이 어떻게 되든 간에' 한국에서 식구와 같이 살기로 결심한다면 아내와 자녀들이 미등록 신분을 갖고 강제출국 대상이 되지 않도록 몇년 동안 법망을 피해 한국 생활을 버텨야 한다. 한국이 엄격하게 외국인 인권과 관련된 국제법과 조약을 준행하려면 외국인 노동자 가족이 함께 모여 살 수 있는 권리를 부여해야 한다(장혜경, 169). 인종차별주의로 악명이 높은 독일 마저 국제인권법을 준수하고자 제한적으로 합법이주노동자의 가족동반을 허용하게 되었다 (설동훈, 411).

물론 외국인 노동자들의 정착과 가족 동반으로 인해 사회 비용이 증가할 거라고 해서 정주화를 막는 정책을 펼치는 것이 전혀 이해되지 않는 것은 아니다. 독일에서는 외국인 영주자의 증가로 인해 외국인근로자의 실업률 증가, 자녀교육 문제와 사회통합과 같은 어려운 문제들이 대규모로 발생했다. 그리고 이런 가운데서 독일 정부의 사회 복지비용 부담도 당연히 커졌다. 하지만 고형면 (고려대 사회학과 연구전임강사)는 열심히 일하면서 한국사회의 발전에 적극적으로 기여하고 있는 외국인 노동자들은 평등하게 사회복지 혜택을 받을 자격이 충분히 있다고 주장한 적이 있다.

"외국인 노동자들이 경제성장에는 기여함에도 복지체계에는 손실을 가져올 것이 라는 판단은 그래서 지극히 이율배반적이다.....오히려 내국인들과 외국인 노동자들의 복지혜택을 공히 넓혀감으로써 한국의 사회복지체계를 선진화 시킬 계기가 마련될 가능성이 크다" (국내 외국인노동자의 현황과 전망).

거기다가 이주 노동자들에게는 낯선 문화와 사회에 적응해나가는 데 있어서 가족과 친족 네트워크만큼 힘이 되는 지지집단이 없음을 감안해보면 독일정부가 채택했던 입장은 한국에게 시사하는 바가 크다 (장혜경, 169-170).

한국정부가 1991 년 가입한 (유엔) '아동의 권리협약'의 제 9 조와 제 10 조에 따르면 "이주노동자 자녀들도 자기 자신을 위하여서가 아니라면 부모와 헤어지는 일이 있어서는 안 된다", 그리고 "부모가 다른 나라에 살고 있으면 부모에게 돌아가 같은 나라에서 살 권리가 있다" (311).

위에 있는 말을 어떻게 해석하는냐에 따라서 주장이 달라질 수도 있지만 유엔 아동의 권리협약에 나오는 말을 바탕으로 재한 외국인 노동자들에게 가족과 같이 사는 권리가 있어야 한다고 주장해도 무리가 없겠다.

물론 외국인 노동자들의 "동반자들"에게 거주비자를 부여하면 사회복지 비용이 늘어날 터이다. 하지만 고형면 강사가 주장한 대로 이 외국인 노동자들을 일반 국민보다 혹사하되 국민들이 누리는 혜택을 (예컨대 가족과 같이 살아도 된다 라는 권리) 아끼는 자세가 그릇된다. 인권측면 차치하고 머지 않은 장래에 있어서 인구위기에 처하게 될 한국 사회에게 장기적으로 거주하는 외국인들의 존재가 꼭 필요하다. 그래서 외국인 노동자 가족들에게 영주권을 부여하는 조건들을 재검토하고 완화하는 것은 필수적이다. 현재로서 한국에서 영주권을 따는 것이 매우 어려운 일이다 보니 국적 취득은 비교적으로 흔한 일이다 (출입국・외국인정책본부, 영주권과 귀화의 연결제도 검토, 49).

4.2.2. 한국여성을 결혼한 남성 외국인 노동자가 당하는 '비자차별'

한국은 2007 년 4 월 27 일 국회에서 '재한 외국인 처우 기본법'을 통과했지만 그 적용대상이 주로 한국인 남자와 결혼하고 이민을 온 외국인여자이다 (설동훈, 405). 한국은 놀랍게도 한국인 여성과 결혼한 외국인 남성에게 거주비자를 발급하지 않는다. 대신에 외국인 남성 배우자들이 1 년 유효기간이 있는 방문동거 비자를 발급받고 1 년마다 그 비자를 갱신해야 한다. 한국인 남성과 결혼한 외국인 여자의 경우에는 한국에서 2 년 이상 체류하면 취업활동을 허락하는 비자를 받을 수 있지만 한국인 여성과 결혼한 남성은 아주 한정적인 취업활동만 허용하는 비자를 받는다. 단적으로 말하면 한국인 여성과 결혼한 외국인 노동자들에게 법적으로 가족을 부양해서 안 되는 것 과 거의 다를 바 없다. 대신 이런 경우에는 한국인 여성이 혼자서 생계를 유지해야 한다. 따라서 이런 가정들의 의료 및 건강문제, 자녀양육 및 교육, 거주문제가 다 심각하다는 뜻이다 (장혜경, 154).

일본도 1985 년까지만 해도 같은 식으로 일본인 여성과 결혼 외국인 노동자들에 대해서 차별해왔지만 1985 년에 부계혈통주의를 폐기하면서 남녀불문하고 일본인과 결혼한 외국인 배우자에게 '일본인의 배우자 등' 체류자격을 부여하고 일본에서 정주하고 자유롭게 취업할 수 있도록 법을 개정했다 (장혜경, 162). 한국은 1998 년에 외국인 남성과 결혼한 한국인 여성 사이에 태어난 자녀들의 한국국적 자동취득을 인정했지만 체류자격에 있어서 외국인 남편은 여전히 두드러진 차별대상이다. (장혜경, 162) 한국의 외국인 정책은 일본의 외국인 정책과 자주 비교되지만 위의 부분에 있어서는 한국의 외국인 정책은 분명히 떨어진다. 남녀를 불문하고 국민과 결혼한 외국인에게 똑같은 혜택과 권리를 마땅히 부여해야 한다. 가정을 부양해야 하는 외국인 노동자 남편의 취업자유를 제한 시키는 것은 있어서 안 되는 일이다.

4.2.3. 현재의 외국인 노동자 자녀 교육 현실

한국정부가 1991 년에 유엔아동권리협약에 가입함으로써 불법체류자 자녀들에게도 '온전'한 교육기회를 주겠다고 다짐했지만 (오성배, 308) 2006 년 4 월 기준으로 등록된 17,287 명의 취학연령대 외국인 자녀들중에 8,000 여명이 "학교 밖에 방치되어 있을 가능성이 크다" (오성배, 311). 2003 년 1 월에 한국이 유엔아동권리위원회로부터 "모든 외국인 어린이한테도 한국 어린이들과 동등하게 교육권을 보장하라고" 하는 권고를 받았지만 아직은 그 권고를 잘 따르지 못 하고 있다 (설동훈, 62). 외국인 노동자 자녀들의 형편은 국제결혼 가정 자녀들의 형편보다 힘들다 보니 그냥 "재한 외국인 아이들"을 다 묶어서 동일시해서는 안 된다. 외국인 이주노동자 가정 자녀들은 압도적으로 불법체류자 신분이고 (한국에서는 부모가 불법체류자라면 자녀도 절로 불법체류자의 신분이 된다) 부모 양쪽이 외국 출신이다. 따라서 한국어를 습득하거나 한국문화에 적응하는 데 있어서 큰 어려움을 겪을 수 밖에 없다 (오성배, 307).

외국인 노동자 가정의 자녀가 취학하기 힘든 이유는 주로 3 가지가 있다, 즉, 제도의 비일관성, 학교장의 의지 또는 인지 부족, 그리고 경제적 어려움 때문이다 (오성배, 319). 이주 노동자 자녀들을 위한 특별한 한국어 프로그램이 없다거나 특별학급이 없다고 하면서 외국인 노동자 가정의 자녀들의 취학을 거부하는 교장이 적지 않다 (오성배, 321). 아니면 이주노동자 자녀들이 학교에서 무리를 지어 한국 학생들과 여러 가지 문제를 야기시키는 것을 두려워해서 거부하는 경향도 있다 (오성배, 321). 어린이집을 다닐 나이가 된 외국인 노동자 가정의 자녀들의 경우에는 한국 정부의 노골적인 차별이 큰 방해물로 작동하기도 한다. 어린이집은 "등록된 인원"만큼 정부로부터 재정지원을 받으므로 미등록 외국인 자녀들을 아예 받아들이려고 조차 하지 않은 어린이집 원장이 적지 않다 (오성배, 319). 마지막으로 부차적인 이유이지만 학비나 급식비가 너무 큰 부담이라서 자녀들을 학교에 보내지 않으려는 이민 노동자 부모도 더러 있다 (오성배, 322).

5. 재한 외국인 노동자의 현황과 관련된 최신의 뉴스

본논문의 한계점을 한가지 말하자면 참조했던 자료들은 대부분 최근에 발표한 자료가 아니었다는 점이다. 이 한계를 조금이라도 극복하고자 개선방안에 들어가기 재한 외국인 노동자와 관련된 최신 중요한 뉴수를 정리하기로 했습니다. 이 정보를 다 http://withmigrants.org/xe/ (서울외국인 노동자센터) 와 http://www.mntv.net/ (이주민방송)으로 부터 얻었다. 지난 몇년 동안 재한 외국인 노동자의 상황은 분명히 나은 방황으로 호전하게 되었다고 보도했으면 그만일 텐데 놀랍도록 긍정적인 변화가 찾기 힘들었다. 부족하나마 긍정적인 변화부터 정리하겠다. 2010 년에 한국정부가 3 년인 취업기간을 다 마친 외국인 근로자에게 사업주의 합의를 받은 전제로 2 년까지 계약을 연장할 권리를 부여했다. 그리고 계약을 2 년 연장하게 되면 그 때까지 산업장을 벌써 3 회를 바꾸었다 해도 추가적으로 2 회까지 이직해도 된다 라는 권리도 받게 된다. 또한 2010 년 11 월 1 일 부터 4 인 이하를 고용하는 사업장에서 1 년이상 근무하는 외국인 노동자들은 한국인 근로자들과 마찬가지 퇴직금 지급을 받게 된다. 5 인 이상을 고용하는 사업장에서 근무하는 외국인 글로자들은 2012 연말까지 보통 퇴직금 지급을 50%정도 받게 되었는데 2013 년부터 한국인 근로자들과 동등한 수준으로 받게 될 것이다. 안타깝게도 긍정적인 뉴스는 이 정도만이었던 것 같다.

한편 인권보장을 여전히 받지 못 하고 있는 재한 외국인 노동자들과 관련된 뉴수가 여전히 많았다. 2009 년에 한국에서 베트남 출신 근로자와 결혼한 베트남 여성 근로자가 결혼후에 곧바로 임신을 하게 되었는데 결국은 인심했다는 이유로 해고를 당했다. 해고를 당하다 보니 불법체류자가 되어 버린다. 그리고 현재 "고용허가제로 한국에 입국한 이주노동자 부모 모두 비자가 있어도 국내에서 태어난 그들의 자녀에게 비자를 발급해 주지 않다 라는(http://withmigrants.org/xe/data_01/75641) 터무니 없는 법률로 인해 그녀의 아이가 낳았을 때 아기가 첫 순간부터 벌써 불법체류자가 되어버린 것이다.

단속과정에서 중상을 입거나 죽음마저 맞이하는 미등록 외국인 노동자들과 관련된 가슴아픈 보도도 여전하다. 특별히 한국정부는 2010 년 11 월에 한국에서 열릴 G20 정상회담을 앞두고 미등록 외국인 노동자를 단속하는 작업을 가속화시켰다. 2010 년 10 월 29 일에 Trinh Cong Quan 씨가 단속반을 피하고 도망치는 과정에서 4 미터 창문에서 뛰어내려고 결국은 죽어버렸습니다. 마음을 더욱 아프게 했던 것은 Trinh Cong Quan 씨에게 아내와 불과 4 개월이 된 아기가 있었던 점이다. 그리고 2009 년 "7 월 10 일 오전 경기도 원곡동 인근에서 진행된 법무부 출입국관리소 직원들의 미등록 이주노동자 단속 과정에서 심각한 부상자가 발생하였다. 단속과정에서 중국 출신 이주노동자 A 씨는 단속반원들에게 밀려 2 층에서 떨어졌으며, 이로 인해 양쪽 다리가 골절되었다. A 씨는 곧바로 119 로 후송되어 한도병원에서 응급수술을 받아야 했다.

또한 다른 중국 출신 이주노동자 B 씨는 단속 과정에서 단속반원에게 뒤통수를 가격당해 인근 병원에서 10 바늘 가까이 꿰메는 시술을 받았다. 이날 이루어진 단속 과정에서 구둣발로 가슴 등을 가격당한 이주노동자도 발생하였으며, 그는 곧바로 응급실로 후송되었다" (http://withmigrants.org/xe/data_04/63635/page/2).

보시다시피 현재 한국 정부가 불법체류자를 해소하는 방법으로 유일하게 단속과 추방의 "힘"에 의존함으로써 끔찍한 인권침해 사례가 줄줄이 발생하고 있고 정책은 바뀌지 않은 한 앞으로도 가슴아픈 사건들이 정기적으로 발생할 것임에 틀림없다.

6. 개선방안

오슬로 국립대학교에서 한국학 교수직을 맡은 박노자 교수는 자신이 집필한 당신들의 대한민국 2 에서 재한 외국인 이민노동자의 형편을 개선시키기 위한 몇 가지 제안을 남겼다. 박교수는 직장 이동이 금지되어 있고 노동 허가 기간은 4 년으로 제한되어 있으며 노조 가입 금지 되는 고용 허가제에서 그러한 제약이 없는 노동허가제로 바뀌어야 한다고 주장하고 있다. 또한 외국인 노동자들이 한국 노동운동과 연대해야 한다고 한다. 왜냐 하면 "비정규직 중에서도 최악의 상황에 놓여 있는 외국인 노동자"들이 단독적으로 자기들의 형편을 개선시킬 수 없기 때문이다. 또 하나의 제안은 "대부분의 서구 국가에 이미 존재하는 정부차원의 인종주의적 폭력"을 신고하는 제도를 신설하는 것이다 (2006, 박노자).

점점 한국에서 더 많은 외국인 노동자 지원센터가 등장하는데 대부분이 미등록체류자를 거부해버리는 것은 큰 한계점이라고 할 수 있겠다 (이제환, 198). 그리고 가령 미등록체류자를 받아들인다고 해도 외국인 노동자 지원센터에서 일하는 사람들은 대부분 전문가 아닌 자원 봉사자이기 때문에 줄 수 있는 도움이 제한적 일 수 밖에 없다(이제환, 199). 또한 한 지원센터가 단독적으로 이주노동자들이 처해 있는 모든 어려움을 충분히 해소할 수 있는 능력은 없기 때문에 이주노동자의 권리를 보장하려고 하는 각 지원센터와 단체는 지금보다 훨씬 더 힘을 합쳐서 협력해나가야 한다 (이제환, 200).

한국사회가 외국인에 대해 배타적인 일본과 독일에서도 배울 점이 많이 있다. 독일에서는 합법적인 이민노동자들이 독일사람들과 동등하게 사회보장제도 혜택을 받을 수 있으며(설동훈, 404-405) 일본에서는 합법 이민노동자들이 사회보험과 사회수당을 받도록 되어 있고, 지방정부에서는 "언어장벽 문제 해결, 외국인 가족의 세대 간 격차 문제의 해결 등을 위한 포괄적인 행정서비스를 제공하고 있다" (설동훈, 405). 일본 토요타시 사례는 특별히 본받을 만하다. 2001 년에 토요타시는 지역차원에서 국제화를 강화시키기 위해서 다음 4 가지 대책을 내놓았다: 첫째로 외국인 주민들이 시의 각종 심의회, 위원회등에 많이 참가하도록 독려한다. 둘째로 외국인들이 한군데에서 집주(集住)하지 않도록 하는 대책을 세운다. 셋째로 외국인의 모국어에 의한 상담을 제공하고 , 보건, 의료, 복지, 소방, 안전 등에 지원을 정비한다. 넷째로는, 주로 외국인 학생을 대상으로 학습기회를 제공해주는 것이다. 그 일환으로 토요타시는 도서관 서비스를 여러 가지 언어로 제공해주기 시작했다(장혜경, 55-56). 외국인 노동자 가정의 자녀들을 배려하는 것이 매우 중요한 일이다. 이주 노동자 자녀들의 교육 문제를 계속 방치하고서는 한국 아이들에 비해서 학력 격차의 누적 현상이 심화될 수 밖에 없다. 이주 노동자 자녀들이 소외계층으로 완전히 전락하게 되면 나중에 사회적 갈등으로 이어질 가능성이 높다 (오성배, 331).

마지막의 개선방안은 영주화 제도를 재검토하는 것이다. 일본의 게이단렌(経団連)이 2008 년에 저출산과 고령화라는 사회문제로 인해 조만간에 일본사회가 직면하게 될 노동력 부족과 국내 수요 감소를 해결하기 위해서 더 많은 이주노동자들에게 영주권을 부여해야 하고 그들의 자녀교육에 대해 적극적으로 지원해야 한다고 발표했다 (오성배, 314). 게이단렌의 견해는 일본보다도 저출산과 고령화로 인해 전망이 밝지 않은 한국사회에게 시사하는 바가 크다. 더군다나 외국인 노동자 자녀들의 교육에 투자를 하면 "'글로벌 인재를' 양성하고, 국가 사이의 가교 역할을 기대할 수 도 있다" (오성배, 314).

대부분 서양 국가들은 귀화까지 2 단계나 3 단계의 과정을 갖추고 있고 귀화하기 위한 마지막 준비 단계가 보통 영주권을 취득하는 것이다. 국가마다 기간의 편차가 있지만 귀화하기 위해서 대체로 5 년-10 년 걸린다고 한다. 하지만 한국에서는 이런 순서가 전혀 없다. 오히려 귀화보다 영주권을 취득하는 것은 어려운 일이다. 거기다가 남성 외국인 노동자들중에서 현재의 영주권취득, 혹은, 귀화 조건을 갖출수 수 있는 사람은 한명도 없다 (출입국 · 외국인정책본부, 영주권과 귀화의 연결제도 검토, 49-51). 저출산율과 고령화 사회 현상으로 인해 머지 않은 장래에 인구위기에 처하게 될 가능성이 높은 한국 정부는 한국사회의 발전에 열심히 기여하고자 할 뿐만 아니라 한국에서 정착하고 싶은 마음까지 가지고 있는 외국인 노동자들에게 영주권을 부여하는 일에 대해서 왜 이토록 소극적인지 납득이 안 간다. 인구위기를 해결사로 나선 외국인 노동자들을 더 이상 거절하지 말고 포용해야 할 때가 왔다.

7. 결론

이른바 못 사는 나라 출신의 외국인을 아직도 충분히 포용하지 못 하는 한국 사회의 자화상은 분명히 큰 문제이지만 외국인에 대한 차별을 유의미하게 해소할 수 있기 전에 먼저 박노자교수가 지적했던 '준비단계'를 거쳐야 한다.

즉, "외국인 노동자에 대한 폭력의 가능성을 제공해주는 것은 그들의 권리 박탈 상태와 한국인들에게 이식된 인종주의적 편견이지만, 그 폭력성의 보다 깊은 의미의 원천은 한국의 군사주의 문화다. 병영을 방불케 하는 훈육 위주의 학교, 폭력이 일상화된 군대야말로, 약자에게 상말과 폭력을 언제나 퍼부을 수 있는 사람을 키운다. 그러한 의미에서 체벌 폐지 운동과 군인 인권 향상 운동, 군사주의 문화의 근절을 위한 평화주의적/ 여성주의적 운동들은 궁극적으로 외국인 노동자의 상황을 개선하는 데 간접적으로 기여한다." (2006, 박노자)

위에 언급한 박노자 교수의 말 처럼 한국사회가 '이방인'을 열린 마음으로 받아들일 기전에 먼저 한국인들 사이의 서러에게 심한 차별 병폐를 고쳐야 한다. 그릇된 평가 기준을 적용해서 엘리트 사람만을 (예건대 '영어달인' SKY 출신 사람이 등등) 성공한 사람을 여기는 풍토에서는 외국인 노동자가 '아래것의 아래'라는 신분을 절대로 극복하지 못 할 것이다.

미국에서는 소위 말하는 '못 사는 나라'에서 이민 온 가족이 몇 년 동안 하위 중산층까지 상승해 가는 것은 상상을 초월하는 일이 아닌 반면에 한국사회에서는 그게 여전히 터무니없는 말일 뿐이다. 미국은 땅이 아주 넓고 원래 이민자가 설립한 나라이기에 이민정책을 놓고 한국과 미국을 비교해서 안 된다 라는 반박을 충분히 이해하지만 면적도 그렇게 크지도 않고 최근까지 이민국가로 전혀 알려지지도 않았던 여러 북유럽 국가가 시행하고 있는 이민정책은 미국보다 훨씬더 이민자를 '잘 챙겨준다는' 사실을 감안할 만한 일이다. 거기다가 세계의 최하 출산율을 차지하는 한국사회로서는 인구과밀을 두려워해서 이민자들에게 영주권을 부여하지 못 한다고 주장하기가 상당히 힘든 형편이다. 한국노동연구원은 2006 년 말에 "현재 5 인 이상 모든 직종에서 부족한 인력은 20 만 명이 넘는다고 밝혔다." 결국은 외국인노동력을 활용하지 않고서는 이 부족한 자리를 채우지 못 하는 셈이다. 유엔보고서는 한국이 현재의 경제 수준을 유지하려면 2030-2050 년에 이주 노동자 150 만 명을 받아들여야 한다고 발표한 바 있다 (이경국, 15).

싫어한다 해도 앞으로 한국사회의 존속을 위해 많은 외국인 노동자들의 일손은 꼭 필요하다. 달리 말하자면 앞으로는 한국사회의 운명은 한국인들에 의해만 결정될 일이 아니다. 이 사실에 더 일찍 깨우칠수록 좋다. 당장 외국인 노동자에게 이직자유를 부여하는 것이 마땅한 일이지만 그 것에 멈춰서는 절대 안 된다. 서양국가들이 하는 것 처럼 성실한 외국인 노동자들에게 영주권을 취득하는 기회를 제공하는 것이 마땅한 일이다. 이렇게 함으로써 외국인 노동자가 한국사회에 대한 기여를 인정할 수 도

있고 그들에게 걸맞는 보답을 줄 수 도 있다. 영주권 없이 재한 외국인 노동자들에게 법적인 보호가 미흡할 수 밖에 없다. 법적인 보호가 미흡한 상태에서 인간다운 생활을 영위하는 것이 불가능하다. 외국인 노동자를 위협적인 존재로 볼 필요가 하나도 없다. 필요한 것은 눈에 띄지 않으면서도 한 사회에서 필수적인 역할을--더군다나 대부분 국민들이 기피하고자 하는 역할을--열심히 해주는 사람에게 '인간답게 살아도 된다' 라는 권리를 부여하는 일 뿐이다. 못 사는 나라에서 온 '그들'을 위해 이 정도마저 해주지 못 한다면 비교적으로 잘 사는 '우리'를 인간이라고 부를 수 있나 하고 의문이 가지 않을 수 없다.

참조 문헌

강현아, 한국의 외국인노동자 수용정책 변화와 관련단체의 대응, 한국사회학회, 1996 년 한국사회학회 전기사회학대회 발표문 요약집, 1996.6, pp. 301~307

김남경, 한국 체류 외국인 노동인력 관리체제의 개선방안 연구, 한국동북아학회, 한국동북아논총 제 13 권 제 1 호 통권 46 집 (2008 년 3 월) pp. 193-212

김수재, 일반논문: 외국인 노동자의 문화적 갈등과 대응 -인도네시아 노동자를 중심으로-, 영남대학교 민족문화연구소, 민족문화논총, Vol. 38, No.0, 2008 153-184

김영종, 외국인 노동자 관리대책, 과천: 중앙공무원교육원 , 2008

고형면, 국내 외국인노동자의 현황과 전망, (시대의 논리)민족연구 통권 제 28 호 (2006. 12), pp.6-19

설동훈, 국제 노동력 이동과 외국인 노동자의 시민권에 대한 연구, 전남대학교 5.18 연구소, 민주주의와 인권, 제 7 권 2 호 2007.10, pp. 369~419

박노자, 당신들의 대한민국 2, 서울: 한겨레 , 2006 (2008)

설동훈, 외국인노동자와 인권- '국가의 주권'과 '국민의 기본권' 및 '인간의 기본권'의 상충요소 검토 -, 전남대학교 5.18 연구소, 민주주의와 인권, 제 5 권 2 호 2005.10, pp. 39~77

장혜경, 외국인 노동자 가족관련 정책 비교연구, 서울: 한국여성개발원 , 2003

지승호, 하나의 대한민국, 두 개의 현실: 미국의 식민지 대한민국, 10 vs 90 의 소통할 수 없는 현실, 서울, 시대의 창, 2007

출입국・외국인정책본부, 영주권과 귀화의 연결제도 검토, 2008/11/30 (http://www.immigration.go.kr/HP/COM/bbs_003/ListShowData.do?strNbodCd=noti0093&strWrtNo=33&strAnsNo=A&strOrgGbnCd=104000&strRtnURL=IMM_6020&strAllOrgYn=N&strThisPage=2&strFilePath=)

한승주, 외국인노동자의 권리에 관련한 정책갈등, 한국행정학회 2010 년도 춘계학술대회, 한국행정학회, 2010

홍원표, 한국의 외국인노동자; 한국의 외국인노동자 정책변화와 과제, 한국민족연구원, 민족연구, Vol. 28, No.0, 2006, 87-127

오성배, 외국인 이주노동자 가정 자녀의 교육 실태와 문제 탐색, 한국청소년정책연구원(구 한국청소년개발원), 한국청소년연구, 제 20 권 제 3 호 (통권 제 54 호) 2009.8, pp. 305~334

윤보중, 월간말 2008 년 3 월호(통권 261 호), 2008.3, pg. 10-15

이경국, 외국인근로자의 문제점과 개선방안에 관한 연구, 대한경영교육학회, 경영교육저널, 제 15 권 2009.6, pp. 1~29

이제환, 윤유라, 한국비블리아학회, 한국비블리아학회지, 제 16 권 제 1 호 2005.6, pp. 181~202

북한 개발 전략: 북한 경제개혁을 위한 국제사회의 협력방안

조나단 에벤슨 (JOHNATHAN EVENSON)

MA, Korean for Professionals, University of Hawaii at Manoa, 2011

NORTH KOREA'S PATH TO DEVELOPMENT: ENGAGEMENT STRATEGIES FOR NORTH KOREAN ECONOMIC REFORM

North Korea currently faces a predicament regarding the future of its economy. The great famine of the 1990s decimated the country's productivity and public rationing system, leading to large-scale reform measures in July 2002. However, the government has been unable to simultaneously revitalize the national economy while restoring the state's central economic control. Reform-oriented interests have steadily grown within the ruling elite and party structures, but the regime's adherence to Juche ideology and Military-First politics limits the opportunities for fundamental economic change. Recent foreign investment projects in North Korea, however, have not only introduced financial and technological resources, but have also provided an opportunity for the international community to engage with the regime. While such projects are conducted under the regime's close supervision, the more invested leaders become in economic development the more stable North Korea is likely to become in the short-run, while gradually transforming the country over time.

Keywords: North Korean Economy, Development & Reform, International Cooperation

1. 서론

1.1. 문제 제기

지난 60 년 동안 한국, 미국, 중국 등의 외교 정책에서 북한 문제가 중요한 쟁점임에도 불구하고 북한은 세계에서 가장 고립되고 불확실한 나라이다. 북한에 대하여 프리덤 하우스가 "자유가 없는 국가"라고 [1] 발표하고 세계식량계획이 "심각한 굶주림의 위험"이

[1] Freedom House 2010.

있다고[2] 발표했지만 북한은 세계에서 가장 많은 병력을 가진 나라 중에 하나이며[3] 근대의 핵개발 프로그램을[4] 유지하고 있는 나라이다. 약 20 년간 북한의 정치-경제 구조가 붕괴될 정도로 흔들리고 지속적인 인권 문제 및 안보 위기를 해결하려는 국제 사회의 노력에도 불구하고 성과가 별로 없다. 이러한 실패의 원인은 국제 사회가 북한의 지배 구조와 정책결정 과정을 잘 이해하지 못한 것 때문이다. 북한의 내부적 정치를 둘러싼 애매한 현실 때문에 평양의 주요 정책을 이해하고 평양의 권력층과 협상하는 일이 어렵게 된다. 이 논문은 북한에서의 경제 개혁과 개발 과정을 살펴보면서 북한 정부의 정책결정 과정에 대한 밝히는 것을 목적으로 한다. 북한 핵심 권력층의 관심과 최우선책, 평양의 경제 정책을 추진시키려는 원인, 정부의 정책 과정을 연구함으로써 앞으로 국제 사회가 북한과 동아시아의 안정을 이루는 정책을 효과적으로 제시하는데 도움이 되고자 한다.

1.2. 문제 배경

북한의 2002 년 "7.1 경제조치"와 관련한 정치-경제적인 결정 과정과 이후에 오는 정책 철회에 주목하면서 정책을 변화시키는 체제의 긴장과 제안된 해결책을 분석할 것이다. 북한 정부가 이러한 개혁을 추구하다가 취소한 이유를 더 깊이 살펴보면 북한 정부가 그러한 문제를 어떻게 정의하고 어떤 대책을 마련했는지 자세하게 알 수 있다. 따라서 북한이 경제 개혁을 성공적으로 이루도록 지원 할뿐만 아니라 그러한 제안의 가능성과 한계를 연구하는 것을 목적으로 한다. 이 분석은 북한의 권력층이 합리적으로 이기적이고 이익을 최대화하는 정부라는 추정을 바탕으로 한 분석이다.[5] 다른 나라와 마찬가지로 북한 정부도 자신의 권력의 보호만 추구하며 서민은 자신의 생활의 안정만을 추구한다. 그래도 제한된 정보, 제한된 기회, 이념적인 선호 등의 상황으로 인하여 북한의 현실이 왜곡된다. 이렇게 제한된 불완전한 상태에 따라서 북한의 권력층과 서민이 합리적 방법으로 불합리한 결정을 할 수 있다는 것을 예상하게 된다.[6] 따라서 국제 사회가 북한의 미래를 더 효과적으로

---

[2] World Food Programme 2010.

[3] James Hackett 2010, 411-413.

[4] Siegfried Hecker 2010.

[5] Ruediger Frank 2007.

[6] Gigerenzer and Selton 2001.

예측하고 적절한 대응하기 위해 본 논문은 북한의 "합리적 선택"에 영향을 끼치는 요소를 밝힐 것이다.

1.3. 논문 개요

뒤에서는 분석의 기본적인 모델과 방법론을 설명하겠다. 제도상의 갈등과 정책결정 과정에 대한 모델을 적용함으로써 북한 정부의 경제 개혁 추구 의도와 개혁을 결정하는 과정을 이해하도록 도와 줄 것이다. 그리고 중국, 베트남과 동유럽의 경제개혁 상황과 비교하면서 북한의 경우를 더 명확히 살펴볼 것이다. 그 후에는 북한 현재의 정치적, 경제적 환경을 살펴보겠다. 북한의 지배 구조, 결정과정 기구, 경제 체제의 구성을 연구함으로써 북한 정부가 직면하고 있는 문제와 북한의 최우선책을 밝힐 것이다. 마지막으로는 평양의 최근 경제 정책과 경제에 미친 성과를 분석하겠다. 특별한 정책이 북한에서의 정치-경제 상황을 변화시키는 영향뿐만 아니라 정책의 의도와 현실적인 성과에 집중하면서 북한의 역학적인 현실을 밝힐 것이다. 결국 이러한 분석은 북한문제 당사국의 정책 입안자가 북한의 미래 정책을 예측하고 국제 사회의 반응을 더 효과적으로 끄러 낼 수 있게 할 것이다.

2. 방법론 및 비교연구

2.1. 기본적 이론

본 논문은 2 가지 상호 관계를 가지는 모델로 북한의 경제 정책을 분석할 것이다. 첫 번째는, '제도상의 갈등'이란 모델은 북한의 공식적인 경제제도와 비공식적인 경제제도간의 차이를 이하여 북한 정부가 여러 가지 개혁 대책으로 반응하게 만드는 영향을 분석하는 모델이다. 두 번째는, '정책결정 과정'이란 모델은 북한의 정권 구조에서 대책을 토론하고 선택하는 과정을 분석하는 모델이다. 이들 모델이 밝히는 과정으로써의 성과는 북한 정부가 체제의 긴장을 최소로 하고 정부의 권력을 최대로 하는 정책을 살펴볼 수 있다는 것이다.

북한에서 발생한 개혁과 정부의 최우선책을 이해하도록 북한의 공식적이고 비공식적인 제도간에 나왔던 갈등을 분석하는 것이 첫 번째 단계이다. 제 1 도형이 보는 것은 마치 국가의 공식적인 제도가 정부의 공식적인 규칙과 실시하는 능력으로 구성되며 비공식적인 제도는 체제 외에서 하는 개인적인 행동과 규제되지 않은 활동을 인한 현실적인 상황을 반영하는 것이다.[7] 공식적인 규칙이 허락하는 것과 그의 제한 외에서의 행위간 차이가 이러한 2 가지 제도 사이에 제도적인 갈등을 만든다. 정부는 북한 주민이 따르지 않기 때문에 규칙을 실시할 수 없고 개인적인 필요성에 따른 규제되지 않은 활동이 발생되면 이런 갈등은 정부의 정권을 손상시킬 가능성이 있다. 그래서 정부는 공식적인 제도를 비공식적인 제도로 변화시키고 적응시키는 정책이나 그런 변화를 거부하고 최초의 규칙을 강화시키는 정책을 추진하게 된다.[8] 정책 입안자가 문제를 어떻게 정의하고 대안을 어떻게 토론하는 가가 결국 결과에 영향을 끼친다. 따라서 정부가 직면하는 갈등을 이해해면 그 정부가 정책을 추구하는 이유를 이해할 수 있다.

북한의 경제 정책을 이해하는 두 번째 단계는 정부의 정책결정 과정과 정권을 실행하는 방법을 분석하는 것이다. 제 2 도형이 보여주는 것은 마치 하나의 기본적인 정치학적 모델이 국민, 정부, 집단 간 상호 작용을 분석하는 모델이다. 민주주의 국가에서 정치 세력이 불완전하면 결국 정부가 책임을 지어야 한다. 권위주의적 국가에서는 정부의 책임 줄어든다. 정부는 대중의 참여를 억압, 정치적인 다양화 제한, 엘리트의 충성 등을 강화시킴으로써 독재 정부는 엘리트 계층만 챔임을 지게 된다.[9] 따라서 이런 국가에서 정책결정 과정은 주요 권력층의 권력과 엘리트의 영향을 바탕으로 정해지게 된다. 북한의 경우에는 김정일과 핵심 권력층이 독점적으로 정책을 결정하는 과정이다. 조선노동당과 조선인민군의 일원이 북한 사회에서 특권이 있는 지위를 향유하면서도 노동당과 인민군 일반인은 현실로 정치적인 영향을 미치지 못한다.[10] 그의 결과는 주요 권력층의 이익을 맨 앞으로 채우는 엄격하게 통제되는 정치 체제이다.

---

[7] Kyo-Duk Lee 2008, 21-31.

[8] 정세진 2000, 217-222.

[9] Kaufman-Purcell 1973.

[10] 박일규 2002, 305-310.

제 1 도형: 제도적 갈등 분석 개요

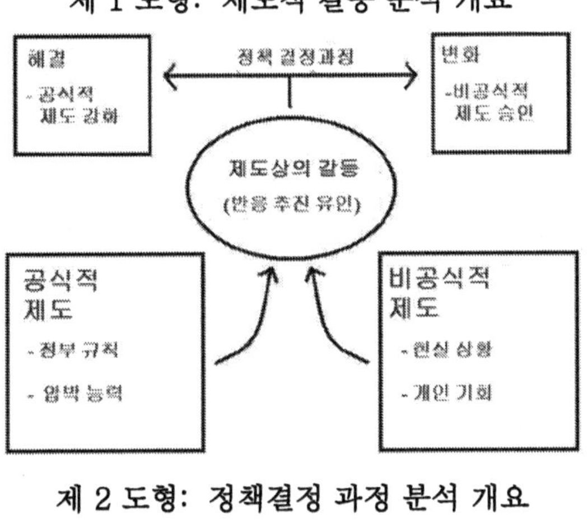

제 2 도형: 정책결정 과정 분석 개요

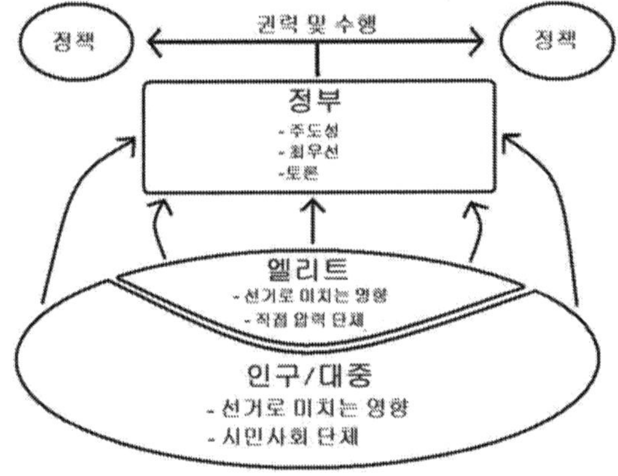

2.2. 사례 비교연구

북한은 중앙 계획 경제를 가지는 사회주의적이고 전체주의적 국가이기 때문에 여러 가지의 독특한 사회적이고 정치적인 특징을 나타낸다. 그래서 다른 나라의 경우와 비교하는 분석이 부정확한 과학이지만 변화하고 있는 사회주의 국가들의 경제적 공통점을 확인할 수 있었다. 다른 상황과 다른 방법으로 사회주의로부터 자본주의로 변화한 중국, 베트남과 동유럽의 사례를 살펴봄으로써 북한이 변화될 가능성도 밝힐 수 있다. 이러한 국가가 경제체제 변환을 겪었던 이유, 경제 변혁을 이루었던 방법, 그 과정에서 직면했던 문제 등을 살펴보면 북한의 변화과정에 적용할 수 있는 것들을 밝힐 수 있다.

덩 샤오핑의 지도에 따라 1978 년 중국은 다양한 대규모 경제 개혁을 추진했다. 중국은 경제적인 침체를 회복하기 위해 '중국 특성을 가진 사회주의'란 정책으로써 정부의 틀은 유지하고 시장 경제만을 수용하려고 노력했다. 이러한 정책에 따라서 중국은 사회주의를 중심으로 자본주의의 성장 잠재력을 받아들여 현 경제력을 지탱하는 기초를 세웠다. 중국의 개혁과 관련한 가장 주목할 만한 특징은 개혁이 점진적이고 순차적으로 이루어졌다는 점이다. 동유럽의 개혁과 달리 이 과정에서 중국은 주요한 정치 구조를 보호하고 기존 국영기업들을 키웠다. 이러한 느린 과정에 따라 중국은 기존 정치-경제체제에 끼치는 혼란을 회피하면서 자본주의적인 시장경제를 도입했다.[11]

베트남의 이른바 '도의 모의' 개혁은 중국의 경우와 같은 사회주의적인 시장경제를 만드는 과정이었다. 베트남의 느린 경제발전 상황에 대처하여 도의 모의로 시장경제를 활성화시키기 위해 단계적으로 접근했다. 베트남이 점진적으로 개혁한 이류는 중국의 경우와 같은 것이다. 베트남 정부는 쇠락하는 경제를 개선하려고 해도 중앙 정부의 권력을 희생하면서 개성하는 상황을 피하려고 했다. 특히 베트남의 경제 기초는 비교적 작고 물가 상승에 취약하기 때문에 더 불확실한 상황이었다. 이러한 문제를 예방하기 위해 중국에 비해 베트남은 외환과 민간기업의 자유를 허락하는 것을 더 느리게 실시했다. 아직도 베트남의 경제체제는 대부분 중앙 정부의 관리를 받는다.[12] 결국 베트남의 경제는 정부의 지배를 받는 부분적인 자본주의 수출중심 체제로 되었다.

중국과 베트남의 경우와 달리 전 소비에트 블록 국가들은 안정적인 정부가 주도한 쇄신 보다는 큰 사회적인 혼란으로 경지적뿐만 아니라 정치적으로도 변환되었다. 본질적으로 사회주의 체제가 완전히 붕괴되면서 새로운 정부가 새로운 체제를 갑자기 만들어야 했다. 경제체제가 갑작스럽고 자유화되면서 경제 체제가 분열되고 기존의 경영 모델이 쇠퇴되었다.[13] 동유럽의 정부들은 개혁과정을 충분히 규정하고 실시하지 못해서 중앙 지배력을 잃고 부패가 크게 퍼졌다.[14] 최근에는 헝가리, 폴란드, 체코 공화국 등의 동유럽 국가들이 글로벌 경제와 유럽 연합의 적극적인 일원이 되면서 이 많은 변화가 있었다.

---

[11] Sachs et al 1994, 102-116.

[12] Dixon and Kilgour 2002, 600-613.

[13] Janos Kornai 1994, 44-50.

[14] World Bank 2002, 105-110.

2.3. 분석으로 공통점

어떤 정치-경제체제라도 공식적인 제도와 비공식적인 제도 사이에 있는 차이는 피할 수 없는 현실이다. 그래서 각국 정부는 권력을 보호하기 위해 정책결정 과정으로 이러한 제도상의 갈등을 줄이려고 노력한다. 각국의 사례를 볼 때 기존의 중앙 계획 경제로 인한 무능함 때문에 각국의 경제체제 변환이 시작되었다.[15] 이러한 개혁 과정 중에 중국과 베트남 정부는 지배를 유지했지만 동유럽의 정부들은 그렇지 못했다. 이러한 차이에도 불구하고 이 모든 경우에서 마지막 목적은 똑 같았다. 즉, 주요 권력층이 국가가 변화되는 현실을 반영하도록 공식적인 경제제도를 개량시켜야 한다고 인정한 것이다. 제 3 도형에서 야노스 코르나이가 정의했던 5 가지 사회주의-자본주의 경제 변환을 추진하는 요소가 보인다.[16] 또한 경제 변화과정을 지탱하는 2 가지 구조의 요소를 포함한다.[17] 이러한 7 가지 요소로 비교하는 분석의 결과에 따르면 3 가지 중요한 상황을 살펴볼 수 있다.

제 3 도형: 공산주의→자본주의 변화가속 요인

요소	동유럽	중국	베트남	북한
개인 이기심	있음	있음	있음	있음
최신 기술	가능	가능	가능	가능
받아들일 모델	가능	가능	가능	가능
자본주의적 전통	있음	없음	없음	없음
사회주의에 환멸	강한	온건한	온건한	생겨난
과잉의 동력	최소한	현저한	현저한	온건한
구조의 단단함	강한	최소한	최소한	온건한

첫째로, 이기심이 도처에 있다. 또한 최신 기술과 받아들일 수 있는 경제 모델이 있다는 점은 거의 보편적인 것이다. 이기심은 사람들이 지신의 이익을 추구하는 행동을 추진하며 모든 국가가

---

[15] 임강택 2001, 5-18.

[16] Janos Kornai 2006, 222-225.

[17] Sachs et al 1994, 102-113.

원하면 다른 국가에서 새로운 기술이나 경제 모델을 도입할 수 있다. 사회주의 체제에서의 변화에 있어 이기심이 늘고 사람들은 가장 효과적이고 유익한 활동을 개인적으로 선택할 수 있게 된다.[18] 북한에서도 주체사상으로 인하여 개인의 이기심과 외부의 영향이 억압되지만 이러한 현실을 무시할 수 없다. 즉, 1990 년대의 경제붕괴에 따라 북한의 주민 중 거의 78%정도는 식료품과 일용품을 얻기 위해 비공식적인 시장에 의존하게 되었다.[19] 이렇게 발생하는 상황과 비공식적인 시장활동을 단속하기 위해 2002 년에 북한 정부는 "7.1 조치"를 제정했다.

둘째로, 동유럽에서 사회주의 이전의 자본주의적인 전통과 사회주의 체제에 만연된 환멸을 느낌에 따라서 그 지역에서의 완전하고 급속한 경제변화가 더 쉽게 이루어졌다. 중국과 베트남의 지도자들은 사회주의 경제체제에 불만이 조금씩 있었지만 자국의 체제를 전복하는 것을 피하기로 결정했다. 그래서 중국과 베트남의 지도자는 개혁과정을 국가의 보수적인 입장과 협상하면서 동유럽의 경우와 달리 정부를 전복시킬 위험을 피할 수 있었다. 북한의 경우를 보면 아시아 이웃 국가들의 상황과 닮았다. 북한 정부는 사회주의 체제를 강하게 지지하면서 중앙 권력층 외에 나타날 정치 세력을 지속적으로 억압한다. 따라서 자본주의의 경험이 별로 없고 정부의 권력에 미칠 수 있는 위험이 약해서 북한은 경제적인 변화를 실시하면서 동시에 기본적인 구조를 유지할 것이다.

셋째로, 동유럽에서 경제변화가 급속하게 진행되었지만 경제발전 과정은 비교적으로 느렸다. 중국과 베트남의 경우에 농업과 제조업에서 수많은 과잉 노동력이 있었기 때문에 값싼 노동력을 새로운 민간기업으로 이동시켜서 경제발전을 추진할 수 있었다. 반면 동유럽의 경우 새로운 지도자들이 정치 지지를 얻기 위해 기존의 비능률적인 중공업에 있던 기득권을 보호하려고 했다. 따라서 기존 고용과 생산 구조를 강경하게 재구성하는 것이 어려웠다. 중국과 베트남의 산업기초가 비교적으로 작았기 때문에 정부는 기존의 국영기업들을 보호하면서 새로운 성장부문을 지원하도록 민간기업을 허락했다. 중국이 개혁할 때 전국 경제 중 70%가[20] 농업이었는데 북한에는 20%만[21] 농업인 것을 보면 북한의 상황이 아시아와 동유럽의 경우 사이에 있는 것을 알 수 있다.

[18] Janos Kornai 2000, 31-33.

[19] Kim and Song 2008, 369-372.

[20] Sachs et al 1994, 106.

[21] EIU, 2009, 5.

북한은 새로운 성장부문을 추진시키기 위해 비교적 적은 수의 노동력을 가지고 있지만 쇠퇴하는 산업기반 때문에 노동력이 이동하면서 새로운 노동력이 나타날 가능성이 있다.

3. 북한 내부적 제도 형태

3.1. 정치 체제의 현상

3.1.1. 정치 권력층

북한의 정부구조는 공산당 1 당 제도를 바탕으로 설립되었으며 국가 기관이 조선노동당에 직접적으로 연결된다. 따라서 국가의 가장 높은 요직들; 국방위원회 위원장, 최고인민회의 상임위원회 위원장, 내각 총리는 모두 노동당 권력집단의 당원이다. 그렇지만 보통의 공산주의 제도와 달리 국방위원회 위원장은 최고의 권력 요직으로 지정되어서 김정일 중심의 권력이 행사되게 되어 있다.[22] 즉, 최근 헌법 수정안에 따라서 국방위원회 위원장에게 국무 감독권, 인민군 사관의 승진권과 강등권, 외국조약 비준권과 폐지권 등을 부여했다.[23] 이러한 주요 규정에 따라 군사 지배력이 노동당으로부터 국방위원회의로 이동된 것은 중요한 의미가 있다. 그래도 북한의 12 명의 가장 높은 지도자 중 오직 절반만이 장군이고 다른 지도자들은 민간 기술자이기 때문에 다양한 의견을 제기할 가능성이 있다.[24]

북한 정부에서 의견충돌이 발생할 가능성이 있지만 김정일의 개인 지배방법 때문에 정책토론에 대한 유연성과 반대 의견이 방지된다. 물론 북한 헌법에 따르면 조선노동당, 최고인민회의, 국방위원회, 내각이 모두 정부의 활동과 관련한 권력을 위임 받는다.[25] 그렇지만 실제로 이러한 정부기관이 모두 김정일의 직접적 지배 하에 있어서 각 기관에서 종종 권력이 제한된다. 게다가 중복된 감시기관을 바탕으로 제도를 설립하고 보상과 처벌을 제공하는 계통을 실행해서 김정일은 낮은 계층의 자주성을 제한하고 자신 정치지령에 응하도록 하는 것을 확실하게 한다.[26] 이러한 제한에도 불구하고 최근에 중요한 정책을 이행하는 역할을 내각과 군부가 맡아서 그러한 기관의 정치영향이 조금씩 확대되고 있다.

---

[22] Kim Kap-sik 2008, 88-105. B. C. Koh 1997, 2-8. 민경배 2008, 93-95.

[23] DPRK's Socialist Constitution, 2009. Chi-dong Lee 2009.

[24] Kenneth Gause 2004, 5-22. Jae-hyoung Lim 2002, 92-103.

[25] DPRK's Socialist Constitution, 1998. 민경배 2008, 95-103.

[26] Kenneth Gause 2006, 2-27. Andrew Scobell 2006, 20-25.

김정일은 1999 년 신년사설에서 "선군정치"를 소개하면서 조선인민군이 "우리 혁명의 기둥"이라고 언급하며 북한 정치에 주요한 역할을 수행한다고 강조했다.[27] 그리고 2009 년 헌법 수정안에 따라서 "선군정치"가 주요 정책노선과 북한의 주도적인 이념이라고 포고되었다.[28] 김정일은 인민군 사관을 주요한 정부, 정당과 권력의 요직에 배속함으로써 군부에 정책 및 예상과 관련한 결정에 대한 최우선책을 제공했다. 정부의 군대화된 동원운동 중심 권력과 공격적인 국방 자세를 보면 인민군이 북한 사회에서 "혁명정신"이라고 그 중요성이 강조된다. 그러나 김정일과 가장 가까운 인민군 사령관도 자주적인 결정권이 없고 영향력이 있는 고문으로 근무할 뿐이다.

북한의 내각도 정권을 관리하고 정책을 이행하는 역할을 더욱 많이 맡게 되고 있다.[29] 일상 가동에 대하여 북한 내각은 정부의 경제와 외교 정책을 실행하는 일을 맡고 김정일에게 중요한 보고서를 직접 제공한다. 이러한 상황을 통해 북한의 기술자가 정책토론에 의견을 기고할 기회는 더 많아지게 되어서 인민군의 정치적 영향을 부분적으로 보충할 수 있게 되었다.[30] 요즘 김정일 외부로 정치력이 조금 더 분산화되고 있지만 북한 정부는 아직도 김정일 중심의 강한 지배체제라고 인정해야 한다. 그래서 주요한 정책과 관련하여 인민군이 비중 있는 지위에 앉고 내각이 그러한 정책을 수행하는 책임을 맡았지만 김정일의 직접적인 승인과 지배 없이 결정을 내리지는 않고 정책의 실패에 따라 막대한 책임을 지게 된다.

3.1.2. 정책 최우선

정부의 "선군정치"에 따라서 북한의 부족한 자원과 금융은 국방 중심 산업에 집중되어서 전체적인 경제와 민간인 중심 산업발전을 자주 무시한다. 그렇지만 1990 년대의 대기근 위기에 대한 정부의 반응과 2002 년의 개혁과 관련한 토론을 보면 다른 의견이 있는 것뿐만 아니라 군부의 의견 외에도 여기 저기서 다양한 의견이 나오고 있다. 북한 전문가들은 정권의 보호와 경제의 회복 사이에 있는 딜레마를 언급하며 그러한 딜레마가 정책결정에 끼치는 영향을

[27] Byung Chul Koh 2005, 2-4.

[28] Chi-dong Lee 2009.

[29] Kim Kap-sik 2008, 88-91.

[30] Lim Jae-hyoung 2002, 91-104.

알게 되었다.[31] 다시 말하면, 북한 권력층은 자국이 "강성대국"이라 자랑하면서 국가의 자원을 증강하고 생존을 보장하기 위해 강력한 군부와 경제가 필요했다.[32] 그렇지만 북한의 경제를 부흥시키기 위해 필요한 개혁과 그 것을 개방시키는 수단은 정부의 이념적이고 강제적인 기초 및 정권의 생존을 손상시킬 가능성이 있다. 평양에서 최근 열린 토론에서 계속된 경제침체 또는 외국의 정치영향 중에 어떠한 것이 미래의 정권에 가장 심각한 위험을 줄지에 대해 논의되었다. 여태까지는 북한이 경제 회복을 아직도 이루지 못해도 북한 정부가 정권의 부실함을 피하도록 열심히 노력하였다.

개혁에 대한 토론은 북한의 독특한 이데올로기를 바탕으로 진행되었다. 공산주의의 반제국주의적인 요소와 주체사상의 자립적이고 민족주의적인 요소는 자본주의적인 세계질서에 참여하는 것을 적대시하는 정치적인 분위기를 만들었다.[33] 그 결과로 북한 정부가 스스로 국가 경제를 유지하지 못해도 다른 나라에 원조를 노골적으로 요청하는 것을 이데올로기적으로 금지하였다. 김정일도 예전부터 경제 개혁자들을 "개정 분자"라고 부르면서 비난했다. 그러나 1990 년대의 대기근으로 인한 어려움에 따라서 국가의 안정을 보장하기 위해 덜 이념적이고 더 실용적인 접근이 필요하게 되었다. 2000 년에 내각의 부총리인 조장덕은 기계적인 "선군정치"에 대해 언급하는 대신에 북한이 벌써 정치적이고 군사적으로 강한 국가가 되었다고 공개적으로 발표하며, 이제 경제개발과 같은 새로운 요건을 다룰 시간이 되었다고 암시했다.[34] 이러한 선언 및 북한 언론에서의 보수적인 비판에도 불구하고 2002 년에 시작한 대규모 경제 개혁을 보면 군사 방위와 관련한 이익이 언제나 최우선책 정책이 아니었다.[35] 물론, 그러한 경제 개혁은 민간시장을 넘어 국가의 지배력을 다시 설립하는 것이 의도였고 불과 몇 년 동안 많은 개혁들이 철회되거나 버려졌다. 그러나 북한의 학술지에서 나온 이러한 활발한 언론 토론 상황은 반드시 주목할 만한 상황이다.

군부를 최우선시하는 것과 경제의 필요성 간 토론은 북한 정치구조의 원동력이 무엇인지 보여준다. 북한의 군부와 다른 강경 노선 지지자들이 북한의 국력과 번영을 위하여 인민군을

[31] Byeonggil Ahn 1997, 83-89.

[32] Byung Chul Koh 2005, 4-9.

[33] Grace Kim 2003, 105-112.

[34] B. C. Koh 1997, 7-8.

[35] Carlin and Wit, 27-52.

최우선시하는 정책을 원하지만 경제적인 재건의 필요성은 정계와 기술자, 그리고 여러 인물들에게 세력을 부여하게 되었다.[36] 최근에는 김정일의 현지 지도시찰과 관련하여 경제적인 쟁점이 더욱 중요하게 된다.[37] 김정일이 보통 "선군정치"를 추구함에도 불구하고 요즘에는 북한의 컴퓨터와 전기통신 기술을 민간에 적용하는 개발에 개인적인 관심이 높다.[38] 그렇지만 김정일이 인민군의 지지기조를 유지하고 공무원들은 정책 실패를 걱정하기 때문에 북한의 경제체제를 기본적으로 변화시킬 시도를 기대하지 못하고 보수적인 정책이 지속된다. 정부는 정권의 안전과 생존을 손상시키거나 중앙 권력 외에서 나타날 권한을 억제하지 못할 상황을 강경하게 거부한다. 또한 대담하고 필요한 개혁조치도 피하고 있다.

3.2. 경제 체제의 현상

3.2.1. 경제 구조의 붕괴

국가의 자주성을 요구하는 주체사상에도 불구하고, 과거에 북한은 국내 생산을 유지하기 위해 소련과 중국을 통해 기술적인 도움과 경제적인 원조에 많이 의존했다. 그러나 소련이 갑작스럽게 몰락한 후 1990 년대에 북한이 받는 외국원조와 해외투자의 수준은 급속하게 떨어졌으며 중국과의 교역도 아직 확장되지 않았었다.[39] 그렇지만, 새로운 교역상대국을 찾거나 북한 내부적인 능력을 발전시키는 것 보다 북한 정부는 자본 투입량의 확장과 기존의 경작지와 장비를 확장하는 정책으로 대응했다. 토양의 퇴화는 과도한 농업과 거름의 사용으로 인해 생산이 줄어들었고, 농장 설비와 농기계의 파손으로 농업의 생산성이 더욱 감소하여 이러한 정책도 북한의 기본적인 경제 문제를 해결하지 못했다.[40] 농업 생산의 붕괴에 따라서 북한 정부는 국영 중앙배급제를 유지하기 위해 충분한 곡식 공급을 할 수 없었다. 많은 북한 주민들은 이런 중앙배급제를 통한 배급에 의존했지만, 정부가 분배한 하루 식량분은 점점 감소해서 1998 년 중반에 중앙배급제는 완전히 폐쇄되었다.[41] 따라서 이러한 점들은 모든 주민들이 제한된 시장에서

---

[36] 임강택 2001, 62-67.

[37] Unknown, Chosun Ilbo 2010.

[38] Unknown, Joongang Daily 2011.

[39] Haggard and Noland, August 2007, 39. Samuel Kim 2007, 8-33.

[40] Bon-Hak Koo 1992, 173-207.

[41] Haggard and Noland 2007, 63-69.

곡식을 구하기 어렵게 만들었을 뿐만 아니라 기근 상황을 겪는 지방의 인민들은 곡식도 남아 있지 않게 되었다.[42] 이른바 "투쟁 행군"을 통해 북한 주민들이 자신의 힘으로 식료품의 부족에 대처해야 되고 북한 경제가 대중을 시장자유화 상태로 이끌게 되었다.[43] 그 당시에 정부가 인민에게 곡식을 제공하지 못하게 되었을 뿐만 아니라 시장자유화의 추세를 예방할 능력이 없었기 때문에 주민들은 식료품을 얻기 위해 개인 거래나 다른 불법 활동에 더욱 의존하게 되었다.

3.2.2. 경제 회복의 노력

북한의 식품 유통과 관련한 비공식적 시장 자유화가 정부에게 독특한 도전을 제기했다. "불법" 행위가 그럭저럭 식품을 분배했지만 시장 자유화는 정부의 지배 밖에서 진행되었다. 이에 반응하여, 북한 정부는 소규모 시장 행위를 정부의 지배하에 두기 위하여 2002 년에 일련의 경제 개혁을 선언했다. "7.1 조치"의 주요한 목적은 농산물 생산을 장려해서 재개된 중앙배급제로 대중들에게 식량 배급제를 보증하는 것이었다. 이것을 성취하기 위해서, 국정가격 제도의 물가와 자유 시장의 물가 간의 차이를 최소하기 위해 정부는 식품 가격을 재조정하였다.[44] 정부는 중앙배급제를 다시 실행하기 위해 식품공급의 회복을 도왔다. 또한 정부가 주시하는 가운데 무역을 장려하는 것처럼 법적으로 직거래 장터를 확대하려는 시도가 있었다. 이는 정부의 규제된 시장 거래를 통해 주민들이 식료품을 얻을 수 있도록 허락하면서 중앙배급제에 대한 남아 있는 부족분을 상쇄하려는 의도였다. 그러나 시장 물가 상승은 정부가 결정한 물가와 임금을 빨리 상회하며, 1kg 의 쌀 값이 2 년 만에 47 원에서 1,000 원으로 상승했다.[45] 이런 결과에 따라서 농부들은 정부에 곡식을 판매하기보다는 공공 시장에서 거래하는 것이 훨씬 더 이익이었다. 반면에 북한 주민들의 평균 구매력은 계속 떨어졌다.

결국, 북한의 공식망의 공급이 여전히 부족하고, 시장은 계속 정부 지배에 저항하고, 많은 북한 주민들은 아직도 충분한 식량 공급을 얻지 못하고 있다. 국영 분배의 결함에 따라서 정부는 북한 주민들이 공식적으로 그들의 직업으로 돌아가는 것을 촉구하는 공공

---

[42] 박일규 2002, 310-320.

[43] Haggard and Noland 2007, 21-32. 이석 2005, 49-66.

[44] Ruediger Frank 2005, 293-305. Marcus Noland 2003, 12-25. 윤황 2006, 212-223.

[45] Haggard and Noland 2007, 165-184. 오승렬 2002.9, 9-11.

캠페인을 벌였다. 반면에 대중들은 식품과 소득을 얻기 위해 비공식적인 방법으로 시장 활동을 추구하였다.[46] 정부의 권력 밖에서 시장화 과정이 벌써 전개되어서 2002 년 개혁의 제정은 곡물 공급과 민간 거래를 다시 정부의 지배 아래 두기 위해 필요했다. 정부는 차후의 개혁을 추구하지 않을 뿐만 아니라 제공한 개혁을 후퇴시키는 것이 정부의 현실적인 의도라고 밝혔다. 정부의 목표는 중앙배급제를 강화시키고, 정부의 시장 지배를 유지하고, 대중들이 정부가 제공한 식량에 감사하며, 그것에 의존하는 것을 보증하는 것이었다. 더군다나, 2005 년에 풍작 이후 정부는 중앙배급제를 공식적으로 복구하고 공공 시장에서의 거래에 제한을 가하며 "7.1 조치"의 조건을 철회하였다. 정부의 관리를 벗어난 경제 활동에 대한 탄압은 차후 몇 년 동안에도 줄어들지 않았음에도 불구하고 계속되는 흉작과 국제적인 원조의 감축으로 인해 국가는 다시 한번 기근의 벼랑까지 밀려나게 되었다.[47]

북한의 정책은 단기적으로 대중의 불안을 완화시키고 장기적으로 시장 지배를 유지하는 의도가 있었다. 2002 년의 경제 개혁이 자유 시장 활동을 암암리에 허락했지만 새로운 자본주의 체계로 대체시키는 것이 아니라 붕괴하는 국영 경제제도를 보충하는 것이 의도였다. 1990 년대 말까지 중앙 경제제도의 붕괴로 북한에서 발생한 "자유시장"은 정부가 식량 공급을 제공하지 못했을 때 자유시장을 통해 북한 주민들이 식량을 얻을 수 있게 만들면서 경제적인 압력밸브 같은 역할을 했다.[48] 평양에 거주하는 특권이 있는 인민들도 배급인하를 면제받지 못한 상황을 고려해 볼 때 정부가 이러한 전체적인 인구를 굶주리게 만드는 것이 목적은 아니었다. 그러나 2002 년의 개혁은 북한 경제를 "개방"이나 "자유화"시키는 의도가 없었던 것이 분명하다. 대신에 점진적인 공공시장과 민간무역에 대한 공공의 의존성을 폐지함으로써 북한 시장에서 정부의 역할을 재건하려고 했다. 그러나 지속되는 기근 상황이 정부의 경제 지배력을 약화시켰고 이러한 목표를 이루는 것이 어렵다는 것을 증명하였다.

3.2.3. 산업 활동의 변화

북한의 경제정책은 국가의 농업부문을 소생시키지 못했고 생겨난 개인거래를 감소시키지 못했지만 제조공업부문에서 조금씩

---

[46] Kim and Song 2008, 379-383.

[47] Haggard and Noland 2008, 2010. 이기동 2010, 161-171.

[48] 옹승렬 2002.9, 27-33. 임강택 2001, 95-104.

성공을 이루었다. 산업분야에 대하여 "7.1 조치"의 의도는 정부 보조금을 제거함으로써 정부의 금융 부담을 감소시키는 것이 목적이며 여러 가지의 조건에 따라서 기업의 경영 자주성이 확대되었다.[49] 이러한 정책에 따라서 최초에 기업들이 재원과 자원을 마련하려고 고생했고 제조공업 생산의 회복이 억압되었다. 더 최근에 북한 정부는 외국투자와 기술을 받아 들기 위해 활발한 노력을 시작해서 주목할 만한 성과가 있었다.[50] 특히, 라진-선봉(라선), 신의주, 개성 등 지방에서 특별경제지역은 중국 및 한국과 같은 국가에서 온 투자에 더욱 매력적인 목적지가 된다.[51] 이러한 투자로 북한의 저하되는 자본과 병력 수용력을 재건할 뿐만 아니라 평양이 시장 중심 국제무역의 실험을 할 기회도 제공한다. 북한에 대한 자본 투자와 더불어 국가의 기본 인프라를 개량하도록 채광산업과 전기통신의 분야에 새로운 과학 기술을 도입시키는 노력을 하고 있다.[52] 또한 2011 년의 신년사설에서 해외무역과 국내 소비를 증가시키기 위해 정부는 경공업과 관련한 자금과 활동을 발전시킬 것이라고 선언했다. 이러한 입장을 보면 과거의 엄하게 이데올로기 중심 정책 대신에 북한 정부가 더욱 실용적은 접근의 태도를 보인다.[53]

북한의 제조공업과 과학 기술 기초를 개량시키는 노력에도 불구하고 전체적으로 장기 경제 성장을 지탱해 줄 국가의 산업분야가 아직도 불충분하다. 북한에서 초라한 수송 인프라, 원료와 에너지의 부족, 미발달 된 내외부적인 시장, 불확실한 규정 환경 등의 문제에 의하여 국가의 경제성장 과정이 자꾸 중단된다. 이러한 문제와 더불어 북한의 핵무기 개발과 공격적인 국방자세로 인한 국제 금융과 상업 제재 때문에 북한의 상황이 더 복잡해진다. 더군다나 북한의 단호한 경제 정책에 따라서 특별경제지역에서도 합작 프로젝트를 통해 받을 이익이 제한된다. 중국이 북한의 채광과 항구 시설과 관련한 급속한 개발 투자에도 불구하고 중국의 투자자는 평양이 실제 경제변환을 추구하는 공약에 대하여 의심과 실망을 표현한다.[54] 똑같이 이집트의 오라스콤과 독일의 노소테크와

---

[49] Marcus Noland 2003, 16-25. 윤황 2006, 212-223.

[50] 오승렬 2002.9, 104-114. 임강택 2001, 77-85, 148-156.

[51] Lucy Jones 2004. Ihlwan Moon 2006. Jay Solomon 2011. Zhaokun Wang 2010.

[52] Sung Jin Lee 2010. Kelly Olson 2008. Unknown, Joongang Daily 2011.

[53] IFES 2011. Unknown, Chosun Ilbo 2011.

[54] Kate Woodsome 2011.

같은 외국 정보기술 기업들은 북한의 낮은 임금과 높은 숙련된 노동력을 인정하면서도 북한 정부의 규칙이 기업 내 통신에서 생산품과 서비스의 디자인을 제한하는 현실도 불평한다.[55]

합작 경제 프로젝트로써 북한 정부와 경영자가 경제적인 방법과 기술적인 지식을 많이 받아들 수 있다. 그렇지만 평양은 경제 위에 지배력을 유지하고 외국에서 미칠 영향을 거절하는 것에 따라서 경제성장을 둔화시키고 얻을 수 있는 이익을 대부분으로 놓쳤다.[56] 정부가 외국 원조와 투자를 받고 싶다는 입장을 분명하게 표현했지만 정부의 경제적인 자주권과 정치적인 안정이 보장만 되면 국제 도움을 받아들 입장도 분명하다.[57] 북한의 국내 시장정책과 마찬가지로 국가의 산업정책은 경제체제를 "개방"시키거나 "개혁"시키는 의도가 없다. 오히려 정부의 안정과 생존을 보증하기 위해 이러한 경제조치를 추구한다. 그래서 정부는 다른 나라에 대응하여 선별적으로 개방하고 있어도 권력층의 세력과 이익을 보장하는 최우선책을 견고하게 유지한다.

4. 정책 성과와 평가

북한의 정책결정 과정은 아직도 김정일과 가장 가까운 핵심 권력층 중심의 중앙 집권화된 과정이지만 조선노동당과 조선인민군의 의견이 주로 반영된다. 게다가 북한의 지속적인 경제 붕괴에 대응하여 북한 정부는 덜 이념적이고 더 실용적인 대책을 추구하게 되었다. 그래도 아직까지 경제적인 자주권과 정치적인 안정을 유지하기 위해 경제를 실질적으로 개방하거나 개혁하는 정책을 펼치지 않았다. 따라서 외부 국가가 북한과 경제관계를 맺으려면 정부 핵심 권력층의 의견을 반영해야 할 뿐만 아니라 북한 정부가 경제발전을 통해 권력을 강화시키려고 한다는 점도 고려해야 한다.

4.1. 북한의 정치-경제 현상

기존 북한 정부의 주도 하에 대규모 경제개혁을 기대하는 것은 어렵지만 소규모 "순응" 정책이 때때로 발생하였다. 체제적인 변화가 발생하려면 정부의 완전한 지배 하에 가능할 것이고 국가 이데올로기의 맥락 속에서만 가능할 것이다. 북한 정부는 권력이 약화되는 것을 우려하기 때문에 실제로 자유로운 시장 및 개인

[55] Justin Rohrlich 2011.

[56] Bernhard Seliger 2009, 67-73.

[57] Georgy Toloraya 2008, 23-27.

중개업을 억압했다. 그렇지만 지속적인 경제 침체에 대응하여 북한 권력층은 기존 기득권, 경제통과 정권구조를 보호하면서 국가의 생산력을 개량하기 위해 새로운 방법을 구하고 있다.[58]

결국, 경제개혁에 대하여 북한 정부는 2 가지의 딜레마에 직면한다. 첫째로, 정부가 대중 중심의 시장화 과정을 억압하려고 하지만 식량과 자원을 효과적으로 분배하는 다른 방법이 없으면 비공식적인 시장이 지속될 것이다. 최근에 반복되는 흉작, 유통 문제, 붕괴되는 산업기반 등 때문에 북한 주민들은 일상 필수품과 소득을 얻기 위해 정부에 의존하는 것이 더욱 어려워진다. 이러한 상황으로 인해 정부의 규제 밖에 있는 비공식적인 시장 활동이 일상적 현실이 되고 있다. 둘째로, 국가의 경제를 소생시키는 것이 실패하면 정부의 수입의 원천이 줄어들고 통제력이 약화되겠지만 필요한 개혁을 실시할 경우 북한의 권력 중심 외에서 새로운 지배력이 발생할 가능성이 있다. 김일성과 김정일은 자신들의 권력에 대한 도전에 관용 없는 입장을 취했고 기본적인 변화를 끌어낼 수 있는 유연성과 독창성을 억압했다. 또한 후계자 김정은이 변화에 대한 욕구가 있거나 변화를 추구할 지배력이 있는 지는 불확실하다. 북한 정부의 입장에서 어떤 개혁조치가 만족스럽게 진행되도록 시장에 대한 정부의 지배력을 유지하는 것과 중앙 정부의 안정을 재건하는 것과 관련된 딜레마들을 거론할 필요가 있다.

4.2. 북한의 개혁-개방 성향

"7.1 조치"의 의도가 자유시장 경제를 만드는 것이 아니었다는 것은 분명하다. 오히려 정부의 지배 아래 비공식적인 경제를 다시 가져오려고 하는 정책이었다. 더군다나 2009 년의 금융개혁과 같은 최근 민간시장의 진압 시도는 평양의 주요한 정책 입안자가 독립된 시장구조에 반대하는 입장에 있음을 보여주고 있다. 이러한 상황은 현재 통치하는 엘리트층이 특권을 지키고 싶은 정부의 욕망을 반영하고 정부의 전통적인 이데올로기의 원칙에 대한 집착을 반영하는 것이다. 김정일은 자신의 권력을 강화시키기 위해 이데올로기와 군대의 지지에 의존하면서 부분적으로 경제 재건을 통해 사회적인 안정이 필요했지만 정부의 지지 기반이 그것을 방해하였다. 따라서 실제적인 개혁과 자유화를 추구하는 정책이 북한의 보수적인 진영의 이익을 위협했기 때문에 그런 정책의 성공을 기대하기는 어렵다. 이런 분석을 바탕으로 북한 정부가 발전과 개혁을 추구하는 경제정책을 추진하려면 3 가지 주요 기준을

[58] 이석 2005, 13-33.

충족시켜야 할 것이다; 1) 기존 정부의 권력을 위협하지 않고, 2) 군사와 노동당에 기득권을 부여하면서 달래고, 3) 주체사상과 사회주의의 원칙을 따라야 한다.

첫째로, 외국 무역과 투자를 통해 경제를 확장하기 위한 시도들은 북한의 내부 정책과 사상에 외국의 영향을 최소화시켜야 한다.[59] 북한과 한국과의 경제교류와 북한과 중국과의 경제교류의 차이점을 보면 이러한 부분이 강조된다. 중국의 "불개입"을 주장하는 외교 입장에 따라서 북한은 자신의 정치 구조와 맞는 중국의 투자와 경제 협력을 환영한다. 이로 인하여 북한에서 중국이 투자하는 프로젝트들이 많이 확대되고 있다. 그에 비해 한국의 대북 투자가 자주 정치화되기 때문에 북한이 이러한 프로젝트를 의심하게 된다. 그 결과로 한국의 투자 프로젝트들이 자꾸 중단되고, 계약 파기, 인질 사건 등의 문제가 발생한다.[60] 북한 정부는 외국 기업이 북한에서 거래하려면 정부의 엄격한 규제를 따라야 한다는 조건을 분명하게 표현했다.

둘째로, 정치적인 현상에 많이 의존하는 보수적인 의견이 많기 때문에 국방, 중공업, 무기개방 등의 분야로부터 권력과 자금을 다른 곳으로 전환하는 경제 정책을 반대했다.[61] 따라서 북한의 민간 경제가 희생되었다. 정부는 무력 강화가 가능한 중공업, 정보 기술, 무기 개발 프로그램 등의 분야에 많이 투자하여 군사적인 능력을 향상시키며 이러한 현실을 입증했다. 정부는 최근에 경공업과 기술의 민간적인 적용을 확대시키려고 하기 때문에 정치체제에서 새로운 의견이 나오고 있다는 것을 암시하지만 개혁 중심의 의견은 아직도 약하다. 또한 김정은의 후계과정을 확실히 하기 위해 북한에서의 보수적인 정책노선을 재강화했다. 1970 년대와 1980 년대 동안 중국의 경제 발전 경우를 보면 북한이 경제 발전 정책을 추구한다면 중국과 같이 주요 장군과 노동당 인물이 깊이 관여하는 것이 필요할 것이다.

셋째로, 추진될 개혁정책은 주체사상과 사회주의의 원칙을 지지하고 어떻게 새로운 정책들을 준수하고 설명할 수 있는 지에 대한 대규모 선전 운동이 수반되어야 한다.[62] 최근에 북한의 발표에 따르면 국가 경제에 아무리 변화가 발생해도 사회주의의 원칙이

---

[59] Ruediger Frank 2007, 9-12.

[60] Unknown, USA Today 2009.

[61] Ken E. Gause 2006, 17-25, 43-48. Jeffrey Robertson 2008, 11-23. Andrew Scobell 2008, 10-34.

[62] Reudiger Frank 2005, 284-292. Bon-Hak Koo 1992, 197-203.

유지되어야 한다고 언급했다.[63] 이 의미는 명백한 "자유시장" 변화는 북한이 사회주의에 따라 "강성대국"이 되기 위한 "조정"이나 "재해석"이라고 설명될 것이다. 정부가 주도한 이데올로기가 김정일의 권력을 정당화하는 비강제적인 뒷받침이기 때문에 북한 정부는 정통성을 가진 통치와 관련한 균형을 보호하려고 자신의 활동을 이념적으로 정당화하려고 노력한다.

4.3. 개혁 필요성과 기회

북한은 국제사회에 무수한 패러독스를 제기한다. 북한에서 자원의 개발, 유통과 인프라, 경영과 관련된 원칙, 민간시장 발전, 에너지 생산성 등에 대한 경제적 요구가 많다. 북한의 권력층은 이러한 요구를 알고 있지만 외국에서 원조를 받는 것을 주저하고 적대시하고 있다. 북한 경제체제의 고집스러운 침체에 대응하여 북한 정부는 통제된 일부분의 경제개혁에 의존하게 되었다. 그래서 이 시점에 국제 원조의 역할은 북한 정부 내 기득권의 안정을 유지하면서 정부가 더 효과적인 경제 개혁과 협력을 추구하는 것을 장려해 주는 것이다. 따라서 국제사회가 원조를 효과적으로 제공하려면 북한 내에서 점진적인 개량과 변화를 촉진시킬 뿐만 아니라 북한 권력층의 이익을 대변해야 한다. 국제사회가 북한 정부의 우려를 해결하도록 앞으로 4 가지의 지침을 제시하고자 한다.

북한 경영자와 기술자가 시장 원칙을 잘 배우기 위해 지속적으로 경제 훈련을 제공해야 한다. 과거의 경험에 따르면 북한 기술자는 기업과 경제를 더 효과적으로 경영하기 위해 새로운 지식과 방법에 관심이 있다.[64] 물론 자본주의적인 이념에 대한 평양의 민감함 때문에 외국 기업들이 경제 원칙을 교육하는 것을 방해했다. 그렇지만 국가의 경제와 국력을 강화시키기 위해 북한 정부는 사회주의 이데올로기에 대한 집착을 점점 풀릴 수 있을 것이다.

동시에 기존 국영기업을 유지하면서 새로운 산업분문을 추진함으로써 평행한 개발 모델을 추구해야 한다. 평양은 외국 개발 모델을 공공연하게 반대하였지만 정부가 중국과 베트남에서 실행되었던 모델과 실험을 벌써 시작했다.[65] 특별경제지역에서 진보된 산업시설을 설립하며 시장원칙과 대외 무역관계를 북한에 더 많이 도입할 수 있다. 이에 따라서 북한이 점점 국력을 향상시키고 번영을 이루며 세계체제와 더 친숙해질 수 있을 것이다.

---

[63] Haggard and Noland 2010, 3. Byung Chul Koh 2005.

[64] Bernhard Seliger 2009, 67-75.

[65] Jay Solomon 2011. Zhaokun Wang 2010.

수출 중심의 정부 주도 발전 모델로 북한의 제조공업 분야를 발전시켜야 한다. 북한의 경제체제가 자발적이고 급속하게 변화되면 북한 정부의 지배력이 붕괴되고, 그 따라서 주요 권력층의 지지가 떨어질 것이다. 그렇지만 중국과 한국 정부가 주도한 발전 경험이 북한 정부에 만족스러운 방법이 될 가능성이 있다.[66] 북한 정부가 이러한 방법을 실행하면 북한의 채광공업, 제조공업, 유통업을 개량하면서 정부의 권력을 위협할 가능성을 배제할 수 있을 것이다.

국내 시장개혁을 심하게 밀어붙이면 안 된다. 국제사회에서 시장을 원하는 사람에게 가장 어려운 조건이다. 그래도 북한 정부는 주요 산업을 바탕으로 경제발전을 더 진지하게 추구하고 있지만 아직도 내부적으로 자유시장의 발생에 반대하며 강하게 편견을 가진다.[67] 북한과 국제사회의 상호작용의 마지막 목적이 자유롭고 평화스러운 상황을 만드는 것이라고 해도 기존 정부의 생존을 위협하면 북한과의 갈등이 심각해질 것이고 체제를 변화시키는 노력이 더욱 어려워질 것이다.

이러한 과정에 따라 예상되는 성과는 북한이 점진적이어도 평화스러운 변화로 국제사회에서 협력하는 일원이 된다는 것이다. 이 성과에 따라서 북한의 경제체제가 안정될 뿐만 아니라 북한 정부가 인접국가와 더 깊은 관계를 맺을 수 있을 것이다. 북한은 국제사회의 도움과 무역을 통해 얻을 이익이 확실해지면 북한의 욕망은 국제사회의 의견과 점점 일치될 것이다. 북한 정부가 새로운 역할에서 더 안정감을 느끼고 경제발전에 주도적으로 나서면 새로운 글로벌 파트너를 만나는 것이 더 쉽게 될 것이다. 그러면 북한이 이 과정을 통해 공격적인 자세보다 국제협력으로 이익을 더 많이 얻을 수 있고 한국과의 긴장과 적대감을 완화시킬 수 있을 거시다.

5. 결론

북한에서의 전체적인 경향을 보면 북한은 자국의 국내 문제를 너그럽게 고려해 줄 국가와 경제협력을 더 많이 추구하는 경향을 보인다. 북한의 지속된 외교 문제에도 불구하고 중국, 이집트, 독일, 영국 등의 기업들이 북한에서 다양한 투자 프로젝트를 실행하고 있다. 평양은 경제 상대국을 이렇게 선택함으로써 국내의 정치적이고 이념적인 긴장을 완화시키면서 원조를 구할 수 있었다. 북한 정부가 개발 중심 경제개혁을 추구하려면 주요한 기업발전 중심으로 정부가 직접적으로 주도하는 방법으로 할 것이다. 예를

---

[66] Haggard and Noland 2011, 121-137.

[67] Haggard and Noland 2011, 47-65.

들면 최근의 컴퓨터와 전기통신 기술과 관련한 개발 능력은 북한이 "강성대국"되려고 경제적인 기초를 강화시킬 뿐만 아니라 군사력에도 도움이 된다.

북한 정부는 발전 과정을 이렇게 제한함으로써 전체적인 경제에 끼칠 자유화 영향을 최소화하며 북한은 경제에 있어 지배력을 유지할 수 있다. 따라서 북한의 정치적이고 이념적인 자주권을 보호하고 앞으로의 경제 기초를 강화시키도록 북한 정부는 자신이 원하는 발전 정책을 추구한다. 국제사회에 직면하는 도전이 이렇게 엄격하고 적대적인 상황에서 북한은 국제사회와 상호작용하는 것이다. 북한 정부는 외국 투자와 수출 중심 발전에 따라 얻을 이익을 인정하기 시작하고 있지만 무력갈등, 핵무기 프로그램, 불확실한 법률구조 등 때문에 평양이 아직도 고립된 상태이다. 그렇지만 더 깊은 경제협력으로써 국제사회가 단기적으로 북한의 상태를 안정시키고 장기적으로 북한의 국내 변환을 이루도록 도와줄 수 있는 것이다. 물론 이러한 과정이 성공되려면 북한 핵심 권력층의 지지와 신뢰가 필요할 것이다. 그래도 평양은 이러한 경제과정으로 국력을 강화시키면서 권력층의 생존도 보장해줄 수 있다면 국제협력을 거부하는 것이 더욱 어려워질 것이다.

참고문헌

책

Ahn, Byeonggil. "Constraints and Objectives of North Korean Foreign Policy: A Rational Actor Analysis." North Korea After Kim Il Sung: Continuity or Change?. Hoover Institution Press; Publication No 438, 1997.

Gigerenzer, Gerd and Reinhard Selton. "Rethinking Rationality." Bounded Rationality, ed. Gerd Gigerenzer and Reinhard Selton. Cambridge, MA; Massachusetts Institute of Technology, 2001.

Haggard, Stephen and Marcus Noland. Famine in North Korea: Markets, Aid, and Reform. New York, NY; Columbia University Press, 2007.

Haggard, Stephan and Marcus Noland. Witness to Transformation: Refugee Insights into North Korea. Washington, DC; Peterson Institute for International Economics, 2011.

Koh, B. C.. "Recent Political Developments in North Korea." North Korea After Kim Il Sung: Continuity or Change?. Hoover Institution Press; Publication No 438, 1997.

Koo, Bon-Hak. Political Economy of Self Reliance. Seoul, Korea; Research Center for Peace and Unification of Korea, 1992.

모노그래프

Economist Intelligence Unit, The. *Country Report: North Korea*. The Economist Intelligence Unit Limited, February 2009.

Gause, Kenneth E. *North Korean Civil-Military Trends: Military-First Politics to a Point*. Strategic Studies Institute; Demystifying North Korea Series, September 2006.

Hackett, James. *The Military Balance 2010*. Institute for Strategic Studies, February 2010.

Kim, Samuel S. *North Korean Foreign Relations in the Post-Cold War World*. Strategic Studies Institute Monograph, April 2007.

Lee, Kyo-Duk, et al. *Changes in North Korea as revealed in the Testimonies of Saetomins*. Korea Institute for National Unification; Studies Series 08-05, June 2008.

Robertson, Jeffry. *Political change in North Korea*. Parliament of Australia Foreign Affairs; Defense and Security Section, 23 January 2008.

Scobell, Andrew. *Kim Jong Il and North Korea: The Leader and the System*. Strategic Studies Institute; Demystifying North Korea Series, March 2006.

Scobell, Andrew. *Projecting Pyongyang: The Future of North Korea's Kim Jong Il Regime*. Strategic Studies Institute; Demystifying North Korea Series, March 2008.

학술지

Dixon, Chris and Andre Kilgour. "State, capital, and resistance to globalisation in the Vietnamese transitional economy." *Environment and Planning*; v34, 2002. pp 599-618.

Frank, Ruediger. "Economic Reforms in North Korea (1998-2004)." *Journal of the Asia Pacific Economy*; v10 n3, August 2005. pp 278-311.

Frank, Ruediger. "Can Economic Theory Demystify North Korea?" *Japan Focus*; January 31 2007.

Kaufman-Purcell, Susan. "Decision-Making in an Authoritarian Regime." *World Politics*; v26 n1, October 1973. pp 28-54.

Kim, Byung-Yeon and Dongho Song. "The Participation of North Korean Households in the Formal Economy." *Seoul Journal of Economics*; v21 n2, 2008. pp 361-385.

Kim, Grace. "The Political Philosophy of Juche." *Stanford Journal of East Asian Affairs*; v3 n1, Spring 2003. pp 105-112.

Kim, Kap-sik. "Suryong's Direct Rule and the Political Regime in North Korea under Kim Jong-Il." *Asian Perspective*; v32 n3, 2008. pp 87-109.

Kornai, Janos. "Transformational Recession: The Main Causes." *Journal of Comparative Economics*; n19, 1994. pp 39-63.

Kornai, Janos. "What the Change of system from Socialism to Capitalism Does and Does Not Mean." *Journal of Economic Perspectives*; v14 n1, 2000. pp 27-42.

Kornai, Janos. "The great transformation of Central Eastern Europe." *Economics of Transition*; v14 n2, 2006. pp 207-244.

Lim, Jae-hyoung. "The Power Hierarchy: North Korean-Foreign Policy Making Process." *East Asian Review*; v14 n2, Summer 2002. pp 89-106.

Sachs, Jeffrey et al. "Structural Factors in the Economic Reforms of China, Eastern Europe, and the Former Soviet Union." *Economic Policy*; v9 n18, April 1994. pp 101-145.

연구기관 발행

Carlin, Robert and Joel S. Wit. "North Korean Reform: Politics, Economic, Security." International Institute for Strategic Studies; Adelphi Working Paper No 381, 2006.

Gause Kenneth E. "The North Korean Leadership: System Dynamics and Fault Lines." Institute for Defense Analysis; North Korean Policy Elites Paper, 2004.

Haggard, Stephan and Marcus Noland. "North Korea on the Precipice of Famine." Peterson Institute for International Economics; Policy Brief 08-6, May 2008.

Haggard, Stephan and Marcus Noland. "The Winter of Their Discontent: Pyongyang Attacks the Market." Peterson Institute for International Economics; Policy Brief 10-1, January 2010.

Hecker, Siegfried S. "A Return Trip to North Korea's Yongbyon Nuclear Complex." Center for International Security and Cooperation; Special Report, 20 November 2010.

Koh, Byung Chul. "'Military-First Politics' And Building A 'Powerful And Prosperous Nation' In North Korea." Nautilus Institute; PFO 05-32A, 14 April 2005.

Noland, Marcus. "Famine and Reform in North Korea." Institute for International Economics; Working Paper 03-5, July 2003.

Seliger, Bernhard. "Engagement on the Margins: Capacity Building in North Korea." Korea Economic Institute; North Korea's Economic Development and External Relations, 2009. pp 67-75.

Toloraya, Georgy. "The Economic Future of North Korea: Will the Market Rule?" Korea Economic Institute of America; On Korea, 2008. pp 22-39.

World Bank, The. "Transition: The First 10 Years." Washington, DC; 2002.

신문 기사

Institute for Far Eastern Studies. "DPRK Spurs on Light Industrial Production, Focuses on Quality." *NK Brief*, 19 January 2011.

Jones, Lucy. "Foreign investors brave North Korea." *BBC News*, 13 April 2004.

Lee, Chi-dong. "N. Korea's revised constitution gives more power to Kim Jong-il." *Yonhap News Agency*, 28 September 2009.

Lee, Sung Jin. "No. 39 Department Hawking Shares in Key Gold Mine." *Daily NK*, 3 May 2010.

Moon, Ihlwan. "Bridging the Korean Economic Divide." *Bloomberg Newsweek*, 7 March 2006.

Olson, Kelly. "Egypt firm puts mobile network in North Korea." *Associated Press*, 16 December 2008.

Rohrlich, Justin. "North Korea: Investing with the Enemy." *Minyanville Media*, 25 January 2011.

Solomon, Jay. "Chinese Firm to Invest in North Korea." *The Wall Street Journal*, 19 January 2011.

Unknown. "S. Korea says North refuses to free detained worker." *USA Today*, 21 April 2009.

Unknown. "Kim Jong-Il Turns Attention to Economy." *Chosun Ilbo*, 16 August 2010.

Unknown. "N. Korea Diverts Military Budget to Light Industry." *Chosun Ilbo*, 7 January 2011.

Unknown. "Kim meets with mobile phone CEO from Egypt." *Joongang Daily*, 25 January 2011.
Wang, Zhaokun. "China to invest in N. Korea's SEZ." *Global Times*, 31 December 2010.
Woodsome, Kate. "China Nudges North Korea to Reform with Limited Success." *Voice of America News*, 9 February 2011.

웹사이트

DPRK's Socialist Constitution. Adopted 5 September 1998. <http://www.novexcn.com/dprk_constitution_98.html>, accessed on 21 February 2011.
DPRK's Socialist Constitution. Revised April 2009. <http://asiamatters.blogspot.com/2009/10/north-korean-constitution-april-2009.html>, accessed on 21 February 2011.
Freedom House. "Country Report: North Korea." *Freedom in the World*, 2010 Edition. <www.freedomhouse.org>, accessed on 1 January 2011.
World Food Programme. "Country Profile: DPRK." <www.wfp.org>, accessed on 1 January 2011.

한국어 문헌

민경배 <북한의 시장경제제도로의 이행에 따른 비경제분야의 법제변화> 21 세기정치학회보 제 10 권 제 1 호, 2008.5: 91~112.
박일규 <북한사회주의 경제체제의 변화에 관한 연구> 통일전략 제 2 권 제 1 호, 2002.7: 303~324.
윤황 <7.1 경제관리개선조치 이후 북한개혁-개방의 평가와 전망> 정신문화연구 2006 봄호 제 29 권 제 1 호 (통권 102 호), 2006.3: 209~238.
이기동 <북한 경제개혁의 정치적 조건과 영향> 통일정책연구 제 19 권 제 1 호, 2010.6: 157~174.
이석 <북한의 경제개혁과 이행> 통일연구원 연구총서 05-17, 2005.12: 1~158.
오승렬 <북한 김정일 시대의 경제정책> 통일연구원 학술회의 총서 02-02, 2002.4: 87~142.
오승렬 <북한 경제관리 개혁 조치의 의미> 통일연구원 학술회의 총서 02-04. 2002.9: 4~37.
임강택 <북한의 개혁-개방정책 추진 전망> 통일연구원 연구총서 01-29, 2001.12: 1~192.
정세진 <전환기 북한의 '계획경제' 침식에 따른 사회주의적 지배구조 약화> 한국정치학회보 제 34 집 제 2 호, 2000.8: 213~233.

남북관계의 변화 과정 및 전망

고신전 (CINJEON GAUH)
MA, Korean for Professionals, University of Hawaii at Manoa, 2011

THE PROCESS OF CHANGE AND PROSPECT OF RELATIONSHIP BETWEEN SOUTH AND NORTH KOREA

1. 서론

1.1. 문제 제기 및 연구 목적

1990 년대 탈냉전 이후 남북관계는 경직되어가다 정상화되는 추세를 지속해 왔다. 핵무기 실험, 미사일 발사 등과 같은 북한의 도발로 인해 남북관계는 전쟁이 발발될 수 있을 정도의 긴장 고조를 거듭 접해 왔으며 이는 결국 남북정상회담과 같은 양국 간의 협상을 통해 경색 [1] 이 해소되었다. 하지만 시간이 잠시 흐르다 보면 남북간의 관계는 다시 경색되다가 결국 또 타결에 의해 해소되어 이러한 패턴으로 현재까지 관계를 유지해 왔다. 다시 말해 남관북계는 장기간 동안 한 현상에 그치는 것이 아니라 늘 변화하는 추이를 보여주었다. 하지만 이명박 정부 아래 남북관계는 지속적으로 경색된 실정에 주저 앉고 정상화되는 가능성을 보여주기 보다 악화로 일관하는 추이로 이어졌다. 따라서 앞으로 남북관계가 전향되는 변화 즉 개선될 가능성이 있는지를 파악하기가 애매모호하다.

현 정부의 대북정책은 북한의 조속한 비핵화 요구를 토대로 하여 이는 결국 2010 년 천안함 침몰과 연평도 폭격 등의 사태들을 불러 일으켜 남북관계를 한국 전쟁 이후 최악의 위기국면으로 몰아갔다. 나아가 앞으로 남북관계가 정상화되지 않을 경우 남북간의 국지전이 계속 이루어질 가능성도 있고 심지어 전쟁이 재발할 가능성도 적지 않다고 평가한다. 한반도 평화가 심각한 위협에 직면한 현재의 시점에 남북관계의 개선 여부를 파악하는 것은 매우 중요한 과제라고 생각한다. 아울러 남북관계를 정상화시키기 위해 실행해야 하는 가장 적합한 대북정책이 무엇인지 헤아릴 단계이며 이명박

[1] 본고에 경색이라는 용어는 남북관계 악화 혹은 남북 간의 대화가 단절된 상황을 의마한다.

정부의 대북정책이 이러한 방침에 부합할 가능성이 어느 정도인지 모색하면 남북관계의 전개를 보다 정확하게 파악할 수 있을 것이다.

본 논문은 2008 년 이명박 정부가 출범한 이후로 남북관계가 악화된 과정을 살펴보도록하고 이러한 전제 하에 앞으로 남은 현재 이명박 정부의 임기 기간 동안 남북관계의 개선 여부를 전망하고자 한다.

1.2. 연구 방법 및 범위

남북관계의 개선은 양국 간의 협력과 상호작용이 이루어져야만 가능하다. 남한 측에서 이러한 협력에 도달하는 가장 효과적인 방법을 모색하기 위해 이전 정부에서 남북관계 경색이 어떠한 과정으로 해소되었는지를 살펴볼 필요가 있다. 즉 이전 정부들의 남북관계를 살펴보며 현재 남북관계의 정상화를 이루기 위해 적용할 수 있는 유의미한 원리를 얻어내고자 한다. 본고에서 살펴볼 지난 정부의 범위는 김영삼 김대중 노무현 정부로 삼고 각 정권의 남북관계가 발전하는데 한국이 대개 어떤 역할을 했는지 주목하겠다. 선정한 연구 범위가 좁은 이유는 다음과 같다. 한국과 북한은 1948 년 분단 이후 1990 년대까지 서로에 대해 적대적인 입장을 고수해 왔다. 상대방의 체제를 대개 인정하지 않아 활발한 대화나 전진을 경험하지 못했다. 하지만 1990 년대를 맞아 냉전 종식과 사회주의 붕괴로 한국과 북한은 1991 년 남북기본합의서 체결을 기점으로 본격적인 대화와 접촉을 시작하게 되었다. 따라서 남북관계의 진정한 변화는 김영삼 정부부터 시작했다고 볼 수 있다.

다음으로 이명박 정부 이래 남북관계의 변화 추이에 대해 살펴보겠다. 다시 말해 남북관계를 악화시킨 요소를 파악하기 위해 한국이 펼친 대북정책과 북한의 대남정책들이 양국 간의 마찰이 갈수록 심화되는 과정에 있어 어떤 역할은 했는지 구체적으로 주목하고 이를 통해 남북관계의 현황을 보다 더 정확히 이해할 수 있을 것이다.

과거의 남북관계가 어떻게 변화하고 개선되었는지를 살펴보고 현재 남북관계를 명확히 이해한 후에 남북관계를 보다 정확하게 전망할 수 있을 것이다. 여기서 이명막 정부가 남북관계를 개선시키기 위해 어떠한 입장을 취해야 하는지 살펴보고 실질적으로 현실화될 가능성을 생각해 보며 향후 남북관계가 어떻게 전개될지를 본격적으로 전망할 것이다.

본 논문은 이명박 정부가 이행한 강경대북정책이 의미를 반영할 것으로 여기고 있다. 이전 정부가 이행한 햇볕정책에서 이탈한 대북정책으로 인해 남북관계가 앞으로 어떻게 전개되느냐에 따라 이명박 정부의 대북강경정책에 대해 전체적으로 평가할 수 있을 것이다. 본 논문은 다음 정부가 이명박 정권의 대북정책을 유지할지 또는 대북유화정책을 채택해야 할지를 판단하는 데 도움이 될 것이라고 생각하며 한반도 평화를 지키기 위해 가장 적합한 대북정책을 보다 정확하게 모색하는 데에도 기여할 것이다.

2. 과거의 남북관계 [2]

서론에서 언급한 역대 정부의 범위 내에 남북관계의 경색과 해소 과정을 시기별로 살펴보겠다. 이를 통해 남북관계를 개선시킬 수 있는 바람직한 방안과 적용해야 할 대북정책의 원칙을 파악할 수 있을 것으로 희망한다.

2.1. 김영삼 정부

김영삼 정부 동안 북미관계는 진전하는 현상을 보여주었던 반면 남북관계는 대체로 결렬된 상태를 유지하였다. 남북관계가 개선될 여지가 있을 때마다 북한은 오히려 호응할 의지를 거의 보여주지 않았다. 김영삼 정권에서 대북유화정책을 펼칠 때 북한은 협력 요청을 거절하거나 스스로 이미지를 실추시키는 돌발적인 사건들을 조성하여 남북관계의 긴장을 지속시켰다.[3]

김영삼 정권의 남북관계 경색 원인은 노태우 정권에서 부터 시작되었다. 북한은 이미 1 차 핵위기를 일으킨 상태였다. 더구나 1993 년 김영삼 정부 초기에 북한은 핵확산금지조약 (NPT)에서 탈퇴를 선언하면서 핵무기를 보유하겠다는 사실을 밝혔다. 더불어 한미간 팀 스피러트 훈련을 실시한다는 것을 빌미로 남북대화도 단절시켰고 "서울은 불바다가 될것이다"라는 협박을 함으로써 한반도의 긴장을 전쟁이 터지기 직전까지로 고조시켰다 (김종철, 2009).

김영삼 정부는 초기에 "어느 동맹국도 민족보다 나을 수 없다", "어떤 이념이나 사상도 민족보다 더 큰 행복을 가져다 주지 못 한다"라는 전제 하에 대북 화해정책을 취하고 북한에 고위급회담을 제안했다. 하지만 북한이 지속적으로 도발적인 자세를 취함으로써 남한 여론은 반북 감정에 휩싸이게 되며 김영삼 정부는 결국 강경정책을 채택하게 되었다.

---

[2] 본 장은 김종철의 "남북관계 경색 연구" 2 장의 내용을 바탕으로 정리하였음

[3] 김연수, "대북 '햇볕전략'의 역사성에 대한 소고-탈냉전의 한반도적 의미를 중심으로", <북한조사연구>, 제 3 권 제 2 호(2000), p.207.

남북관계가 최악으로 악화된 시점은 1994 년 7 월 8 일 북한 김일성 주석이 사망한 이후였을 것이다. 남북관계가 불안정한 상황에서 카터 전 미국 대통령은 남북관계 개선을 위해 김일성에게 남북정상회담을 개최하라고 요청했으며 김영삼 정부도 이를 수용했다. 하지만 정상회담을 위해 실무접촉을 진행하는 도중에 김일성이 사망하게 되어 이는 남북관계에 커다란 파장을 일으켰다. 이후로 김영삼 정부는 김일성이 한국전쟁의 전범이라는 내용의 문서를 공개하는 것과 더불어 북한에 공개적으로 초청받은 남한 인사들의 방북 금지 등으로 북한에 대해 적대적인 자세를 취했다. 그 이유는 북한이 김영삼 정부의 초기 친북 정책의 전정성을 인정하지 않고 대신 남북대화를 전면 거부했다는 사실에 대한 반박 조치라고 유추할 수 있을 것이다.

한편 이와는 대조적으로 미국과 북한은 1994 년 10 월 2 차 고위급회담을 열어 제네바 합의문에 서명하고 북미관계를 진전시키는 시대를 맞았다. 한반도 문제의 주도력을 잃고 있다고 우려한 김영삼 정부는 이를 바라만 볼 수 없어 다시 대북유화정책으로 전향하고 남북관계를 개선시킬 수 있는 조처를 적극적으로 취했다. 핵과 경협의 연계정책을 완화하는 내용의 남북경제 협력활성화 조치 (1994.11.8)에 이어 1995 년에 들어서도 차관급 회담 제의 (1.25) 등 각종 대화를 북쪽에 제안했다. 또, 1995 년 팀스피리트 훈련 취소(2.25)와 기업인 12 인의 방북 허가 (3.13), 종교지도자 8 인의 방북 허가 (5.3) 등 유화적인 조처를 취했다.

그러나 북한은 이에 대한 또 다시 비우호적인 반응을 보여주었다. 특히 김영삼 정부의 대북 쌀 지원에 북한은 감사를 표명하는 대신 쌀을 전달한 선장에 태극기 올리지 않고 인공기만 올린 '인공기 게양 사건'이 터졌고 동시에 간첩 혐의로 남한 선원까지 억류해 남북관계의 복원 가능성은 수포로 돌아가고 '쌀주고 뺨 맞았다'라는 한국 국내 여론이 치열했다.[4]

김영삼 정부는 임기 마지막 해인 1997 년까지 일관되지 않은 대북정책을 거듭했다. 김영삼 정부는 시간이 경과되면 북한과 다시 관계를 맺으려는 유화정책을 펼쳤고 북한은 이에 타협할 반응을 보여주기는 커녕 잠수함 사태와 같이 남북관계를 경색시키는 사건을 일으켰다. 이러한 이유로 한국 정부는 다시 대북강경책으로 전향했다. 하지만 1997 년 김영삼 정부가 대북 지원의 의사를 다시 한번 밝힐 때 북한은 이에 호응하고 지원은 순조롭게 이어졌다.

---

[4] 이재봉, <두 눈으로 보는 북한>, (서울: 진리탐구, 2008), pp.33-36.

베이징에서 식량 지원을 위한 남북적십자 대표 접촉이 2 년 만에 세차례 (4,5 월과 7 월) 열렸다. 남북간의 긴장은 다소 완화되고 관계가 개선될 가능성을 보였지만 경색된 남북관계는 김영삼 정부의 임기 동안 실질적인 진전은 이루지 못했다.

북한이 남한에 적대적인 자세를 취했던 이유는 북한의 내부적 차원에서 살펴보아야 이해할 수 있을 것이다. 당시 탈 냉전으로 사회주의의 붕괴가 세계적 파장을 일으켜 북한은 국제적으로 고립에 빠지고 경제적으로는 상당한 타격을 입은 것으로 보였다. 1990 년대 초반 북한은 안팎으로 심각한 체제 위기에 놓여 있었다. 밖으로는 사회주의권의 붕괴로 체제 안전을 의탁할 데가 없어졌으며, 안으로는 낙후된 사회주의 생산체제 등으로 만성적인 식량난과 에너지난에 처했다. 동맹국인 소련의 체제가 붕괴되면서 북한의 경제적 압박이 더욱 심해지자 남한의 자본주의 원리를 최대한 견제하는 것이 북한에 유리한 방침이었다. 1991 년 남북기본합의서 체결은 남북교류를 확대시켜 이는 북한에 주민들의 체제 비판과 불만을 야기시킬 소지가 높을 뿐만 아니라 심지어 한국으로부터의 흡수통일이 이루어질 가능성을 높였다. 따라서 북한 측에서 남북간의 접촉을 줄이는 것이 바람직하다는 결론을 내릴 수 있었을 것이다.

북한은 애초 부터 한국과의 관계를 개선시키는 데에 관심을 두지 않았다. 북한이 NPT 탈퇴나 핵무기 위협을 한 이유는 미국을 협상 테이블로 유도하고 미국으로 부터 받는 위협을 최소화시키고 북한 내 체제를 보장하기 위해서였다. 즉 북한은 남북관계의 개선 보다는 북미관계 개선에 비중울 두었다는 것이다. 한국과 개최한 회의도 미국이 북한에 요구했기 때문에 이루어진 것이다. 북미 실무접촉에서 미국의 요구로 "남북 특사교환을 위한 실무대표 접촉을 판문점에서 개최한다"는 원칙을 포함한 '4 동시행동조치'가 합의사항으로 나왔다. 뿐만 아니라 앞서 말한 1994 년의 남북정상회담의 실무접촉도 카터 전 미국 대통령에 의해 이루어졌던 것이다. 이러한 회담을 열였는데도 불구하고 양국간의 성과를 이루는 것은 커녕 대개 말 다툼에 그치고 말았다.[5]

김영삼 정부의 남북관계 변화의 특징을 정리하면 다음과 같다. 북한 체제는 당시 최악에 위협에 직면하고 있을 때였다. 사회주의 붕괴로 국제적인 고립, 식량난, 에너지난, 김일성의 사망 등의

---

[5] 정부는 발표문에서 "특사교환은 정상간의 간접대화로서 신뢰가 그 바탕이 되어야 한다는 점에서 볼 때 이같은 북한의 태도는 특사교환을 할 의사가 없다는 것을 극명하게 입증해주는 것"이라며 남북 상호사찰 실시와 국제원자력기구의 북한 핵 사찰의 조속한 실현을 촉구했다. 남북회담본부, <남북대화>, 제 59 호 (1993.9~1994.5).

사건들이 차례로 터지자 북한은 외부로 부터 체제를 보호해야 하는 상황에 직면했다. 이를 위해 북한은 한국으로 부터 유입되는 자본주의 원리와 흡수통일의 가능성을 막기 위해 남한과의 대화와 교류를 중단시키고 대신 미국과의 접촉을 우선순위로 하였다. 이러한 전제 하에 북한은 핵 위기, NPT 탈퇴 남북대화 중단 등의 도발적 행위를 취하고 미국과 협상을 할 수 있었다. 즉 남북관계 경색의 주요 원인은 북한에 있었다고 볼 수 있다. 나아가 남북관계를 개선시키려는 의지는 한국에만 있었던 것으로 보인다. 김영삼 정부의 대북 쟁책은 일관된 태도를 취하지 않았고 뚜렷한 대북 전략이 부재했다는 것은 사실이지만 남북관계를 정상화하는데 최대한 노력을 하고 이를 끝까지 포기하기 않았다. 얼마 안 남은 임기 기간 동안 김영삼 정부가 대북 지원의 의사를 보여주지 않았다면 남북관계의 긴장 완화가 실현되지 않았을 것이다.

2.2. 김대중 정부

김대중 정부 기간 동안 남북관계는 두 차례에 걸쳐 악화되었다. 각각 어떻게 이루어졌는지 살펴보겠다. 김대중 정부의 출범 이후 전 김영삼 정부와는 달리 일관성 있는 대북포용정책을 펼쳤다. 이와 관련한 주요 3 대 원칙을 정리하면 다음과 같다. '평화를 파괴하는 일체의 무력도발 불용' '흡수통일 베제' '화해-협력의 적극 추진'이다.[6] 즉 김대중 정부는 남북간의 상호이익을 확보하는 협력의 방침을 통해 한반도의 평화 정세를 조성하려고 했다. 하지만 북한이 이에 대해 소극적인 태도를 보이고 김대중 정부가 제안한 대화를 대부분 거부하면서 제 1 차 남북관계 경색 기간에 돌입하였다.

2.2.1. 제 1 차 남북관계 경색

한국 정부가 적극적으로 대북 교류를 고수하는데도 불구하고 북한은 오히려 언론을 통해 한국 정부를 비난하는 발언을 지속했다. <로동신문>은 남쪽의 상호주의에 대해 "민족문제는 결코 북과 남의 등가교환에 의하여 해결할 문제가 아니다"라며 "남조선 당국이 상호주의를 내드는 것은 북남합의서와 조국통일 3 대원칙을 공공연히 유린하는 엄중한 배신행위로 될 뿐"이라고 강하게 성토했다.

또한 김대중 정부는 북한에 응징하기 보다 친북 행위를 계속 진행했다. 1998 년 4 월 30 일 대북 교류를 강화시키는

[6] 김진영, "개대중 정부의 대북정책: 정경분리 원칙과 상호주의 원칙을 중심으로", <한국민족문화>, 12(1998.12.), p.345.

남북경협활성화조치를 내새우는 것과 더불어 정주영 현대그룹 명예회장은 소 500 마리를 차에 싣고 북한에 전달하였다. 김대중 정부가 대북 화해 정책을 무조건 추진하는 가운데 북한은 한국에 대한 불신을 지니고 대남 비난에서 부터 군사적 위기를 조성하는 도발적인 사건까지 불러 일으켰다. 북한의 유고급 잠수정이 동해안 영해에서 표류하던 중 발견되고, 곧 이어 동해안에서 무장간첩 침투 사건이 발생하는 등 북한의 군사적 도발이 이어졌다. 북한은 이어 8 월 31 일 함경도 무수단리에서 3 단계 추진방식의 '대포동 1 호' 로켓을 발사했다. 그럼에도 불구하고 한국 측에서는 정주영의 2 차 소떼 방북을 하면서 그는 김정일 국방위원장관의 면담에서 금강산 관광 사업에 합의했다. 그 결과 역사적인 금강산 관광이 11 월 18 일 부터 시작됐다. 그러나 북한은 그래도 1999 년 6 월 15 일 북방한계선(NLL)에서 한국의 함정을 공격해 1 차 서해교전까지 일으켰다.

남북간의 군사적 긴장상태가 지속되어 가는 가운데 결국 양국간의 비밀접촉으로 인해 2000 년 4 월 10 일 남북정상회담 개최가 양측에서 동시에 발표되면서 김대중 정부의 1 차 남북관계 경색은 막을 내렸다.

북한이 김대중 정부를 경계하고 남북관계를 악화시킨 이유를 외부적인 요인에서 찾기는 힘들다. 그 이유는 1998 년 쯤 북미간의 갈등이 해소되어가는 양상이 보였기 때문이다. 미국은 제네바 합의의 실효성에 의문을 가지고 있었으며 대북정책을 재검해야할 필요성을 느껴 북한과의 평양 회담 (1998.11.16), 베를린 회담 (1999.9.7)을 거쳐서 북한과의 관계를 한걸음씩 진전시키려고 노력했다. 다시 말해 당시 북미관계는 미국의 대북포용정책을 통해 순조로운 국면에 접어 들었기 때문에 남북관계 경색의 요인은 미국에 의한 외부적 차원에서 비롯되었다기 보다 남북관계의 내부적인 요인에서 부터 영향을 받았다고 유추할 수 있을 것이다.

먼저 한국의 입장에서 살펴보았을 때 김대중 정부는 자신의 진보세력과 김종필의 보수세력과 같이 이루어졌으며 공동 정권으로서 정치적 기반이 취약했다. 특히 이데올로기적으로 민감한 영역인 남북 문제에 있어서는 보수세력의 눈치를 보면서 조심스럽게 접근할 수 밖에 없었다. 초대 통일부 장관에 보수적 성향의 강인덕을 임명한 것도 이와 관련이 있다. 김대중이 욕구한 전향적인 대북 포용 정책을 적극적으로 적용하는데 있어 남남 문제가 장애 역할을 했다는 것이다.

북한의 내부사정은 김정일의 체제 구축을 마련하기 위해 1998 년 9 월 헌법 개정을 완결 짓는 중이었다. 체제 안전을 위해 김정일은 국방위원회를 국가 통치기구로 공식화하는 것과 더불어 선군정치를 내세워 군을 통치의 기반으로 삼았다. 하지만 "유연성과 행정 경험이 부족한 군부집단의 특성상 체제 균열을 부를 수 있는 남한과의 개선에 소극적으로 임할 수밖에 없었을 것이다. 남북정상회담을 위한 남북 특사 접촉이 진행되고 있는 상황에서 북한군이 서해 '5 개섬 통항질서'를 선포했다는 사실은 이런 점을 잘 보여주는 사례이다" (김종철, 2009). 더욱이 북한이 초기에 김대중 정부의 햇볕정책에 대해 "우리를 내부로 부터 와해해 보려는 술책"이라고 비난하는 것은 앞서 언급한 김영삼 시기의 남북 경색 원인과 비슷하게도 한국과의 관계를 급격하게 개선하면 자본주의 원리가 북한 내부에 유입해 체제를 흔들 수 있는 것을 우려했기 때문이다. 김대중 정권의 1 차 남북관계의 경색의 가장 집적적인 원인은 남한의 포용정책에 대한 북한의 우려와 경계심 때문이었다고 볼 수 있다.

2.2.2. 제 2 차 남북관계 경색

2000 년 6 월 역사적인 남북정상회담이 열린 이후 남북관계는 분단 이후로 유례없는 관계 진전에 접어들어 갔으며 경제적 협력과 대화가 활발했다. 장관급회담은 네 차례로 서울, 평양, 제주 등에서 순조롭게 이어지다가 북한은 2001 년 3 월 13 일 예정된 제 5 차 장관급회담에 갑작스럽게 불참해 김대중 정부 임기 동안의 두번 째 남북관계 경색이 본격화되었다.

북한이 장관급회담을 불참한 이후로 남북간의 대화가 다시 1 년 동안 단절되고 그 이후 북한 상선 3 척이 한국 영해를 무단으로 통과함으로써 남한의 대북 여론이 더욱 악화되어 갈등이 불거졌다. 그럼에도 불구하고 양국간의 경협과 민간 교류는 계속 이루어졌다. 뿐만 아니라 북한은 이 즈음 사망한 정주영 현대그룹 회장을 위해 조의 방문단까지 보내며 양국간의 최소한의 접촉은 유지했다.

같은 해 9-11 테러 사건과 같은 대외 환경이 변하고 있는 가운데 북한은 중단된 5 차 장관급회담을 다시 열자고 한국에 제의하고 양국은 이를 통해 남북경제협력추진위원회와 이산가족방문단 교환 사업 개최 등과 같은 합의를 할 수 있었다. 이어서 10 월 '금강산 관광사업 활성화 회담', 이산가족 방문단 교환, 태권도 사범단 교환 등과 같은 접촉과 교류가 이루어지자 남북관계는 정상화될 듯하게 보였다. 하지만 미국이 아프가니스탄을 침공하고 한국 역시 비상경계태세 강화 조치를 취하자 북한은 이에 강력하게 반발하였다. 이에 따라 10 월에 이루었던 이산가족 교환 등의 여러가지 성과들이 수포로 돌아갔고 남북관계는 다시 얼어붙었다. 그 결과 6 차 회담도 연기되고 결국 11 월 북한 측의 요구대로 금강산에서 개최했는데도 불구하고 서로간의 말 다툼에 그치면서 결렬되고 말았다. 2 차 경색기는 2002 년 4 월 임동원 전 외교안보통일부 장관이 특사로 북한에 방문하면서 종식되었다.

북한이 5 차 장관급회담에 불참하고 남북관계를 경색 국면으로 다시 몰아간 이유는 당시 미국의 정권교체 때문이라고 단정할 수 있다. 클린던의 대북포용정책으로 부터 2001 년 1 월 미 부시 정부가 출범하면서 미국의 대북정책을 전면 재검토할 의지를 공언했다. 이어서 콜린 파월 국무장관이 김정일에 대해 '독재자'라고 한 발언과 부시가 펼친 새로운 대북강경정책 그리고 '악의 축'이라는 테러와의 전쟁 대상에 포함함으로써 북한은 이에 강력하게 반발하고 북미관계는 악화되었다. 하지만 북한이 김영삼 정권 때 악화된 북미관계를 회복시키기 위해 한국과의 관계를 경색시키는 전략을 다시 취했다고 말하기는 어렵다. 부시 정권이 출범한 전후로 북한은 남북관계의 대화와 진전을 적극적으로 노리고 있었기 때문이다. 2001 년 신년 공동사설에 북한은 6.15 공동선언을 강조했으며, 1 월 10 일 정부-정당-단체의 대표가 참석해 열린 '우리 민족끼리 통일의 문을 여는 2001 년 대회'에서는 남북 간에 합의된 시간표를 적극 실행해 나가자는 호소문을 채택하였다. 9-11 테러 사태 이후로 북한이 한국과 대화와 회담를 통해 접촉하려고 한 것도 이와 같은 맥락으로 볼 수 있다. 아울러 김영삼 정부 때 북한이 한국과 접촉을 전면 단절한 반면 김대중의 2 차 경색기에서는 양쪽간 최소한 경협과 민간교류가 이루어졌다.

북한이 남북관계를 악화시킨 것은 관계의 속도조절이 필요했다고 생각했기 때문이다. 그 이유는 6.15 정상회담 이후 남북관계의 활발한 교류로 인해 북한 내에 자본주의의 선호도가 증가함으로써 북한이 사회주의적 사회 질서를 강화할 필요성을 느꼈을 것이다. 2001 년 3 월 29 일 당정간부들과 청년동맹원 등 3 천여명이 참가한 가운데 '전국 청년전위들의 사회주의 붉은기 총진군대회'를 여는 등 젊은 세대의 사상 무장 강화와 비사회주의 현상 배격, 사회주의적 생활질서 확립 등 내부 단속 활동에 들어갔다.[7]

또 다른 이유는 한국으로 부터 받은 지원에 대한 북한의 기대와 만족도가 낮아 경제적 지원을 더 얻기 위해 대화 중단을 해야 된다는 판단을 내렸을 것이다. 북한은 현대 아산이 약속한 1 천 2 백만 달러를 지불하지 못한 것에 대해 한국 정부가 지원할 것이라고

[7] 통일연구원, <통일환경 및 남북한관계: 2001~2002> (서울: 통일연구원, 2001), pp.53~54.

기대했지만 민간 교류에 개입할 수 없다는 이유로 거절 당했다. 또, 북한은 남한이 2000 년 3 월 베를린 선언 [8]에서 밝힌 전력 제공을 3 차 장관급회담 (2000.9) 때 부터 요청했지만, 남쪽으로부터 그때마다 유보적이 답변만 거듭 들었다.

2.3. 노무현 정부

노무현 정권이 2003 년에 들어서면서 남북관계는 1 년 반 동안 순조롭게 발전해 나갈 수 있었다. 노무현 정부는 김대중 전 대통령이 건설한 '햇볕정책'을 계승해 나가 여기에 '대화를 통한 문제 해결' '상호 신뢰 우선과 호혜주의' ' 남북 당사자 원칙에 기초한 국제 협력' '국민과 함께 하는 협력' 등의 4 대 원칙을 대북정책의 기반으로 두었다. 따라서 확대된 교류와 경협을 통해 개성공업지구 착공식 (2003.6.30)과 여러 차례의 장관급회담, 군사회담, 경제회담, 적십자회담 등을 활발하게 열어 남북관계는 최고의 공조를 누릴 수 있게 되었다.

하지만 2004 년 후반기를 접어들면서 2 개 사건이 줄줄이 발생하면서 북한은 역시 다시 남북관계 발전에 제동을 걸었다. 첫째 2004 년 7 월 8 일 한국 정부가 북한이 요청한 김일성 북주석 사망 10 주기 조문 인사 파견을 불허했다. 그리고 27 일 한국이 450 여 명의 탈북자 입국을 허용했다. 따라서 북한이 김대중 정부 시기와 마찬가지로 15 차 장관급 회담을 결렬결시키고 나아가 당국 간 대화를 전면 단절시켰다.

북한은 한국 정부가 6.15 공동선언을 부정한다고 강하게 비난하고 그 결과 8 월 남한과의 경협과 민간 교류를 재개했지만 이는 10 개월 동안 실무접촉 상태로 이루어졌다. 군사실무 책임자 접촉 (2004.10.7)은 남북 왕래 인원과 차량의 통행과정에서 나타난 문제점에 대한 불만을 표현하는 자리였다. 금강산에서 열린 적십자 실무접촉(11.19)도 금강산 이산가족 면회소 건설을 위한 측량과 지질조사 일정을 잡기 위한 지극히 실무적인 사안이면서 동시에 비료 지원을 받기 위한 형식적인 만남이었다. 노무현 정권의 남북 경색도 2005 년 6 월 정동영 통일부 장관이 특사로 북한을 방문하고 김정일을 만난 뒤에 끝났다.

계속해서 북한이 노무현 정부의 남북 경색을 일으킨 이유는 이전 정권의 남북 경색의 원인과 다르지 않다고 볼 수 있다. 1994 년 김영삼 정권이 당시 김일성 사망 이후 조문을 불허한 것이

[8] 김대중 대통령이 독일 방문 중이던 2000 년 3 월 9 일 발표한 '한반도 평화와 통일을 위한 남북화해-협력 선언'으로 주요 냉용은 북한의 도로, 항만, 철도, 전력 등 사회간접시설 확충 지원 등 당국간의 본격적인 경협을 제안한 것이다.

남북관계를 더욱 악화시킨 바와 같이 2003 년 조문 불허도 같은 결과를 가져왔다는 것을 보면 북한에 김일성 조문 요구에 대한 공개적인 거부는 가장 중대한 체제 모독이며 이 문제를 얼마나 예민하게 받아들이는지 알 수 있다. 아울러 탈북자 대북 입국 허용은 북한으로 하여금 한국이 북한 체제를 흔들 것이라는 우려가 본격적으로 실현되는 것으로 인식했다. 조문단을 불허했을 때만해도 북한은 남한 정부의 사과와 시정을 요구하는 선에 머물렀지만, 탈북자 대거 입국에 이르자 남한 정부에 대한 근본적인 회의를 가지게 됐던 것으로 보인다. 즉 북한이 일방적으로 한국과의 대화를 중단한 원인은 북한이 내부 채제를 안정시키고 보호하려는 데에서 비롯되었다고 평가할 수 있겠다.

뿐만 아니라 남북 경색이 장기간 동안 유지되는데 있어 한국과 미국으로 부터 영향도 받았다. 북한은 김대중 정부 후반기 2002 년 부터 2 차 핵위기를 발생시켰으며 노무현 정권은 남북관계 발전 및 핵무기 해결책을 동시에 병행하는 대북정책을 삼았다. 구체적으로 말해 북 핵 문제의 해결을 전제로 남북관계 개선을 노리고 있었다는 것이다. 즉 노무현 정부는 핵문제가 해결이 이루어질 때까지 북한과 보다 적극적으로 접촉하려는 대신 고위급 대화에는 거리를 두려고 했다. 장관급회담 등 기존에 있던 회담 틀은 유지하되 정상회담이나 특사 파견 등 고차원에서의 접촉은 피하고 있었다. 노무현 전 대통령은 핵 문제 해결 전에는 남북정상회담을 하지 않겠다는 뜻을 여러 차례 피력했다.

북한 제 2 차 핵위기가 진행되고 있는 가운데 2004 년 11 월 부시 전 미국 대통령이 재선거에 당선되자 기자회견에서 “장기적 안목에서 미국을 안전하게 보호하는 첩경은 자유와 민주주의를 전 세계적으로 확산시키는 것” 이라며 ‘힘의 우위’에 입각한 일방주의적 외교노선을 지속할 것임을 천명했다. 즉 미국은 대북강경정책을 지속하고 강화할 것이라고 하였고 북한은 이에 반발하고 북미 간의 긴장을 더욱 고조시키기로 했다. 북한은 2 월 10 일 외무성 성명을 통해 핵 무기 보유를 선언하고, 5 월 11 에는 영변 핵발전소에서 8000 개의 폐연료봉을 꺼내는 작업을 완료했다고 밝혔다. 이러한 맥락에서 북한은 벼랑 끝 전술을 다시 꺼내 미국과의 관계를 악화시키는 중에 남북관계를 정상화하는 데에는 관심과 비중을 두지 않았으며 경색이 지속 유지되는 데에 영향을 끼쳤다.

한편 북한은 내부 인원을 교체할 수 밖에 없는 상황에 처하기도 했다. 대남정책을 이끌던 김용순 아태평화위원장과 송호경 부위원장이 2003 년 10 월과 2004 년 9 월에 잇따라 사망했으며,

김정일의 매제인 측근 장성택도 2004 년초 실각했다.[9] 이로 인해 결과적으로 북한은 행정적 측면에서 타격을 입어 이에 빨리 대처하는 것을 남북관계 개선 보다 우선순위로 정했을 것이다.

노무현 정권 때의 남북 경색도 궁극적으로 북한이 사회주의 체제를 보존하려는 의지, 한국으로 부터 느끼던 위협 요인 방지, 남한과의 관계 속도조절 등으로 인해 이루어진 것이다. 계속해서 경색이 오랜 기간 동안 유지되었던 이유는 한국이 때로는 남북관계 개선에 소극적 입장을 취한 것과 북한이 남북관계에 주목하는 대신 미국에 대한 대응을 중요시한 것 등의 대외 복합적인 요인들이 작용했기 때문이다.

2.4. 과거 남북관계 특징

지금까지 본 논문은 김영삼 김대중 노무현 등의 이전 정부 범위 내에서 남북관계가 대체적으로 어떠한 방식으로 전개되었는지를 살펴보았다. 이 장에서는 앞으로 남북관계를 개선하는 데 있어 도움이 될 수 있는 원리들을 정리하고자 한다. 구체적으로 과거 정부가 남북관계의 경색을 해소하는 데 있어 보여준 특정한 공통점 또는 패턴을 나열하도록 하겠다.

첫째, 북미관계나 외부적 환경은 남북관계 개선에 커다란 영향을 끼치지 않았던 것으로 보인다. 특히 김영삼 정부 때 북미관계가 진전하고 있는 가운데 미국은 카터 전 미국 대통령을 통해 남북관계를 조절하기 위해 수많은 노력을 기울렸다. 하지만 카터의 제안으로 이루어진 남북간의 실무접촉은 순조롭기는커녕 결렬되고 말았다. 또한 2002 년 북 핵위기가 다시 발생하면서 부시의 대북강경정책으로 북미관계는 긴장됐지만 남북관계는 오히려 햇볕정책으로 호전되었다. 즉 대외 요인 보다 남북 간의 상호작용이 남북관계 진전에 주요 역할을 했다는 것으로 추론할 수 있다.

둘째, 남북관계의 개선은 대북포용정책의 전제 하에 이루어졌으며 북한 보다 한국 정부가 더 적극적으로 주도했다. 북한은 오히려 김영삼 정부에서 부터 노무현 정부까지 전체적인 흐름에서 일방적 대화 중단으로 남북관계를 경색 국면으로 몰아갔다. 남북관계 정상화를 이루는데 북한이 나서서 관계 개선을 제의한 경우도 적은 편이다. 하지만 한국은 경색 국면에서도 민간 교류와 경제협력 등을 통해 북한과의 관계 개선을 꾸준히 추구하고, 북한 당국과 물밑 접촉을 유지한 경우에는 일정 시간이 경과한 뒤 관계 복원이 이루어졌다. 특히 돌발적인 상황이 발생하더라도 일관되게

[9] 김현경, "북한의 남북대화 중단 및 재개 요인분석: 2000 년 이후 사례를 중심으로", 경남대학교 북한대학원 석사 논문 (2007)

화해 협력 정책을 유지하는 것은 상호 신뢰회복의 주요 관건으로 작용했다. 김대중과 노무현 정부의 햇볕정책은 획기적인 남북정상회의와 금강산 관광 등을 이루는데 커다란 역할을 했다.

셋째, 남북관계를 개선시키는데 한국의 대북강경청책의 적합성과 효율성에 대한 의문이 있다고 평가한다. 10 년 동안 햇볕정책이 적용되었던 동안 남북한은 공조 국면을 맞이할 수 있었던 반면 김영삼 시기의 대북강경정책은 아무런 성과를 이루지 못했다. 북한으로 부터의 도발에 김영삼 정부는 대북 지원 중단과 보복적인 태도로 북한과의 관계를 악화시키면서 끝내 북한과 진정한 대화를 못 하게 되었다. 달리 말해 북한은 대북 강경 노선에 호응하지않음으로써 한국 정부가 대북강경정책을 취한다는 것은 1990 년 대 이전의 적대관계를 유지한 남북관계로 돌아가는 것과 다를 바 없다고 볼 수 있다.

본 내용을 정리하자면 남북관계의 개선은 다른 외부적 요인 보다 두 국가 간의 상호작용으로 달성할 수 있었다. 이어서 관계 개선은 북한 보다 한국 정부의 적극적인 노력으로 이루어지게 되었다. 그리고 지금까지의 관계 개선은 대북포용정책 외에 다른 대안으로 이어진 적이 없다는 사실을 잘 드러내고 있다.

3. 남북관계 현황

이 장에서는 현재 이명박 정부 아래 남북관계는 현황에 어떻게 도달했는지를 살피도록하겠다. 이명박 정부가 북한을 어떻게 인식하고 있고 대북정책은 어디에 기초하고 있는지를 주목하고 나아가 북한도 이명박 정권에 어떠한 대남정책 펼쳤는지 정리하도록 하겠다. 양측이 서로 어떻게 바라보고 접근하는지를 알아본 뒤에 2007 년 이명박 정부 출범 이후 남북관계와 관련된 주요 사건들을 살펴봄으로써 남북관계의 현황에 미친 요인들을 보다 더 정확하게 이해할 수 있을 것이다.

3.1 이명박 정부의 대북정책

2008 년 3 월에 출범한 이명박 정부는 대북정책을 새로운 방향으로 이끌어나갔다. 지난 10 년 동안 이루어진 햇볕정책을 포기한 이명박 정부는 비핵-개방 3000 이라는 구상을 대북정책의 핵심으로 삼았다. 비핵-개방 3000 구상은 북핵 폐기에 진전이 있을 경우 국제사회와 협조하여 경제 등 대북 5 대 프로젝트를 추진해서 10 년내 북한 주민 1 인당 국민소득이 3000 달러 수준에 도달하도록

돕겠다는 대북정책이다.[10] 다시 말해 북한이 핵을 폐기해야만 대북지원이 이루어질 수 있다는 뜻이다. 북한이 핵시설 불능화와 핵무기 핵물질을 폐기 등을 이행하면 경제, 재정 산업인프라 등을 포함한 5 대 분야 전체에 대한 본격적인 지원을 제공한다는 것이다.[11]

이명박 정부가 새로운 대북정책을 실천한 이유는 이전 정부의 대북포용정책이 효과적이지 못 했다고 판단을 내렸기 때문이다. 구체적으로 이명박 정부는 김대중 그리고 노무현 정부는 비핵화를 전제한 정책이 결여됐고, 핵문제 교착상태에서는 남북관계 개선의 실현가능성이 희박하다고 비판했다.[12] 아울러 경제적인 차원에서 북한 주민의 소득이 적어도 1 인당 3000 달러 수준에 이르러야만 통일이 가능하다고 판단했으며 통일을 이룰 경우 사회적 충돌과 충격을 해소할 수 있을 것으로 전망했다.

3.2. 북한의 대남정책

한국의 정권 교체를 의식하고 남북관계를 순조롭게 진행하는 분위기를 조성하기 위해 북한은 한국에 평화를 유지하고 싶다는 의지를 시사하고 조심스러운 자세를 취했다. 2008 년 신년 공동사설에서는 제 2 차 남북정상회담을 상기하며 '조국통일의 길에 획기적인 국면이 열린 해' 로 평가하고 6.15 공동선언의 실천 강령으로서 남북관계의 발전과 평화번영을 위한 공동선언의 철저한 이행과 남북관계의 전환을 강조하였다 (조윤영, 2009).

하지만 이명박 정부가 오히려 비핵 3000 계획의 대북정책을 추진하고 태도를 굽히지 않을 것이라고 인식한 북한은 한국 정부를 '반통일-외세의존적' 정권으로 규정하고 상생-공영의 정책을 대북적대시정책이라고 매도했다. 이어 비핵-개방 3000 구상 등 '친미사대적' 대북정책이 남북관계의 경색국면을 지속시키고 2.13 합의 3 단계 진입을 지연케했다라고 비난했다.[13] 향후 북한도 궁극적으로 대남강경정책을 취하게 됨으로써 한반도 정세는 지속적으로 경색국면에 접어들게 되었다.

---

[10] 조윤영, "북핵 위기와 비핵-개방-3000 의 대북정책", 정치-정보연구 제 2 권 1 호 (2009)

[11] 채규철, "이명박 정부의 대북정책과 천안함 사건 이후 남북관계", 글로벌정치연구 제 3 권 1 호 (2010)

[12] 김연철, "이명박 정부와 북핵: 쟁점과 해법", 겨실련통일협회 창립 14 주년 기념토론회 (2008)

[13] "핵재난을 몰아오는 반역의 무리 – 북핵포기우선론", <로동신문>, 2008.04.07.

3.3. 남북관계 전개 상황

지금 부터 이명박 정부가 들어서면서 남북관계를 악화시킨 수많은 사건들을 하나씩 살펴보고자 한다. 첫 번째 사건은 금강산 피격 사태다. 그 당시 남북한은 아직 경색 국면으로 들어가지 않았지만 2008 년 7 월 금강산 광관객 한국 민간인 박왕자씨가 북한 초병의 총격에 의해 피살된 이후 금강산 관광은 전면 금지 되었다. 한국 여론은 북한이 비핵 3000 정책에 대한 불만을 지니고 사건을 고의적으로 일으켰다고 비난해 반북 감정에 휩싸이게 되었다. 이 사건에 대해 북한은 사고라고 한국 정부를 안심시키려 한 반면, 한국 정부는 이에 대해 사과와 재발방지를 요구했다. 하지만 금강산 사업을 중단시긴 북한의 태도로 양국간의 불신은 더욱 가중되었다. 이를 계기로 남북관계는 악화일로를 걷게 되어 11 월 이후 개성관광 중단과 남북간 열차운행 중지, 남북경협 사무소 철수 등의 조치가 이어졌다 (채규철, 2010).

이어서 2009 년을 맞이하면서 북한은 한반도 긴장을 더욱 고조시키는 사건들을 연달아 일으켰다. 3 월 개성공단 근로자인 유성진씨가 북한 여성에 탈북 유도 및 북한 체제에 대한 비방을 한 혐의로 북한 당국에 억류되었다. 유성진씨는 억류 136 일 만에 현정은 현대그룹 회장의 방북으로 석방되었다. 이어서 북한은 4 월에 장거리 로켓을 발사하고 5 월에는 2 차 핵실험까지 감행하였다. 결과적으로 북한은 한국과 미국을 포함해 국제사회로 부터 고립되고 나아가 유엔안보리로 부터 추가적 전면제재도 받게 되었다.

2010 년 들어 남북관계는 더욱 경직되었다. 3 월 26 일 서해 백령도 인근 해역에서 초계중이던 한국 해군함정 천안함이 침몰되는 사건이 발생하고 46 명의 장병이 희생되었다. 이어서 국내외로 구성된 민군합동조사단이 5 월 "천안함은 어뢰에 의해 침몰되었다" 고 밝혔고 "무기체계는 북한에서 제조한 고성능폭약 250kg 규모의 어뢰로 확인되었다"[14]고 발표하혔다.

천안함 침몰의 원인을 알게되자 이명박 대통령은 북한에 대한 강력한 대응 의지를 밝히고 이에 북한은 즉각 반발하고 나섰다. 이명박 대통령은 "앞으로 우리의 영해, 영공, 영토를 무력 첨범한다면 즉각 자위권을 발동할 것"[15]임을 경고했다. 이에 대해 북한 중앙통신은 논평을 통해 "지금 조선반도 정세는 함선침몰 사건을 북남대결의 최대 기회로 여기는 이명박 보수패당에 의해

---

[14] "민군합동조사단 발표문 전문", <중앙일보>, 2010.05.20.

[15] "2010.5.24 이명박 대통령 대국민 담화문", http://www.president.go.kr (검색일 2011.01.21)

일촉즉발의 초긴장 국면으로 치닫고 있다"고 하면서 "그 어떤 응징과 보복, 제재에 대해서도 전면전재을 포함한 강경조치로 대처할 것"[16]임을 경고하는 것으로 대응했다.

이와 같이 남북간이 실랄한 맞대응을 하는 가운데 최종 판단은 유엔안보리로 넘어가게되고 안보리는 천안함 침몰을 초래한 공격을 규탄하면서도 북한이 주체라고 명시하지는 않았다. 즉 안보리는 한국과 북한 양측의 손을 동시에 들여주는 애매한 입장을 취했다.[17]

천안함 사건 이후로 남북관계 긴장 국면은 지속되었다. 양측은 자신의 요구사항을 강조하면서 상대방에게 전쟁을 위협하는 메시지로 거듭 경고하였다. 그러다가 8 개월 이후 11 월 26 일 북한은 서해 연평도 군부대와 민간인을 무차별적으로 포격 하였다. 북한은 그 날 오전에 한국 군이 서해상에 호국훈력을 실시한 빌미로 공격을 한 것이다. 폭격이 시작되자 한국군도 북한 영토에 해안포로 즉각 응징하면서 치열한 교전이 몇 시간에 걸쳐 이어졌다. 연평도 사건으로 인해 군인 7 명이 전사하였고 나아가 한국 측 민간인 2 명도 사망하였다. 북한이 남한 민간인을 무차별적으로 공격했다는 사실과 한국 전쟁 이후로 민간인이 처음으로 사망한 연평도 사건은 남북관계의 악화를 더욱 가중시켰다.

정리하자면 이명박 정부 아래 이루어진 남북관계 악화는 이명박 정부가 펼친 새로운 대북강경정책으로 북한에 압박을 가하면서 촉발되었다. 이후로 북한이 지속적으로 강도를 높이는 도발적인 사건들을 초래하면서 남북관계의 경색국면은 점차 심화되는 추이를 보여주고 현재는 전쟁이 재발할 우려도 존재하고 있는 실정이라고 볼 수 있다.

4. 향후 남북관계 전망

4.1. 북한의 비핵화 가능성

북한이 도발적인 자세를 지속하는 이유는 주로 두 가지 측면에서 찾을 수 있다. 첫 번째는 김영삼 정부 때와 같이 북한은 미국과의 협상 의지를 보여주는 것으로 판단된다. 미국과의 관계에 있어서도 오바마 행정부 출범 이후 부시 행정부와는 다른 새로운 미북관계를 구축하고 향후 미북 협상에서 유리한 입장을 견지하기 위한 수단으로 활용하기 위해 한반도에서의 긴장을 고조시켰다.[18] 김영삼

---

[16] "북통신, 이대통령 대국민 담화 또 비난", <연합뉴스>, 2010.05.25.

[17] United Nations Security Council, "Statement by the President of the Security Council, S/prst/2010/13" (9 July 2010).

[18] 구본학, "북한의 도전: 배경, 전망, 한국의 대응", 한림국제대학원대학교 (2009)

정부 때 북한이 감행한 1 차 핵 위기는 미국의 시선을 끌기 위해서라는 것과 같이 2009 년 2 차 핵위기도 똑같은 이유로 이루어진 것이다.

두 번째 이유는 북한이 한국 대중들에게 이명박 정부의 대북정책 효율성에 대해 의문을 갖게 만들고 남남갈등을 확산시키고 이명박 정부가 남북관계를 관리하는데 있어 무능한 정권으로 낙인찍기 위해서다. 북한은 남북관계를 경색시키고 한국 국민들에게 불안감을 조성함으로써 이명박 정부의 대북정책 수정을 요구하는 여론을 형성하기 위해 대남 강경정책을 선택한 것으로 분석된다 (구본학, 2009).

따라서 북한은 궁극적으로 핵 폐기를 바탕으로 한 이명박 정권의 대북정책에 호응하지 않을 것으로 추정된다. 즉 북한은 핵 무기를 포기하지 않을 것이다. 사전에 본 바와 같이 북한은 체제 불안정이나 위협을 직면할 때마다 핵 억지력 카드를 행사해서 외부 특히 한국으로부터 대북지원을 이끌어 낼 수 있었다. 북한 체제의 유일한 버팀목인 핵무기를 절대 포기하지 않을 것이라는 것은 최근 사건들로 더욱 증명되어 왔다.

연평도 포격 사건이 발생하기 며칠 전 북한은 방북한 미 스탠퍼드대 국제안보협력센터의 헤커 소장에게 새로운 우라늄 농축 시설을 공개했다. "헤커 소장은 수백 대의 원심분리기가 설치된 현장을 목격했고 이런 원심분리기가 2 천 대나 가동되고 있다는 북한 관계자의 말을 들었다. 이 주장이 사실이라면 북한은 플루토늄 핵폭탄에 이어 농축 우라늄 20kg 급의 핵폭탄을 매년 두 기씩 만들 수 있다는 능력을 갖췄다는 뜻이다."[19] 나아가 헤커 박사는 공개된 우라늄 농축 시설과는 별개로 "북한의 다른 지역에 고농축 우라늄(HEU)이 가능한 유사한 비밀시설이 존재할 가능성이 매우 크다고 지적했다." 그리고 글렌 데이비스 IAEA 주재 미 대사는 "북한이 자신들이 주장하는 2009 년 4 월보다 훨씬 전부터 우라늄 농축 작업을 해 왔을 가능성이 크다"[20] 고 말했다. 이는 북한이 핵을 폐기할 의사가 애초부터 없었다는 것을 시사한다.

북한은 새로 공개된 우라늄 농축 시설을 통해 미국과 한국의 연평도 포격에 대한 보복 조치를 막으려 한 것이라고 해석할 수 있을 것이다. 박의춘 북한 외무상은 12 월 10 일 "미국과 한국의 대북 적대정책에 맞서 핵 억제력 강화 기조를 견지할 것"이라고 주장했다

[19] ""북한, 우라늄 농축 시설 공개"…이게 사실이라면?", <SBS 뉴스>. 2010.11.23.

[20] 홍관희, "특집: 북한의 연평도 군사 도발: 의지와 목적과 수단-방법이 통합 발휘", 1 월호 (2011)

(홍관희, 2011). 이로 인해 북 비핵화에 집착하는 이명박 정부의 대북정책 하에 남북관계가 개선될 소지가 없다는 것이 명확하다. 달리 말해 남북관계를 개선하기 위해 이명박 정부는 대북정책의 기초를 수정해야만 하는데 그 것이 현실적으로 가능한지 다음 장에서 살피도록 하겠다.

4.2. 남한의 대북강경정책의 변화 가능성

이명박 정부가 대북정책을 강경노선에 고수할 가능성을 살펴보기 전에 강경정책을 펼친 이유부터 명확히 알아야 할 필요가 있다. 앞 장에서 언급한 바와 같이 이명박 정부는 과거 정부의 대북지원 정책에 대한 의문을 지녔다. 정부는 햇볕정책이 북한의 실질적인 변화에 기여하고 있는지를 의심한 것이다. 한국의 화해협력 정책과 대북 경제 지원에도 불구하고 북한은 한국에 대한 적대정책을 지속하고 있다.[21] 즉 2000 년 남북정상회담 이후로 남북경협과 정치적 문화적 교류가 활발하게 증대되는 반면 군사적 측면에서는 별 진전이 없었다는 것이다. 김대중 정부 때 제 2 차 핵위기가 이 점을 잘 드러내고 있다. 북한이 한국에 대해 경제 지원을 요청하면서도 한국에 대한 군사적 위협을 감소시키지 않은 것은 아직 북한의 대남정책에 변화가 없음을 의미한다.

또한 이명박 정부는 북한의 대남정책을 한국으로부터 지원만 확보하려는 전략으로 판단했다. 구체적으로 설명하자면 북한은 1) 한국에 대해 무력도발 또는 군사적 위협으로써 긴장을 조성한 후, 2) 대화를 제의하고 부분적-제한적 개방 및 타협을 실시하고, 3) 한국과의 대타협을 추진함으로써 경제 지원을 확보하는 동시에 북한의 변화에 대한 한국의 기대를 상승시키는 한편, 4) 어느 정도 분위기가 성숙될 경우 교류협력 관계의 증진을 차단하기 위해 남북대화의 일방적 연기 또는 중단을 초래할 수 있는 조치를 취하는 것이었다 (구본학, 2009). 북한은 이러한 전략을 통해 대북지원을 추진했던 김대중 그리고 노무현 정부로 부터 경제적 지원을 획득하는 동시에 한국에서 북한 내부로 유입될 수 있는 자본주의 원리를 견제하는 한편 내북적 요인에 집중하여 체제 강화를 할 수 있었다. 하지만 북한의 도발 전략을 의식한 이명박 정부는 대북지원이 북한의 무력(武力)화 과정에 기여하고 가속화했을 뿐만 아니라 북한이 변화에 더 강하게 저항할 수 있는 힘까지 전달한 것으로 평가했다.

[21] "햇볕정책 10 년간 북 불변만 확인", <조선일보>, 2008.12.08.

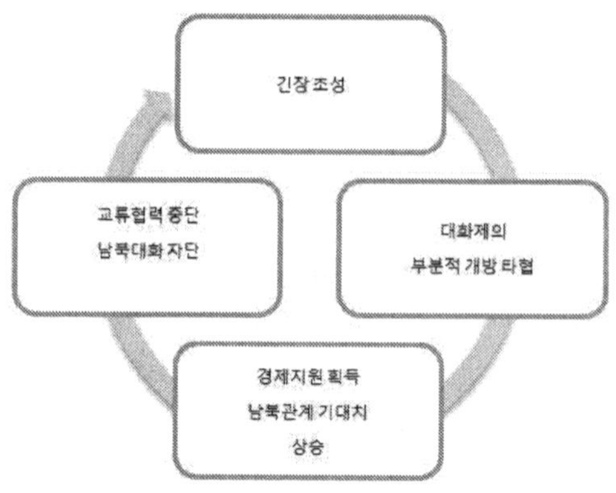

이명박 정부는, 대북지원이 북한의 변화를 유도하는 것이 아니라 걸림돌 역할을 한다고 주장한다. 따라서 북한이 지원을 받기 위해 아무리 도발 전략을 취하더라도 이명박 정부는 여기에 타결할 의지가 전혀 없다는 사실을 지속적으로 보여주어 왔다.

하지만 이명박 취임 이후 이루어진 북한의 무력 도발 사건들을 연대순으로 살펴보면 도발의 강도가 갈수록 심화된 것을 확인할 수 있다. 금강산 피격 사태, 억류된 현대아산 직원, 미사일 도발, 2 차 핵실험, 천안함 침몰, 연평도 포격 등은 2008 년 부터 2010 년 사이에 이루어진 주요 북한 도발 사건들이다. 북한이 도발에 타협하지 않는 이명박 정부에 대해 불만을 갖고 무력 도발을 지속 강화하면 한국이 결국 타협할 것으로 판단했을 것이라고 추론한다. 하지만 이명박 정부는 타협은커녕 오히려 북한을 자극하는 강경태세를 강화하고 양국 간의 불신만 심화되었다.

현재 전쟁이 언제 발발할지 모르는 상황에 이명박 정부가 대북유화정책으로 전향하는 것은 어려워 보인다. 그 이유는 유화정책을 펼치는 것은 천안함과 연평도 사건에서 비롯된 희생자들을 감안할 때 아무런 일이 없었던 것처럼 하는 것과 별다름이 없기 때문이다. 연평도 사건 이전에 천안함 사건만 발생한 시기에도 전쟁이 충분히 발생할 수 있었다. 하지만 민간인 희생자까지 포함한 연평도 사건이 터지면서 한국 정부가 유화정책을 실행하는 방안은 불가능해 보였다. 여기서 이명박 정부가 유화정책으로 전향하면 자신이 비판하고 용납할 수 없던 과거 정부의 남북관계로 되돌아 갈 소지가 높다는 것을 의식하고 있다. 이명박 정부가 일관되게 견지해왔던 대북정책의 원칙을 스스로 포기하는 것을 의미한다는 점이다. 그것은 단지 정책의 실패를 자인하는 데 그치는 것이 아니라 이후 남북관계가 북한에 의해 일방적으로 끌려다니는 결과를 초래할 위험이 있음을 의미한다 (채규철, 2009).

그리고 이명박 정부가 대북유화정책으로 전향할 의사가 있었으면 천안함이나 연평도 사건이 발생하기 이전에 이미 취했을 것으로 판단한다. 하지만 현 정부는 강경정책을 지속 하고 고수하는 입장을 취하고만 있다. 특히 연평도 사건 이후로 서해에서 감행한 한미연합훈련과 더불어 북한에 적절하게 대응하지 못했다는 빌미로 이명박 정부는 북한의 추가 도발에 즉각 응징할 수 있는 김관진으로 국방 장관을 임명했다. 김관진 신임 국방장관은 "북한이 또다시 우리의 영토와 국민을 대상으로 군사적 도발을 감행해 온다면 즉각적이고도 강력한 대응으로 그들이 완전히 굴복할 때까지 응징해야 한다"라고 밝혔다 (연합뉴스, 2010.12).

4.3. 향후 가능한 남북관계 시나리오

이 장에서는 필자가 생각하고 있는 몇 가지 미래의 남북관계 시나리오를 제시하도록 하겠다. 구체적으로 북한이 추가 무력 도발을 감행하게 되면 남북관계에 어떠한 파급효과를 일으킬지에 대한 한 시나리오를 제시하고 또한 한국 정부가 만약 대북유화정책으로 전향할 경우 남북관계가 어떻게 전개될 것인지도 예상하겠다.

첫째, 북한이 추가 도발을 할 경우의 시나리오를 살펴보겠다. 이명박 정부가 들어선 이후로 북한이 무력 도발을 거듭 감행한 이유는 김정일의 셋째 아들 김정은의 후계구도 강화와 직접 연관되었다고 생각하고 있다. 2008 년 8 월 김정일은 뇌중풍으로 쓰러진 이후 후계자를 신속하게 마련할 필요를 느꼈다. 결국 2010 년 9 월 후계자로 공개된 27 세 김정은은 자신의 아버지와는 달리 앞축된 2 년 동안 후계자가 되기 위한 훈련을 받고 업적을 축적했다. 따라서 천안함과 연평도 사건을 포함한 2009 년 부터의 북한이 초래한 미사일 도발, 핵실험 등의 무력 도발 사건들은 김정은의 군사 업적을 쌓기 위해서 감행된 것으로 추론된다. 여기서 문제는 김정은이 젊은 나이로 후계자로 지명되기 이전 지도자가 되기 위한 경험이나 업적이 전혀 없었으며 현재로서 군사 업적이 충분한지를 파악하기가 어렵다는 것이다. 하지만 만약에 북한이 다시 추가 도발을 취하게 될 경우 앞서 제시한 김관진 신임 국방장관의 발언을 감안할 때 한국 정부는 천안함과 연평도와는 달리 공격적으로 대응할 것으로 전망한다. 아울러 최근 2011 년 2 월 완공된 북한의 새로운 미사일기지가 미국 정찰 위성을 통해 공개되었다. 뿐만 아니라 3 차 핵실험을 위해 갱도를 굴착하는 작업까지 밝혀졌으며 앞으로 단기간 동안 남북관계가 순조롭게 이어질지 의문이다 (동아일보, 2011.02.21).

두 번째 시나리오는 이명박 정부가 대북유화정책으로 전향하는 경우다. 이명박 정부의 현재 대북 인식을 고려할 때 유화정책을 펼칠 확률이 상당히 적다고 단정 지을 수 있으나 만약 강경책이 적합한 비핵화 해결책이 아니라고 깨달을 경우 남북관계가 어떻게 전개될지를 주목하는 것도 중요하다고 생각한다. 햇볕정책 시기에 비교적 평화로운 남북관계를 유지했다는 사실을 생각해 볼 때 유화정책으로 전향하는 것이 한반도의 평화를 조성하는 데 있어 제일 바람직한 대안이라고 여길 수 있다. 하지만 이명박 정부가 설사 대북유화정책으로 전향하더라도 그렇게 이어질지 의문이다.

이명박 정부의 남북관계와 과거 김영삼 정부의 남북관계는 비슷한 점을 많이 지니고 있다. 각 정부의 시기에 북한은 핵실험을 감행했고 또한 후계자를 맞이하는 전환점을 직면했다. 즉 김영삼 정부 때 김일성이 사망하기 이전 북한은 체제를 보호하기 위한 목적으로 1 차 핵무기 실험을 감행했다. 이명박 정부 때도 비슷하게 북한은 2008 년 김정일의 건강 악화로 김정은을 후계자로 마련하기 시작하고 그 다음 해인 2009 년에 핵실험을 감행했다. 두 시기의 북한은 체제가 붕괴될 수 있었던 최악의 상황에 빠졌다는 것이다.

여기서 주목해야 할 것은 김영삼 정부는 이명박 정부와 달리 일관된 대북정책을 적용하지 않았다는 것이다. 김영삼 정부는 유화정책을 실행한 한편 때로는 강경정책으로 거듭 전향하였고 결국에 남북관계에 대한 실질적인 성과를 거두지 못했다. 여기에 첫 번째 이유는 일관성 없는 대북정책은 북한의 대남 신뢰성을 상실시켰기 때문이다. 반면 북한이 아무리 압박을 가해도 햇볕정책을 견지한 김대중 정부와 노무현 정부는 북한으로부터 신뢰를 얻어낼 수 있었고 이로 인해 남북관계는 평화를 누릴 수 있었다. 두 번째 이유는 북한이 체제가 취약한 상황에서 국제사회로부터 스스로 고립시키야 할 필요를 느꼈기 때문이다. 한국의 자본주의 원리를 견제하기 위해 남북대화를 단절한 북한은 김대중과 노무현 정부 때에도 이러한 행위를 취했지만 체제 위협의 심각성은 김영삼 정부의 시기 때 보다는 비교적 낮은 편이었다. 즉 북한은 김영삼 정부와 이명박 정부 시기에 직면한 대규모 위기 상황에 한국 정부와 무조건 타협하지 않을 것이라는 것이다.

궁극적으로 이명박 정부가 유화정책을 펼치더라도 가능한 북한의 추가 도발을 억제시킬 수 없을 것으로 보인다. 하지만 이명박 정부는 유화정책을 펼치면 김영삼 정부 때와 같은 헛된 결과를 거둘 것이라고 벌써 인식했을 것이기 때문에 대북강경정책을 계속 유지할 것이고 이는 북한의 추가 도발을 더욱 유도할 것으로 판단된다. 따라서 향후 남북관계는 개선될 여지가 없어 보이며 심지어 더욱 악화될 것으로 전망한다.

5. 결론

본고는 남북관계가 이명박 정부의 비핵 3000 대북정책을 통해 전쟁이 발발될 수 있을 정도로 악화된 과정을 살펴보고 현재로서 남북관계의 개선이 필수라고 강조했다. 따라서 경직된 남북관계를 회복시킬 수 있는 방법을 모색하기 위해 김영삼, 김대중, 노무현 정부의 변화되는 남북관계 추이를 구체적으로 참고하고 남북관계 개선을 이루는 데 있어 어떤 대북정책이 가장 적합한지도 살펴보았다. 일관성 없는 김영삼 정부의 대북정책에 비해 남북간의 대화와 협력을 통해 한반도의 평화를 조성한 김대중과 노무현 정부의 햇볕정책이 남북관계를 개선시키는 데 있어 명확하게 더 효율적이라는 것을 확인했다.

이어서 현재 이명박 정부의 대북강경정책 하에 남북관계가 회복되려면 북한이 핵을 포기해야만 하는데 북한은 오히려 무력 도발로 거듭 대응하여 자발적인 핵폐기는 거의 불가능하다는 사실을 설명했다. 이로 인해 남북관계가 개선되려면 역시 대북유화정책을 실행해야 된다는 것을 검증했다. 하지만 유화정책에 대한 이명박 정부의 평가를 감안해 볼 때 정부는 오히려 강경정책을 지속 고수하고 더욱 강화할 것으로 보인다. 정부는 햇볕정책이 북한의 실질적인 변화를 유도하는 것보다 오히려 반작용한 것으로 판단했다. 구체적으로 10 년 동안 이루어진 대북지원이 북한의 무력을 강화시키고 북한이 더 빠른 속도로 핵무기를 생산할 수 있게 간접적으로 기여한 것으로 여겼다.

하지만 이명박 정부가 만약 유화정책을 펼치더라도 남북관계가 회복된다고 확신할 수도 없다. 북한이 현재 직면하고 있는 내부적 위기를 고려할 때 한국 정부의 자본주의 원리를 무조건적으로 최대한 견제하려고 할 것이기 때문이다. 경제난, 식량난, 화폐개혁 실패 등의 다각적인 어려움과 무엇보다 집중해야 할 김정은의 후계구도 강화는 북한 입장에서 남북관계보다 우선순위다. 같은 맥락에서 북한이 무력 도발을 연달아 한 이유 중 하나는 김정은의 군사적 업적을 축적하기 위해서다. 문제는 김정은의 군사적 업적의 부족이나 또 다른 이유로 북한이 추가 도발을 할 것인가다. 즉각 응징할 준비가 된 한국 정부의 자세를 고려할 때 북한이 3 차 핵실험이나 미사일 발사를 감행하게 되면 국지전이 발생하기 마련이고 심지어 전면전으로 번질 가능성도 배제할 수 없다.

결론적으로 정부가 어떤 대책을 취하더라도 남북관계는 이명박 정부의 나머지 임기 동안 현재 상태가 계속 유지되거나 악화될 수밖에 없다고 전망한다. 즉 남북관계는 단기간 동안 개선될 수는 없다는 것이다.

이어서 이명박 정부를 포함한 역대 정부의 대북정책에 대한 전반적인 평가를 토대로 하여 남북간이 상대방에 대한 체제를 인정하며 한반도 평화를 유지하고 서로 통일을 동일하게 지향하는 관계를 조성하는 대북정책을 구축하기 위해 다음 정부가 다음과 같은 대북정책의 원칙을 감안하기를 바라며 제안한다. 첫째, 북한의 핵 문제 해결과 남북간의 경협을 분리된 과제로 생각하고 병행해야한다. 즉 핵폐기를 남북 경협의 전제 조건으로 한 비핵 3000 정책과 같은 대북정책을 실행하면 안 된다는 것이다. 이러한 정책을 통해 돌아온 것은 지금까지 희생자가 대부분이다. 둘째, 과거의 경우를 보면 위에 언급한 남북관계를 달성하기 위해 대북유화정책을 펼치는 것이 바람직하다고 판단할 수 있다. 하지만 북한에 무조건 지원하는 햇볕정책을 다시 실행해야된다는 것은 아니다. 햇볕정책은 북한의 실질적인 변화를 유도하는 측면에서 실패했기 때문이다. 셋째, 대북정책은 일관성을 지녀야 한다. 대북정책이 너무 유동적이면 김영삼 정부와 같이 한국 정부에 대한 북한의 신뢰가 떨어지게 되기 마련이고 효율적인 관계를 이루는 데 장벽 역할을 할 것이다. 요컨대 상호주의를 바탕으로 한 일관된 대북유화정책이 필요하다. 나아가 북한의 핵 문제는 한국 정부의 과제가 아닌 국제 과제이며 한국 정부가 홀로 집착하는 것보다 국제사회와의 협력을 통해 해결하려는 태도를 취하는 것이 바람직하다.

참고문헌

1. 연구논문

김연철, "이명박 정부와 북핵: 쟁점과 해법", 겨실련통일협회 창립 14 주년 기념토론회 (2008)

김종철, "남북관계 경색 연구", 서강대학교 공공정책대학원 석사 논문 (2009)

김현경, "북한의 남북대화 중단 및 재개 요인분석: 2000 년 이후 사례를 중심으로",

경남대학교 북한대학원 석사 논문 (2007)

구본학, "북한의 도전: 배경, 전망, 한국의 대응", 한림국제대학원대학교 (2009)

조윤영, "북핵 위기와 비핵-개방-3000 의 대북정책", 정치-정보연구 제 2 권 1 호 (2009)

채규철, "이명박 정부의 대북정책과 천안함 사건 이후 남북관계", 글로벌정치연구 제 3 권 1 호 (2010)

홍관희, "특집: 북한의 연평도 군사 도발: 의지와 목적과 수단-방법이 통합 발휘", 1 월호 (2011)

2. 참고자료

"2010.5.24 이명박 대통령 대국민 담화문", http://www.president.go.kr (검색일 2011.01.21)

"김관진 국방장관 취임… "北 추가도발시 즉각 응징"", <연합뉴스>, 2010.12.24.

김연수, "대북 '햇볕전략'의 역사성에 대한 소고-탈냉전의 한반도적 의미를 중심으로",

<북한조사연구>, 제 3 권 제 2 호(2000), p.207.

김진영, "개대중 정부의 대북정책: 정경분리 원칙과 상호주의 원칙을 중심으로",

<한국민족문화>, 12(1998.12.), p.345.

"남북-대비 교착국면 흔들고 세습과정 내부결속용", <한국일보>, 2010.11.24.

남북회담본부, <남북대화>, 제 59 호 (1993.9~1994.5).

"민군합동조사단 발표문 전문", <중앙일보>, 2010.05.20.

"北 갈핏하면 이산상봉 중단", <연합뉴스>, 2006.07.19.

"북, 내주 한미훈련 빌미 추가도발 가능", <매일경제>, 2010.11.25.

"북통신, 이대통령 대국민 담화 또 비난", <연합뉴스>, 2010.05.25

""북한, 우라늄 농축 시설 공개"…이게 사실이라면?", <SBS 뉴스>. 2010.11.23.

"北,핵실험+미사일발사+서해도발 동시 위협", <동아일보>, 2011.02.11.

"유씨, 북한 강압에 허위진술 '북 (北) 여성에 탈북 유도'는 인정", <조선일보>, 2009.08.26.

이재봉, <두 눈으로 보는 북한>, (서울: 진리탐구, 2008), pp.33-36. "핵재난을 몰아오는 반역의 무리 - 북핵포기우선론", <로동신문>, 2008.04.07

통일연구원, <통일환경 및 남북한관계: 2001~2002> (서울: 통일연구원, 2001), pp.53~54.

"햇볕정책 10년간 북 불변만 확인", <조선일보>, 2008.12.08.

United Nations Security Council, "Statement by the President of the Security Council, S/prst/2010/13" (9 July 2010).

마종기 시에 나타난 목소리의 의미 연구: 이민 체험과 소수자 의식을 중심으로

허진욱 (DAVID HUR)

MA, Korean for Professionals, University of Hawaii at Manoa, 2011

ANALYSIS OF 'VOICES' IN THE VERSE OF JONG-GI MA: THE IMMIGRATION EXPERIENCE AND MINORITY CONSCIOUSNESS

In context of the increasing interest in Korean American literature, this paper attempts to find in the verse of Jong-Gi Ma a connective link between Korean poetry and Korean American poetry. Keeping in mind Jong-Gi Ma's personal history and the circumstances that led to his immigration to the U.S., this paper posits that through his exploration of the subjects of the immigration experience and minority consciousness, Jong-Gi Ma's poetry serves as a guidebook for subsequent Korean immigrants to the United States. In his poetry, the immigration experience is a motif that is wholly explored and utilized from departure to arrival to settlement, as is the developing minority consciousness. This can be seen particularly in the applied poetic technique of 'voices.' As the poet moves through the immigration experience and the growth of his minority consciousness parallels such, he brings into the poems various 'voices' and their owners: his sons, the Korean American community at large, the Asian American community and a co-worker/friend who happens to be gay. This paper finds the evidence in these voices to trace the developmental progress of the two aforementioned subjects of interest, which, in turn, presents the reader with a complete experience of a Korean immigrant to the United States. Thus, it is argued in this paper that in Jong-Gi Ma's verse, the combination of the poetic obsession of identity and location, and the poems having been written in Korean positions him as a poet between Korean and Korean American verse. The potential accessibility of his work lends him a significant place in the respective histories of both.

1. 서론

마종기는 한국의 문학계에서 재미교포 시 혹은 한국계 미국인 시를 언급할 때 반드시 포함되는 인물이다. 그는 한국 시인과 한국계 미국 시인 간의 가교 역할을 한다고 할 수 있다. 이는 마종기가 미국에 이민 간 이후에도 한국의 국내 문단과 끊임없이 관계를 맺으면서 모국어로 시를 써 보냈기 때문이다.[1] 따라서 마종기를 한국 시인으로 포함시킬 것인지 한국계 미국 시인으로 볼 것인지 애매하지만 그의 시가 어떤 언어로 쓰인 것인가에 초점을 둘 때 대체로 마종기는 미국에 이민 간 한국 시인으로 받아들여진다. 이러한 분류에 있어서 김욱동은 한국계 미국문학과 재외 한국문학으로 구별하는데 마종기는 후자에 해당된다고 하며 재외 미국문학은 "한국계 미국인이 미국에서 작품을 쓰되 어디까지나 한국어를 매체로 삼는 작품을 말한다"고[2] 한다.

『재외동포 문학의 창』이란 문집을[3] 통해 국내 독자들도 마종기와 박남수 같은 재외동포 작가들의 작품을 만날 수 있다. 하지만 본 논문을 마종기 중심으로 쓴 이유는 모국어로 문학을 창작한 재외동포 가운데 그에게는 주목할 만한 점이 있었기 때문이다. 한국내 문단에 인맥이 넓고 아버지는 국내적으로 알려진 아동문학가 마해송이다. 이 논문에서 한국 독자에게 낯익을 수도 있고 낯설 수도 있는 마종기가 이민 체험을 통해서 이민 과정상 자신의 소수자 의식의 변화를 어떻게 보여주는지를 살피도록 하겠다.

시인은 1939 년 일본 동경에서 태어났고, 5 년 뒤에 어머니, 남동생, 그리고 여동생과 함께 경기도 개성으로 와서 살았다. 세월이 지나 연세대학교 의예과에 다니다가 1965 년 혼란스러운 정세에 한·일 회담에 반대하는 문인들의 성명서 사건에 연루되어 인해 구속되었으며 얼마 되지 않아 석방되었다. 그 이듬해 의사 수련을 받으러 미국으로 떠나게 되었다.[4] 이런 약력을 보면 마종기는 옮겨 다닐 수밖에 없던 상황에 놓여 있었다. 그래서 마종기의 시에는 역시 유동적인 이미지가 지배적이다. '구름'이나 '새,' '바다,' '바람' 등은 모두 고정되지 않는 것들이며 "가볍게 몸을 움직여 꿈꾸는 때로 날아갈 수 있는 물상들이어서 그리움을

[1] 조남현, 「1980년의 시와 시인—마종기론」, 『심상』, 1980년 12월호.

[2] 김욱동, "초기 한국계 미국문학의 지형학," 『새한영어영문학』, 제51권 4호, 19쪽. 2010년.

[3] 1998년을 원년으로 발간되기 시작한 문집. 한국의 재외동포재단에서 지원함.

[4] 마종기, 「의사로도, 시인으로도」, 『마종기 깊이 읽기』, 1999. 50-3쪽.

표현하는 시인들 눈에 가장 부러운 대상"들을 [5] 마종기의 시에서 자주 만나게 된다.

하지만 시인의 소수자 의식 및 그의 변화 양상을 살펴보기 위하여 본 연구에서는 구름, 새, 바다 등의 유동적인 이미지보다는 마종기의 시에 나타나는 '타자의 목소리'를 대상으로 논의를 진행하고자 한다. '목소리'에 집중하게 된 이유는 다음과 같다. 이민이라는 것과 그 과정상 변해가는 시인의 소수자 의식을 살피는 데서 대상자와 받아들이는 혹은 받아들이지 않은 자의 서로에 대한 인식을 최선으로 보여줄 수 있는 시적 기법이기 때문이다. 시인의 시세계를 관통하는 것은 유랑하는 이주민 의식이라고 할 수 있으며 [6] '목소리'를 이입하기 위해서는 서로간의 관계를 되새겨야 자신이 뜻한 글을 명료하게 쓸 수 있다.

본 논문의 초점이 이상과 같다면 논문의 구조는 다음과 같다. 우선 마종기의 시적 화자는 내성적인 시점부터 시작하여 시집이 늘어갈 때마다 더 많은 사람들을 아우르는 입장을 취하게 된다. 즉 한국인인 시인이 한국에서의 소수자로서 미국에 이민 간 이후부터 접하게 되는 새로운 소수자 의식 그리고 고국을 외부에서 바라보게 되는 소수자 의식 등의 관점에서 시를 쓰게 됐다는 것이다. 달리 말해 마종기는 한국에서부터 소수자 의식이 있었고 미국에서는 그곳에서의 소수자로 변하게 되었다. 이 과정을 살피기 위해 마종기의 이민 체험과 병행되는 『마종기 전시집』을 구성하는 시집들에서 시 몇 편을 택해서 연대순으로 보겠다.

지우 황동규가 "그의 시는 언제나 확실한 체험에서 출발하여 자기의 내부를 서슴지 않고 열어주는 착함이 있다"고 [7] 했듯이 본 논문에서 마종기의 시를 다룰 때 시적 화자를 시인 자신의 목소리로 읽는 바가 크게 다르지 않다고 본다. 그래서 본 논문에서는 시적 화자와 시인을 같은 의미로 쓴다. 그리고 소수자 의식의 형성을 살피기 위하여 마종기의 시에 나타나는 '타자의 목소리'를 살펴봄으로써 소위 '목소리'의 시어가 등장하는 시편들에 제한하고자 한다. 이에 따라 본 논문에서 '타자의 목소리'의 주체들이 겪은 중요한 사건들이 마종기의 시에 어떻게

---

[5] 정현기, 「시인 마종기론―'시의 집 짓기'와 시적 편력」, 『마종기 깊이 읽기』, 1999. 235쪽.

[6] 구명숙, "마종기 시에 나타난 아버지와 조국의 의미," 『한국사상과 문화』, 제56집, 73쪽.

[7] 황동규, 『사랑의 뿌리』, 문학과 지성사, 1979, 182-183.

나타나고 적용되는지 살펴봄으로써 그들이 마종기가 가져온 소수자 의식에 어떠한 영향을 미쳤는지 다루겠다.

지금껏 마종기의 시를 논의하는 선행 논문에서는 시인의 이민 체험을 한국인 한쪽의 입장으로만 다루어 왔는데 필자는 재미교포 및 아시안 아메리칸으로서의 소수자 의식을 갖추었기 때문에 마종기 시에 나타나는 이민 체험과 소수자 의식 변화를 살피며 분석하는 데 유리하다. 또한 최근 한국계 미국 시인들의 시가 한국 문학 연구의 대상으로 부각되고 있는데 마종기 시가 어떻게 현대 한국 시를 통해 태평양을 넘어 가교 역할과 지침서 역할을 할 수 있는가도 엿보겠다.

2. 소수자 의식의 형성: 『평균율』과 『카리브해에 있는 한국』부터

시인의 소수자 의식을 살피기 위하여 미국으로 이민 간 그 당시의 시집부터 보겠다. 즉 1968 년 가을에 펴낸 황동규·김영태와의 3 인시집(평균율)에 실렸던 시들은 마종기가 고국을 떠나기 전인 군의관 시절 2 년과 미국의 의사 수련 생활 첫 2 년 동안 쓴 시들이다.[8] 「독방」이란 시를 보면 1 연에서 마종기가 이민가기 전에 기대하던 것이 그려진다. "어엿한 독방을 가질 것이다"며 광고에서 나올 듯한 "소개된 사진같이 독방에는/ 한 개의 침대와 한 개의 책상"이 있을 것이라고 생각했다. 당시의 수련생인 마종기는 독방만을 기대하지는 않았으며 "내 나라의 국기를 하나 붙이고/ 독방의 문을 잠그고서야 비로소/ 혼자 지껄이는 자유를 누릴 것이다"고 서술한다. "혼자 지껄이는 자유"라는 구절에서 이민 체험과 상관없이 소수자 의식은 어느 정도 있었다고 인정해야 한다.

2 연으로 넘어가서는 기억에서의 과거와 그 당시의 현재가 대조되는 듯하며 나온다. 명암 배분에 따라 1 연에서의 상대적으로 축소된 포부를 광명으로 그리기 위하여 대학 시절의 마종기와 군의관인 마종기, "흔한 시험 중에는 얼씬 못" 했지만 조간신문의 기자가 된 동생, 그리고 3 연에서 나온 과거의 "사랑스런 방해물"들 등의 한국에 있을 때의 추억들이 어두운 색조를 띠도록 그려진다. 구슬픈 색조를 띤다고도 할 수 있어 그 영문은 "돌아다보면 모두 모"인다고 하는 것들에서 "몰래 배"우고 "밤에 (들었)던" 데서 찾을 수 있기 때문이다. 이러한 대조에서 이 글이 다루겠다는 소수자 의식에 관하여 시인의 소수자 의식은

---

[8] 마종기, "마종기 시 전집,"문학과 지성사, 1999. 73쪽.

한국에 있었을 때 이미 형성하고 있었다고 보기 때문에 2 연과 3 연에서 논거를 제시하겠다. 즉 자기 의지와 상관없이 20 년간 변하지 않는 것부터 시작하여 대학 시절의 이야기를 이어서 다음으로 서술한다. "대학 때 술김으로 정치를 말하면/ 나는 사람 뼈를 챙겨들고 친구에게 갔었지." 의예과 대학생인 사실을 여기에 교묘히 드러내는 것을 그 당시 한국 사회에서 정치에 민감한 분위기가 그려지는 것이 알 수 있다. 취기를 빌려서 정치 이야기를 하다가 말다툼과 몸싸움으로 번지는 것이 당시 의대생 마종기에게는 신체에 관한 공부를 하듯 흔한 일이었던 것을 알 수 있다. 발언권을 빼앗긴 채 시인의 정치적 소수자 의식만이라도 이미 형성되고 있었다.

앞서 쓴 바와 같이 당시 군의관인 마종기가 "'군인사법 94 조,' 군인이 정치에 관여해서는 안 된다는 법조항 위반으로 구속되었다." 선배 문인들과 군대의 상관들에게서 들은 대로 중앙정보부의 지시로 금고 2 년형을 받게 되었으며 불명예 제대를 해 호적에 빨간 줄이 그어지고 외국 유학이니 의사 수업도 끝장이 나게 되어 의사 면허증에도 문제가 될 수 있었는데 많은 사람들의 도움으로 열흘 뒤에 석방되었다.[9] 그 이듬해 박사 학위 시험에 합격한 뒤 6 월에 미국으로 떠나게 됐다. "마종기가 미국을 선택한 것은 한 마디로 말해서 자유를 얻기 위한 것이었다. 즉 자유로운 세계, 자유로운 삶을 지향하였기 때문이다... 그들의 도미에는 자유의 세계를 지향하는 그들의 꿈이 내재돼 있었던 것이다."[10] 「독방」의 제목이 양가적이며 이러한 감방 경험과 기대했던 미국에 가 있을 때의 경험을 둘 다 함축한다. 시인은 한국에 있을 때의 힘들게 하는 독거 감방 때문에 떠났으며 자유의 독방을 찾으려 미국에 간 것이다. 하지만 마지막 두 행에 나오는 효과 없는 도배의 이야기처럼 시인은 독방이 독방이라고 생각하면서 한국의 금고의 독방과 미국의 자유의 독방이 아닌 가운데 어디에서 머물 것이라는 예감이 나온다. "달라질 것이다"를 한 번 쓰고 부정하는 "않을"을 사입해서 구절을 반복하는 것이 결국 도배로 잠깐 덮어지더라도 [11] 기억에 있어서 사람은 달라지지

[9] 마종기, 「의사로도, 시인으로도」, 『마종기 깊이 읽기』, 1999. 54쪽.

[10] 구명숙, "마종기 시에 나타난 경계인 의식과 죽음의식," 『한민족문화연구』 제36권, 2011. 170쪽.

[11] “도배를 하면 간단히 달라질 것이다./ 달라지지 않을 것이다.”「독방」, “바종기 시 전집,” 89쪽.

않는다고 하는 것이다. 자유를 누리겠다고 미국으로 떠난 마종기에게 어떠한 변화가 생기는지 살펴보겠다.

그 다음으로 낸 시집 『카리브해에 있는 한국』은 마종기가 미국 오하이오 주로 건너가서 의사 수련과 의과대학 강사·조교수를 시작하던 때에 쓴 시집이다. 당시의 마종기는 생활도 불안정하던 시절이었다. 그 때 쓴 시편 중에 지우 황동규에게 쓴 「편지 2」를 보겠다. 이 시편은 1 과 2 로 나눠져 있으면 1 은 산문으로 쓰여 있다. 1 에서 이 시의 화자는 아침으로 미국식 오렌지 주스와 스크램블드 에그를 먹고, 최신식 미국 차로 출근하고, 시인이 '아메리칸 드림'을 이루었다고 할 수 있을 만큼 일상이 그려진다. 그런데 첫 두 연의 각 마지막 문장을 보면 각 연이 비슷한 언설로 끝난다. "그러나 아무리 주접을 떨어야 엽전은 엽전이다," 또한 "그러나 아무리 주접을 떨어야 사우스 코리언은 사우스 코리언이다." [12] 주목할 것은 '엽전'과 '사우스 코리언' (South Korean) 두 개의 어휘 선택이다. 전자는 한국인이 스스로 낮잡아 이르는 말이며 후자는 외국인이 한국 사람을 일컫는 명칭이다. 그러므로 '엽전'은 한국인이 사용하는 말인 반면에 '사우스 코리언'은 한국인이 아닌 사람이 사용하는 말이므로 마종기는 이쯤 자신을 두 명칭으로 일컫는 것이 그의 '사우스 코리언'으로서의 소수자 의식이 형성된다는 것을 의미한다. 즉 한국이 아닌 다른 데서 '사우스 코리언'을 본다고 한다.

이전의 시집에서는 '사우스 코리언'의 명칭은 나오지 않아 「6 월의 형식」을 보면 "영주권을 얻고 기뻐서 울던/ 모국어를 하던 이방인들 사이에서/ 내게 남은 것은 적막한 이별뿐"에서 나오는 대로 마종기는 자신이 이방인 무리 중에 한 명이었는데 미국에서 몇 년 살아보니 자신이 '이방인'에서 더 자세히 말하면 '사우스 코리언'에 소속된다는 것이 그의 시에서 나타난다. 이때가 이민 체험의 한 전기라고 볼 수 있다, 새로운 입장을 취하게 되는 것. 그렇지만 이런 점에서는 소수자 의식이 형성되는 반면 다른 미국인에 대한 인종 혹은 정치적인 소수자 의식은 아직 나오지 않는다. 「6 월의 형식」에서는 인종 혹은 피부 색깔 이야기가 나오지 않는데 다시 「편지 2」로 돌아가서는 1 의 3 연에서 "중동 사태가 블랙파워가 서로 옳다구나 연기를 피워도 내게는 천리 밖 남의 얘기다"고 나오며 마종기는 중동 사태의 아랍-이스라엘 분쟁을 대표하는 이스라엘-팔레스타인 갈등, 또한 미국 1960·70 년대의 시민 평등권 운동에 뒤이어서 펴진 블랙 파워

[12] 마종기, "마종기 시 전집," 문학과 지성사, 1999. 119쪽.

운동 둘 다를 멀리 하면서 오직 한국의 서울발 간첩 침투 소식에만 흥분한다. 인종을 인식하기는 이른 시기이지만 정치 그리고 인종에 관심을 두지 않아도 마종기가 '엽전'뿐만이 아닌 '사우스 코리언'이기도 하다는 것을 염두에 두어야 한다.

「6 월의 형식」과 「편지 2」를 또 병치해 봤을 때 마종기가 자신을 스스로 놓은 위치를 살피면 그는 이민 체험 과정상 언제 미국에서의 소수자 의식을 가지게 됐는지 즉 그 출발점을 찾을 수 있다. 「6 월의 형식」에서는 "모국어를 하던 이방인들 사이에서" 자신을 찾았다면 몇 년 후의 「편지 2」에서는 미국사상 중요한 블랙 파워 운동에서부터 천리 밖에 있다. 그나마 다른 이민자들과 비슷하게 미국에 도착하므로 몇몇의 이민자들이 구성하는 무리에서 있더라도 자신이 미국인임에도 불구하고 시민 평등권 요청을 외치는 사람들과 멀리 떨어져 있다. 이 두 장면을 통해서 시인이 이민자로서 자신이 '아메리칸 드림'을 이루었더라도 즉 1 연에 나열되는 일상이 미국식이더라도 자신은 스스로 미국에 이민 온 한국인으로 인식하며 타인의 '사우스 코리언'으로 인식함을 잘 아는 것이 뚜렷이 드러난다. 더군다나 이 두 시편에서 "경제와 살인의 한국 신문" 그리고 미국의 "지방 신문"을 통해서만 고국에 대한 이야기가 나타나는 데에 마종기가 자신이 공간적으로 고국에서 멀리 떨어져있는 것을 인지하고 있다는 것을 보여준다. 게다가 시인이 소수자인 미국 흑인들과 동정할 수 없고 한국에서부터 먼 곳에 떨어져 있어서 신문매체를 통해서만 소식을 들을 수 있으면 그 "모국어를 하던 이방인들"에만 소속될 수 있는 상황이었다. 요컨대 시인은 한국도 아닌 미국도 아닌 가운데의 무형한 데 서 있었다.

이렇게 한국을 떠나는 것과 미국에 도착하는 것을 볼 때 시인의 소수자 의식 형성에 관해서 몇 개의 요소를 같이 생각해야 한다. 하나는 앞에서 「독방」에서 본 것같이 마종기가 한국을 불쾌하게 떠나게 된 것이다. 그 뒤에 시인의 한 눈은 항시 고국을 바라보고 있으므로 새로운 경험들 즉 미국에서 알게 되는 소수자 의식은 고국에서부터 느끼는 소외감과 동류이며 대조될 수밖에 없다. 그래서 어떻게 보면 미국에서 접하는 소수자 의식은 기존의 소외에서 오는 소수자 의식과 달라 시인의 소수자 의식 형성이 수직적인 것이 아니고 수평적인 것으로도 볼 수 있다. 그리고 마종기가 조국을 떠난 5 개월 후 고국에 남아계신 아버지를 여의었다. 고국을 떠나고 똑같은 해 아버지를 여의었으며 미국에 가서는 아들들이 커가는 것을 보면 크게 시인이 잃은 것과 얻은 것으로 나눠서 볼 수도 있다. 그러므로 마종기의 시에서 두 아들의 등장은 자신의 소수자 의식 형성에 관해 중요한 것으로 본다. 그의 소수자 의식이 수평적으로 확산되며 시인의 인생에서 허점이 생기기도 하고 그 허점이 극복되기도 한다.

마종기의 미국 생활 중반기로 넘어가기 전에 시 한 편을 더 봐서 미국 생활 초기의 중요한 심리 상황을 살피도록 하겠다. 『카리브해에 있는 한국』 시집의 중간쯤 수록된 시를 보도록 하겠다.

> 목판을 사서 페인트 칠을 하고 벽돌 몇 장씩을 포개어 책장을 꾸몄다. 윗장에는 시집, 중간장에는
> 전공, 맨 아랫장에는 저널이니 화집을 꽂았다. 책을 뽑을 때마다 책장은 아직 나처럼 흔들거린다. 그러나 책장은 모든 사람의 과거처럼 온 집안을 채우고 빛낸다.
>
> 어느 날 혼자 놀던 아이가 책장을 밀어 쓰러뜨렸다. 책장은 희망 없이 온 방에 흩어지고 전쟁의 뒤끝같이 무질서했지만 그것은 더 이상 흔들리지 않는 가장 안전한 자세인 것을 알았다. 그러나 우리는 안전하지 않다.
>
> 나는 벽돌을 쌓고 책을 꽂아 다시 책장을 만들었다. 아이는 이후에도 몇 번이고 쓰러뜨리겠지. 나는 그때마다 열 번이고 정성껏 또 쌓을 것이다. 마침내 아이가 흔들리는 아빠를 알 때까지, 흔들리는 세상을 알 때까지.
>
> (「책장」, 전문)[13]

시인은 이쯤 어느 정도 정착하듯이 집에 어느 한 방에 책장을 갖다 두었다. "윗장에는 시집, 중간장에는 전공, 맨 아랫장에는 저널이니 화집을" 꽂았다고 나오는 대로 마종기는 미국 생활하면서 자신의 삶도 이렇게 한국 시인, 미국 의사, 그리고 그 외의 사생활로 나눌 수 있겠다. 하지만 책장에서 책을 뽑는 것 같이 자기 인생에서 일부를 읽어서 반성해보려고 하면 그 전체가 흔들거린다. 이 흔들리는 이미지는 앞에 언급한 "6 월의 형식"에서

[13] 마종기, "마종기 시 전집,"문학과 지성사, 1999. 125쪽.

먼저 봤다. 그 시편의 첫 두 행은 다음으로 쓰여 있다. "이국에 도착했을 때/ 내게 남은 것은 흔들리는 몸뿐이었네." 이 흔들림은 동물이 겁을 먹고 긴장해서 떠는 모습을 연상케 한다. 당연히 낯선 곳에 도착하면 긴장한 모습이 보이겠다. 그러면 「책장」에 나타난 "책을 뽑을 때마다 책장은 아직 나처럼 흔들거린다"의 흔들림은 어떻게 읽어야 하는가. 마종기에게 미국이 아직 낯선 곳이란 생각이 드러낸다고 본다. 마종기가 책장 같이 단단해 보이더라도 잘못 만지면 흔들릴 수 있든가 심지어 쓰러뜨리게 할 수 있다고 보여준다. 달리 말하자 시인이 책장 같이 정착되어 보이지만 분해해서 이동할 수 있는 것처럼 고정된 것은 아니다. 즉 이 흔들림을 통해서 마종기는 이미 몇 년 동안 미국생활을 해왔음에도 불구하고 자신을 마침 미국에 도착할 때와 같이 이방인, 미국인이 아닌 소수자로 인식한다는 것이며 흔들림이 시인의 정체에 대한 고민도 함축한다.

손문수도 마종기의 존재의지를 살피는 논문에서 흔들림에 관한 글을 썼다. "마종기 시 전집"에서 첫 시편으로 실린 「나도 꽃으로 서서」의 마지막 두 연은 "나도 한 가지 꽃으로 서서/ 생각 없이 흔들려보면// 우리는 지금도/끝없는 이주민이었구나"이며 [14] 손문수는 이것에서 시인이 불안한 '흔들림'을 선택한 것, 그것은 정착의 안주보다는 그것을 위해 오히려 해메이는 존재이기를 원했던 때문으로 보인다고 [15] 서술한다. 손문수와 '흔들림'을 분석하는 문맥이 조금 다르더라도 확실히 정착의 안주가 아닌 그것을 위한 것이라고 일치하게 독해한다.

여기서 신기한 것은 2·3 연에서 나타나는 시인의 예감이다. 마종기는 자신이 아직 정착하지 않은 상태인 것을 알며 쓰러뜨려져야 제일 안전할 수 있다고 서술한다. 그렇더라도 뒤이어 "그러나 우리는 안전하지 않다"고 나온다. 그 다음의 마지막 연에서는 아들 이야기가 나오는데 이런 흔들림이 일으킬 쓰러뜨림에서 찾을 수 있는 안전은 아들과 연관 있도록 기술한다. 아버지가 책장을 다시 만들었을 때 "아이는 이후에도 몇 번이고 쓰러뜨리겠지"라고 추정하며 마종기는 그래도 "나는 그때마다 열 번이고 정성껏 또 쌓을 것이다"고 한다. 부모의 희생이라고 할 만한 것인데 그 동작은 이민 1 세대와 이민 2 세대의 체험 간의

---

[14] 마종기, "마종기 시 전집,"문학과 지성사, 1999. 24쪽.

[15] 손문수, 「마종기시연구—콤프렉스와 이미지 분석에 의한 존재의지의 탐색을 중심으로-」, 『한성어문학』, 한성대학교 한성어문학회, 제1권, 1982, 166쪽.

차이 혹은 이민 1 세대의 모색과 이민 2 세대의 전대가 정착함의 성과를 누림을 비유한다. 아들이 아버지의 소수자로서의 초조한 마음에 영향을 미친다는 면에서 보면 이 시기 이후의 마종기의 시를 볼 때 그에 대한 아들들의 영향을 주목해야 하겠다.

3. 타자의 목소리의 등장

지금까지 마종기의 『평균율』과 『카리브해에 있는 한국』을 살펴봤는데 그 60년대에 쓴 시들로부터 70년대 말 그리고 80년대로 들어가서 아들들의 목소리가 나타나는 시편들을 살피겠다. 마종기의 아들의 목소리가 등장하는 데에서 미국에 동화한 큰 아들 그리고 아버지를 통해서야 태평양 그쪽의 나라와 연관이 있는 둘째 아들이 한 새 가족의 함께하는 출발과 병행되는 이민 체험의 각 면을 보여준다. 하물며 시인이 소속된 소수집단 범위가 확산되면서 한국계 미국인, 아시안계 미국인, 그리고 미국의 소수자들의 입장이 포함되어 마종기의 깨달음에 더한다. 여기에서 마종기의 작품이 이민 1세대뿐만 아니라 그 후손들까지도 대한민국과 연결시켜주는 가교 역할을 한다고 볼 수 있다. 한편 마종기 시가 한국어로 쓰였다는 점을 감안하면, 이민을 준비하는 사람들과 이민 초기인 사람들에게는 이민자 지침서 역할을 한다고도 볼 수 있다. 시인이 체득한 것이 무엇이며 시로부터 시인에게 어떻게 작용되는지 보겠다.

3.1. 두 아들의 목소리

마종기의 시에서 아들의 목소리는 처음으로 『안 보이는 사랑의 나라』에 실린 표제시에서 찾을 수 있다. 「편지 2」와 비슷하게 이 시편도 부분대로 나눠져 있다. 하지만 특점은 부제가 붙여있는 것 또한 1·2·3으로 나눠져 있는 것이다. 1은 산문, 2는 시형으로 쓰여 있으며 3은 특이하게 대화체로 쓰여 있다. 이 시편을 볼 때 3을 중심으로 살필 것이어서 1과 2는 3의 독해에 도움이 되도록 간략하게 요약하겠다. "1. 옥저의 삼베"에서는 화자가 중학교 시절에 배운 고구려시대 이전의 옥저 나라에 관한 꿈 이야기가 나온다. 화자는 자신이 "옥저라는 작은 나라를 배운" 그날 밤에 "옛날 옥저 사람들 사이에 끼여 조랑말을 타고"가고 있었는데 "드디어 딴 나라의 큰 마을에" 당도했다고 한다.[16] 마종기는 1에서 중학교 시절의 이야기를 기억해 냈는데 어렸을

[16] 마종기, "마종기 시 전집,"문학과 지성사, 1999. 230쪽.

때의 기존의 소수자 의식을 보여준다. 그 당시에도 시인이 작은 무리의 사람들에 소속된다는 생각이 있었고 또한 그 꿈속에서 "딴 나라의 큰 마을"에 가서 살게 되기도 했다.

넘어가서 "2. 己亥年의 강"에서는 역사적인 인물의 이야기가 나온다. 부제 아래 삽입된 인용구에서 나오다시피 2의 내용은 기해년인 1839년에 박해를 받은 순교복자 성 최창흡 베드로에 대한 이야기이다.[17] 소수자 의식에 관하여 여기서 주목할 것은 시적 화자가 순교자보다 더 드문 그들 가운데 제일 공경을 받는 순교복자인 것이다. 화자가 "안 보이는 나라를 믿는 안 보이는 사람들" 중의 한 명으로써 그의 세계관을 보여준다. 1·2를 통해서 시인은 「안 보이는 사랑의 나라」의 첫 두 부분에서 다른 곳에 가는 자와 다른 곳에 가려고 하는 자의 소수자 의식을 나타낸다. 하물며 그 소수자들은 한국인들의 조상들이어서 시인이 한반도 국경 내에 있는 소수자들과 연관을 짓는다고 볼 수 있다.

그러면 1·2의 소수자 의식이 3에 어떻게 작용되는가. 이희중은 "기억의 지도"에서 이 시의 "3. 대화"에 대해 이렇게 서술한다. "이 대화체의 시에서 아들의 역할은 마치 대담 진행자처럼 아버지의 말을 이끌어 내는 데에 있다."[18] 3에서는 시인이 아들과의 대화를 재현하며 소수자 이야기가 나오지 않아 화제는 아버지인 마종기가 무엇을 찾는가이다. 이 부분의 끝에 두 사람 각각의 독백이 있는데 아들의 말은 지금까지 쓴 '소수자 의식'과 '이민 체험'이 '찾기'에 관한 것이라고 하는 말로 읽을 수 있다. "—아빠, 갔다가 꼭 돌아와요. 아빠가 찾던 것은 아마 없을지도 몰라. 그렇지만 꼭 찾아보세요. 그래서 아빠, 더 이상 헤매지 마세요."[19] 1에서는 딴 나라로, 2에서는 "안 보이는 나라"로[20] 가는 사람들이면 3에도 아버지가 어딘가로 떠나는 사람으로 읽히며 무엇을 찾으러 떠난다고 아들이 말한다. 그러므로 그 찾으려 하는 것은 무엇인지 나오지 않지만 중요한 것은 무엇이든가 찾아보라고 하는 말이다. 「안 보이는 사랑의 나라」가 그 당시 시인의 길을 명료하게 보여준다.

아들의 목소리로 시인이 더 이상 헤매지 않도록 찾으려 하는 것을 찾아내라고 하는 조언이 나오고 시인의 독백에서 "눈사람

---

17 앞의 글, 231쪽.

18 이희중, 「기억의 지도—마종기론」, 『기억의 지도』, 1998. 146쪽.

19 마종기, “마종기 시 전집,”문학과 지성사, 1999. 234쪽.

20 앞의 글, 231쪽.

되어 쓰러지기 전에 일어나 길을" 떠나겠다는 의지도 보인다.[21] 후자는 「책장」의 흔들림의 장면을 연상케 하여 낯선 나라에서 정착하도록 자신에 만한 버팀목을 찾고자 하는 의지를 담겼다. 시인에게 중요한 대화이며 "이 시는 내 생애의 한 분기점이 되는 때에 쓰인 것이다"고[22] 시인도 인정한다. 게다가 이 시편을 섰을 때 오래 동안 계획했던 귀국을 포기할 수밖에 없게 됐던 상황에 대해 다음과 같이 서술한다. "갑작스럽게 고국의 직장에서 정치적 이유로 쫓겨난 동생이 식솔을 거느리고 무작정 미국 땅으로 왔다. 그런데다가 은퇴하신 어머니까지 갈 곳이 없어 내게 오시게 되었다. 나는 갑자기 큰 부양가족의 책임을 지게 되었던 것이다."[23] 이때껏 내성적인 시인 마종기는 1980년대를 자신의 과도기로 삼아 반성했으며 80년대 후반에 쓴 시들로 넘어가서 두 아들을 통해서 무엇을 취득하는지 보겠다.

『그 나라 하늘빛』이라는 시집을 보기 전에 이 시집에 관한 글을 보도록 하겠다. "서사의 내용들인 체험은 대체로 의사로서, 미국 교포로서, 혹은 가족들 (앞선 시집들은 특히 아버지에 대한 기억과 추모가 많았는데, 이번 시집은 아들이 자주 등장한다. 그도 이제는 장성한 자식을 둔 아버지가 된 것이다)이 겪은 사적인 체험들이다. 그러나 그의 '사적인' 체험은 그의 사사로운 일상으로 가라앉는 사소한 이야깃거리가 아니라, 의사로서, 재미교포로서 끈질기게 그의 의식을 갉고 있는 조국에의 새로운 인식으로 확산 혹은 상승하는 체험이다."[24] 이상에서 살핀 「안 보이는 사랑의 나라」같이 단 한국인인 소수자로서만 아니고 김병익이 쓴 대로 "의사로서, 재미교포로서" 시인의 의식이 확산된다. 그래서 그것이 어떻게 확산되는지 또는 어떻게 변하는지를 보러 「외로운 아들」이란 시편을 살피겠다. 이 시편은 한국계 미국인인 아들의 이야기여서 다시 그의 두 아들을 통해서 시인의 소수자 의식을 살피고자 한다.

「외로운 아들」도 1·2·3으로 나뉘어 있으며 1은 아들의 어린 시절, 2는 대학 시절, 그리고 3은 성인이 된 아들한테 하는 이야기로 나온다. 1을 더 자세히 보면 1연과 2연에서는 시인이 한국에서 미국에 이민 가서 아들의 미국사회에 동화 즉 한국어 상실하는 것에 초점을 둔다. 마종기에게는 부끄러운 일이기도

---

[21] 마종기, “마종기 시 전집,”문학과 지성사, 1999. 234쪽.

[22] 마종기, “당신을 부르며 살았다.” 2010. 70쪽.

[23] 앞의 글, 71쪽.

[24] 김병익, 「투명한 시의 깊은 말」, 『그 나라 하늘빛』해설, 1992. 115쪽.

했지만 아들의 입장에서는 필수불가결하게 이민 과정상 그럴 수밖에 없는 일이었을 것이라고 1연의 마지막 세 행에서 잘 나타난다. "너는 송아지 노래도, 나비야 노래도 잘하더니/ 학교에 들어가자 일 년도 못 되어 한국말을 끝내버렸어./ 친구들 못 알아듣는 말에 한동안 당황해하더니."[25] 아들은 학교에 들어가서 영어를 써야 했고 애초에 학우들과 의사가 소통되지 않아서 한국계 미국인으로써 소수자였다. 아버지인 시인은 2연의 마지막 행에 아들을 가리키는 대로 아들이 적응되어 갔더라도 이것을 알고 있었다, 즉 아들은 "학교에서는 인기 있고 똑똑한 동양계 미국인"[26] 이었다. 시인이 이러한 한국어의 상실 혹은 영어를 모국어로 삼게 되기가 미국사회에 동화 과정에서의 일부인 것을 알게 되며 동화하는 아들이 소수자 즉 동양계 미국인으로 봐야 하는 것을 이 시편에서 이것을 반증한다.

3연은 아버지가 아들을 자랑스럽게 여기는 내용인데 역시 아들이 소수자인 것은 또 나온다. "난데없이 학교 밴드는 아리랑을 연주해주고/ 학부형들 몰려와 축하의 악수와 포옹을 할 때/ 처음으로 동양인이 이 학교의 일등이라는 말."[27] 마종기는 시에서 아들이 '동양계 미국인' 또는 사람들의 눈에는 그냥 '동양인'으로 보이는 것을 놓치지 않는다. 2로 넘어가서 아들의 소수자 의식의 형성이 뚜렷하게 그려진다. 2에서는 대학생 된 아들이 한국에 가서 또래 한국 대학생들과 어울리지 못하는 것이 묘사된다.

> 민중의 노동자가 아니면 매판 자본가가 쉽게 되는 시대,
> 돌팔매질에 앞장서야 광이 나는 한 판과
> 최루탄 수없이 쏘아대는 딴 극단의 한 판,
> 그 사이에 보이는 어려운 방정식의 날들을,
> 고국의 어려운 곡예의 높이를 내가 뭘 알겠니.
> 너는 그래서 속한 곳이 없는 것을 알게 되었지.
> 때때로 자랑스럽고 좋아서 미치는 조국,
> 미우면 돌팔매질하고 눈물도 흘리는 조국,
> 그런 감정의 조국이 없다는 것을 알게 되었구나.
> 대학에 가서는 동양계 학생과 더욱 친해지고

---

[25] 마종기, "마종기 시 전집,"문학과 지성사, 1999. 315쪽.

[26] 앞의 글, 315쪽.

[27] 앞의 글, 316쪽.

숨어서는 한글 교과서를 열심히 읽는 얼굴,
아비에게 들켜서는 가늘게 웃는 상처의 얼굴.
(「외로운 아들」, 부분)[28]

위에는 2의 일부인데 아들의 소수자 의식이 시에서 그려지며 시인이 그것을 알게 된 것이어서 아들의 체험이 마종기의 소수자 의식에 영향을 미친 말이다. 아들이 "속한 곳이 없는 것을 알게" 되며 그의 아버지는 자신과 비교해서 아들이 "때때로 자랑스럽고 좋아서 미치는 조국,/ 미우면 돌팔매질하고 눈물도 흘리는 조국,/ 그런 감정의 조국이 없다는 것을 알게 되었구나" 탄식하며 말한다. 시인은 고국에 대해 이러한 감정을 느끼는 반면 아들은 그런 감정을 일으키는 자기 나라가 없어 가련하게 묘사된다. 그래도 아들이 미국에 돌아가 "대학에 가서는 동양계 학생과 더욱 친해지는" 것을 보며 시인은 그들이 구성하는 동양계 미국인의 소수집단에 대해 관심이 생긴다.

그러나 3에서는 시인이 아들에게 충고를 하는 데에 있어서 책상에 고국의 태극기를 꽂힌 사람과 다르게 나라의 개념을 벗어나서 아들 자신이 편안한 곳을 찾으라고 한다. 이전의 2와 비슷하게 아버지가 아들에 관한 이야기를 하는 데에 있어서 자신에 대한 이야기로 읽을 수 있다. 그래서 충고 속에 시인이 자신에게 하는 말도 들어있다고 하면 그 "나라보다 더 크고, 넓고, 푸른 곳"을[29] 찾고자 하는 것이 마종기가 「안 보이는 사랑의 나라」에서의 찾으려 했다는 것 일 수도 있다. 이쯤부터 마종기는 내성적인 시가 아닌 두 아들의 인생 혹은 타인의 인생에 관심을 갖게 되고 숙고하게 된다.

이상 「외로운 아들」에서는 큰 아들의 목소리 및 그의 이야기가 나왔으며 「日記, 넋놓고 살기」로 넘어가서 둘째 아들에 관한 2를 보겠다.

2. 내 생애는 성공하겠습니까?

딴 도시의 대학 기숙사에 가 있는 둘째는
자기 전공보다 동북아시아의 종교에 더 취해 있다.
고려말의 큰스님 지눌을 제일 좋아하고

---

[28] 마종기, "마종기 시 전집,"문학과 지성사, 1999. 316-7쪽.

[29] 앞의 글, 318쪽.

화엄과 참선을 영어책으로 공부하고 있다.
—아버지, 안녕하십니까?
  내 생애는 성공하겠습니까?
조금 배운 한글로 편지를 보내왔다.
인권 변호사가 되어 소수 민족을 돕고 싶다는
여자 친구 하나 못 사귀어본 둘째가 보고 싶다.
오늘은 장거리 전화라도 해주어야겠다.
너만 좋다면 생애도 성공도 걱정하지 말라고.

(「日記, 넋놓고 살기」, 부분)[30]

"2. 내 생애는 성공하겠습니까?"의 첫 행이 「안 보이는 사랑의 나라」의 1에서의 옥저 나라 같은 '딴 나라'를 반영한다. 마종기는 이제 두 아들에 관한 이야기를 하는 데에 있어서 이번에는 이국에 아버지 때문에 간 큰 아들이 아닌 "딴 도시의 대학 기숙사에 가 있는 둘째" 아들, 미국 토지에서 첫 숨을 쉰 둘째 아들의 이야기다. 둘째 아들도 역시 마종기의 눈에는 소수자에 해당된다고 보인다. "자기 전공보다 동북아시아의 종교에 더 취해" 있어 '화엄과 참선을' 공부하는 사람들은 많지 않겠는데 둘째 아들은 그것을 "영어책으로 공부하고 있다." 그러므로 그의 관심사에 관해서 소수자로 그려지고 그의 장래 희망도 흔하지 않는 꿈으로 나온다. 즉 "인권 변호사가 되어 소수 민족을 돕고 싶다는" 희망이다.

여기서 첫째 아들의 이야기처럼 둘째 아들의 이야기를 통해서 아버지의 의식이 확산된다. 둘째가 소수 민족의 소수자들과 동정할 때 시인에게 깨달음의 계기가 나타난다. 정현기는 이 시편에 대해 "아들도 이미 자신이 '소수 민족'의 일원임을, 그것이 그가 짊어진 운명임을 꿰뚫어 알고 있어서 아버지의 외로움은 더욱 크다" 고 쓴다. 둘째 아들이 소수자여서 더 내성적인 입장을 취하게 되며 마종기부터 더 멀어진다고 "아버지의 외로움은 더욱 크다"고[31] 하는데 후자에 대한 의구심이 든다. 둘째 아들이 더 내성적인 성격을 가지게 되는 것을 인정해 도리어 마종기는 아들이 체험하는 전공이 아닌 것에 취하는 것 또한 사람들을 돕고

---

30 마종기, "마종기 시 전집,"문학과 지성사, 1999. 366-7쪽.

31 정현기, 「시인 마종기론—시의 집 짓기'와 시적 편력」, 『마종기 깊이 읽기』, 1999. 239쪽.

싫은 것을 자신도 체험했기 때문에 더 큰 외로움을 느끼기보다 아들을 이런 면에서 더 가까이 할 수 있다고 본다. 두 아들의 소수자 경험을 통해서 마종기는 자신의 체험에 덧붙여서 자신 같은 한국인의 소수자 의식부터 한국계 미국인의 소수자 의식도 인식하게 됐다.

3.2. 한국계 미국인의 목소리

3.2에서는 가족이 아닌 다른 한국계 미국인들 즉 재미교포들의 목소리로 넘어 간다. 마종기 시를 살펴보면 한국계 미국인의 목소리는 「그 나라 하늘빛」과 「휘닉스 파크로 가는 길」에서 찾을 수 있다. 『그 나라 하늘빛』 시집의 표제시를 봐서 시인의 소수자 의식이 자신 그리고 아들들의 경험에만 한하지 않고 다른 사람들의 목소리를 포함해서 어떻게 형성되는지 살피겠다. 이 시편도 역시 1·2·3으로 나눠져 있다. 1은 '남도'인 한국에 대한 노래이다. '남도'가 함축하듯이 과거 혹은 시인의 기억 속 나라의 하늘빛이 그려진다. "그러나 나라의 얼굴은 큰 도시만이" 아닌 "시골 마당 어느 촌"까지 감싸준다고 하며 그 하늘을 노래하는 데서 "곳곳에 숨어 살고 있는" "반가운 얼굴들"을 연상시킨다. 시인이 「그 나라 하늘빛」을 이런식으로 시작하여 다시금 한국으로부터라는 시발점에서 이러한 몇몇 은일한 듯하는 것을 언급한 뒤 이민 이후의 이야기를 한다.

> '고국에 묻히고 싶다'—교포 신문의 큰 제목
> 병고에 시달리는 재미교포 노인의 호소
> 그러나 노인은 고국의 땅값을 잊은 모양이지.
> 수십 년 노동으로 사놓은 때전 그 집 팔아도
> 고국의 땅을 몇 평이나 살까, 몸이나 눕힐까.
> 쓸데없는 욕심입니다—신문 던져버렸는데
> 며칠째 그 노인의 누운 사진이 눈에 번진다.
>
> —그렇다면 좀 자세히 들어보세요.
> 시체를 고국에 운반하려면 돈도 많이 들고
> 시체 출국 수속 절차도 아주 복잡하답니다.
> 묘지값 비싼 것이야 말할 것도 없겠지요.
> 그뿐인가, 재산 털어 설사 고국 땅에 묻혀도
> 어디서 왔느냐고 죽어서도 발길질당할지.
> 정 돌아가시겠다면 유골로 가는 게 어떠세요.

—자네는 내 말을 잘못 알아들었군.
나는 고국의 비싼 땅에 묻히려는 게 아니고
그 나라 푸른 하늘 속에 묻히고 싶다는 말일세.
고국에 비가 오면 나도 같이 젖어서 놀고
비 그치고 무지개 피면 나도 무지개를 타겠지
그 나라 하늘빛에 묻히고 싶다는 말일세.
또 언젠가 깨어나서 그 하늘 한쪽이 된다면
고국의 산천은 언제나 눈앞에 서 있지 않겠는가.
더 이상 사무치지 않아도 되지 않겠는가.
그런데 참, 선생은 그 나라 하늘빛을 아시는가.

(「그 나라 하늘빛」, 2의 전문)[32]

2는 세 개의 연으로 쓰였으며 1연은 신문에 나온 교포의 목소리를 소개하고 2연과 3연은 시인과 신문에 나타난 교포의 대화를 구성하는 각각의 말이다. 「6월의 형식」과 「편지 2」에서 본 것처럼 마종기가 신문매체를 이용한다. "'고국에 묻히고 싶다'"라는 "교포 신문의 큰 제목"을 그대로 옮겨서 "시적 자아를 바꾸어가며 고향을 떠난 화자와 시인 자신의 감정을 이입적 방법으로 동일화시키면서 귀향을 열망하면서도 그러지 못하는 착잡한 심정을 드러내고 있다. 그리고 이 시집의 표제시인 「그 나라 하늘빛」은 고국에 묻히기를 소망하는 교포 노인의 심정을 절실하게 이해해주고 있다."[33] 그 기사 제목을 가지고 시인이 타(他) 재미교포의 고국으로 가고픈 향수를 소재로 삼아 그 신문에 나타난 지 며칠 후 별세한 재미교포 노인과 가상 대화를 시작한다.

시인은 재미교포 노인에게 시체를 미국에서 한국에 운반하기가 비싸고 복잡한 수속 절차도 걸쳐야 한다고 말한다. 그 다음 시체 운반 과정을 넘어서 "고국 땅에 묻혀도/ 어디서 왔느냐고 죽어서도 발길질당할지"라고 말한다. 이것은 시인의 생각을 노인에 반사하는 것이며 시인은 이제 고국에 돌아갈 수 없다는 것을 인지한다는 말이다. 따라서 고국을 그리워하는 마종기는 "고국 땅에 묻혀도" "발길질당할" 것이라고 미국에 살아가면서

[32] 마종기, "마종기 시 전집,"문학과 지성사, 1999. 387-8쪽.

[33] 김병익, 「투명한 시의 깊은 말」, 『그 나라 하늘빛』 해설, 1992. 119쪽.

한국과 더 멀어졌으면 한국과 미국 사회에서의 소수자 의식을 전달한다. 이제 돼서 한국에 돌아가더라도 "어디서 왔느냐고" 사람들이 물을 것이고 여전히 "죽어서도 발길질당할" 것이니 차라리 돌아가겠다면 발길질을 피하기 위하여 유골로나 돌아가기를 선호하겠다고 서술된다. 하지만 교포 노인의 말이 나오는 3연으로 넘어가서 「외로운 아들」과 「일기, 넋놓고 살기」에서 나온 아들들에게의 충고와 같이 재미교포 노인이 시인에게 "나는 고국의 비싼 땅에 묻히려는 게 아니고/ 그 나라 푸른 하늘 속에 묻히고 싶다는 말일세"라고 한다. 이것은 하늘을 향해 날아가기보다 더 넓은 곳으로 또한 국경이라는 것을 초월해 가려고 하는 말이다. 1을 다시 언급하여 그 하늘에는 여러 가지 얼굴이 있다고 하고 노인은 그럼에도 불구하고 공간적인 한정과 시간적인 한정을 초월해서 자신만한 자리에 눕겠다고 한다.

「그 나라 하늘빛」의 3을 보면 시인의 말이 더 추상적인 것으로 변하지만 마지막 연에서 중요한 깨달음이 나온다. "한 나라의 슬픔도 문을 열면 들린다./ 한 사람의 사랑도 문을 열면 보인다./ 우리들의 부끄럽고 아득한 길을 다 열면/ 그 길 끝나는 곳에서 그 나라의 하늘빛이..."[34] 마종기가 「독방」에서의 "지껄이던 자유"를 찾으려 했든가 다른 무엇을 찾으려 한 것이 여기서 나오는 "그 나라의 하늘빛"인지가 분명하지 않지만 시인의 의식이 더 넓은 시각 즉 '슬픔'과 '사랑'을 통해서 그 무엇인가를 알게 될 수 있는 시각을 가지게 되었다. 이 시편에서 재미교포 노인의 목소리를 통해서 시인의 고국에 대한 인식이 바꾸었다는 것이 나오며 그러므로 자신의 소수자 의식 즉 다른 사람들로부터 멀리 있는 것도 변하면서 자신과 타인이 서있는 곳은 다를 수 있지만 똑같은 그 넓은 나라라는 개념을 초월하는 하늘 아래에 있다는 것을 알게 된다.

하물며 「안 보이는 사랑의 나라」의 "1. 기해년의 강"으로 돌아가서 순교복자 이야기 같은 맥락에서 「그 나라 하늘빛」의 3을 독해할 수 있다. 2연은 다음으로 나온다. "루르드나 파티마의 서양 처녀들이 본/ 그 나라 하늘 빛은 기다려주겠지./ 그 빛 속에서 깊은 말 들린다는 것/ 내 귀가 문을 열면 알아들을까." 성모 마리아의 유령이 나타난 루르드와 파티마 두 마을의 민간들의 신앙을 차용해서 노인 또한 시인이 찾고자 하는 그 나라를 한편 신화화해서 더욱 아름답게 그리려고 했지만 실제로 관념화되어서 생전에 닿을 수 없게 된다. 이 시편의 1·2·3을

[34] 마종기, "마종기 시 전집,"문학과 지성사, 1999. 389-390쪽.

합해서 볼 때는 허무한 깨달음을 밝힐 수 있어 보다 항시 뒤돌아보아서 어디론가 귀향하겠다는 마음이 무의미하다는 말일 수 있다. 그러므로 뒤돌아보다가 오르페우스와 똑같은 운명을 맞이하지 않으려면 이민 과정에서 자신의 정착을 목표로 해야 한다는 것이다.

그런 후천적이고 넓은 세계관을 가지게 되는 반면, 「휘닉스 파크로 가는 길」에서는 대체적으로 재미교포 공동체를 통해서 자신이 소수자인 것을 잘 파악하고 그것을 받아들이려고 하는 것이 보인다.

> 교포 일간지의 현상 모집 시 수백 편을 심사하다가
> —고단한 이민의 삶이여, 청과상의 새벽이여,
> —국적기를 타고 당당히 고국에 가보고 싶다.
> 많이는 우울하고 답답하고 순진한 글을 읽다가
> 머리 무거워 집어든 고국의 문예 잡지, 산뜻한 광고.
> —남과 다르게 살고 싶은 삶.
> —휘닉스 파크.
> —휘닉스 파크는 다릅니다. 스카이 콘도 분양 시작.
> —명예와 긍지를 최우선, 남과 다르게 살자.
>
> 그랬을까, 나도 한때는 남과 다르게 살고 싶었을까.
> 머리털부터 발끝까지 서양식으로 분장을 마치고
> 명예와 긍지를 위해 외국말을 하며 살고 싶었을까.
> 휘닉스 파크는 서양 신화의 불사조가 사는 공원,
> '휴양과 건강을 리후레쉬하는 정적인 장소'라고
> 휴양을 어떻게 리후레쉬한다는 거지?
> (서울 친구는 '파크'를 작은 호텔의 통칭이라고 했지.
> '가든'은 정원이 아니고 불고깃집,
> '하우스'는 집이 아니고 온실 재배의 비닐 천막,
> 오래 밖에서 살다 오면 이런 것 배우기도 재미있겠지.)
>
> (「휘닉스 파크 가는 길」, 부분)[35]

위에 두 연을 보면 시인이 또 다시 매체를 통해서 이야기를 꺼낸다. 이번에는 교포 일간지와 한국의 한 문예 잡지이다.

---

[35] 마종기, "마종기 시 전집,"문학과 지성사, 1999. 455쪽.

전자에서 나오는 목소리들의 주인들은 얼굴 없는 재미교포 시인들이며 마종기가 조기의 쓴 것의 메아리로 읽힌다. "고단한 이민의 삶," "고국에 가보고 싶다"는 마음, 그리고 "남과 다르게 살고 싶은 삶"은 마종기가 재미교포 시인들의 자작 현상 모집 시에서 인용한 구절들이다. 이에 한 한국 문예 잡지에 실린 광고도 인용한다. 그렇다면 위의 2연의 1행을 보면 시인이 자신에게 묻는다. "그랬을까, 나도 한때는 남과 다르게 살고 싶었을까." 이렇게 재미교포들과 더 잘 살라는 광고에서 나타나는 것과 똑같은 희망이 있었는지에 의문하는 것이 시인의 아직 미국에 적응되지 않는 재미교포들과 서양 문화를 이상화하는 한국인들에 대한 생각을 나타낸다. 답답하고 우울한 글들만 읽다가 한국사람들의 서양 문물을 선호한다는 것을 보니 시인은 재미교포들의 향수와 한국인들의 미국을 낭만화하는 것에 대해 시적 논평을 한다.

재미교포 시인들의 고민을 잘 아는 시인은 오직 한 행 반만으로 이들에 대해 쓴다. 형용사와 형용사구로 구성된 부분이며 자신의 "머리(를) 무거워"질 만큼 "우울하고 답답하고 순진한 글"이다. 현실적이고 털어놓은 내용은 너무 익숙해서 시인에게 이민 생활에 대한 글을 읽는 것이 힘겹다. 이대로 넘어가서 그 잡지 광고에 대해 집중적으로 시를 써내려 나간다. 2연의 마지막 네 행은 삽입구이며 내용은 한국인인 친구가 마종기에게 '집'에 관한 영어 외래어가 한국 사회에서 갖춘 의미를 설명하는 것이 나타난다. 시인은 "오래 밖에서 살다 오면 이런 것 배우기도 재미있겠지"라고 한다. 그러나 표면적으로 재미있다고 말해도 화자의 어조는 비판적인 색을 띤다.

이 연에 첫 몇 행을 보면 그 어조가 분명하게 들린다. "그랬을까, 나도 한때는 남과 다르게 살고 싶었을까./ 머리털부터 발끝까지 서양식으로 분장을 마치고/ 명예와 긍지를 위해 외국말을 하며 살고 싶었을까." 두 문장의 의문형식이 날카롭게 읽힌다. 이 시편의 마지막 연으로 넘어가서 어조가 느슨해지지는 않다. 요컨대 이 시편에서는 재미교포 이민자들의 목소리를 이용해서 자신도 그 입장을 안다는 것을 보여주는 반면 서울 친구의 목소리가 들어오면서 고국과의 멀어짐도 보여준다. 그러나 마종기가 이민 초기의 시에서와 달리 고국에 돌아가는 것만 갈망하지는 않는다는 것을 알 수 있다. 그는 여전히 고국에 돌아가고 싶어 하지만 그 마음의 크기가 점점 더 작아지고 있는 것이다.

3.3. 정치적·인종적·성적 목소리

지금까지 한국인 혹은 재미교포의 목소리만 살펴봤는데 마종기의 소수자 의식이 미국인으로서 어떻게 형성됐는지 보기 위하여 한국계 미국인을 포함하는 아시안계 미국인 혹은 아시안 아메리칸의 목소리로 범위를 넓히겠다. 또한 자신이나 두 아들과 직결되지 않는 타인 혹은 타민족을 인식함으로써 그의 시에서 나타나는 소수자를 보고자 한다. 그것은 바로 「빈센트의 추억」에 있다. 이 시편도 연작으로 된 것이며 초점은 "3. 중국인 빈센트"에 둘 것이다.

3. 중국인 빈센트

누가 빈센트를 죽였나.
(20대의 중국계 청년 빈센트는 자동차 도시 디트로이트의 어느 술집에서, 난데없이 내리치는 백인의 몽둥이에 머리가 으깨져 죽었다. 자동차 회사에서 해고를 당한 후부터, 동양인은 다 죽여야 한다고 주정을 자주 했다지. 싼 임금으로 만든 동양의 자동차가 수입되어서 자기가 밀려난 거라며, 일본 차를 까듯 술김에 한 방 쳤지.)

누가 빈센트를 죽였나.
(재판정에서 백인 재판장은 술김의 실수니까, 특별히 용서를 한다고 가벼운 징역 2년형을 내리고, 얼마 있다가 살인한 백인을 무죄 석방시켰다.)

누가 빈센트를 죽였나.
(우리는 데모를 하고, 공정한 재판을 하라, 동양 사람 차별이다. 고함을 치다가, 모두들 비켜 지나가는, 눈 내리는 도시 한복판에서 고함을 치다가, 보이지 않는 겨울 하늘을 향해 주먹을 던지다가, 지쳐서 돌아오는 내 얼굴, 아직도 뜨겁게 달아 있더군.)

누가 오래된 빈센트를 죽였나.
(태오야, 궁색하게 남의 나라에 와 살면서 공연히 억울해하는 내가 우습지? 누가 미국에서 살라고 했냐고 말해주고 싶지? 그래, 네 말이 다 맞다. 그러나 너도 한번 뒤돌아보아라. 피부색보다 더 연한

정치색이 다르다고, 아직도 사람이 사람을 패서 죽이고 있다. 물통에 머리도 쑤셔박고 있다.)

누가 오래된 우리의 빈센트를 죽였나.

(「빈센트의 추억」, 3의 전문)[36]

이 시편을 다루기는 쉽지 않다. 그 이유는 마종기가 1·2·3·4로 나눈 네 개의 이야기를 연결시켜서 빈센트 반 고흐의 고독한 목소리와 자신의 목소리를 합성함으로써 시인이 시에서 고민을 푸는 것이기 때문이다. 이 시편의 구성을 간략하게 설명하면 시인이 떠도는 빈센트 반 고흐의 입장이나 예술가 빈센트 반 고흐의 입장에서 그 인물에 자신을 비친다. 또한 빈센트 반 고흐가 실제로 남동생에게 편지를 쓴 대로 마종기도 자기의 남동생에 대한 편지 형태로 이 시편을 썼다.[37] 이것이 「빈센트의 추억」의 기반이라면 3의 "중국인 빈센트" 이야기는 어떤 의미를 가질까.

우선 마종기가 한국어로 재현한 중국계 빈센트의 살인 사건에 대해 알아야 한다. 빈센트 친 (Vincent Chin) 살인 사건의 배경은 1연에서 잘 요약되어 있다. 1982년 6월 19일에 벌어진 인종차별 살인 사건이었다. 이 사건이 비극적이었으며 아시안계 미국인들의 시민 평등권 운동의 동원 촉매였다. 기자 겸 학자 헬렌 찌아(Helen Zia)는 이에 대해 다음과 같이 말했다. "빈센트 친 사건은 모든 아시안 아메리칸들에게 분수령이었다. 이전에 대학생들과 진보적인 활동가들이 '아시안 아메리칸'의 명칭을 채택하긴 했지만 차이나타운, 저팬타운, 코리아타운의 일반인에 관한 한 그들은 스스로 각각 민족으로만 인식했다. 우리가 처음으로 스스로 차별을 받고 우리의 시민 평등권을 위해 싸워야 했던 미국의 소수 인종으로 인식했다. 빈센트 친 사건이 아시아태평양계 미국인들이 스스로 정의된 미국의 소수 인종으로의 등장을 표시했다."[38] 즉 빈센트 친 살인 사건이 미국

[36] 마종기, "마종기 시 전집,"문학과 지성사, 1999. 351-2쪽.

[37] Stone, Irving. "Dear Theo: The Autobiography of Vincent van Gogh." New York: Doubleday, 1958. p. vii.

[38] Yip, Alethea. "Remembering Vincent Chin." 『http://asianweek.com/061397/feature.html』, 1998.

사상 아시안 아메리칸의 공동체 인식 그리고 소수자 의식의 시발점이었다. 덧붙여서 이 시편의 제목 「빈센트의 추억」이 오늘날에도 아시안 아메리칸 활동가들의 구호로 남아있다.[39]

시인은 자신의 이민 체험 그리고 그 뒤에 두 아들의 소수자 의식을 통해서 자신의 소수자 의식이 형성되는 데에 있어서 빈센트 친 살인 사건을 자작시에서 다루는 것이 마종기의 소수자 의식의 형성에 큰 의미가 있다고 본다. 각 연의 나오는 삽입구의 흐름을 보면 마종기가 빈센트 친의 살인 사건과 자신의 이민 체험 이야기를 융합한다. 1연에서 빈센트 친 살인 사건에 대한 배경이 나오며 2연으로 넘어가서는 그 당시의 판정에 대한 이야기가 나오고 3연에서는 판결의 부당성으로 인한 항의 과정이 시에서 펼쳐진다면 2·3연에서부터 시인의 이야기와 섞이기 시작한다. 2연에서 마종기가 수감된 사실을 연상시키며 3연에서는 빈센트 친 살인 사건에 대한 항의가 한국의 데모 문화와 아주 유사하게 그려진다. 특히 시인은 후자를 통해서 「편지 2」에서 블랙 파워와 너무 멀리 있었던 느낌과 다르게 이번에는 자신이 아시안 아메리칸인 만큼 빈센트 친과 활동가들을 동정하는 것으로 보인다. 시인은 자신의 역사와 아시안 아메리칸의 역사의 공통점을 발견하면서 자신 역시 아시안 아메리칸, 소수자 인종에 속한다는 것을 새롭게 인식한다. 그러므로 끝에서 두 번째 연의 삽입구를 보면 시인이 동생에게 이민 체험에 대해 직설한다. 미국에서 겪은 소수자로서의 어려움을 인정하지만 "피부색보다 더 연한 정치색" 즉 한국에서 겪었던 소수자 경험과 같이 "아직도 사람이 사람을 패서 죽이고 있다"는 것, "물통에 머리도 쑤셔박고 있다"는 것을 거론해서 응수한다. 조기의 시에서 피하던 인종 또한 정치적인 소수자 의식이 여기서 마침 나온다.

여기서 이 시편의 틀은 빈센트 반 고흐의 이야기로 잡힌 것을 유념해야 한다. 빈센트 반 고흐의 회화 솜씨가 빼어난 것이 주지의 사실인 만큼 그의 고적한 인생도 잘 알려져 있다. 마종기는 이 시적인 비교 기법으로 전혀 자신의 글 솜씨에 대해

"I think that the Vincent Chin case... was a watershed moment for all Asian Americans... Previously, there were mostly college and progressive activists who had taken up the name 'Asian American,' but as far as the average person in the Chinatowns, Japantowns, Koreatowns, they considered themselves their own ethnicity. For the first time, we considered ourselves as a race, a minority race in America that faced discrimination and had to fight for our civil rights. The Vincent Chin case marked the beginning of the emergence of Asian Pacific Americans as a self-defined American racial group."

[39] "빈센트의 추억"과 비슷한 "빈센트 친을 기억하라!" (Remember Vincent Chin!)

과시하는 것이 아니며 도리어 적막함의 심기를 빌려 「빈센트의 추억」에서 본인의 소수자라는 정의가 더욱 명확해지는 데서 부각시키려고 시풍에 큰 영향을 미친다. 특히 빈센트 친 살인 사건에서 인종 별로 구분되는 반면 유럽인인 빈센트 반 고흐를 등장시켜 전 단락에서 인용한 "아직도 사람이 사람을 패서 죽이고 있다"는 문장의 비중을 더한다.

마종기의 시가 이러한 소수자 의식을 나타내게 되며 시인이 한국인 소수자로부터 두 아들을 통한 동양계 미국인의 소수자에 관심이 생기게 된다. 그 다음에 한국계 미국인 즉 재미교포들의 목소리가 시에서 나타나서 시인의 소수자 의식이 더 포괄적으로 미국에 이민 간 한국인으로서뿐만 아닌 미국 사회가 속하는 재미교포들의 입장을 인식하게 된다. 게다가 시에서 재미교포들인 소수자들이 소속되는 아시안 아메리칸들을 동정한다고 보인다. 그러면 이러한 소수자들은 시인과 연관이 있는 혹은 시인이 포함될 수 있는 소수자 단체들인데 그렇지 않은 소수자가 시에 이입되는 경우를 보고자 한다. 마종기와 제일 멀리 떨어져 있는 소수자의 목소리는 「게이의 남편」에서 나온다.

내 친구 지미가 죽었다.
흰둥이 지미는 병원 초음파실 기사실장,
내 논문 문장도 도와주고 볼테르의 철학을 좋아한,
오른쪽 귀에 은 귀고리 당당하게 달고 다니던
동성 연애, 게이, 착하고 똑똑한 호모.

샌프란시스코—호모들의 도시로 쫓겨간 뒤에는
버림받은 에이즈 환자들 위해 헌신한다더니
—죽은 내 친구들이 이 도시를 채웁니다.
  밤이면 애인과 도시 위를 날아다닙니다.
  손가락질 없는 사랑의 자유가 그립습니다.
편지 속에서 시들어 병드는 것을 알았고
병원을 그만둔 것 알았고, 이제 온 장거리 전화.

—나는 지미의 남편이었습니다. 지미가 죽었습니다.
  그곳 있을 때 많이 도와준 것 고마웠다고......
태평양 쪽의 목소리, 지미의 남편? 남자의 남편?
내 목소리는 계면쩍고 저쪽에서는 흐느껴 운다.
우는 것까지 어색하게 들리는 요원한 거리감의 전화,
사십을 겨우 넘기고 죽은 지미의 사랑 노래.
흥얼거리던 곡조가 미국의 저녁에 번지고 있다.

(「게이의 남편」, 전문)[40]

제목을 통해 추측되는 바와 같이 이 시편은 시인의 동성애자 동료 직원 지미에 대한 이야기이다. 1연에서 소수자로 그려지지만 시인의 친구로 보다 먼저 묘사된다. 마종기와 같은 병원에서 근무했고 마종기에게 언어 도움도 주던 친구였다. 1연의 과반이 시인의 지미와의 관계에 대한 이야기이며 그 다음부터 지미의 성적 성향에 대한 이야기가 흘러나온다. 이 시편에서 주목할 만한 것은 2연과 3연에 등장하는 두 사람의 목소리이다. 2연에는 시인의 친구 지미가 쓴 편지에서 그의 목소리가 나온다고 할 수 있어 3연에는 그의 남편의 "장거리 전화"로 넘어오는 목소리가 나타난다. 이 시편의 앞부분은 지미의 인격을 입증하는 많은 수식어로 구성되어 있다. 그 다음으로 시인이 지미의 목소리를 이입하는데 여기서 동성애자들과 소수자로서 동정하는 느낌이 나온다. "—죽은 내 친구들이 이 도시를 채웁니다./ 밤이면 애인과 도시 위를 날아다닙니다./ 손가락질 없는 사랑의 자유가 그립습니다." 대시 부호로 소개된 지미의 말은 익숙하게 읽힌다. 마종기가 「외로운 아들」에서 아들에게 "더 크고, 넓고, 푸른 곳이라며/ 하늘을" 향하라는 장면 그리고 자신이 「독방」에서부터 고프던 자유가 생각난다. 또한 지미 남편의 목소리가 들어오자 그 다음 행에서 "태평양 쪽의 목소리"라고 하는 데서 태평양 저쪽의 한국을 연상케 해서 또 다시 시인이 자신과 연관을 짓는 것 같다. 성적 성향에 대한 것을 막론해서는 동성애자들의 소수자 의식에 대한 공감이 여기서 나타난다.

미국에서 살아가면서 다양한 사람들을 만나게 되는데 한국 사회에서 자란 한국인 마종기와 제일 멀리 떨어져 있는 미국인 동성애자의 목소리가 시에서 나타나는 사실이 마종기의 소수자 의식의 형성에서 큰 의미를 가지고 있다. 시인이 두 아들의 목소리, 다른 재미교포들의 목소리, 그리고 아시안 아메리칸 목소리는 마종기가 속한 집단의 목소리인데 이런 동성애자의 목소리는 소수자로서만 공감할 수 있는 것이다. 그 소수자 의식의 주되는 공통점을 알아보기 위해 "우는 것까지 어색하게 들리는 요원한 거리감의 전화" 통화 장면과 「편지 2」의 "중동 사태가 블랙파워가 서로 옳다구나 연기를 피워도 내게는 천리 밖 남의

40 마종기, "마종기 시 전집,"문학과 지성사, 1999. 449쪽.

얘기다"는 것을 비교해 보겠다. 조기의 쓴 「편지 2」에서는 시인이 자신과 연관이 없는 소식을 멀리 한다. 하지만 「게이의 남편」에서 친구 지미의 남편과의 통화가 "요원한 거리감의 전화"라고 나오는데 그 "죽은 지미의 사랑 노래./ 흥얼거리던 곡조가 미국의 저녁에 번지고 있다"고 서술한다. 실제로 먼 거리를 통한 전화이지만 마종기는 그의 이야기를 받아들였으며 미국 저녁에 번진다고 할 만큼의 감동도 받았다. 여기서 이입된 타자의 목소리 즉 동성애자의 목소리는 이러한 변화를 보여준다. 시인이 자신의 한정된 한국인 소수자 의식을 벗으면서 넓은 시야를 갖게 된다.

4. 결론

이 논문에서 살펴본 시인의 소수자 의식이란, 스스로 한때 한국으로부터 버림을 받았고 미국에서 받아주지 않았던 것을 느꼈다고 하는 인식이다. 한국 시인이니 미국인이니 하는 것을 논하는 것보다 한국 사람들은 마종기가 한국 시인이라는 점을 부인하고 미국 사람들은 그를 미국인으로 받아주지 않았다는 것이 더 중요하다. 시인은 이렇게 양쪽으로부터 거리감을 느꼈으며 자신을 소수자로 인식할 수밖에 없는 상황에 놓여있었다. 따라서 이민 간 뒤 시인의 소수자 의식이 확대되지 않을 수 없었다. 그러나 이 논문을 통해서 봤듯이 소수자 의식의 확대를 시로 표현하면서 마종기 시인 자신은 그 소수자 의식을 받아들이고 고독한 데부터 더 넓은 시야를 가지게 되었다. 그 과정을 다시 보면 다음과 같다.

시인이 한국인으로서 자신의 소수자 의식에서부터 큰 아들과 둘째 아들을 통해서 그들의 재미교포로서의 소수자 의식을 알게 되었다. 그리고 재미교포 신문매체를 통해서 더 넓은 재미교포로서의 소수자 의식을 파악하게 되었으며 그 다음으로 「빈센트의 추억」에서 나오는 중국인 빈센트 친 살인 사건을 다루면서 아시안 아메리칸들의 소수자 의식을 심화시켰다. 마지막으로 「게이의 남편」에 등장하는 동성애자들의 목소리를 통해서 성적 그리고 정치적 소수자들의 의식을 알아가면서 시인은 자신이 소수자인 것과 소수자라는 보편적임을 받아들이고 시야를 넓히는 것이 보였다.

그러면 지금까지 빈번히 나타난 소위 '소수자 의식'을 시인이 직접 명쾌하게 언급한 적은 없지만 그와 연관이 있는 이민자 의식에 대한 글은 있다.

> 나 역시 그런 이민자 의식에서 떠나려고 애를 써왔지만 미국에 와서 산 첫 20년 정도까지는 그 올가미에 싸여 있었던 것 같습니다. 나를 구속한 올가미라기보다는 내가 게으르게 안주해버렸던 올가미로서이지만요. 그리고 그 올가미를 천천히 벗어나면서 인간의 삶은 어디에서건 어차피 유랑이고, 이런 피할 수 없는 인간의 헤맴과 떠돎 속에서 우리는 종교라든가 아니면 오히려 더 명확한 삶의 현장을 보고 체험할 수 있다는 결론을 얻게 되었습니다. 그리고 그런 식의 자기 발견이라고 할지 나름대로의 깨달음은, 지난 10여 년 간의 내 시에 천천히 나타나 보이고 있다고 생각하고 있습니다.[41]

위의 글에서 나오듯이 마종기는 시를 써가면서 그가 무의식적으로 떠나지 않겠다는 고독의 독방을 벗어나고 더 이상 홀로 앓지 않고 사람들과 어울려서 시인으로서, 인간으로서의 성장을 이루었다. 그러므로 그의 시는 전체적으로 시인이 이민의 올가미로부터 벗어나서 가려고 하던 길을 찾아낸 것을 보여주며 미국에 이민 갈 생각을 가진 한국인 독자에게는 좋은 지침서이다. 그 이유는 대개 이민자의 긴 세월을 거치는 이야기가 번역을 통하지 않아 직접적으로 한국인 독자에게 전달되기 때문이다.

본론에서 살펴본 시에서 나타나는 목소리들은 그처럼 본 논문의 논점으로 읽힐 뿐만 아니라 실제로 시적 기법으로써 이민 과정이 문학으로의 재현 차원에서 의식의 변화와 외부적 변모를 나타낸다. 그리고 이러한 두 가지 변화에 시인이 어떻게 반응하는가를 통해 독자는 이민 과정상 떠남, 도착 그리고 정착 등의 단계를 알아간다. 즉 시인의 목소리는 한국 독자에게 소위 재외동포 문학의 창을 열어주고 그 안에 이민 과정에서 겪게 되는 고난과 찾아내는 성취를 보여주며 이민 1세대 한국계 미국인에게는, 시인이 올가미를 벗어난 것처럼 아직 미국에 정착하지 않은 그들도 그럴 수 있도록 시로 나타난 경험을 통하여 간접적으로 배울 계기를 마련해준다. 마종기는 한때 양쪽에서 느낀 소외감을 자작시의 소재로 삼았는데 예전과 달리 양 대륙 간의 거리가 좁아져서 더 편하게 왕래하는 것처럼 시인이 두 팔을 벌려 두

---

[41] 마종기, 정과리, 「시의 진실과 진실한 시」, 『마종기 깊이 읽기』, 1999. 32쪽.

대륙을 잡고 있으니 이제 그를 통해서 오가는 것은 그리 힘겹지 않다. 마종기는 그의 시를 통해 독자의 이해심을 넓혀주며 마음을 달래주기도 하는 것이다.

참 고 자 료

구명숙, "마종기 시에 나타난 경계인 의식과 죽음의식," 『한민족문화연구』, 제36권, 2011.

_______, "마종기 시에 나타난 아버지와 조국의 의미," 『한국사상과 문화』, 제56집, 2011.

김병익, 「투명한 시의 깊은 말」, 『그 나라 하늘빛』(해설), 문학과지성사, 1992.

김욱동, "초기 한국계 미국문학의 지형학," 『새한영어영문학』, 제51권 4호. 2010년.

마종기, "당신을 부르며 살았다." 비채, 2010.

_______, "마종기 시 전집,"문학과 지성사, 1999.

_______, 「의사로도, 시인으로도」, 『마종기 깊이 읽기』, 문학과지성사, 1999.

_______, 정과리, 「시의 진실과 진실한 시」, 『마종기 깊이 읽기』, 문학과지성사, 1999.

이희중, 「기억의 지도—마종기론」, 『기억의 지도』, 하늘연못, 1998.

손문수, 「마종기시연구—콤프렉스와 이미지 분석에 의한 존재의지의 탐색을 중심으로-」, 『한성어문학』, 한성대학교 한성어문학회, 제1권, 1982

정현기, 「시인 마종기론—'시의 집 짓기'와 시적 편력」, 『마종기 깊이 읽기』, 문학과지성사, 1999.

조남현, 「1980년의 시와 시인—마종기론」, 『심상』, 1980년 12월 호.

황동규, 『사랑의 뿌리』, 문학과 지성사, 1979

Stone, Irving. Dear Theo: The Autobiography of Vincent van Gogh. New York: Doubleday, 1958.

Yip, Alethea. "Remembering Vincent Chin." 『http://asianweek.com/061397/feature.html』, 1998.

북핵문제 해결을 위한 방안: 강압외교 적용

김요한 (JOHN P. KIM)
MA, Korean for Professionals, University of Hawaii at Manoa, 2011

MEASURES TO RESOLVE THE NORTH KOREAN NUCLEAR ISSUE: APPLICATION OF COERCIVE DIPLOMACY

1. 서론

2009 년 버락 오바마 Barack Obama 미국 대통령은 세계적인 문제가 되고 있는 대량살상무기(WMD: Weapons of Mass Destruction) 확산 방지와 국제분쟁관리에 중점을 두면서 유럽에서 국제 정상회담을 개최하고 '핵무기 없는 세계' 구상을 발표하였다. 이 발표에서 버락 오바마는 이전 행정부와는 다르게 이상적인 입장을 가지고 우선적으로 세계의 핵무기를 감축하는것을 목표로 했다.

주지의 사실이지만 핵무기의 위험성은 어느 때보다 고조되고 있다. 오바마가 느끼고 있는 위협은 핵전쟁 발발의 가능성뿐만 아니라 '불량국가'의 핵 프로그램 개발 및 추진, 테러리스트가 핵무기 또는 핵물질을 확보할 경우까지 포함하는 것이다. 오바마는 "오래된 우방국들은 물론이고 과거의 적대국들과도 함께 손을 맞잡아 핵위협을 줄이겠다"라는 대담한 발언을 하며 이란, 시리아, 등 핵무기를 보유하거나 가지려고 시도하는국가까지도 협력의 대상에 포함시켰다. 그 가운데 북한도 포함되어 있었다.

북한이 핵무기를 이용해 다른 나라를 위협하거나 도발한다는 사실은 누구나 부인할 수 없다. 미국이, 핵실험을 지속적으로 실시하고 남한을 무력적으로 도발하는 북한과 2 년 동안 6 자회담을 재개하지 못하는 것은 북한과의 외교가 답보상태라는 것을 반영한다.

이러한 현황을 고려하면 양 국가가 달성하고자 하는 목표는 근본적으로 다르다는 것을 알 수 있다. 지금까지 북한의 전략적 목표는 분명히 미국의 전략적 목표와 상충된다. 북한의 입장에서 보면 핵감축을 지향하는 미 행정부의 전략에 대해 북한은 수긍할 수 없다. 때문에 북한 핵문제를 해결하는 것은 극복하기 어려운 답보상태에 빠졌다고 할 수 있다. 다시 말해, 북핵문제를 해결하기 위한 대북 외교는 아무 성과를 내지 못하고 멈춰 있으며, 앞으로도 이대로는 큰 성과를 보기 어려울 것으로 전망된다.

북한과 외교하는데에 있어 답보상태로 도달한 이유 중 하나는 북한 대미외교의 특징인 벼랑끝전술이다. 스나이더에 따르면 북한이 벼랑 끝전술을 적용할 수 있는 요소 중에 하나는 상대방의 양보에 대한 기대로 볼 수 있다.[1] 미궁 상태에 빠져있는 북핵문제를 해결하기란 좀처럼 쉬워보이지 않지만 본 논문을 통해 이 문제의 해결책을 논의해 보고자 한다. 현재 북.미 간의 결렬된 외교 상태와 북한의 철저한 계산은 핵문제를 악화시켰고 아울러 앞으로도 포용정책은 소득이 없을 것이라는 예측을 가능하게 했다.

버락 오바마가 재직 기간내에 북핵문제를 해결하려면 강압적 외교를 적용해야만 할 것으로 보인다. 오바마의 "핵무기 없는 세계"란 목표를 달성하기 위해 "채찍"과 "당근"을 적절하게 결합한 강압적 외교를 적용할 필요가 있다는 말이다. 본 논문은 미국 오바마 행정부가 북핵 위기에 대응하는 전략을 세우는 데 있어 알렉산더 조지 Alexander George 가 발전 시킨 '당근과 채찍(carrot and stick)'을 특성으로 하는 '강압외교'의 장점을 이야기하며 북핵문제에도 이를 적용해보고자 한다. 강압외교 이론에 근거해 본 논문은 알렉산더 조지가 제시하는 성공적인 강압외교를 위한 4 가지 조건, '조절된 동기의 비대칭, 명확성과 신뢰성이 구축, 강압국의 요구에 순응해야하는 긴박감을 조성 과 다각적인 지지' 등을 적용해서 북핵문제의 해결책을 모색하고자 한다.[2]

요약하면 이 논문에서는 다음과 같은 질문에 해답을 찾고자 한다. 강압외교의 실제적 정의는 무엇인가? 북한과의 흥정외교 실패를 통해서 어떠한 교훈을 얻을 수 있을 것인가? 무엇보다 어떠한 정책을 추구해야 북한의 핵문제에 대해 긍정적인 성과를 낼 수 있느냐 라는 질문에 답하고자 한다.

본고는 크게 세 가지 부분으로 나눌 수 있다. 첫째, 강압적 외교의 정의, 핵무기를 해체하는 데 있어 강압적인 외교가 주는 교훈과 성공할 수 있는 조건을 살펴본다. 둘째, 북핵문제에 대한 위협과 마주하는것과 북한과 외교하는 가능성에 대해 살펴본다. 셋째, 강압적인 외교와 과거의 사례를 통해 북한에 평화적으로 적용될 수 있는 방안을 모색하면서 그것의 한계점도 살펴보겠다.

---

[1] Snyder, 76

[2] George, 13

2. 강압외교란 무엇인가

2.1. 강압외교의 개념과 배경

우선 강압적인 외교의 정의를 살펴볼 필요가 있다. 강압외교의 타당성을 살펴보면서 다른 전략적 개념과 구별할 것이다. 강압외교는 적대국을 완전히 패배나 굴복시키기 위해서 전면적 무력의 사용될 수있다. 그러나 주로 확전을 피하고 평화적인 결과를 내리기 위해서 제한적 군사력이나 협박을 적용된다. 이것을 당근과 채찍 정책을 통해서 더 명확히 볼 수 있다. 당근은 경제적인 지원 등 유인 조치를 의미하며, 채찍은 경제적인 제재 또는 군사적인 압박을 의미한다. 강압적인 외교에 대한 정확한 정의를 내리는 것은 쉬운 일이 아니지만, 조지의 연구에 기반한 정의로 참고하면 유용할 수 있다. 알렉산더 조지에 따르면 강압외교의 원칙적인 논리는 "만약 적대국에 대해 어떠한 요구를 할 경우 그 요구 사항을 수용하는 것이 그의 이익에 부합될 것이라고 설득하기 충분한 신뢰성과 수용 거부에 대한 영향력 있는 응징 위협이 뒷받침된다면 외교가 성공적이 될 것"이라고 한다. 그래서 이러한 논리를 바탕으로 해서 강압외교는 "적대국이 이미 시행한 침략 행위를 취소하거나 중지하도록 설득하기 위해 군사력 사용 위협이나 상당히 제한된 군사력 증강을 구사하는 것"을 의미한다. 따라서 강압 국가는 적대국과의 협정을 성사 시키거나 적대국을 굴복 시키기 위해서 정치 경제적인 수단 또는 순수한 군사적인 수단의 위협을 적용할 수 있다.

북한과 외교함에 있어서 강압적 외교는 효과가 있다는 것은 필자의 개인저인 생각이다. 게다가 북한과 "대화"로 인한 성과있는 결과를 기대하는것은 비현실적인것이고 현실과 동떨어진 것이다. 역사를 고려하면, 포용정책은 한국의 참여정부와 클린턴 행정부의 대북정책을 통해서 잘 반영된다. 참여정부의 가장 대표적인 업적은 바로 "햇볕정책"이었다. 이 정책은 북한에게 협력과 지원을 함으로써 평화적인 통일을 목적으로 하는 정책이었다. 그러나 햇볕정책의 평화에 대한 실질적 성과에 대한 논란이 발생이 됐다. 일부 전문가들은 이명박 정부가 참여정부의 대북정책을 제대로 승계하지 못했기 때문에 북한이 핵실험을 지속적으로 실시하고 있다고 주장하지만 아무런 근거가 없다는 목소리도 크다. 특히 핵실험을 준비하는 데 필요한 소요 기간을 고려하면 북한은 이명박 정부가 출범하기 전에 2 차 핵실험을 준비한 것이 분명하다.[3] 더구나

[3] 백승주, 105

북한은 참여정부의 기간에도 1 차 핵실험을 했기 때문에 이명박 정부의 대북정책과 2 차 핵실험의 관련성을 언급하는 것이 부적절하다고 판단한다.

아울러 클린턴 행정부는 북한과 일년반 동안 외교적 노력을 기울여서 1994 년의 북미간 기본합의문(Agreed Framework)을 체결했다. 클린턴은 북한과 대응하는 데 있어서는 위협과 명령이 아닌 매력을 통해 북한이 자발적인 협조를 하도록 하기 위한 정책을 추구했다. 이러한 협정을 통해서 북한은 핵시설을 해체하는 대가로 식량지원 및 경수로 두 기를 건설해주기로 했다. 일부의 전문가와 정치인들은 클린턴의 대북정책에 대해 호평을 하고 긍정적으로 봤다. 북한과의 외교에 상당한 향상을 많이 가져왔다고 생각했기 때문이다. 그러나 이 합의문 중 핵시설 해체와 한반도의 비핵화 및 국제적 핵 비확산 문제라는 부문에서 북한의 핵 개발 시인은 위반의 사실을 함의하고 있었다. 그 위반은 북한이 지속적으로 핵무기를 개발하고 있다는 사실을 반증하고 있었다. 결국은 북한에게 대화를 제공하는 포용정책은 아무 소득도 없이 끝났다. 사실상, 북한 정권은 포용정책과 같은 수단에 의해서는 비핵화할 조짐이 전혀 없다. 실은 1953 년 휴전으로 한국인들의 내란이 종식된 것은 예외로 칠 경우 55 년 간 평양정권에 동의서를 만들어준 것은 지목하기 어려운 일이다. 그리하여 북한과 외교함에 있어서 강압외교는 가장 효과적이라고 생각한다.

그러는 반면에 강압외교는 폭력을 중심으로 하는 정책도 아니다. 조지에 따르면 강압외교는 3 가지 목표가 있다. 첫째, 적대국이 목표를 이루기 전에 행동을 중단하도록 설득하는 것이다. 둘째, 적대국에게 이미 행동하는 것은 철회하도록 설득하는 것이다. 셋째, 적대국에게 그들 정권의 성격을 변화하도록 설득한다. 강압외교는 군사적 행동은 만일의 경우에 마지막 수단으로 간주한다.[4]

앞서 나열했던 3 가지 목표의 공동의 분모는 확전을 피하는것이다. 사실상, 강압외교는 전쟁이 외교의 실패로서 삼는다는 논리를 적용한다. 그래서 합의와 평화적인 수단을 이루기 위해 군사적 또는 경제제재와 같은 압박을 가하는 것이다. 즉, 강압외교에는 당근과 채찍을 결합하고 있으나 당근에 무게를 더 많이 둔다.

이러한 원칙을 파악할 필요가 있다. 강압외교는 강압국의 요구에 무조건 순응 하도록 하는 것이 아니라 적대국에게 가지고 있는 요구와 목적을 만족 시키는 데 목표가 있다. 리비아에서

---

[4] George (2004)

핵무기를 30 년 동안 추구해 왔던 카다피는 국제적인 사회의 강압외교로 인해 핵무기를 해제시켰을 때, 그의 아들은 양쪽에게 유리한 결과가 이뤄진 점을 인정했다는 것을 발언을 했다.[5]

강압외교는 다른 전략적 개념과도 구분할 필요가 있다. 특히 토마스 셸링 Thomas Schelling 에 따르면 강압외교는 강제와 억제의 개념을 포괄하나, 그러한 개념들과의 기본적인 차이점을 가지고 있다.[6] 유사한 점은 있지만, 서로 간 비슷하지 않은 점도 살펴볼 필요가 있다. 강제의 개념은 강압적 위협의 방어적 공세적인 접근성을 구별하지 않고 강세적인 강압적 위협에 의존한다. 그러나 강압외교는 적대국에게 순응하거나 수용할 수 있도록 유화 및 강압적 위협을 통해서 타협을 모색을 하는 데 무게를 둔다. 반면에 강압외교는 억제의 개념과도 구별할 필요가 있다. 억제의 개념은 적대국에게 원치 않는 행동을 중단시키려는 측면에서 강제와 비슷하다. 그러나 철회시킬 수 있도록 하는 전략이라는 점에서 차이가 있다. 억제전략은 아직 도발을 시행하지 않은 상태이지만 평화적인 상태를 유지하기 위해서 위협을 채택하는 반면에 강압외교는 이미 시행한 행동을 철회 시킬수 있도록 하는 전략이다.

강압외교는 강경정책과 연관지을 수 있지만 큰 차이도 볼 수 있다. 강압외교는 군사력이 중심이 되는 강경정책과 달리 폭력을 최후의 수단으로 삼고 있다. 즉, 강압외교는합의가 평화스럽게 이뤄질 수 있도록 보장하려고 한다. 대신, 조지프 나이의 '소프트 파워'와 유사한 점이 있다고 말해도 과언이 아니라고 생각한다. '소프트 파워'는 군사력이나 경제제재 등의 물리적 힘을 중심으로 하는 강제력보다는 매력을 통해, 명령이 아닌 자발적 동의에 의해 얻어지는 능력을 뜻한다. 강압외교는 강제력을 사용할 가능성 있더라도 평화적인 외교에 상당한 중요성을 두기 때문에 강압외교는 조지프 나이의 '소프트 파워'와 상이되는 개념이 아니라고 판단한다.

그러나 강압외교는 좋지 않은 평판을 얻었다. 미국이 일방적 무력화에 의존했기 때문이다.[7] 9.11 테러 사건 이후 부시 대통령은 소위 '불량국가들'에 대한 응징 의지를 다짐하면서 2002 년 1 월 29 일의 연두교서에서 이라크, 이란, 북한을 '악의 축' 국가로 지목하고, 이들 국가에 대한 응징태세를 강화하고 이라크 후세인 정권을 축출하였다. 하지만 미국은 대다수의 국제사회의 지지가 없음에도 불구하고 이라크를 일방적으로 침해함으로써 미국의

[5] Jentleson, 2

[6] Schelling, 71, 79

[7] Ibid, 5

목적지 없는 강경정책 때문에 비판을 받으며 궁지에 몰렸다. 이에 따라 강경과 강압의 원리를 따질 필요가 있다. 강경외교는 위협과 폭력 등을 바탕으로 한 수단을 취하지만, 강압외교는 평화적인 합의를 이루기 위해서 위협과 같은 수단을 강조하기 때문이다.

그런데 강압외교는 이론상 설득력이 있지만 현실적으로 적용하기가 어려운 것이다. 강압외교는 역사의 가장 위험한 핵 위기였던 쿠바 미사일 사태를 해결했지만, 미국의 평화 연구소의 로버트 아트와 페트릭 크로닌은, 역사상 강압외교의 성공률은 32 퍼센트로 극히 낮게 기록되기 때문에 강압외교를 실시하는 것이 위험하다고 전망할 수 있다. 그러므로 다음 절에서는 강압외교가 성공할 수 있는 요인에 대해 살펴보도록 한다.

2.2. 강압외교의 성공적 요인

강압외교는 상대국이 강압을 당할 경우 합리적으로 반응하리라는 기대를 갖고 있다는 논리로 바탕이 된다. 그러나 조지에 따르면 상대국이 순응하기 위해서 여러가지 조건이 존재할 필요가 있다. 이에 따라서 어떤 요인을 충족시켜야 강압외교는 성공할 수 있냐는 질문에 대한 답을 찾고자 한다. 성공적인 강압외교가 되기 위하여 8 가지 요인이 필요한 것이다. 첫째, 목표의 확실성; 둘째, 강력한 동기; 셋째, 동기의 비대칭과 유인조치; 넷째, 조성; 다섯째, 강력한 리더십; 여섯째, 충분한 국제적 지지; 일곱째, 비순응 시 감당할 수 없는 확전의 두려움; 여덟째, 위기 해결을 위한 구체적 조건에 대한 명확성'등을 제시하고 있다.[8]

강압국은 적대국에 대해 강압외교를 적용할 때 앞서 창출해야 하는 중요한 4 가지 요소가 있다. 첫째, 동기의 비대칭과 유인조치; 둘째, 위기해결을 위한 구체적 조건에 대한 명확성과 신뢰성; 셋째, 강압국의 요구에 순응해야하는 긴박감을 조성할 필요성; 마지막으로 충분한 국제적 지지가 바로 그것이다.

첫째, 동기의 비대칭성에 대해 이야기하기에 앞서 여기에서 동기란 자국의 목표를 달성하기 위한 의지를 말한다. 즉, 동기의 비대칭성이 의미하는 바는 상대국이 목표를 달성하고자 하는 의지보다 자국의 목표를 이루기 위한 의지가 더 강해야 함을 뜻한다. 구체적으로 말해 이것은 핵무기를 없애고 싶은 강압국의 동기와 핵무기를 발전시키고자 하는 적대국 간의 동기 가운데 어느 쪽이 더 강하느냐가 성공을 좌우한다는 뜻한다. 이는 강압국의 위기를

[8] George (2004)

극복하기 위한 동기가 적대국의 동기보다 더 강하다면 강압외교가 성공할 확률이 높다는 말이다.

둘째, 강압외교가 성공하기 위해서는 명확성과 신뢰성이 필요하다. 강압국은 적대국과 효과적으로 교섭하기 위해 명확한 소통이 필요하다는 뜻이다. 특히, 강압외교에서 적대국은 군사적인 수단을 감축함에도 불구하고 약속받았던 지원이나 체제의 안정성을 보장받지 못할 것이란 의심을 버리기 힘들 것이다. 때문에 적지 않은 불신감을 가질 시에는 합의에서 탈퇴할 가능성이 높다. 이에 따라 적대국과 교섭하는 동안 강압국은 우선적으로 적대국이 눈에 보이는 실질적인 성과를 곧 볼 수 있을 것이라는 믿음을 심어줘야 한다.

셋째, 강압외교가 성공하기 위해서는 강압국의 요구에 순응해야하는 긴박감을 조성할 필요가 있다. 상대국은 강압국의 요구에 기한 또는 마감시간 등인 순응해야하는 압박을 느껴야된다. 그렇지 않으면 상대국은 요구 또는 협박의 심각성에대해 실감도 안 날 수도 있다.

마지막으로 강압외교가 성공하기 위해서는 충분한 국제적 지지를 기반으로 해야할 것이다. 강압국이 강력한 국제적 지지를 얻게 되면 적대국은 상대적으로 고립감을 느끼게 될 것이다. 동시에, 강압국과 국제사회의 강력한 제재의지를 보여줌으로써 적대국들은 상당한 압박감에 시달릴 것이다. 때문에 이는 적대국들이 강압국과 국제사회의 요구에 순응하도록 할 확률을 높일 것이다. 즉, 몇몇 국가들의 압박 외에도 상당한 다자적 지지가 반드시 필요하다는 뜻이다.

위의 네가지 요인에 기반한 강압외교는 일반적인 적대국과 핵보유국가들에게 분명 기존과는 다른 영향을 미칠 것이다. 그래서 강압외교는 핵을 보유한 북한에게 분명 긍정적인 영향을 미치겠지만 한계도 있을 것이라 예상한다. 북한은 핵보유국으로써 우리에게 수많은 도전 과제를 안겨 주고 있지만 보통의 여느 국가들과 다름없이 자국의 이익 확보를 가장 중점으로 두는 국가인 것은 마찬가지이기에 강압외교를 통해 긍정적인 효과를 볼 수 있으리라 기대한다. 그렇기 때문에 북핵 위기를 해결하기 위해서 위의 세 가지 조건을 적용하며, 그에 따르는 장점과 극복해야 할 단점에 대해 심도있게 살펴보고자 한다.

3. 북한의 현황

3.1. 북핵의 위협

북한 체제가 본격적으로 핵보유 의지를 갖기 시작한 것은 1980 년대 후반, 1990 년 초반으로 추정할 수 있다. 구소련 및 동구라파가 해체되는 상황에서 북한은 자국을 지키기 위해서 핵을 보유하기로 결심했다. 북한은 85 년 12 월 12 일 핵확산금지조약(NPT)에 가입했음에도 불구하고 애초부터 북한과 국제적인 사회 간에 문제가 일어났다. 안전조치협정에 근거한 국제원자력기구(IAEA)의 사찰 결과는 북한이 신고한 최초 보고서의 내용과 큰 불일치가 부각됐다. 이에 따라 북한은 IAEA 가 핵시설에 대한 특별 사찰을 요구하는 시설은 핵시설과 관련 없는 것이라고 주장했기 때문에 93 년 3 월 12 일 NPT 에서 탈퇴한다고 성명했다. 그 이후로 북한의 핵문제는 국제 사회에 큰 불안정성을 안겨주고 있었다.

북한이 핵무기를 보유함으로써 갖게 되는 위협적인 요소는 크게 세 가지로 나눌 수 있다. 첫째, 북한은 핵무기를 보유하는 데다가 돌발적인 태도를 지니고 있기 때문에 위협적이다. 예를 들어 핵확산방지 조약 (NPT)의 규정에 따라 핵을 보유하는 국가들은 미국, 러시아, 영국, 프랑스 및 중국 등이 있는데 국제사회로부터 핵을 보유하는것에 대해 인정을 받았다. 그런데 이러한 국가들과 다르게 북한은 공격적이고 난폭한 태도를 가지면서 군사적인 수단을 주기적으로 취한다. 예를 들어 북한은 핵무기로 공격하는 협박도 정기적으로 구두로 공언해왔다. 무엇보다, 핵보유 능력을 보여 주기 위해서 빈번하게 불법상으로 핵실험을 실시했다. 2006 년 10 월 9 일 북한이 최초로 지하 핵실험을 성공적으로 강행했다고 발표했다.

그 다음에 2009 년의 2 차 핵실험은 북한의 공격적인 의지를 대변했다. 1 차 핵실험은 핵탄두의 보유 사실을 국제사회에 알리는 데 목적이 있었다면, 2 차 핵실험은 이미 보유하고 있는 핵무기의 개량 및 효율성 증대를 목표로 했다.[9] 이에 따라 2009 년부터 북한이 기존의 위험성의 수위를 높였다. 2010 년 3 월 26 일에 천안함 피격 사건으로 잠수함을 침몰 시킴으로써 대한민국의 해군 병사 40 명이 사맹했으며 6 명이 실종되었다. 초기 단계에서는 북한이 어뢰 공격 가능성을 낮게 평가하는것으로 보였지만 민관합동단이 실시한 조사결과의 "신빙성"을 강조하며 천안함 사건에 대한 북한의 책임을

---

[9] 백승주

물어야 한다는 입장을 견지 했다.[10] 설상가상으로, 그 해 말에 2010 년 11 월 23 일 오후 북한이 남한을 향해 170 여 발을 포격함으로 인해 남측의 민간인도 2 명 사망했다. 이러한 도발과 공격들은 한국전쟁 이후 영토를 공격하는것이 처음이며 최대의 안보 도전을 일으키고 있다. 핵 보유능력을 가지고 있는 북한이 이러한 강경한 물리적 대응 입장을 밝히고는 있으면서도 핵무기를 발사하는 것을 실행에 옮길 것인지는 의문이다. 그럼에도 불구하고 북한은 한결 같은 돌발적 태도를 지니기 때문에 큰 불안정이 되는 사실을 누구나 부인할 수 없다.

둘째, 또 다른 위협은 북한이 국적 없는 테러단체에게 핵무기를 팔 가능성에 대한 우려 인 것이다. 일각에서 보면 북한이 핵무기를 억제력으로만 사용한다는 의견이 상당히 크기 때문에 핵무기를 실제로 사용할 것인지는 의문이다. 그런데 핵을 보유하는 데에 있어서는 사용하는 것 이외에 또 다른 위협도 있다. 911 테러 사건 이후 토머스 파고 미국 태평양사령관은 "북한의 고농축 우라늄 프로그램은 플루토늄 재처리 프로그램과 더불어 군사적으로 충돌할 위험뿐 아니라 핵무기가 테러리스트 조직의 수중에 들어갈 위험을 제기하고 있으며, 이것이 우리로선 가장 큰 우려사항"이라고 말했다.[11] 과거에도 위험스런 핵국가들과 함께 살아왔지만, 경제적인 어려움에 시달린 북한 정권은 핵물질 또는 전문적 기술수출로 인해 핵확산의 위험성을 부채질할 수 있다. 북한이 핵에 대한 노후된 기술을 갖고 있음에도 불구하고 발달도 안 된 핵물질을 테러 단체의 손에 얹으면 위험도가 몇 배로 늘어날 수 있다.

셋째, 국제사회는 북한이 핵보유국가로 인장될 경우 핵무기를 금지하려는 국제제도의 규정 및 권한을 무효화 시킬것이다. 즉, 그것은 핵을 보유하려는 다른 불량국가들에게 핵 보유의 정당성을 부여할 것이다. 1970 년 미소 간에 핵무기의 비축량을 줄이고 미래의 “핵을 보유하지 않은 나라가 새로 핵무기를 갖는 것과 보유국이 비 보유국에 핵무기를 제공하는 것을 금지하는 조약”을 핵 확산 금지 조약으로 체결했다. 그러나 그것의 효과 여부에 대한 의심을 가지게 된다. 인도, 파키스탄, 이란, 북한 등 핵을 보유하려는 국가들은 아무 처벌없이 핵무기를 개발했다. 사실상, 잰틀선 Jentleson 은 “국가는 단호한 노력을 가지며 국제사회의 규정을 노골적으로 반항한다면, 국제사회에 있어서 “질서”와 “규칙”이란 용어는 허울뿐인 것으로 될것이다. 북한이 다른 동시대의 국가보다 훨씬 더 명백하게

---

[10] 박준성, 71-72

[11] 통일뉴스 (2004)

악질적으로 핵감축 제한 협정을 위반했음에도 불구하고 그런 도발을 한 국가에게 아무 제재를 가하지 않고 있다. 이러한 원칙은 특히 핵 확산 금지 조약과 같은 미래의 조약의 효력을 지속적으로 약화 시킬 것이다" 라고 다자간 전략과 국제적인 제도에 대해 비판한다.[12]

아울러 국제적인 사회의 저항에도 불구하고, 북한이 핵보유국가가 되면 이란, 파키스탄 등 불량국가들 뿐만 아니라 이에 따라 그 국가들의 적국가들도 자국을 지키기 위해서 핵보유 의도를 가지게 될 가능성이 있다. 1974 년 파키스탄은 인도의 성공적인 핵실험을 계기로 삼아 핵무기도 개발하기로 했다. 아울러, 이스라엘 시리아 간에 벌어지는 물리적 갈등도 심각해지고 있다. 결국은 핵의 악순환이 될 가능성이 크다.[13] 북한이 핵을 보유하게 되면 여러 차원에서 국제사회가 위협을 받을 수 있다. 이에 따라 북한과 효과적으로 교섭하기 위해서는 북한의 핵 무기를 보유하고자 하는 이유를 살펴봄으로써 북한과의 외교 가능성 여부에 대해 살펴보고자 한다.

3.2. 북한과의 외교 가능성

북한과 강압외교를 성공적으로 적용하려면 북한과 교섭할 가능성 있는지 여부부터 살펴볼 필요가 있다. 그러므로써 직면해야되는 문제는 그다음과 같다. 국가간에 평화스러운 흥정이 이루어지기 위해서 어떠한 조건들이 존재해야 되느냐는 것이다. 사실상, 북한과 외교하는 데에 있어서 교섭 또는 외교의 희망이 없다는 전문가들의 목소리들은 적지는 않다. 게다가 이러한 주장도 흔적도 있다. 북한이 연속해서 국제적인 협정을 위반했기 때문이다. 예를 들어 1994 북미 협정, 북일 평양선언, 9.19 공동성명 및 2007 년과 2008 년의 6 자회담 협정을 지속적으로 위반했기 때문에 북한과의 외교성이 쓸모 없다고 볼 수 있다.

그런데 북한의 북핵을 보유하고자 하는 의도를 살펴보면 얻을 만한 교훈도 있다. 현대 사회에서 모순되기는 하지만, 국가들은 핵 무기를 보유하려는 의도를 가지더라도 자국의 적대국을 핵으로 공격하는 의도를 보기 힘들다. 핵에 관한 북한의 혼란스러운 수사적 표현은 무엇을 대변하는가를 파악할 필요가 있다. 은닉을 전제로

---

[12] Jentleson, 10

[13] 인도, 파키스탄, 그리고 이스라엘의 핵시설에 대한 것은 다음을 참조.
http://nuclearweaponarchive.org/India/IndiaNPower.html (검색일: 2011.02.12)
http://nuclearweaponarchive.org/Pakistan/PakArsenal.html
http://nuclearweaponarchive.org/Israel/Isrhist.html

하는 것으로 알 수 있다. 도리어, 핵무기를 보유함으로써 아예 다른 동기를 가지고 있는 것을 볼 수 있다. 실은 북한은 도발적으로 행동하고 말함에도 불구하고 절박함도 담겨 있다는 것도 외면하기 힘들기 때문에 북한의 또 다른 동기도 알 수 있다. 핵 무기를 사용하는 의도와 동기가 없는 국가들과 외교하는 가능성이 크기 때문에 살펴볼 가치가 있다고 생각한다. 특히 북한과 같은 경우 북한이 구두로 위협함에도 불구하고, 실제로 핵으로 공격을 할 가능성이 없다는 추측의 근거는 다음과 같다.

첫째, 핵무기는 상당한 흥정의 힘을 부여한다. 북한에게는 가장 중요한 요인인으로 판단한다. 국제사회에서는 핵무기는 가장 효과적인 도구로 인정되고 다. 핵무기를 보유하고 있는 국가를 건드리는데에 있어 아무에게도 쉬운 일이 아니다. 국제사회에서는 핵무기는 가장 효과적인 장치로 인정돼 있다. 핵무기를 보유하고 있는 국가들과 아무에게도 건드리는데 쉬운 일이 아니다. 그래서 북한이 노후된 국가라도 핵무기를 지렛대로 사용해서 국제사회로부터 대북지원과 원조를 얻게 되었다. 전북대학교의 조순구 교수는 "북한의 목적이 충족되지 않는다 하더라도 핵보유국 지위를 획득한다면 언제든지 유리한 위치에서 협상이 가능하다고 볼 수 있다"고 핵의 흥정하는 힘에 대해서 말했다.[14]

아울러, 북한 입장에서 핵무기가 없다면 흥정외교의 힘을 상실할 뿐만 니라 국제적인 관심과 시선을 아예 끌리지 못한다는 입장이 있다. 즉, 북한 지도부는 핵이 없다면 미국을 비롯한 국제사회가 북한에 관심을 가질 이유가 조금도 없다는 사실을 잘 알고 있다. 그래서 북한 체제의 생존은 핵무기에 달려 있다는 입장이 있을 이다. 특히나 핵무기로 인해 받는 해택이 없어지면 파괴하는 가능성이 크기 때문이다. 북한은 핵무기에 비중을 두지 않으며, 도리어 핵무기를 이용한 특별혜택에 더 많은 관심을 가지고 있다는 것을 짐작할 수 있다.

둘째, 핵무기는 외부의 위협과 공격으로부터 효과적인 억제력을 부여한다. 이 논리는 상호간에 보장된 멸망이란 정치적인 개념에 근거한 것이다. 모순이 되더라도 , 지금까지 이 논리는 힘이 없으며 국가안정에 있어서 보장을 부여했다. 이 논리는 이렇다. 핵을 보유하는 국가는 핵보유하는 타국가들을 공격하지 않을 것이다. 서로 공격할 경우, 핵무기의 폭발로 나라 전체가 멸망할 수 있기 때문이다. 이 용어는 냉전기간에 도래해 미국의 소련을 억제하는 핵 정책을 주도했던 개념이며 국가들의 묘한 태도에 대해 해명한다. 이

[14] 조순구

논리는 한 국가가 핵무기를 개발하는 적대국의 위험으로 부터 자신을 방지하기 위해서 자국도 핵개발함으로써 충분한 안전성을 안을 수 있다.

논리가 한 국가는 핵무기를 개발하는 적대국을 방지할 경우 자국에도 핵 개발함으로써 충분히 안전하게 된다는 것이다. 북한은 소련이 문너진 이후로 이 논의를 중심으로 생존해왔다고 주장한다. 북한은 미국, 중국, 러시아 등 세계 초강대국이 핵을 보유한 나라를 공격한 사례는 없으며, 특히 미국의 이라크, 아프가니스탄 침공에 대한 학습을 통해 핵보유의 불가피성을 주장해왔다.

셋째, 핵능력은 효과적인 에너지와 경제적인 지원을 부여한다. 국제사회는 북한이 시간이 갈수록 붕괴될 가능성이 크다는 것에 대한 염려를 안고 있다. 그럼으로써 기근으로 인해 일어났던 가난과 기아에 시달리고 있는 주민들 위해서도 핵에너지가 필요하다는 목소리가 크다. 1990 년대부터 북한의 식량위기가 벌어짐으로써 북한 주민들 중에 수많은 아사자들이 발생했다. 북한과 같은 폐쇄사회에서 아사자가 발생한 규모를 파악하기 힘들지만 1995-1997 년까지 발생한 대기근으로 인해 아사자 수는 3 백만 명이란 추정이 가장 유력하다.[15] 최근에도 북한 주민의 37%가 외부의 식량지원에 의존하고 있다.[16] 그래서 북한이 지속적으로 주민들에게 에너지를 부여하기 위해서 핵능력이 필요하다고 우겨왔지만, 문제는 경수로와 같은 핵에너지와 핵무기 자체는 유사한 소지로 구성되어있기 때문에 핵에너지를 통해서 무기로 쉽게 바꿀 있게 되는 북한이 쉽게 믿기지는 않는다. 뿐만 아니라 군사비를 핵무기로 대체하면 군사력 유지를 위한 비용절감의 경제적인 효과를 획득할 수 있다. 예를 들어, 2003 년 6 월 9 일 북한은 '우리가 핵 억제력을 갖추고자 하는 것은 그 누구를 위협하고 공갈하기 위해서가 아니라 앞으로 재래식 무기를 축소하며 인적 자원과 자금을 경제 건설과 인민 생활에 돌리려는 데 있다"는 주장은 액면 그대로 받아들이기 힘들지만, 경제적인 지출 절감이 절실하다는 것을 대변한다.[17] 과학적으로 말해 이런 세 가지 조건을 중축 시켜야만 북한과 저해없이 흥정할 수 있다고 생각하지만, 문제는 세 가지 조건을 만족 시키는 것이 쉬운 일이 아니다. 그럼에도 불구하고 앞서 북한의 세가지 목표를 핵무기 없어도 과학적으로 달성할 가능성 있다.

---

15 Daily NK (2005)

16 국민일보 (2011)

17 조순구

4. 강압외교의 적용

북한과 같은 답보상태를 고려하면 강압외교의 유리한 점을 분명히 볼 수 있다. 흥정에서 채찍과 당근들을 결합해서 적용하면 정치적 강경성과 포용성을 서로 강화할 수 있다. 이에 따라서 현재 위협과 계획을 파악함으로써 적대국과 흥정함에 있어서 강경성과 포용성 사이에서 균형을 유지할 필요가 있다. 이것을 파악하는 것은 중요하다. 이러한 개념에 대해서 의견을 내는 젠틀슨은, "이라크만 생각하지 마라. 다푸르를 생각해라. 테러와 WMD 뿐만 생각하지 마라. 민족말살을 생각해라" 라고 언급한다. 이렇게 방식을 전환하면 강압성의 효과를 파악하게 된다.

미국은 북한과 효과적으로 강압외교를 중심으로 한 흥정과 외교성이 필요하다고 진단한다. 물론 강압외교도 틀림이 없는 정책이라고 말하기가 힘들다. 그러나 북한과 강압외교를 효과적으로 시행에 옮기려면 조지의 앞서 3 가지 강압외교의 성공적인 조건을 북한 경우에 적용하도록 하고자 한다. 그 다음에, 요인을 모색하면서, 흥정의 성공적인 사례들을 살펴보면서 북한과 관련된 부딪칠 수 있는 한계점에 대해서도 언급하고자 한다.

4.1. 동기의 비대칭

첫째, 미국과 자국의 동맹들은 북한보다 동기의 비대칭이 필요하며 그것을 북한에게 인식시키는 것도 중요하다. 과거에 이러한 중요성의 무게를 잘 볼 수 있었다. 냉전기에 미국 소련 간에 핵 비축량이 늘어나면서 핵에 대한 불안과 갈등이 속속 고조되고 있었다. 그리하여 1961 년도에 소련이 쿠바에서 미국을 향하는 핵미사일 기지를 건설함으로써 핵전쟁의 언저리에 도달했다. 그러나 미국은 쿠바 미사일 사태를 직면하기 위해서 전면전의 가능성의 위험을 안고 있었더라도 비유적인 언저리로 한발 더 나아갔다.

이러한 상황에서 아무리 끔찍하더라도, 미국은 군사력의 힘을 과시하면서 소련보다의 더 큰 자신의 동기를 보여주는 정책을 추구했다. 심발라에 따르면 미국은 해병대 약 40,000 명, 군인 500,000 명, 공군과 해군의 전투기 579 대, 해군 함정 183 척을 쿠바로 파견을 봉쇄했다. 첫날 파견한 공급력(14,500) 은 노르망디 전투에서 파견한 부대와 비교할 정도였다.[18] 이를 통해서 미국의 과도한 동기가 어느정도였는지 짐작할 수 있다. 뿐만 아니라 미국은 소련에게 이렇게 과시적으로 이러한 동기를 표출하였다. 이를 통해서 미국의 큰 동기를 볼 수 있을 뿐만 아니라 적대국을

[18] Cimbala (1998)

극복해야 할 감당하기 힘든 동기도 볼 수 있게 된다. 무엇보다, 이러한 동기를 통해서 적대국은 감당할 수 없는 확전에 대한 두려움을 느끼게 되면 강압국에게 유리할 것이다.

북한과 흥정하는 데 있어서 미국도 강한 자세를 취했다. 사실상, 비순응시 북한이 감당할 수 없는 확전에 대한 두려움을 시킬 수는 요인은 다음과 같다. 우선, 북한의 주된 동맹인 중국이, 한반도에 전쟁이 발발할 경우 북한을 지지할 가능성이 낮은 것으로 볼 수 있다. 중국은 지속적인 경제성장과 내부 정치 경제 사회 안정에 유리한 외부환경을 조성하고 발전 시키는 것에 최우선적 중점을 두고 있다. 이러한 측면에서 중국은 한반도 평화와 안정을 지지하고 있기 때문에 북한이 전면전 강행의도를 과시했음에도 불구하고 지지하지 않은 것으로 짐작할 수 있다.[19] 둘째, 한국의 전력증강으로 인한 남북간 군사력 격차의 감소가 드러났기 때문에 북한의 전면전 감행 가능성을 낮게 하는 요인이다.[20] 마지막으로 북한이 핵공격할 경우 국제사회의 허락 하에 미국은 반격함으로써 북한이 쑥대밭이 될 것이다. 그래서 이러한 증명을 바탕으로 북한과의 흥정과 외교 감행은 가능하다고 평가할 수 있다. 이에 따라 오바마 행정부는 북한과 흥정하는 데 있어서 북한의 핵무기를 가지고자 하는 진의를 파악할 수 있다면 이 문제를 더 효과적으로 해결할 수 있다. 다시 말해 핵무기를 통해 달성하고자 하는 구체적인 목표가 이루어지도록 도와주면 북한의 핵문제를 수습할 수 있으리라 판단한다.

미국은 북한이 연평도 도발에 대한 사과를 요구함으로써 지속성이 있는 대북 정책인 "선 우려사항 해소, 후대화" 노선에 강하게 서있다. 그러나 문제와 한계는 북한의 핵무기를 가지는 동기는 미국의 해제시키는 동기보다 아무래도 더 강할 것이다. 즉, 아무리 원하더라도 북한이 굽힐 가능성이 월등히 낮다. 이것은 북한의 생존은 핵무기와 엮여 있다는 인식이 강하기 때문인 것이다. 실은, 가중되는 만성적인 경제난에 시달리는 북한에게 정치적 경제적인 혜택은 핵무기를 보유 여부에 달려 있다. 이는 두 가지 이유로 나눌 수 있다고 생각한다.

우선, 북한은 핵무기가 없을 경우 국제사회의 시선을 끌지 못하며, 아무런 관심을 받게 되지 않을 거라고 생각한다. 지금까지는 북한이 핵 보유국가 로서 만성적인 경제난에 시달리는 상태와 도발적인 행동을 일관하는데도 미국과 남한 등 당국자로부터 수많은 경제적인 지원을 획득했다. 둘째, 북한은 핵무기가 없는 경우 미국이

---

[19] 최강

[20] Ibid.

레짐체제의 교체를 위한 공작을 일삼고 있다는 비판을 하고 있다. 지금까지 북한은 핵억제력 하에 미국으로부터 공격을 방지했다고 믿는다. 북한은 이라크의 무기력한 모습을 보면서 '핵이 없으면 안보도 없다'는 전략적 판단을 내렸고, 공세적으로 핵 개발을 인정했다는 것이다. 마찬가지로, 2011 년 미국은 리비아에게 공습으로 피해를 입혔을 때, 북한은 2004 년 리비아의 핵시설을 무장해제 시키는 미국에 대해 비판했으며, 그것은 "침략하는 전술"이라고 미국에 대한 인식을 밝혔다.[21] 북한은 무장 해제하는 경우 침략도 당할 거라고 생각할 것이다.

현황을 고려해 북한은 핵을 포기하는 대가로 자국의 생존의 위협을 받을 수 있기 때문에 북한의 동기가 더 높다고 할 수 있다. 그래서 이 문제를 직면하는 데에 있어서 미국은 북한의 생존을 보장하면서 레짐 변화가 아니라 정치의 변화를 향해 집중할 필요가 있다. 과거에서는 미국도 이러한 성공적인 정책을 추구했다. 미국은 리비아와의 핵을 무력화하는 과정에서 리비아는 단계적 지속적으로 레짐변화가 아닌 안심을 요구했다. 1998-1999 년 리비아는 용의자 두 명을 넘겨줬을 때 코피아난 유엔 사무총장은 "재판은 정권을 약화시키고자 적용하는 목표가 없다"라고 발언했다. 마찬가지로 미국은 북한에게 핵무기 없이 성공적으로 생존할 수 있는 보장을 명백히 전달하는 것이 필수적이다. 무엇보다도, 성공적인 정책을 변화시키는 과정에서 레짐변화는 역효과를 낳을 수 있다. 이라크 같은 경우를 감안하면 레짐변화는 유일한 목표로서 굉장히 위험한 정책인 사실을 잘 알 수 있다. 그래서 미국은 핵을 해체하는 동기를 표출할 뿐만 아니라 북한의 생존은 미국에게도 유리하다는 것을 효과적으로 전달할 필요가 있다.

4.2. 명확성과 신뢰성이 구축

둘째, 위기 해결을 위해 명확성과 신뢰성은 필수적이다. 흥정함에 있어서는 명확성이 중요한 것은 주지의 사실이지만 압박과 강압을 가할 수 있는 강압외교에서는 그만큼 더 필요한 것이다. 강압외교에서 전쟁의 수위를 높이는 것을 두려워서 약속을 지키도록 하고자 한다. 그러는 반면에 강압외교의 위험한 상황으로 인하여, 상대국은 의문사항이 있으면 협상에서 탈퇴할 수 있다. 대북정책 역사상 핵심적인 정책은 "동일보복" (tit-for-tat)이란 전략을 수사적이더라도 적극적으로 구사했다. 1 차 및 2 차 북핵 위기에서 나타나듯, 북한은 "대화에는 대화로 힘에는 힘으로 대응하는 것이

---

[21] Mcdonald

우리 인민과 군대의 뜻과 의지이다" 라고 반복적으로 주장했다. 이러한 선언은 액면 그대로 받아들이기 힘들지만, 이것은 흥정할 가능성을 대변한다. 북한과 흥정하고자 하면 이러한 명확성을 보장할 필요가 있다. 그러므로서 단계적 성공적인 협정을 실행함으로써 서로 간에 신뢰성을 향상시킬 수 있다고 생각한다. 그런데 이러한 신뢰성을 가지려면 미국은 많은 장애물을 극복할 필요가 있다. 북한과 미국 간에 흥정하는 데에 있어서는 명확성 또한 신뢰성이 존재 하지 않았다. 그렇다면 북.미 양자는 수차례의 협상에도 불구하고 왜 신뢰 수준에서 합의를 도추하지 못했는가. 다음과 같은 국제적 사건들에서도 기인하고 있음을 확인할 필요가 있다.

우선, 이라크에 대한 미국의 무력사용이다. 이라크는 "생화학 및 핵무기 등 WMD 의 생산과 거래를 금지'하는 등 핵무기 보유를 공식 부인해 왔다. 미국은 이라크가 핵무기 등 대량 파괴 무기를 지속적으로 개발해 왔다고 판단하고 이를 포기하지 않았다. 2002 년 1 월 29 일 미국은 이라크를 악의 축으로 규정할 뿐만 아니라, 대량파괴 무기 확산 방지의 명분으로 이라크를 무력으로 점령했다. 결국 2003 년 2 월 14 일 "이라크가 핵무기를 개발 중이라는 아무 증거도 없었다" 라고 규명되었다. 이 사건에 대해 북한은 근심 하지 않을 수 없다. 북한의 입장에서는 오정보를 만들어내서 일방적으로 이라크를 침략했던 미국은 마찬가지로 북한을 침략할 의도도 보여줬다. 뿐만 아니라, 2005 년에 북한이 하지도 않은 것을 했다고 미 국무부가 조작한 것이 알려졌던 것들을 고려하면 북한은 미국과 흥정하는것에 대해서 더 많은 의문을 가질 것이다.[22]

둘째, 미국과 러시아와의 핵폐기 협정이다. 2002 년 5 월 미국과 러시아는 양국이 보유한 전략적 핵미사일을 2012 년까지 양국의 전략적 핵보유를 1/3 까지 감축하기로 조약을 체결하였다. 러시아는 합의한대로 전략적 핵미사일을 감축했지만, 미국은 "이 조약은 핵폐기를 의미하지 않는다"고 갑작스럽게 가지고 있던 입장과 다르게 말했다. 이에 러시아는 항의 표시로 분개했다. 이 조약처럼 미국이 이중적 태도를 취할 경우 북한은 미국을 신뢰 할 수 없다.[23]

셋째, 미국과 리비아 관계의 의혹이다. 북한은 여느 때보다 미국의 의도에 대해 의심을 갖고 있으므로 미.북 간에 명확성과 신뢰성을 다시 회복하기 힘들 것이다. 이것은 지난 2004 년 이후 미국으로부터 리비아가 받는 취급이기 때문인 것이다. 리비아는

---

[22] 조순구, 205

[23] Ibid, 206

핵무기를 해제하기 전에 경제적 지원 및 자국의 석유자원량을 누리기 위해 국제적인 원조를 요청했다. 이에 따라 경제적인 제재를 철회했고, 미국과의 외교관계를 회복했다. 그러나 리비아는 자신에 대한 실망감을 감추지 못했다. 미국의 원래 약속했던 민간 기술, 재래식 무기, 화학 무기를 파괴하는 기술적 지원 등을 지키지 않았기 때문이다.[24] 리비아는 완전히 핵능력을 해체함에도 불구하고 미국은 한계적인 지원을 부여했다.[25] 이를 통해서 북한은 미국이 리비아를 헛된 감언이설로 꼬셨다며 미국과 타협하는 데에 있어서는 신뢰성을 가지기 힘들 거라는 입장을 취했다고 추정할 수 있다.

북한의 눈높이에서 이러한 사례들을 보면서 미국을 신뢰할 여지가 크지 않다는 것을 믿을만하단 생각도 든다. 그런데 전면전을 위협하는 강압적인 외교를 통해서 미국이 대화에 대한 진정성을 표출을 할 수 도 있다. 북한 입장을 고려할 때 이러한 문제를 해결하지 않은 채 북핵의 의미있는 성과를 기대하기는 매우 힘들다.

4.3. 강압국의 요구에 순응해야하는 긴박감 조성

셋째, 강압국의 요구에 순응해야하는 긴박감 조성을 해야된다. 그래서 이것을 이루기 위해서 기한 또는 제한 시간을 적용할 필요가 있다. 사실상 빌클린턴은 이것을 잘 적용했다. 북핵시설에 대한 IAEA 의 2 차례의 사찰이 순조롭게 이루어지지 않자 블릭스, IAEA 사무총장은 1994 년 3 월 24 일 안보리에서 북핵시설에 대한 6 주 후 재사찰이 필요하다고 밝혔다. 이에 5 월 중순을 시한으로 북한에 대해 추가사찰을 촉구함을 결정했다.

그러나 1994 년 5 월 북한이 IAEA 의 참관 없이 핵연료봉 인출을 강행함에 따라 대북 유인책이 실패로 돌아갔다. 그러자 미국은 6 월 초 유엔의 대북제재와 군사력을 사용한 압박을 고려하기 시작했다. 그래서 안보리에 배포한 미국의 제재결의 초안은 의장의 경고발언과 30 일간의 유예기간을 둔 다음 단계적 정치 경제제재를 가하는 것이 골자였다. 결국 북한은 유엔에서 대북 제재결의안 초안의 본격적 협상으로 핵사찰 시한에 직면했고, 사찰을 수용하지 않을 경우 유엔 경제쩨재를 통한 압박과 미국 의 군사력 증강을 통한 위협에 직면해야하는 절박한 상황을 맞이하였다. 어떻게 보면

---

[24] Slackman

[25] 조순구, 204

미국의 유엔 제재결의 초안에 대한 협의가 진행되는 날인 6 월 15 일, 카터는 평양에 도착해서 북한과 협상을 시작했다.[26]

4.4. 국제적 지지의 필요성

넷째, 강압외교를 통해 목표를 달성하기 위해서 국제적인 지지는 필수적이다. 특히 강압외교를 적용하는 데에 있어서는 다각적인 경제적 제재, 정치적 지원은 강압외교의 효과를 증가시킨다. 그리고 적대국은 동맹국들 간 유대를 단절 시킬 수 없는 인식도 강화 할 필요가 있다. 그리하여 북핵 문제를 해결하려면 다각적으로 접근할 필요가 있다. 더 자세히 말하자면 한반도의 문제를 당사자가 해결할 수 있도록 주변국은 그 역할에 충실해야 한다.

이것은 굉장히 중요한 것이다. 특히 오바마 행정부는 일방적이 아닌 외교정책을 추구하고 있기 때문인 것이다. 리비아를 공습하는 이유에 대해 말했을 때 자신 외교정책의 성격에 대해서 대변은 대신 말하는 것이다. 그 중에 다각성에 중요성을 많이 강조했다. 미국행정부가 이렇게 결정하는 이유는 주로 경제적인 것으로 볼 수 있다. 이라크와 아프가니스탄의 전쟁과 리비아의 갈등에 참여하기 때문에 일방적 경제적인 부담을 감당하기 힘들 것이다.

그래서 북한과 효과적으로 강압외교를 행사하려면 다각적인 외교가 굉장히 중요하다. 미국, 일본, 중국, 러시아뿐만 아니라 국제 사회가 기본적으로 남북한의 비핵화를 지지하고 있기 때문에 동북아시아 전체의 평화와 안전과도 직결되고 있다. 그런데 그 중에 특히 중국과의 동맹이 어느 나라보다 월등히 중요하다. 북한 문제를 해결하는 데에 있어서 중국이 맡아야 되는 자리에 여전히 공석으로 있었다. 북한에게 중국은 가장 큰 경제적 정치적인 동맹국이다. 가장 큰 무역 상대국과 무장, 식량, 연료 원으로 간주한다. 중국은 북한이 붕괴할 경우 감당할 수 없는 몰려올 난민들도 말리도록 김정일 정권을 뒷받침하고 국제 경제적인 제재를 반대했으며 북한의 보호막의 역할이 되었다.

그러하여 미국이 북한에게 압박을 가하는 데 있어서 중요한 변수 중 하나는 중국이다. 중국은 미국에 필적할 만한 군사력을 가지고 있지는 못하고 향후에도 그럴 가능성은 낮지만 동아시아 지역 차원에서 미국을 견제할 수 있는 능력을 가지고 있다. 그러나 2006 년 북한의 1 차 핵실험을 실시한 다음에 중국은 북한에 대한 시선이 달라졌다. 무엇보다 2009 년 2 차 실험을 하고 나서 중국은 북한과의 동맹을 재고려하며 압박 및 유인책을 부여할 생각

[26] 윤태영, 283

있었다고 한다. 이후로 중국은 6 자회담에 주요 역할을 취했다. 외교관계 협의회의 스콧 스나이더 및 아시아재단의 변시원에 따르면 북한의 핵실험은 "평화적 부상"하는 중국으로서 국제적인 책무와 역사적 이념적 유사한 북한과의 동맹 간에 증가하는 마찰을 대변한다고 본다. 어느 나라보다 중국은 북한에게 지렛대 효과를 지니고 있다고 전문가들이 본다. 그리고 향후 미국이 북환과의 대응방식을 결정함에 있어서 중국과의 협력여부가 중요한 변수가 될 것이다. 그럼에도 불구하고 중국은 지역적인 안정과 정권 승계의 불안성의 이유로 지렛대를행사하지 않을 것이라고 판단하지만 이러한 세 가지 조건을 충족할 수 있으면 북핵문제를 해결함에 있어서 진전이 있을 수 있다고 본다.

5. 결론

현재 버락 오바마의 "핵무기 없는 세계"란 목표를 관철하기 위해서 강압외교를 적용할 필요가 있다는 것이 이 논문의 기본적인 입장이다. 본 논문은 북한 핵문제를 해결함에 있어서 오직 포용정책 또는 강경정책은 개별적인 정책으로서 성과를 내기 힘든다고 평가한다. 오히려 당근과 채찍이란 수단의 결합 또는 보완적 적용을 특성으로 하는 강압외교는 흥정을 시행에 옮기는 효과가 높을 수 있다. 강압외교 전략의 유용성은 직접적인 군사력 사용을 특징으로 하는 전통적 군사력보다 정치적.심리적 비용이 적게 들 수 있으며, 위기 확대의 위험성을 감소시키면서 위기 목표를 달성할 수 있다는 데 있다. 그러나 한계점을 묵인할 수는 없다. 만약에 적대국이 요구조건을 수용하지 않을 경우, 그때 강압국이 물러설 것인지, 타협할 것인지, 제재 또는 군사력을 사용해서 위기 확대를 할 것인지를 결정해야 한다. 주지의 사실이지만, 이러한 외교정책은 핵보유국가에게 시행하면 위험성은 몇 배로 증가할 것이다. 이에 따라서 강압외교는 효과적인 전략인데도 위험성 또한 불확실성을 가지고 있는 전략일 수 있다. 강압외교를 효과적으로 시행하는 것은 유인 조치를 위주로하는 흥정을 시행에 옮기려면 제한된 군사력 또는 제재를 수행해야 한다는 것이다.

참고문헌

김경호. 2002. “북한의 핵문제와 참여정부의 대북정책”『한국통일전략학회』. 통일전략 제 2 권 제 2 호, 223-243

"“김일성은 3 백만 아사자와 합장된 것” '北기근 연구' 정광민-식량난 체험 탈북자 3 시간 확인토론." Interview. *DailyNK.* June-July 2005. Web. <http://www.dailynk.com/korean/read.php?cataId=nk05000&num=10908>.

"미국 "북한 핵물질 테러조직 판매 우려" 미국 태평양사령관-주한 미군사령관 의회 증언." 통일뉴스. 01 Apr. 2004. Web. <http://www.tongilnews.com/news/articleView.html?idxno=42940>.

박형중. 2010.“북한 핵 보유 고수 전략의 도전과 대응”『통일연구원』

백승주. 2010. “북한 핵문제 해결을 위한 대북정책 추진방향”. 『통일연구원』

""북한 주민 37% 외부 식량지원 의존"RFA." *국민일보*. Web. <http://news.kukinews.com/article/view.asp?page=1&gCode=pol&arcid=0004718580&cp=nv>.

윤황. 2002. “북한 핵문제의 평화적 외교적 해결방안에 관한 모색”. 『한국통일전략학회』 통일전략 제 2 권 제 2 호, 169-219

윤태영. 2003. “북한 핵문제와 미국의 ‘강압외교’: 당근과 채찍접근을 중심으로”. 『한국국제정치학회』

이상민. 2001. “미국외교사의 맥락에서 본 클린턴-부시 행정부의 대북정책”. 『내일을 여는 역사』

정희태. 2007.“‘북핵 위기’ 사례를 통해 북한의 위기관리”. 『한국정치정보학회』 정치·정보 연구제 10 권제 1 호, 107 - 132

조순구. 2005. “핵무기 해체사례와 북한 핵의 평화적 관리방안”. 『한국국제정치학회』. 국제정치논총 제 45 집 3 호, 195-217

조민. 2009.“오바마 행정부와 북한 핵문제: 대타협이냐, 대파국이냐,” 『통일연구원 학수회의 총서』

최강, 박준성. 2010. “천안함 사건이후의 한반도 주변 안보정세와 주요 도전” 『한국전략문제연구소』. 전략연구 통권 제 50 호, 69-97

Cimbala, Stephen J. *Coercive Military Strategy*. College Station: Texas A & M UP, 1998. Print.

George, Alexander L., William E. Simons, David Kent. Hall, and Alexander L. George. *The Limits of Coercive Diplomacy*. Boulder: Westview, 1994. Print.

Jentleson, B. Coercive Diplomacy: Scope and Limits in the Contemporary World.

Stanley Foundation.

Mcdonald, Mark. "North Korea Suggests Libya Should Have Kept Nuclear Program." *NYTimes*. Mar.-Apr. 2011. Web. <http://www.nytimes.com/2011/03/25/world/asia/25korea.html?_r=1>.

Schelling, Thomas Crombie. *Arms and Influence*. New Haven, CT [etc.: Yale UP, 2008. Print.

Slackman, Michael. "5 Years After It Halted Weapons Programs, Libya Sees the U.S. as Ungrateful." *New York Times* 10 Mar. 2009. Print.

Snyder, Scott, "North Korea's Nuclear Program: The Role of Incentives in Preventing

Deadly Conflict," in David Cortright (ed.), *The Price of Peace: Incentives and International Conflict Prevention.* Lanham: Rowman & Littlefield Publishers, Inc, 1997)

북한의 정권 유지와 변화의 바람: 이원 경제체제와 정보통신 산업

샘 김 (SAM KIM)

MA, Korean for Professionals, University of Hawaii at Manoa, 2011

THE WINDS OF CHANGE AND NORTH KOREA'S REGIME STABILITY: THE TWO-TRACK ECONOMY AND THE INFORMATION TECHNOLOGY INDUSTRY

North Korea, after the fall of the USSR, struggled with an economic crisis and chronic depression, and for the past 20 years North Korea has experimented with a dual-track economy for regime stability. A dual-track economy was chosen by North Korea to strengthen its political ideology of Juche (self-reliance), Military First policy, and its Powerful and Prosperous Nation policy (Kang-sung Dae-kook) to maintain its regime. Through this thesis we will explore dual-track measures in terms of regime stability. For the past 10 years, the North Korean regime has been the driving force that developed its Information Technology industry, and a look will be taken at the current development situation and the dangers posed by information technology, especially how they manage it. Lastly, a projection will be made about North Korea's political, economic, and social changes.

1. 서론

북한은 1990 년대 경제 위기를 겪으면서 철저한 계획경제에서 이원 경제 체제(dual-track economy)로 노선을 변경하여 성장 정책을 실험해오고 있다. 즉, 철저한 계획경제에서 제한적으로 개방을 받아들인 이원 경제 체제를 통하여 기득권 지배층은 인민을 대상으로 통제를 강화하는 한편 지배에 필요한 자본을 마련하기 위하여 경제적 이윤을 창출하려는 노력을 해오고 있다. 북한은 이원 경제 체제를 통하여 경제 문제를 해결하고 공황을 벗어나고자 한다. 북한은 정치적으로 "주체사상"을 통한 자주성을 강조하지만 그 경제적 실태는 의존성을 벗어나지 못하고 있다. 예를 들면, 2010 년 외교협회(Council on Foreign Relations)의 Jayshree Bajoria 는 다음과 같이 분석하고 있다: "중국으로부터 에너지의 90%, 소비재의 80%, 그리고 식량 45%의 원조를 받는 등 (북한 경제의) 해외 의존성이 강하다." 북한은 이처럼 절대적으로 경제적 원조와 외국 자본을 필요로 하면서도 국가의 기본틀인 사회주의 체제유지를 위해 자본주의를 경계한다.

이 논문에서는 북한이 김정일 정권 하에 이원 경제 체제가 어떻게 시작되었으며, 김정일에서 김정은으로의 세습 과정에서 어떻게 진행되어 왔는지를 살펴본다. 또한 제한적인 경제 개방과 이를 통한 경제 성장의 과정에서 주력해온 정보통신 산업을 북한 체제 유지와 관련하여 살펴볼 것이다. 특히, 이 논문은 정보통신 산업의 발전이 북한사회에 양날의 칼로 작용한다고 주장한다. 즉, 북한은 정보통신 산업의 발전을 통해 얻은 경제적 이윤으로 국가 자본을 확보한 후, 그 자본을 국가 안전보위부, 인민보안부, 그리고 보위사령부와 같은 국가 안보 부문에 투자하여 정권을 강화한다. 그러나 다른 한편으로 정보통신 자체의 특성인 정보의 유통이 인민들의 통제를 힘들게 만들어 북한 정권에 위협적인 요소가 될 수도 있다.

제한된 페이지 분량으로 인하여, 본 논문에서는 북한이 이원 경제 체제로 접어든 90 년대 이후부터의 경제와 정보통신 산업 부분만을 집중하여 다룰 것이다. 또한 북한과 경제 교류국들 중 가장 큰 영향을 주고받아온 중국, 남한, 그리고 이집트에 초점을 맞추어 살펴볼 것이다.

2. 북한의 이원 경제 체제 (Dual-track Economy)

2.1. 배경

현재 북한은 지배체제 강화 및 경제적 성장이라는 두 마리 토끼를 쫓는 이원 경제 체제(dual-track economy)다. 북한의 경제 역사를 보면 북한경제는 구소련의 중앙계획경제 모델(central controlled economic model)을 사용했다. "중앙계획경제는 집권적 중앙계획의 통제에 의하여 재화의 생산, 분배, 소비가 계획되고 관리되는 국민 경제"이다 (네이버 지식백과). 그러나 1991 년 구소련의 붕괴는 북한의 경제체제에도 영향을 주었다. 구소련의 원조 중단과 북한에 밀어닥친 기근은 식량난으로 이어졌고, 이로 인하여 중앙 배급 제도가 붕괴되면서 북한은 계획 경제로만 국가를 운영할 수 없게되자 주식회사를 운영하고 외국 직접 투자를 통하여 외자를 유치하는 등 제한적으로 경제를 개방하면서 이원 경제 체제를 시도하였다.

Lee 는 2005 년 자신의 저서 "바이트와 탄환: 한반도의 IT 혁명과 국가 안보 (*Bytes and Bullets: Information Technology Revolution and National Security on the Korean Peninsula*)"에서 북한이 이원 경제 체제를 실험하고 있다고 분석하였다.

현재 북한은 이원 경제 발달 정책을(dual-track economic development policy) 실험하고 있다. 지배층은 주민에 대한 사회 통제권을 강화하는 한편, 정권의 안정을 이루고 경제적 이윤을 극대화하기 위하여 개방 정책을 시행하고 있는 중이다. 이를 통하여 북한 정권은 계속되는 경제위기와 만성불황을 벗어나기 위하여 경제회복의 길을 찾고 있다. (Lee, 2005, 122) 이와 같은 맥락에서 French(2007) 역시 북한이 "이원 경제 (dual-track economy)"를 도입했다고 주장한다.

> "... 1990 년대말 이후로 우리가 뚜렷이 목격한 새로운 현실은 북한이 이원 경제 체제(two-track economy)를 만들어냈다는 것이다. 즉, 인도주의적 원조로 민간 경제가 유지될 가능성이 커지는 가운데, 군자재 및 자원이 공급될 수 있었고 정권이 유지되었다." (French, 2007, 103)

어떤 국가든 정도가 다르긴 하지만 이원적 경제 체제의 양상을 띤다. 북한이 이원적 경제체제를 도입한 이유 가운데 하나는 계속되는 경제 불황으로 인해

평양과 경제 특구 외의 지역 주민들은 경제적 어려움을 겪고 있었으며, 지역간의 균형잡힌 경제 발전을 위하여 구소련의 계획경제를 벗어난 새로운 경제체제를 시도하기 위해서였다.

북한의 경제정책은 1991 년 구소련 붕괴 이후 기존의 계획경제에서 크게 방향을 바꾸었다. 1990 년대 들면서 북한의 계획경제는 더욱 비효율적으로 돌아가고 있었다. 김홍낙과 길영환(2006)에 따르면, 1990 년대 북한 경제는 북한 정부가 추진하였던 중공업 산업이 특히 어려움을 겪는 가운데, 국가 GDP 의 30%는 북한군에 사용되었으며, 홍수로 인하여 경제적 위기를 겪게 되었다. 게다가 구소련은 1990 년대 북한에 원조를 한 푼도 하지 않았으며 (Kang, 1998), 싼 석유의 공급마저 중단하였다. 두 나라간 전체 무역 규모를 보면 한 해 무역이 3 조 달러에서 2006 년에 들어 4 천 5 백만 달러로 줄어들었다 (김홍낙과 길영환, 2006).

구소련의 북한에 대한 원조 중단 및 무역규모 감소에 이어 북한에 닥친 기근은 북한 식량난의 원인이 되었다. 기근은 북한 배급 시스템의 붕괴를 가속화시켰다. 기근 전의 북한의 배급 시스템을 보면, 60% 이상의 국민들에게 매일 일인당 700 그램의 식량이 배급되었으나, 배급 시스템이 붕괴된 이후, 김정일은 정권유지를 위하여 사회 중요 계층 즉, 정부의 공무원, 중요 군부대, 평양 시민들에게만 배급 우선권을 주었다 (Haggard & Noland, 2011). 배급 시스템의 붕괴로 북한 주민들의 반정부 시위가 시작되었다. 2009 년 화폐개혁때 평범한 북한 인민들이 소규모로 모여서 반정부 시위를 했다. 이들은 "우리는 살 수 없다. 우리에게 연료를 달라. 우리에게 쌀을 달라"고 외쳤다 (Cha, 2012, 159).

2.2. 강성대국 건설에 필요한 외화벌이

1995 년 기근이 닥치면서 당이 약화되는 가운데 김정일은 정권 세습을 위하여 "선군정치"를 택했다. 1996 년 12 월 김일성 종합 대학교 졸업식 연설에서 김정일은 당이 흔들리고 있다고 밝히면서, 군의 활기를 찬양하였다 (김성철, 2006, 95). 김정일은 당의 권력을 성공적으로 약화시키고 군의 영향과용도를 키워서 권력 구조를 통합시켰다. 김정일의 최종 목표는 선군정치를 통한 "강성대국" 이었다. 강성대국이란 "말 그대로 부강하고 융성한 나라라는 뜻으로, 김정일 시대에 북한이 내놓은 생존전략의 상징적 모토다" (네이버 지식사전). 김정일은 미국과 남한으로부터의 위협, 그리고 구소련의 붕괴로 인해 생겨난 안보 문제를 강성대국이라는 해결책으로 극복하고자 했다 (김홍낙과 길영환, 2006, 66).

강성대국을 설립하기 위해서 북한은 외화를 벌어들여야 했다. 그 일환으로 북한은 해외에 노동력을 수출하였다. 70-80 년대 남한이 그러했듯이, 북한 노동자들은 중동 프로젝트를 통해 국가 수익에 기여했다 (Noland, 2008, 19). 2012 년 5 월 29 일자 글로벌 타임즈 기사 "북한이 20,000 명의 노동자들을 보낼 것이다"에 따르면, 중국의 동북 지역, 지린 성(Jilin), 랴오닝 성 (Liaoning), 헤이룽장 성(Heilongjiang)의 노동력 부족으로 자격을 갖춘 북한 주민들이 제조업과 서비스 산업에 종사하기로 하고, 중국으로부터 취업 비자를 발급받기로 했다고 전했다. 신문은 북한 주민들이 매달 150 불 이상을 벌어들일 수 있을 것이며, 이는 개성공단 노동자들의 수입보다 높은 것이라고 밝혔다. 그러나 이 모든 수입이 북한 노동자 개인에게로 돌아가지만은 않을 것으로 보인다. 남한은 개성 공단의 북한 노동자들에게 임금을 직접 지불하는 대신에 북한 정부에 지불하였다 (Taylor & Manyin, 2011). 북한 정부는 임금을 미화로 받아서 세금을 제한 후에 노동자들에게 식량이나 원화로 재지급하였다 (Taylor & Manyin, 2011). 한미 관료들에 따르면 북한 정부가 매달 제한 세금이 약 2 백만불에 이를 것으로 추정한다 (Taylor & Manyin, 2011). 이로 미루어볼때, 북한 정부는 중국 파견 노동자들의 수입도 역시 같은 방식으로 세금을 제한 후 재지급할 것으로 예상된다.

2.3. 7-1 조치 (2002)

김정일 정권은 선군 정치와 강성대국을 역설했지만, 북한은 계속 경제난을 벗어나지 못한 가운데 탈북자 수, 암시장, 불법 거래의 규모가 커져가고 있었다. 북한은 파탄된 경제를 회복시키기 위하여 2002 년 7 월 임금과 물가의 대폭인상, 배급제의 축소, 기업소의 자율권

강화 등을 목표로 하는, 과거 계획경제에 비해 보다 전향적인 경제정책 7-1 조치를 발표하였다 (양운철, 2006, 표 1 참조).

<표 1> 7-1 조치 및 후속 관련 조치

구분	7-1 조치	후속 관련 조치
가격 임금 환율	-물가(25 배), 임금(18 배), 환율(70 배) 인상 -소비재 무상 급부제 폐지 -각종 보조금 축소, 폐지	-종합시장 등에 외환전소 설치 (2003)
재정금융	-거래수입금 폐지, 국가기업이득금 신설 -토지사용료 신설	-종합시장의 시장사용료, 국가납부금 신설(2003) -인민생활공채 발행(2003) -징세기관인 집금소 설치(2003) -토지사용료를 부동사용료로 확대개편(2006) -중앙은행법 개정(2004) -상업은행법 제정(2006)
농업	-곡물수매 인상(50 배)을 통해 농민 생산의욕 고취 -국가수매량 축소 -농장의 경영자율성 확대	-일부 협동농장에서 포전 담당제시범 실시 (2004)[1]
기업	-번 수입체계에 의한 실적 평가 [2] -독립채산제 본격 실시 -지배인 권한 강화 -기업의 경영 자율성확대 -노동 인센티브 강화	-일부 공장, 기업소를 대상으로 기업 경영자율성 대폭 확대한 기업개혁조치 실시(2004)

---

[1] "포전 담당제"란 가족단위 영농을 의미한다. (최수영, 2007)

[2] "기업경영 실적에 대한 평가에서 '번수입' 지표에 의한 평가가 도입되었다. '번수입'이란 기업의 총판매수입에서 노동보수를 제외한 생산원가를 뺀 것으로 '이윤+임금'의 개념이라고 볼 수 있다. 기존에는 물적지표를 위주로 기업을 평가해왔는데 이제 '번수입'에 의해 기업을 평가하게 됨으로써, 기업들은 국가계획 이외의 제품들을 생산해 수입을 올려도 수익만 많이 올리면 좋은 평가를 받을 수 있게 됐다. 즉, 기업들에게 '계획외 생산'과 '시장판매'의 합법적 공간을 마련한 것이다" (안정식, 북한 포커스, 7-1 조)

구분	7-1 조치	후속 관련 조치
상업 유통 서비스	-사회주의 물자교류시장 개설	-종합시장 개설(2003) -일부 국영상점을 수매상점으로 전환(2003)[3] -사실상 개인의 식당, 서비스업 허용(2003)
대외경제 관계	-무역의 분권화 확대	-신의주 특별행정구 지정(2002.9) -금강산 관광지구 지정(2002.10) -개성공업지구 지정(2002.11)

자료: 통일부-통일연구원(2005)을 토대로 작성

김성철 (2006)은 2002 년 7-1 조치가 실시되기 전에 이미 북한 경제체제에 변화가 시작되고 있었다고 본다. 김성철(2006)에 따르면, 1991 년 구소련 붕괴 이후 실업가들이 더욱 등장했고 사회 구조가 변하면서 자본주의적인 요소가 이미 등장했다는 것이다. 중앙 배급 시스템에 문제가 생겼음을 보여주는 현상으로 물건을 인민들에게 비관리 가격으로 직접 판매하는 직매점들이 증가하였고 중국 물건들을 비관리 가격으로 판매하는 백화점들 또한 증가하였다. 이것은 곧 적어도 식품 분야에서, 북한의 중앙 배급 시스템이 시장체제로 전환하고 있었음을 보여주는 예이다 (Noland, 2007). 이처럼 자본가들이 암시장과 백화점을 통하여 중앙정부에 압박을 주자, 김정일이 새로운 자본가 세력을 위하여 법을 수정하면서 불법 거래를 합법화시킨 것이 바로 7-1 조치이다.

2.4. 화폐개혁 (2009)

2002 년 시행된 7-1 조치에 이어서 북한은 2009 년 화폐개혁을 시도하였다. 화폐개혁의 이유는 인플레이션과 국제 제재의 압력을 완화하고 암시장의 수를 줄이고자 해서였다. 그러나 화폐개혁은 식량부족 악화 및 사회적 불안 야기라는 부작용을 낳았다. 게다가 저금은 바닥났고, 이미 국제 제재로 곤경에 처해있던 북한 경제는 극심한 인플레이션까지 겪게 되었다 (Noland, 2010, 8). Noland 와 Haggard (2010)의 "불만스런 겨울: 평양이 시장을 공격하다 (*The Winter of Their Discontent: Pyongyang Attacks the Market*)" 에 따르면, 북한

[3] 국영상점 수매란 국영상점의 위탁 판매제 실시를 의미한다. (최수영, 2007)

정부는 처음에 인플레이션을 억제하면서 기근으로 생겨난 암시장을 찾아 통제하려고 하였다. 그러자 분노한 북한 주민들이 역사상 최초로 시위를 벌였고, 김정일은 비효율적인 경제정책에 대해서 마지못해 사과를 하고 정책 집행자를 사형시켰다 (Cha, 2012, 159).

이처럼 많은 부작용을 일으켰던 화폐개혁은 북한 경제 체제에 변화를 가져왔다는 점에서 중요한 의미를 지닌다. 북한 체제의 사회주의 가치와 지도층의 타협을 꺼리는 완고한 성격에도 불구하고 경제 재난 앞에서 변화는 가능해 보인다 (Noland, 2010). 그러나 현 단계에서 화폐개혁에 대한 평가는 성급하다는 지적도 나온다.

> "화폐개혁을 계기로 북한의 대내외 경제정책도 새로운 국면에 접어들 조짐을 보이고 있다. 이런 의미에서도 북한의 화폐개혁, 즉 경제 운영의 새로운 '판짜기'는 완료형이 아니라 진행형이다. 조금 더 시간을 두고 지켜볼 필요가 있다" (양문수, 2010, 126).

2.5. 세습 경제 노선

2011 년 12 월 17 일 김정일 사망 이후 김정은으로의 세습과정을 거치면서도 북한의 경제 정책은 그대로 유지되고 있다. 2012 년 4 월 22 일자 통일뉴스의 "'김정은 노선'의 등장, 북한 전역의 학습돌풍과 실천 개시"라는 기사에서는 다음과 같이 당의 영도체계를 밝히고 있다.

김정은 제 1 비서는 4.15 연설에서 '자주의 길,' '선군의 길,' '사회주의의 길'을 추구할 것을 밝혔다... 김(정은) 제 1 비서가 자주노선을 중시한다는 점은 연설 말미에 강성국가 건설과 인민생활 향상 과정에 평화가 귀중하지만 그보다도 '민족의 존엄'과 '나라의 자주권'이 더 귀중하다고 언급한 것에서 확인된다 (4.15 연설). 선군노선에서는 군력 강화가 기본이지만(4.6 담화), 이 노선에 선군혁명사상과 선군정치, 그리고 강성국가 건설을 위한 선군시대 경제건설노선 (국방공업의 우선적 발전과 경공업, 농업의 동시적 발전) 등을 포함하는 것으로 볼 수 있다. 사회주의노선은 사회주의 원칙(생산수단의 사회적 소유와 계획경제, 집단주의에 기초한 경제관리체계)의 고수와 '실리주의'를 동시에 추구한다는 것이다.

여기서 '실리주의'란 중국의 덩샤오핑의 '실용주의/시장화주의'와는 다르다. 즉, "북한의 실리주의는 경제 각 부문에서 실리와 실익을 중시한다는 점에서 (중국의 실용주의/시장화주의와) 유사성이 있어 보이면서도 사회주의 원칙(집단주의)과 유리되어서는 안된다는 입장을 취한다는 점에서 (중국과) 근본적인 차이가 있다" (통일뉴스, *김정은 노선*, 2012 년 4 월

22 일). 북한이 자본을 벌어들이고 이용하는 방법 또한 중국과 다르다. 그 한 가지 예로 북한의 주식회사가 있다.

2.6. 주식회사

Park (2009)에 따르면, 90 년대 들어 높아진 북한 경제 위기 속에서 북한의 배급제가 무너진 후에 주식회사가 등장 했다. 원래는 북한의 여러 정부 부처에서 무역회사를 운영했었다. 그러나, 오늘날 북한 주식회사 형태의 시초는 1989 년 13 회 국제 청년과 학생 축제로 거슬러 올라간다. 당시 북한 정부가 운영하였던 무역 주식회사들의 목적은 국제 청년과 학생 축제를 위한 기금을 마련하는 일이었다. 한 탈북자와의 인터뷰 내용을 들여다보면 당시 국제적 행사를 위한 기금을 마련하기 위해서 북한 정부가 급히 무역회사를 설립했다고 한다.

Park (2009)에 따르면, 주식회사는 급성장을 했으나 다음과 같은 두 가지 문제를 야기시켰다: (1) 주식회사들이 치열한 경쟁에 빠지면서 몇몇 주식회사만 강한 인맥으로 성공할 수 있었다. (2) 국가 주식회사를 운영했던 사장들의 권력이 커지자 북한 정부가 이들을 제거하였다.

북한 주식회사는 북한 정부가 외화를 벌어들일 수 있는 유일한 수단이었다. "여러 주식회사들이 생기면서 김정일 정권을 위해 현금과 사치품을 관리해주었고, 외환을 벌어들이는 하층 노동력을 양성하였다. 이 주식회사들이 무너지는 배급제를 대체하였다" (Park, 2009, 7). 그리고 북한 정부는 주식회사가 벌어들인 자본을 고위층의 충성을 유지할 목적으로 사용했다 (Park, 2009, 10). 대부분의 자본은 김일성과 김정일의 생일 기념 행사와 같은 국가 명절에 주로 사용되었으며, 나머지는 국가 조직 (군대, 당, 국무조정실)의 운영 예산으로 사용되었다 (Park, 2009, 10). 이처럼 북한은 주식회사 운영으로 남한의 이명박 정부의 강경한 대북 정책 앞에서도 무너지지 않았다. 북한은 여러 주식회사를 통하여 중국과 자유롭게 무역을 할 수 있었다.

2.7. 해외 직접 투자 (FDI)

2.7.1. 중국

북한에 대한 해외 직접 투자(FDI) 상대국 중에서 중국의 투자 목표는 다양하다. 이들의 투자 규모는 작지만 사적인 이익을 추구하는 사업들이다. 중국의 투자는 한국을 제외한 외국의 투자와 비교하여 다음과 같은 특성들을 지니고 있다. 첫째, 중국 정부는 북한과 인접한 중국의 변경 지역에 민간 부문 투자를 지원한다. 둘째, 자원개발과 기반시설 구축에 참여하고 있는 중국의 개인 프로젝트들은 중국의 팽창 정책 전반에 걸쳐 중요한 역할을 한다. 셋째, 이러한 요소들로 인하여 북한은 다른 민간 투자들과 비교하여 중국을 더욱 경계한다 (Shepard, 2010, 3).

중국이 북한 경제에 미치는 영향은 절대적이라고 할 수 있다. 보수주의 이데올로기를 표방하는 두뇌 집단으로 미국 공화당과 긴밀한 관계를 맺고있는 헤리티지 재단 (The Heritage Foundation)은 2012 년 북한 경제 보고서("North Korea: Economic Freedom Score")에서 2009 년부터 2010 년까지 북한 경제가 악화되었다고 밝혔다. 2009 년에는 0.9% 감소하였고 2010 년의 경제 성장률은 마이너스 0.5%를 기록하였다고 보고했다. 또한 이 보고서는 북한이 외국인 직접 투자를 제한적으로 허가하였지만, 군사 정권과 당시 지도부가 큰 변화는 주지 않았으며, 평균 외국 무역이 계속 최저 수준에 머물렀고, 중국과 남한이 최고의 무역 상대국들이었다고 보고했다." 아래 표 2 가 제시한 2008 년부터 2009 년 사이의 북한의 수출입 내역을 통해 시장 개방 규모를 보면, 중국과 남한이 북한의 최고 무역 상대국들이라는 사실을 알 수 있다.

<표 2> 북한 무역 추산 ($ 백만)

북한의 수출 / **북한의 수입**

수출 국	**2008 년**	**2009 년**	**수입국**	**2008 년**	**2009 년**
세계	3,052.3	2,235.0	세계	5,196.6	3,488.2
남한	**932.3**	**934.3**	**중국**	**2,033.2**	**1,887.7**
중국	**754.0**	**793.0**	**남한**	**888.0**	**744.80**
브라질	176.4	96.0	인도	1,048.1	315.4
베네스엘라	213.6	60.4	브라질	204.7	118.6
독일	20.2	39.7	남아프리카 공화국	152.1	103.8
홍콩	31.7	30.0	싱가포르	120.0	55.4
네덜란드	26.7	26.9	독일	31.4	43.2
파라과이	33.1	20.8	러시아	97.0	41.1
러시아	13.5	20.6	이탈리아	37.0	39.4
페루	14.6	20.1	태국	47.8	30.3
태국	29.0	14.0	코스타리카	31.4	29.4
타이완	15.6	13.3	홍콩	8.6	26.3
멕시코	20.9	12.5	캐나다	21.2	22.8

Source: S. Korean data from S. Korea, Unification Ministry. Other country data from Global Trade Atlas and U.N. COMTRADE Database. World trade data from U.N. COMTRADE Database, accessed via U.S. Department of Commerce, Trade Policy Information System. World trade totals are mirror data derived from U.N.

reporter country trade with North Korea plus inter-Korean trade reported by South Korea and Taiwan's trade with North Korea.
* Note: Figures are nominal and not adjusted for inflation.

위의 표에서 보여지는 바와 같이, 2008-2009 년에는 남.북사이에 활발한 무역 거래가 있었지만, 2010 년 들어서 천안함 사건과 연평도 포격으로 남북관계가 악화되면서 남북 경제 관계가 위축되었고, 중국이 북한의 제 1 무역 상대국이 되었다 (Wong, 2011). 북한은 중국의 경제 모델을 모방하지 않지만 중국과 정치적, 경제적 동맹관계를 유지한다. 다음에 제시한 표 3 에 나타난 중국 상무부의 자료를 보면 북.중 무역 성장률을 알 수 있다.

<표 3> 중국과 북한의 상품 무역, 1995-2009 년 ($ 백만)

년도	중국의 수입	중국의 수출	모든 무역	차액
1995	63.609	486.037	549.646	422.428
1996	68.638	497.014	565.652	428.376
1997	121.610	534.411	656.021	412.801
1998	51.089	356.661	407.750	305.572
1999	41.722	328.634	370.356	286.912
2000	37.214	450.839	488.053	413.625
2001	166.797	570.660	737.457	403.863
2002	270.863	467.309	738.172	196.446
2003	395.546	627.995	1,023.541	232.449
2004	582.193	794.525	1,376.718	212.332
2005	496.511	1,084.723	1,581.234	588.212
2006	467.718	1,231.886	1,699.604	764.168
2007	581.521	1,392.453	1,973.974	810.932
2008	754.045	2,033.233	2,787.278	1,279.188
2009	793.026	1,887.741	2,680.767	1,094.715

Source: China, Ministry of Commerce (excludes Hong Kong and Macau).

중국이 북한의 수입 전체의 절반 이상을 차지하고 있다. 수출면에 있어서는, 남한이 북한의 물품을 제일 많이 수입하고, 그 다음으로 중국이다 (Manyin & Nanto, 2010). 수출입면에서 북한은 이처럼 중국과 남한에 절대적으로 의존하고 있다.

2012 년 5 월 29 일자 글로벌 타임즈의 "북한이 2 만명의 노동자를 보낼 것이다"라는 기사를 보면, 중국의 산업화 정책이 북한과의 무역을 증가시킬 것이라고 밝혔다. 닉슨 센터의 중국 연구원인 Drew Thompson 에 따르면 "백오십여 중국 회사들이 북한에 투자했는데, 그 중 3 분의 2 는 지린(Jilin)과 랴오닝(Liaoning)에 근거지를 두고있다" (Shepard, 2010, 3). 이 지역들이 수익을 올릴 수 있는 이유는 라진 선봉 (무역항) 길이 열리면서 중국이 북한의 기반시설과 정보 통신에 장기적인 투자를 해서이다 (Shepard, 2010). 2012 년 2 월 22 일 Stratfor 에 실린 기사 "중국이 나선에 투자하여 이익을 보다 (Chinese Benefits from Investing in Rason)"에서 그 사실을 확인할 수 있다.

연합 뉴스에 따르면 베이징이 2011 년에 19 조 위안 (3 조 달러)을 라진에다가 투자 하기로 했고, 부두 세 곳을 포함하여 50 년 장기 계약을 체결하였다. 이 계약을 통해 중국은 이착륙장, 화력 발전소, 라진에서 중국의 두만까지 55 킬로미터에 이르는 철도를 연결시킬 것이다. 중국의 외교통상부는 이 보도를 부인하고 오직 원칙적으로만 허가를 했다고 주장하였다.

그러나 중국의 보도는 믿을 수 없다. 존스 홉킨스 대학의 SAIS (School of Advanced International Studies)의 한미 기관 프로그램인 "38 North"의 2012 년 2 월 19 일자 기사 "중국의 북한 껴안기: 황금평 경제구역 (China's Embrace of North Korea: The Curious Case of the Hwanggumpyong Island Economic Zone)" 에 다음과 같은 내용이 나온다.

북한이 황금평과 위화도를 '북한의 홍콩'으로 건설하기 위해 중국에 향후 50-100 년간 임대할 계획이다. 이 섬들은 자유 무역 지대가 될 것이고 중국과 외국인들은 무비자로 왕래할 수 있게 된다. 이 무역 지대에는 다음과 같은 재정적, 제도적 지원이 보장될 것이다: 국세환급금, 수입품과 생산에 필요한 물품의 관세를 없애고, 자유 (국제)은행 거래, 외환 사용, 직접 노동 고용, 직원을 쉽게 해고할 수 있는 권한, 자유로운 자본 거래 및 가격 결정, 방해받지 않고 휴대폰와 인터넷을 사용할 수 있는 권한.

중국이 이러한 큰 공사를 하려면 먼저 기반시설을 구축해야한다. 황금평과 위화도를 네 분야 즉, 정보, 관광, 문화, 현대적인 농업, 그리고 경공업에 걸쳐 경제 계획을 세울 것이다 (38 North, 2012, 3). "향후 공사 계획은 승객과 화물선을 위한 부두를 건설하고 황금평과 중국의 단동지역을 연결할 것이다" (38 North, 2012, 3).

그러나 중국의 해외 직접 투자는 북한 체제를 흔들 수 있다. 북한측이 내놓은 "북한의 홍콩"이라는 생각은 경제적 발전이라는 측면에서 긍정적이나 그와 더불어 개방의 정도와 중국에 대한 경제,

정치, 문화적 의존률이 커진다는 점에서 북한 정권에 위협이 될 수 있다.

2.7.2. 남한

남북 경제 협력은 1992 년 10 월 부터 시작되었다. 그후로 3 백개가 넘는 프로젝트을 실현했으며, 남한의 투자는 증가했다 (Shepard, 2010, 2). 그러나 이명박 정부에 들어서면서, 많은 소규모 투자가들이 어려움을 겪었고 분위기는 경직되었다. 노무현 정부와 비교해볼 때 경제적으로 악화되었다. "아무리 긍정적으로 본다 하더라도 투자가들 중 39%만이 이익을 보았으며, 그들이 본 이익마저도 적은 것이었다" (Shepard, 2010, 3). 남한 투자가들을 끌어들이는 분야는 자원의 개발, 농업과 어업, 그리고 경공업이다. 몇 개의 남한 벤처 사업은 성공하고 있다. 예를 들면, 최원호의 프라이드 치킨 체인 음식점의 경우, 북한 주민들이 줄을 서서 남한의 맛을 보고 싶어 하였으며, 평양에서 하루에 벌어들인 수익이 천불 이상이었다. 또한 삼성의 북한 정보 통신의 투자의 경우, KCC (Korea Computer Center) 소프트웨어가 이제는 세계적으로 휴대폰 프로그램이 되었다" (Shepard, 2010, 3).

북한의 노동 시장은 2002 년 7 월 1 일 경제 경영 개혁 조치(7-1 조치)로 개방되었다 (Shepard, 2010, 3). 이제 북한 정부는 노동의 질과 투자의 안정성을 온라인으로 광고하고 있다. 북한 노동자들은 외국 경영을 더욱 잘 받아들이고 연수의 기회를 찾고 초과 근무 수당을 위해 일을 더한다 (Shepard, 2010, 3). 북한은 이처럼 서서히 변하고 있다. 외적으로는 사회주의 가면을 쓰고 있지만 일반 북한 주민들의 내면에는 자본주의가 스며들고 있다.

2.7.3. 이집트

북한이 24 년 전에 짓기 시작한 류경 호텔(Tower of Doom)이 드디어 2012 년 4 월 평양에 부분적으로 문을 열었다 (Demetriou, 2012). 북한은 어떻게 세계에서 40 번째로 높은 건물인 류경 호텔의 공사를 할 수 있었을까? 그 해답은 "해외 직접 투자"에서 찾을 수 있다. 2011 년 10 월 10 일 가디언에 실린 Demetriou 의 기사에 따르면, 이집트의 오라스콤 그룹과 Djezzy Global System [standard] for Mobile Communication 과의 협력으로 류경 호텔 건설을 완성할 수 있게 되었다고 보도했다. 다른 정보통신 회사들은 문을 닫고 투자액을 날려버렸지만 오라스콤은 다른 전략으로 접근했다:

2007 년 7 월 오라스콤 건설이 상원 시멘트에 백십칠만불을 투자했다. 그들은 혹시나 북한과의 국제관계가 긴장된 국면을 벗어나서 안정화되면 건설붐이 일 것을 예상했다. 계약 규정에 따르면

북한이 오라스콤 중동 건설 프로젝트를 위해 노동력을 제공해야한다. (Noland, 2008, 15)

이집트는 건설 분야 외에도 통신산업과 관련하여 북한에 계속 투자를 해왔다. 이집트의 북한에 대한 통신산업 관련 투자는 정보통신 산업을 다룬 3 장에서 논의한다.

위에서 살펴본 바와 같이 북한과 중국, 남한, 그리고 이집트와의 경제적 교류는 주민들의 생활 패턴에도 변화를 가져왔다. 해외 직접 투자를 통한 개방으로 자본과 노동의 기회가 창출되었다. 그러나 앞으로 개방의 속도가 어떻게 변할 것인지는 알 수 없다. 분명한 것은 북한에 경제적, 사회적, 문화적 변화가 일어나고 있다는 것이다.

3. 북한의 정보통신 산업: 양날의 칼

Mansourov (2011, 2-3)에 따르면, 지난 10 년간 북한의 당 이론가들은 정보통신이 북한의 발전에 필수적 요소임을 역설하고 그 역할을 다음과 같이 구체적으로 제시하였다.

(1) 정보통신은 국가의 핵심적 기본 기술이며 국가의 과학과 기술 발전의중심이다.
(2) 정보통신은 산업구조를 개방시킬 수 있다.
(3) 정보통신은 경제 성장의 엔진이다.
(4) 경제, 군대, 정부, 그리고 사회 전체의 정보화가 국가의 제일 중요한 일이다.
(5) 정보통신은 경제 개방의 씨앗이다.
(6) 정보통신은 국민의 생활수준을 향상시킬 수 있다.
(7) 정보통신은 조선 로동당의 "세계로" 운동에 속한다.
(8) 정보 통신은 미래의 기간 산업이다.
(9) 정보통신은 인재 유출 (brain drain)에 대한 매력적인 대안책으로 보인다.
(10) 정보통신은 미국과의 심리전에 대항하며, 한미 동맹에 대하여 반대를 동원할 수 있는 강력한 무기이다.
(11) 정보통신은 국민을 통제하고 감시하는데 필요한 신식의 매우 세련된 도구를 제공한다.

위 내용의 핵심은 정보통신이야말로 북한 경제의 미래이며 국민을 효율적으로 통제하고 지배할 수 있는 도구라는 것이다. 당 이론가들의 의견이 작용한 것인지는 정확하지 않으나, 김정은은 최근 인터넷 사용을 허용했다. 2012 년 5 월 10 일자 Daily NK 에 실린 "김정은 인터넷 정보수집 지시… 개방된 지도자?"를 보면 다음과 같다.

조선 중앙통신은 9일 인터넷을 통해 해외 정보를 수집하라는 지시를 김정은이 내렸다고 전했다. 그동안 북한에서 외부정보가 유입될 수 있는 인터넷을 철저하게 통제해 왔다는 점에서 이번 지시가 주목된다.

통신은 이날 '인터넷을 통해 세계적인 추세의 자료들, 다른 나라의 선진적이고 발전된 과학 기술 자료들을 많이 보게 하고 대표단을 나라에 보내 필요한 것들을 많이 배우고 자료도 수집해 오게 하여야 한다'고 김정은의 지시사항을 전했다.

북한에서 당 고위 간부나 대남사업을 담당하는 간부들만이 인터넷을 할 수 있다는 점을 감안하면 이번 김정은의 지시는 특정 분야에 종사하는 일꾼들에 대한 지시로 보인다. 이는 일반 주민들에게 인터넷 검색을 허용하는 조치가 이뤄진 것이 아니라 해당 분야에 국한된 지시라는 지적이다.

그러나 김정은의 이같은 지시가 선전에 불과하다는 의견도 있다. 고위층 탈북자에 따르면 "북한에서 해외사이트 접속은 불가능한 일이면 이런 지시는 선전에 불가한것" 이라며 "일반 주민들은 물론 웬만한 간부들은 생각도 할수 없다"고 한다. 또한 "북한은 폐쇄사회가 아니며 김정은 자신은 개방을 지향하는 지도자라는 것을 부각시키려는 의도도 있다"고 덧붙였다. (Daily NK, 2012년 5월 10일). 박형중 통일 연구원은 "김정은이 지시를 내렸다고 하지만 학술교류와 대표단 해외파견 문제도 앞으로 두고봐야할 문제로 김정은이 나라를 위해 무엇인가를 하고 있다는 것을 보여주기 위한 선전으로 보인다"고 말했다. (Daily NK, 2012년 5월 10일).

3.1. 이집트

이집트의 오라스콤은 2008 년 12 월 북한과 25 년 계약을 했다. 매일경제 2008 년 1 월 31 일자 기사 "이집트 오라스콤, 북한 휴대폰 운영권 획득"은 다음과 같이 보도한다.

이집트의 오라스콤 텔레콤이 처음으로 북한의 휴대폰 운영권을 따냈다고 밝혔습니다. 아랍권에서 네 번째로 큰 규모인 이 회사는 성명을 통해 북한 정부가 지분의 25%를 보유하고 있는 자회사 CHEO 테크놀라지가 라이센스를 획득했으며, 향후 3 년간 인프라 구축 등에 4 억 달러를 투자하겠다고 설명했습니다. 오라스콤 측은 향후 1 년 동안 평양과 다른 2 개 주요 도시에서 사업을 시작할 계획이라고 덧붙였습니다.

Mansourov 의 "디지틀 변화에 다가선 북한 (*North Korea on the Cusp of Digital Transformation*, 2011)" 에 의하면 3G 고려 네트워크의 2011 년 전반기 가입자의 수가 666,517 명이며, 일년 내에 가입자 수가 361% 증가 했다고 한다. 여기서 주목할 것은 북한 정부는 고려

네트워크의 가입자 수를 늘리는 것을 반대하지 않고, 오히려 서비스 확장을 지지했다는 것이다. Mansourov(2011, 16)는 고려 네트워크가 2011 년에는 134 만불 이상의 수익을 올릴 것이라고 예상했었다. Daily NK 신문 2011 년 11 월 27 일 기사 "북에서도 휴대폰으로 신문을 본다"는 북한에서도 많은 시민들이매일 아침 출근길에 휴대폰을 이용하고 있다고 보도했다.

재일본 조선인 총연합회 기관지인 조선신보는 26 일 '조선의 3 세대 손전화 봉사인 고려링크가 주요 신문의 하나인 노동신문의 열람봉사를 시작했다'고 전했다... 고려링크는 지난 2008 년 12 월 3 세대(3G) 방식의 휴대폰 사업을 시작해 내부용 인트라넷 서비스를 제공해왔다. 이번 신문 열람 서비스로 '스마트폰' 기능에 가까워진 것이다.

조선신보는 이어 많은 시민들이 출근길에 휴대폰으로 신문을 열람하고 있다며 주민들의 반응을 소개했다. 평양의 남성은 '매일 아침 출근길에서 손전화로 신문을 열람할 수 있어 정말 편리하다'며 '몇 달분 신문이라도 다 손전화로 볼 수 있어 좋다'고 말했다.

이처럼 이집트의 오라스콤은 북한에서 경제적 이득을 보았으며 오늘날 북한의 휴대폰 가입자 수는 백만을 돌파했다 (월 스트리트 저널, *Mobile Phones Proliferate in North Korea*, 2012년 7월 27일). 북한 정부는 4년 연속 휴대폰 사용을 허용했고 고려링크의 25%를 소유하고 있다. 휴대폰 시장은 정권을 위한 자본을 벌어주고 있다. 또한 휴대폰으로 음식 배달 주문을 받는 새로운 사업 분야가 평양에 생겼다 (월 스트리트 저널, *Mobile Phones Proliferate in North Korea*, 2012년 7월 27일). Mansourov나 월 스트리트 저널에 의하면 북한 엘리트들과 사업가들 사이에 휴대폰의 인기가 상승하고 있다고 한다. 하지만 이들만 휴대폰을 사용하는 것이 아니다. 불법 휴대폰 사용률은 알려지지 않았다.

휴대폰의 확산은 북한 정부를 우려하게 만들었다. 코리아 타임즈 2012년 7월 28일자 기사 "북한이 신형 휴대폰에서 새로운 기능을 없애다 (N. Korea disables key functions in new mobile phones)"에 따르면, 북한 정부는 비디오, 카메라, 메모리 카드, 그리고 블루 투스 기능을 신형 휴대폰에서 없앴다고 한다. 또한 비디오, 메모리 카드, 블루투스의 기능을 포함한 기존의 휴대폰 가격을 천불로 올렸다. 이는 평범한 북한 주민은 구매할 수 없는 가격이다. 이처럼 북한 정부는 정권을 유지하는 선에서만 정보 통신 사용을 허용하고 있다.

3.2. 중국

김정일은 2001 년 1 월, 2006 년 1 월, 그리고 2011 년 5 월, 세 차례에 걸쳐 중국의 정보통신과 고급기술 산업을 둘러보았다. 이 방문을 시작으로 북한은 정보통신 하드웨어와 소프트웨어 분야를 발전시키기 시작했다. 특히 2011 년 5 월 방문을 통하여 중국의 정보통신과 전자 산업을 시찰하고 중국의 모범 경영을 받아들이려는 목표를 세웠다 (Mansourov, 2011, 30). 김정일의 지도를 통해 지난 십년 동안 북한 정부는 "중국 (정보통신) 모델"을 채택하기로 했다 (Mansourov, 28).

2001 년에 방문한 곳은 후에홍 NEC (Nippon Electric Company) 회사이다. NEC 회사는 중국내의 집적회로(integrated circuit) 선도자이다. 들리는 바에 의하면, 북한의 집적회로 디자인은 중국의 영향이 지극히 크다고 한다 (Mansourov, 2011 년, 28). 2006 년에 김정일이 방문한 곳은 상하이 텔레콤이다. 상하이 텔레콤은 "초고속 인터넷 회선을 개통하고, 향후 인터넷 데이터 센터 (IDC)와 인터넷, 전화 등 통신사업을 운영하고 있다" (네이버 백과사전, 2011 년). 북한은 2 년 후에 상하이 텔레콤으로부터 S-1240 교환대를 수입했고 2003 년부터 평양 통신 장비 공장 에서 자동 교환대를 생산하기 시작했다 (Mansourov, 2011, 28). 김정일은 2006 년 중국의 실리콘 밸리인 푸동 장지앙에 있는 하이테크파크를 방문했다:

푸둥지구 남동쪽에 자리 잡은 장지앙 하이테크파크엔 마이크로소프트 모토로라 소니 하니웰 시티그룹 덴소 등 900 여 개의 다국적 기업 및 중국 기업들이 입주해 있는데 주로 기업체들의 R&D (Research and Development)센터들이다. 일차로 조성된 단지만 해도 17 ㎢의 대규모다. 바이오제약 단지, 연구개발 단지, 소프트웨어 단지, 기술혁신 단지, IC 산업 단지 등 업종별로 구분된 단지 안엔 기업들의 각종 시설은 물론이고 학교 아파트 쇼핑센터 은행 병원 등 편의시설도 완벽하게 갖춰져 있다. GE 의 상하이 GRC(Global Research Center)와 CTC(China Technology Center)도 장지앙 하이테크파크 카이룬로에 위치해 있다. (최범수, 2005)

이 외에도 김정일은 "8 박 9 일 동안 중국 남부 광둥성 주하이-선전 일대의 산업시설을 돌아보며 중국의 경제 개혁. 개방 정책에 관심을 보이기도 했다" (조선뉴스, 2010 년 4 월 1 일). 이 세 차례의 방문 후에 김정일은 다음과 같은 노력을 하였다. 먼저 북한의 광학 섬유(fiber-optic cable)를 업그레이드 시켰고, 2009 년 부터 LCD TV 를 생산하기 시작하였고, 2010 년부터 휴대폰 생산을 시작하였으며, 국가 은행을 인터넷 은행으로 변경시킬 계획도 세웠다 (Mansourov, 2011, 29). 고려 링크의 정보 통신망은 중국 기술로 만들어진 것이고 SIM 카드 (subscriber identification module cards)까지 사용할 계획을 가지고있다

(Mansourov, 2011, 29). 또한 중국 방문 이후 김정일은 새로운 컴퓨터 운영 체제를 위한 연구소를 김일성 종합대학, 김책 공업대학, 그리고 평양 콤퓨터 기술대학에 설립할 계획을 세웠다(Mansourov, 2011, 28).

그러나 중국과의 관계 속에서 경제 및 정보통신 산업을 발전시켜 나가다보면 외부의 뉴스는 북한내로 유입되고, 북한의 뉴스는 외부로 유출될 수 밖에 없다. 이러한 상황을 알지만 북한은 중국과 경제교류를 유지할 수밖에 없다 원하든 원하지 않든, 북한은 경제와 정보통신 산업을 발전시키려면 이러한 위험을 감수해야한다.

3.3. 남한

삼성은 북한 정보 통신 산업에 투자하여 KCC (Korea Computer Center) 소프트웨어가 이제는 세계적으로 [삼성] 휴대폰의 부분적인 프로그램이 되었다" (Shepard, 2010, 3). 그러나 이 외에 남.북간 정보통신 분야의 협력은 별로 이루어지지 않고있다. 그러나 남북 관계가 호전되면 과학기술과 관련된 경제사회의 제반문제를 연구. 분석함으로써 국가 과학 기술정책의 수립과 과학기술 발전에 이바지할 정부출연 연구기관을 설립할 수도 있다 (Shepard, 2010, 8). 이 기관들은 "교육과 연수센터가 될 수 있고 과학자들을 육성할 수 있으며 과학, IT, 시장 경제학, 그리고 기술 경영을 가르칠 수도 있다" (Shepard, 2010, 8). 남북 관계가 호전되면 이런 기관들을 평양이나 다른 도시에 설립할 수 있다.

알려진 바에 의하면 대부분의 북한인들은 인터넷에는 접속하지 못하지만, TV, 컴퓨터, USB, 그리고 DVD 플레이어는 사용할 수가 있다고 한다. 그래서 박상학 같은 이들이 중요한 역할을 하고 있다. 2007 년 1 월 11 일 자유 아시아 방송에서 박상학씨는 전단지를 풍선에 매달아 북한으로 날려 보내 외부의 소식을 북한 주민들에게 전하는 것을 주사업으로 정하고 활동할 것이라고 말했다. 주로 풍선에 넣는 물품은 DVD, GPS, 라디오, 양말, 펜, 아스피린, 그리고 소화제 등이다. 북한에서는 이 풍선들을 심각하게 생각하고 있고 심지어 박상학 암살 작전까지 시도를 했지만 실패를 했다. (월 스트리트 저널 2011 년 9 월 21 일)

3.4 감시(surveillance)

미국과 중국이 정보통신으로 국민을 감시하고 있다는 것은 일반적으로 알려진 사실이다. 북한이 21 세기에 정보통신을 감시 및 통제 수단으로 사용하는 것은 당연하다. 김책 공업대학교를 컴퓨터 기사로 졸업하고 현재 탈북 지식인 감독으로 일하고 있는 김형광(Kim Hung-Kwang)의 말을 빌리자면, "정보통신은 새로운 개념의 훨씬더 발전된 형태의 감시도구로 국민을 통제할 수 있다" (Mansourov, 2011,

3). 북한의 국가 안전 보장 정책에 의하면 "정보통신 감시는 북한 주민과 북한내 외국인 그리고 외국인들을 대상으로 할 것이며" 인민군도 "정보통신으로 감시하되 인민군 장성급과 외국군 방문객의 공무상 시간과 개인 시간도 포함한다" 고 하였다 (Mansourov, 2011, 5). 북한의 국가 안전 보위부 (State Security Department)는 당, 정부, 군대, 외국인을 감시하고, 휴대폰 사용자들의 자기 검열을 강화할 것이다 (Mansourov, 2011, 19).

북한은 휴대폰 감시를 위해서 27 국이라는 새로운 부서를 설립했다. 27 국에서는 개인 컴퓨터들을 모두 등록시키고, 무작위로 컴퓨터 하드 드라이브를 검사하는 방법을 통해서 감시를 한다. 특히 남한 드라마를 집중 감시한다 (란코프 아시아 타임, 2011 년 10 월). 북한은 국내 및 국제적 안보를 위해 가능한 철저히 감시를 계속할 것이다.

북한은 중국과 협조하에 감시와 통제를 강화하고 있다. 특히 지린 지방 정부는 북한과 국경 인접 마을의 6 천호 가구에 경고 장치(BF-01, 비상 전화기 처럼 사용한다)를 달았다 (박성국, Daily NK's *Border Region Getting a Huge Boost*, 2012 년 5 월 3 일). BF-01 은 일반 국민을 위한 안전을 확보하는 동시에, 탈북자 신고를 쉽게 할 수 있게 만든다는 이중 기능을 가지고 있다 (박성국, 2012). 그리고 북한은 불법 (중국) 휴대폰 사용자들을 처형한다 (Daily Mail's "North Korean man executed for calling a friend in South Korea on mobile phone," 2010 년 3 월 4 일). 이처럼 북한의 정보통신 산업은 경제적 이윤창출을 통해 정권에 이득이 되는 동시에, 정보 유통이라는 안보에 위협이 될 수도 있는 양날의 칼이다.

4. 결론

북한 연구가들은 북한이 김정일로부터 김정은이로의 세습과정을 거의 마쳤다고 예측한다. 그러나 현재로선 북한의 개방 정책과 그 속도와 관련하여 어떤 명확한 예측도 불가능하다. 명백한 것은 북한은 정권유지를 위해 최선을 다할 것이며, 이를 위하여 선택한 이원 경제 체제를 계속 이어갈 것이라는 것이다. 시장의 개방은 현실적 요구이며 무엇으로도 막을 수 없다.

북한정부가 과거의 계획경제로 회귀하고 싶어도 이는 불가능에 가깝다. 왜냐하면 계획경제를 유지할 수 있는 수단, 북한정부가 공장-농장 등 생산주체에게 내리는 명령을 실행할 수 있는 수단, 즉 자원과 자본을 보유하지 못했기 때문이다. (양문수, 2010, 100)

경제 변화와 자본을 벌어들이고 싶은 것은 당연하지만 이 과정에서 정보 유통을 효율적으로 막을 수 있을지는 의심스럽다. 북한의 사회는 이원 경제 체제와 정보통신 산업의 발전을 통해 변화가 일어나고 있으며, 이는 북한 여성들의 자유로워진 화장과 옷에서도 드러나고 있다 (Elie, 2012). 김정은은 디즈니 공연을 평양으로 가지고 왔다 (한겨레, 2012 년 7 월 31 일):

김정은 북한 노동당 제 1 비서가 최근 미키마우스와 같은 디즈니 캐릭터가 등장하는 공연을 관람한 것이 화제가 됐다. 일부 전문가들은 '젊은 지도자가 서방 세계에 대한 태도 변화를 주도하고 있다'고 성급한 결론을 내렸다. 미키마우스는 미국 제국주의와 맥도널드처럼 강력한 서구의 침투를 상징하기 때문이다.

북한 사회에 변화가 오고 있다. 경제는 개방되었고, 휴대폰 가입자는 백만명을 넘어섰으며, 서구 문화가 침투하고 있다. 판도라의 상자는 이미 열렸다. 중국의 개방에 이어, 북한의 개방도 점점 현실로 다가오고 있다.

앞으로도 개방은 틀림 없이 유지되겠지만, 일부 학자들은 북한이 붕괴되는 시나리오를 그린다. 그러나 중국이 있는한 북한이 무너지는 시나리오는 현실적이지 않다고 생각한다. 중국의 북한 외교 정책은 온갖 수단을 동원하여 북한에 생명 유지 장치를 달아줄 것이다. 만약 북한 정권이 내부의 반정부 혁명을 막아내지 못한다면, 북한내 중국군이 진압할 것이다. 북한은 계속해서 북한식의 개방을 추구하고, 북한식으로 변화할 것이다. 현 시점에서 미루어 짐작하건대 김정은은 아버지 김정일이 이루지 못했던 변화를 북한에 가져올 것으로 보여진다.

참고문헌

안정식. 7-1 조치, 북한 포커스, Retrieved from http://www.e-nkfocus.co.kr/bbs/board.php?bo_ table=economy09&wr_id=1

양문수. 2010. 북한경제의 시장화. 서울: 한울아카데미.

양운철. 2006. 북한 경제체제 이행의 비교연구. 서울: 한울아카데미

최범수. 2005, 1 월. 전세계 사업부문 공통기술 연구개발 기지로 자리매김 GE CTC (중국기술센터) 현지 르포. Economy Plus-Chosun, Retrieved from http://economyplus.chosun.com/special/special_view_past.php?boardName=%BD%BA%C6%E4%BC%C8%B8%AE%C6%F7%C6%AE&t_num=239&im g_ho=3

최수영. 2007. 7.1 조치 이후 5 년, 북한 경제의 변화와 과제, 통일 정세 분석, 통일 연구원

An, Yon-ok. 2008. "Yellow Water of Capitalism Shaking North Korea," Hun In-ae (Ed.). *The Inaugural edition of North Korean Society*, p. 39.

Bajoria, Jayshree, 2010, October 7. "The China-North Korea Relationship," Council on Foreign Relations, Retrieved from http://www.cfr.org/china/china-north-korea-relationship/p11097.

Cha, Victor. 2012. *The Impossible State: North Korea, Past and Future*. New York: HarperCollins.

Demetriou, Danielle, *North Korea's 'Hotel of Doom' to open 24 years after construction*, October 10, 2011, Retrieved from http://www.telegraph.co.uk/news/worldnews/asia/northkorea/8817467/North-Koreas-Hotel-of-Doom-to-open-24-years-after-construction.html

Elie, Luke R. Interview by Sam Kim. Off the record. Honolulu, HI, July 12, 2012.

French, Paul. 2007. *North Korea: The Paranoid Peninsula—A Modern History*. New York: Zed Books.

Kang, David. 1998. *Deterrence Through Danger*. Muthiah Alagappa, ed., *Asian Security Practice*. Palo Alto: Stanford University Press.

Kim, Sung Chull. 2006. *North Korea under Kim Jong Il*. Albany: State University of New York Press.

Lankov, Andre, *Kim the geek creates digital Achilles' heel*, Asia Times, October 13, 2011, Retrieved from http://www.atimes.com/atimes/Korea/MJ13Dg01.html

Mansourov, Alexandre Y., ed. 2005. *Bytes and Bullets: Information Technology Revolution and National Security on the Korean Peninsula*. Honolulu: Asia-Pacific Center for Security Studies.

Mansourov, Alexandre, *North Korea on the Cusp of Digital Transformation*, Nautilus Institute Special Report-October 20, 2011, Retrieved from http://www.nautilus.org/publications/essays/napsnet/reports/DPRK_Digita Transformation

Nanto, Dick K. and Mark E. Manyin. 2010. *China-North Korea Relations.* Washington, DC: Congressional Research Service.

Noland, Marcus and Stephan Haggard, *The Winter of Their Discontent: Pyongyang Attacks the Market* (Washington, DCL Peterson Institute for International Economics, 2010.), Retrieved from <http://www.iie.com/publications/pb/pb10-01.pdf>.

Noland, Marcus and Stephan Haggard. 2011. *Witness to Transformation Refugee Insights into North Korea.* Washington, DC: Peterson Institute for International Economics.

Noland, Marcus. 2008. *Telecommunications in North Korea: Has Orascom Made the Connection?* Washington, DC: Peterson Institute for International Economics.

Park, John. 2009. *North Korea, Inc.: Gaining Insights into North Korean Regime Stability from Recent Commercial Activities*. Washington, DC: U.S. Institute of Peace.

Shepard, Kevin, "Buying into the Hermit Kingdom: FDI in the DPRK," Korea Economic Institute, November 2010.

Taylor, Mi Ae and Mark E. Manyin. 2011. *Non-Governmental Organizations' Activities in North Korea*. Washington, DC: Congressional Research Service.

Wong, Edward, China Exerts Influence Nurtured Over Decades, December 19, 2011, Retrieved from http://www.ocala.com/article/20111219/ZNYT03/112193008/-1/NEWS?p=3&tc=pg

Xuyang, Jingjing, North Korea to send 20,000 workers, May 29, 2012, Retrieved from http://www.globaltimes.cn/NEWS/tabid/99/ID/711798/North-Korea-to-send-20000-workers.aspx.

Yim, Juyoung. "North Korea Sends a Delegation to the 2008 SITEX (Singapore Information Technology EXPO) held in Singapore from the 17th to the 20th of June," Yonhap, 17 June (in Korean). Retrieved from http://news.naver.com/read.nhn?mode=LSD&mid=sec&sid1=100&oid=001&aid=0002132825 (accessed on 2 December 2008).

Young, Whan Kihl and Hong Nack Kim, eds. 2006. *North Korea: The Politics of Regime Survival*. Armonk: East Gate Book.

로동신문으로 보는 김정은 권력이양 초기 단계의 특성

제레미 미크 (JEREMY MEEK)

MA, Korean for Professionals, University of Hawaii at Manoa, 2011

AN ANALYSIS OF KIM JONGEUN'S EARLY POWER TRANSFER THROUGH RODONG SINMUN

In the wake of speculation of Kim Jongil's deteriorating health and preparations for a 3rd generational power transfer in North Korea, media outlets in the communist country are being closely monitored for clues into how such a transfer might take place. After North Korea's first leader Kim Ilsong unexpectedly died in July of 1994, Kim Jongil took pains to ensure his succession with the full support of senior elite party members. In doing so Kim Jongil designated a 15 day reporting period following Kim Ilsong's death in which he conveyed three primary messages to the party's elite: 1) An unyielding loyalty to Kim Ilsong's policies, i.e. his power structure, 2) the political likeness of him and his father, and 3) the international community's recognition of his as successor to Kim Ilsong. This period of reporting will serve as a reference point for evaluating Kim Jongeun's use of the media following Kim Jongil's death.

1. 서론

역사적으로 언론은 다양한 형태로 존재해 왔으나 동일한 역할을 수행해 왔다. 즉 어떤 이념이나 행위를 동원시키기 위한 목적으로 정보를 나누고, 또 필자가 자신의 견해나 사상을 전달하기 위한 것이 언론의 역할이라고 볼 수 있다. 특히 소련, 나치 독일, 중국 등과 같은 독재주의적인 체제를 확립한 국가들에서 정권의 정치적 이념을 정당화하고 국민의 지지를 얻는 데 있어 언론의 중요성을 간과해서는 안 된다 (Welch, 1983). 권력의 추구 및 유지에서 언론의 중요성을 가장 잘 나타내는 독제적 국가는 아마 북한일 것이다. 1945 년에 북한의 대표적인 당기관지 로동신문이 설립되었는데, 이 매체는 김일성의 권력 확보 구축에 있어 핵심적인 역할을 하게 된다. 언론을 통해 김일성은 자신에 대한 숭배 및 신격화를 북한 내에서 광범위하게 확대시킬 수 있었고, 그 숭배를 아들에게 물려줄 수 있었던 것도 언론의 몫이었다.[1]

로동신문에서는 1970 년 초부터 김정일의 후계자 선전사업이 시작되었으며 그 후 점진적으로 늘어나는 양상을 보인다. 1994 년에 들어 김일성이 사망한 후 국민들이나 지배엘리트들 모두 김정일을 북한의 다음 지도자로서 인정하였는데, 이미 그의 위상은 확고히 고착화된 상태였다 (백성호, 2005).[2] 그럼에도 불구하고 김일성 사망 이후 권력 전면에 나서지 않고 거의 20 년 전부터 시작된 선전사업은 4 년 더 연장되어 1998 년까지 지속된다. 이는 사회주의헌법이 개정됨으로써 국방위원회가 최고 기관으로 격상될 때까지 지속된 것이다. 다시 말해 4 년 동안 공식적으로는 선두에서 최고 지도자로서 북한을 통치하는 사람이 없었다는 것이다. 1994~1998 년 김일성이 차지했던 최고 지도자의 자리를 비워 둔 이 기간을 유훈통치라고 일컫는다 (정성장, 2010). 본 연구는 김정일이 유훈통치 기간 동안 자신의 세습을 확고하게 하기 위해 언론을 어떻게 활용하였는지 대한 예비단계의 연구이다. 따라서 유훈기간을 김정일의 세습화 사업의 연장으로 규정하여 이를 세 단계, 즉 김정일이 지배 엘리트들의 지지를 굳히는 초기 단계, 자신의 업적을 쌓으면서 김일성의 그늘로부터 독립하는 중기 단계, 그리고 공식화된 최고 지도자로 등극하는 단계로 나눌 것이다. 본 연구는 예비단계의 연구이기 때문에 초기 단계만 다루고 있다. 권력 확보의 초기 단계는 김정일이 북한의 지배 엘리트들의 지지를 얻으려는 미디어 운동 (media campaign)을 통해 벌어진 것이다. 이 단계는

---

[1] 일찍부터 김일성은 주변국 공산주의의 분열과 붕괴를 유심히 지켜봤을 것이다. 소련과 중국, 동유럽 공산주의국가들은 권력승계를 제도화하지 않았고 그 결과로 권력 이양의 과정에서 치열한 권력 투쟁과 파벌 갈등 등의 문제에 봉착하게 되었다. 소련에서 흐루시초프는 스탈린이 지명한 후계자인 말렌코프를 밀어내고 지도자가 된 이후 스탈린의 위업을 말살하고 반혁명적 운동을 벌임으로써 공산당은 결국 정통성을 잃었다. 유사하게 루마니아에서 차우세스쿠가 자신의 권력을 정당화하기 위해 전임자였던 게오르그 데지를 비판하고 당의 민주화를 추진하면서 공산당의 분열을 초래하였다. 김일성은 이와 같은 사례들을 감안하면서 후계자 문제를 고민했을 것이고 체제유지를 위해 무엇보다 중요한 것이 순조로운 권력이양이라고 생각했을 것이다. 그리고 권력의 이양뿐만 아니라 자신의 위업을 다음 세대로 지속 시키기 위해 후계자 선발의 중요성을 깨달았을 것이다. 따라서 김일성은 권력투쟁을 회피하고 체제의 안정성을 확보하기 위해 자신의 아들인 김정일을 일찌기 후계자로 선정하고 1970 년대부터 언론에서 세습을 마련하는 작업을 시작하였다. 언론은 바로 이 작업을 내부적으로 알리고 그것을 합리화하는 주요 수단이 되었다.

[2] 본 연구는 "지배 엘리트 계층"을 국방위원회, 내각, 최고인민회의 상임위원회, 최고인민회, 지방인민회의와, 지방인민위원회 등의 북한 핵심적인 정권기관의 구성원들로 규정하고 있다.

다음 세 가지 수단으로 전개되었다고 본다. 김정일은 지배 엘리트들의 지지를 얻고 자신의 세습을 안정시키기 위해 첫째 아버지와 그의 사상에 대한 자신의 충성심을 표출했고 둘째, 아버지와 자신의 동질성을 과거에 비해 자주 강조했으며, 셋째 자신에 대한 국제사회의 인정을 보여줌으로써 국제적 위상을 격상시키려고 하였다. 따라서 김정일은 김일성 사망 이후 지속된 자신의 세습화 선전 사업으로 과거 자신의 권력을 공고히 하기 위해 사용하였던 전략을 그대로 활용하면서 동시에 자신을 정권의 권력 구도의 중심으로 세우고자 하였다. 본론에서는 이런 점들에 대해 더 세밀하게 다루도록 하겠다.

1.2. 연구 목적과 의의

김정일의 악화되고 있는 건강 상태와 관련해 추후 몇 년 안에 북한에서 3 번째 아들인 김정은을 중심으로 3 세대 권력 세습이 벌어질 것으로 전망되고 있다. 2008 년에 발족하였던 것으로 예측되고 있는 3 대 세습 구축이 북한을 연구하는 학자들의 관심을 촉발시키면서 김정일의 권력 세습 과정은 다음 후계자의 권력 이양을 파악하는 데 중요한 연구의 밑거름이 되고 있다. 2008 년부터 급격히 악화되는 김정일의 건강으로 인해 정권 이양을 서둘러야 했고 김정은의 어린 나이, 경험 부족, 후계체제의 준비 부족 등의 측면들은 김일성에서 김정일로의 후계체제 구축과 구별되는 부분들이 있다. 그러나 이런 차이점들은 예상치 못한 상황들 때문에 하나로 규정하기 어렵다. 그럼에도 불구하고 김정일과 김정은의 후계자 구축은 유사한 절차로 진전되고 있다. 김정은이 외부로 드러나지 않도록 은밀하게 세습 계획을 묻어 두었던 점, 그의 존재를 공식적으로 공표한 포럼의 형식 (김정일: 1980 전당대회, 김정은: 2010 당대표자회), 북한의 주체사상과 선군사상을 이끌어야 한다는 점과, 백두산 혈통을 강조하여 김일성과의 동질성을 내세워 후계 구도를 통해 정당화하는 점 등을 감안해 보면 김정일의 세습 전략을 따르는 양상이 보인다.

김정은의 세습화 과정이 김정일의 그것과 유사하게 진행된다는 것은 김정일의 사망 이후 김정은의 권력 확보도 김정일이 김일성 사망 후에 과정을 본보기를 반복할 가능성이 높다. 특히 김정일 사망이 사망할 경우 언론의 보도는 장단기적으로 김정은이 권력 확보가 얼마나 확고하고 어떻게 추진될지 조명할 것이다. 따라서 본 연구는 김정일의 사망 시에 권력 이양 과정을 파악하고 예측하는 데에 있어 여러 가지 가능성을 제시할 수 있다는 점에서 가치가 있다.

1.3. 선행연구

김정은의 공식적 등장과 3 세대 권력 이양의 본격화와 더불어 많은 전문가들은 현재의 후계자 구도와 권력 이양의 전개 과정을 파악하기 위해 과거의 권력 승계를 연구하고 있다. 따라서 1974 년에 시작되어 1994 년까지 지속된 김정일로의 권력 승계가 연구의 대상이 되고 있다. 이러한 연구들은 김정은의 권력 승계 과정을 예측하는 중요한 기반이 되고 있다. 이러한 연구는 장기간에 걸친 권력 승계의 과정을 개괄적으로 보여주고 있지만 세부적인 내용을 제시하지 못하는 점에서 아쉽다. 북한의 언론을 활용하여 김정일의 권력 부상이나 그가 작용한 media campaign 과 관련된 심층 연구가 있으나 대부분은 80 년대 초반 진행된 연구이므로 김일성의 사망 전후로 김정일의 언론 활용을 조명하는 데 있어 한계점이 있다. 따라서 본 연구는 특정 기간에 대한 권려 승계의 과정을 살펴봄으로써 김얼성 사망 직후 보도된 북한 기사들에 김정일 권력 장악 계획을 밝히고자 한다.

세종정책연구원의 오경섭교수는 *북한 권력승계의 특징과 3 대세습체제의 지속가능성* (2010)에서 김정은을 중심으로 이루어지는 북한의 권력 이양의 구축 요소를 연구하고 있는데, 김정일의 성공적인 권력 장악과 2008 년부터 시작된 후계자 구축에 대한 비교연구를 통해 북한의 기존 정권의 이론적 기반과 당시 역사적 맥락을 조명했다. 체계적이고 이론적인 면에서 공산주의 국가에서 순조로운 권력 이양의 중요성과 북한에서 그 제도가 구축된 절차를 제시했다는 점에서 의의가 있지만 자세히 이런 권력승계의 특징을 제시하지 못하였다. 북한대학원대학교 교수 이승렬은 “북한 ‘수령체제’의 변화와 ‘수령승계방색’의 한계에 관한 연구”에서 오경섭교수와 동일하게 과거와 현재에 북한의 승계 체제의 이론적 바탕의 적용성이 어떻게 변형하였는지를 연구했다. 그러나 이연구는 권련승계에서 북한 언론의 역할을 다루지 않았던 점에서 참조자료로서 한계점이 있다. 고려대학교 북한학과 교수 조영기의 “북한의 3 대세습체제와 북한의 미래”에(2011) 대한 연구는 앞서 언급된 두 연구와 동일한 성향으로 북한의 후계체제를 다뤘다.

김정일은 처음 북한 권력 구도에서 등장하고 1980 년의 전당대회를 계기로 자신이 외부로 노출되었 때 대북 전문가들은 북한 언론을 유심히 관찰하고 있었다. 이러한 연구의 선두에서 모건 클리핀저 (Morgan Clippinger)는 *Kim Chong-Il in the North Korean Mass Media: a study of semi-esoteric communication* (1981)에서 지금까지 김정일을 대상으로 북한의 언론에 대한 분석

중에서 가장 포괄적으로 분석을 하였다. 그러나 7 년의 장기간을 분석 시기로 삼은 이 연구는 상세한 내용을 제시하는 데 있어 한계점 있고 1981 년까지만 연구함으로써 그 이후에 대한 정보는 없다. 클리펀저의 연구는 북한의 언론 연구 방법을 구체적인 사례를 통해 보여줬지만 연구가 시기적으로 국한되어 있다. 안태성은 "North Korea: From Dictatorship to Dynasty"라는 논문에서 클리펀저와 유사한 연구를 진행하였는데 이것도 1977 년까지만 김정일의 등장을 다룸으로써 본 연구의 시기대상을 이해하는 데에 제약이 있다. 조영환의 1986 년에 발간된 "Succession Politics in North Korea: Implications for Policy and Political Stability"는 김정일의 후계 체제에 대한 정책 implications 까지 포괄하지만 클리펀저나 아태성과 동일한 약점을 갖고 있다.

북한 내부 소식통들을 통해 김일성의 사망 전후로 조선노동당 안에서 파워 엘리트들간에 권력 투쟁이 벌어졌다는 사실이 알려져 있다. 제국전 (Jei Guk Jeon)은 *North Korean Leadership: Kim Jong Il's Balancing Act in the Ruling Circle* (2000)에서 김정일의 당 내부 관리에 권력 투쟁이 핵심적인 변수라는 가정하였다. 그의 연구는 김일성 사망시 파워 엘리트들의 권력 투쟁의 배경을 다루면서 투쟁이 심화될 가능성이 김정일의 내부 정책 형성에 미친 영향을 조사하였다. 당시 체제의 변화를 역사적인 측면에서 잘 밝혀주는 연구라고 할 수 있다. 그러나 이 연구는 직접 북한의 내적 상황을 연구하기 보다는 선행 연구자들의 이론을 바탕으로 연구를 진행하였다. 마틴 브래들리 (Martin Bradley)의 "Under the Loving Care of the Fatherly Leader: North Korea and the Kim Dynasty"는 김일성 인생을 매우 생생하게 묘사하는 전기이다. 제국전과 마찬가지로 이 책은 김일성의 사망 직후 발생한 당내의 갈등 및 김정일의 처리 방식을 다루었으나 이런 상황이 언론에서 어떻게 반영되었는지에 접근하지 않는다. 정성장의 "김정일 시대: 북한 국방위원회의 위상, 역할, 엘리트"는 동일한 주제에 대한 연구임으로 한계점을 지니고 있다.

1.4. 연구방법

본 연구는 북한의 언론매체들 중 조선로동당의 공식적인 기관지인 로동신문을 활용하여 김일성의 사망에 대한 보도가 시작한 날짜인 1994 년 7 월 9 일부터 7 월 25 일까지의 김일성 사망과 관련 모든 기사들을 분석 대상으로 삼았다.[3] 로동신문은 조선로동당의 기관지이므로 김정일을 비롯한 로동당의 의사를 가장 정확히 반영하는 선전매체다. 사망 직후 김일성의 사망을 17 일간 직, 간접적으로 다루었던 679 개의 로동신문 기사들은 가장 빈도 높게 보도되었다. 이 기사들은 김정일의 권력장악 전략의 첫 단계를 이해하는 데 매우 중요한 시기라고 할 수 있다. 이 기사들은 다음 일곱 개의 기준에 따라 분류되었다: 첫째, 보도의 날짜; 둘째, 김일성의 사망 언급; 셋째, 김일성 사망을 언급한 기사에서의 김정일 언급; 넷째, 김일성과 김정일 공통 언급; 다섯째, 기사의 주요 내용; 여섯째, 기사 형식 (사설, 보도, 논평 등); 일곱째, 기사의 제목.

내용분석은 분석 대상에 따라 그 방법이 조금씩 달라진다. 예를 들어서 정보 열람의 자유를 중시하는 민주주의 국가들이냐과 정보의 열람을 엄격히 제약하는 독제주의 국가들이냐에 따라 각각 미디어 자료를 똑같은 기준으로 접근할 수 없다. 본 연구의 내용분석의 방법은 1950 년대 미국 연방정부에서 소속되었던 외국통신정보부 (*Foreign Broadcast Intelligence Service*) 분석가들에 의하여 개발된 것이다. 제 2 차 세계대전 중 미국정부는 당시 적국이었던 독일에 대해 많은 정보를 수집할 수 없었기 때문에 양적 보다 질적인 분석에 의존하게 되었다. 즉, 정보의 양적인 측면보다 중요한 것은 정보를 분석하고 그 정보가 사용된 문맥 속에서 이를 질적으로 분석하는 것이다. 이런 방법을 활용한 분석가들은 감시가 심한 국가들의 움직임을 질적으로 분석하였고 이 분석 결과를 통해 국가들의 추후 움직임을 정확히 예측할 수 있었다. 이는 통제된 미디어를 분석하는데 질적 분석이 유용하다는 사실을 보여준다 (Sola Pool, 1960).

2. 언론을 통해 김정일의 이미지 형성 및 권력 부상

김일성의 사망 이후 김정일의 언론 관리에 대한 의의를 이해하기에 앞서 그 전에 김정일이 언론에서 어떻게 등장하고 성장해 가는지에 대한 과정을 알아볼 필요가 있다. 이를 살펴봄으로써 기존에 김정일의 세습화 사업에 기반한 사상과 김일성의 사망 이후 사업의 지속성, 그리고 김정일의 권력 확보에 따른 세습화 사업의 변형을 이해할 수 있을 것이다.

---

[3] 1945 년 11 월 1 일에 로동신문은 조선로동당중앙위원회의 기관지로 창간되었다. 당의 기관지는 국내외의 중요한 뉴스나 사설, 사상 교양 기사, 국내의 경제 기사, 국내외 뉴스와 국제적 기사 등의 내용으로 구성되어 있다. 김일성과 김정일은 로동신문을 중심으로 지배엘리트들과 소통하였기 때문에 로동신문은 북한의 언론 매체들 중에 당의 노선을 가장 확실하게 반영하는 언론 매체로 인정되고 있다.

1972 년 김일성 정권은 후계자를 결정하기에 앞서 국가의 모든 권력을 국가 주석에게 집중시키는 제도를 정비할 수 있도록 헌법을 개정하며 국가권력의 체계를 개편시켰다. 헌법의 개정은 수령과 후계자의 통치 여지를 조정함으로써 2 대 세습의 선전사업 기반을 마련하였다고 해석할 수 있다.[4] 김정일은 1974 년에 개최된 조선로동당 중앙위원회 전후 처음으로 북한 내부 언론에서 일명 '당중앙'으로 등장하였다.[5] 당위원회에서 후계자로 내정되었는데 이 때 벌써 김정일을 당선전선동부를 담당하는 당중앙위원회 비서의 자리를 차지했고 자신의 세습화를 위한 선전사업을 좌우하고 있었다. 김정일은 모든 선전 자료에서 "당중앙"이라는 명칭을 1977 년까지 사용하며 선전되었다. 당기관지인 로동신문에서는 그의 정체성을 모호하게 묘사하였지만 '당중앙'의 권력이 강하다는 사실을 명확하게 표출하면서 김정일의 권력을 간접적으로 보여주었다. 3 년에 걸친 기간 동안 "당중앙"이라는 표현이 가장 많이 나타났고, 예술이나 경제 분야에서 김정일의 업적을 찬양하거나 생일을 맞이할 때 그 빈도가 더욱 증가했다. 조기에 김정일의 언론을 통한 세습화 운동이 진전되면서 김정일에게 국가를 통제할 권력을 물려주려는 김일성의 의도는 점점 분명해졌다. 이러면서 김정일의 이름이 언론에서 언급될 때 극존칭 표현(께서, …하십니다)을 덧붙이기 시작했고, '속도전'으로 불리는 북한의 성공적인 경제정책을 이행하는 주체로 인정을 받게 되었다 (Clippenger, 1981).[6] 김일성은 직접 언론에서

---

[4] 1972 년의 헌법 개정 이후 김정일은 "당의 유일사상체계 확립의 10 대원칙"의 도입을 통해 후계자의 유일한 지도 체제를 확고하게 세워야 하고 후계자의 권위를 보장하며, 후계자를 목숨으로 사수해야 한다는 것을 거의 법적인 수준에서 보장하는 조치를 취하게 되었다. 이런 헌법 개정과 10 대원칙이라는 조치는 수령론과 후계자론을 정립해서 김정일 권력세습의 사상 이론을 정당화했다.

[5] 혈통승계는 공산주의 이념과 어긋나고 다른 공산주의 국가에서 전례가 없는 권력이양이기 때문에 이러한 행위는 소련이나 중국과 같은 동맹국들의 비판을 회피하는 전략으로 해석된다.

[6] 북한 언론에서 겸양어는 김일성의 가통에서 가장 엘리트한 인물들, 즉 김일성의 부모, 조부모, 증조부모, 첫 아내였던 김정숙과, 김정일을 가리킬 때만 사용된다. 북한에서 속도전이란 "사회주의의 건설에 대한 기본이 되는 전투"로 정의되는 개념이다. 김정일이 중앙위원회 비서로 지명되기 앞서 속도전이 경제 분야에 도입되었다. 속도전은 경제가 단기간에 양적 질적 차원으로 최적인 성과를 이루고 있다는 것을 의미하는 개념이라 김정일의 이미지를 부상하는 데 핵심적 성분이었다. 현재 속도전은 모든 분야에 도입되어 있다.

김정일의 사회 및 경제적 기여를 자주 찬양했다는 사실도 의미가 있다.[7]

1970 년대 후반의 세습화 운동은 북한 내부에서만 전개되었고 교묘하고 감추어진 방식으로 진행되었던 반면, 1980~1994 년에는 김정일의 존재를 북한 국민과 세계에도 알리는 데 박차를 가하는 모습을 보인다. 김정일은 1980 년 10 월의 제 7 차 당대회에서 공표된 후계자로서의 위치 공식화 이후 언론에서 자주 언급되면서 많은 부분에서 점차 그의 아버지를 대신하기 시작했다 (서재진, 2004). 국가를 통치하는 데 있어 필요한 경험과 통솔력을 김정일이 습득하는 데 있어 실무적인 정치 및 경제 활동도 중요한 역할을 했지만 무엇보다 언론의 역할이 컸다. 북한의 언론은 김정일의 활동을 중점적으로 다루면서 김정일의 기여를 알리고 두터운 지지층을 조성하기 위한 핵심적인 역할을 수행했다.

김정일의 성장 과정은 그의 권력 부상과 엘리트 위상을 상징하는 명칭에서 살펴볼 수 있다. 예컨데 1980 년에 김정일의 존재를 알린 전당대회 개최 이후 로동신문을 비롯한 언론에서는 다음과 같은 명칭들이 광범위하게 사용되었다. (1980 년 11 월 "친애하는 지도자" 및 "각하"; 1981 년 12 월 "위대한 김정일"; 1981 년 6 월 "승계자"; 1982 년 4 월 "위대한 령도자"; 1986 년 2 월 "인민의 어버이; 1992 년 1 월 "어버이 김정일"). 이러한 명칭들이 나타내듯이 김정일의 세습화 운동은 전적으로 김일성에 관한 충성심과 김일성과의 동질성이라는 두 개의 관념에 입각하여 진행되었다. 따라서, 김정일은 군사혁명적인 경험이 결여되었던 점을 보완하기 위해 김일성의 신격화된 이미지를 차용했다. 두 인물은 동일한 존재라는 생각을 국민들의 의식 속에 각인시키면서 혈통 승계의 정당성을 얻게 되었다. 외적인 관점에서 볼 때 이 전략은 당 지도자와 대중의 지지를 획득하는 데 취약한 도구 같이 보일 수가 있다. 그러나 김정일에 대한 광범위한 충성을 조성하는 데 매우 효과적인 철학을 제시하고 있다. 김정일은 김일성의 탁월한 모든 풍모와 특성을 소유하고 있으므로 김정일을 추켜세우고 충성을 맹세하는 것이 김일성에게 충성을 맹세하는 것과 상응하는 행위가 된다. 이런 정당화 논리체계는 김일성 체현론에 기반한 후계자론의 핵심이라고 볼 수 있을 것이다. 생물학적 혈통의 계승과 달리 김정일은 1 대 수령인 김일성의 사상과 이론, 혁명업적, 투쟁경험 등의 혁명적 혈통을 계승 발전시키는 인물로 조성된 것이다.

---

[7] 한 로동신문 기사에서 김일성이 다음과 같이 김정일의 지도 하에 이루어진 경제적 업적을 찬양하고 있다: "지난 해 당중앙의 지도 아래 70 일 속도전을 수행함으로써 사회주의의 건설에서 기적적인 성과를 거두었다."

<그림 1>

날짜
10월 1980년
5월 1990년
12월 1991년
4월 1992년
10월 1993년
행사
제6기 당대회
제9기 최고인민회의
제6기
조선로동당중앙회의
태양절
최고인민회의
지명
정치국 상무의원, 비서,
군사위원회 위원
국방위원회
제1부위원장
인민군 최고사령관
국가 원수
국방위원회 원장

(통일부, 2009)

2.1 1994 년 7 월 9 일에서 25 일까지 김일성의 사망 이후의 김정일의 언론 전략

김정일로의 권력이양에 대한 기반을 마련하는 사업은 1960 년대 후반에 시작되었다고 추정되고 20 년 동안 강도 높게 진행되었다. 김일성이 사망에 이르기 전까지 김정일의 권력세습이 북한 내에서 거의 기정사실로 받아들여졌다고 해도 과언이 아닐 것이다. 그럼에도 불구하고 김일성의 사망 직후 김정일은 로동신문을 비롯한 북한의 언론 매체를 통해 오래 전부터 시작된 자신의 권력세습을 지속적으로 정당화시키면서 당의 지지를 확보하고 안정적 내부 상황을 보여주고자 애썼다. 당시 다수의 대북 전문가들은 많은 공산주의권 국가들이 붕괴됐던 것과 마찬가지로 김정일의 권력이양 과정에서 권력 투쟁이나 파벌의 형성이 권력 체제의 분열로 이어질 것이라고 전망하고 있었다. 그리고 김일성의 사망 후 5 년 안에 위축된 경제가 곧 북한의 붕괴를 초래하는 또 다른 상황을 일으킬 것이라고 예측했다. 김정일은 그런 외국의 불신을 불식시키기 위해

안전적인 내부상황을 보여줄 필요성을 느꼈을 것이다.[8] 이처럼 권력확보 초기에 김정일은 내부적 안정을 지키기 위해 아버지에 대한 자신의 충성심과 아버지와 자신의 동질성 강조 및 자신으로의 권력이양을 인정하는 국제사회를 보여주는 세 가지 수단을 추진하였다.

2.2 아버지에게 충성하는 김정일

김정일의 후계자 구축 초기에 김일성과 김정일은 권력 체제의 지속성을 결정하는 가장 중요한 요인이 김정일에 대한 당의 지지라는 것을 알고 있었다. 김정일의 주체 사상 습득은 김일성을 비롯한 당 지도층에 대한 충성심을 보여주는 통로가 되었다. 북한 역사에서 김일성은 주체사상을 창조함으로써 공산주의 세계의 탁월한 혁명자가 되었다. 주체사상은 제도적인 면에서 1960 년대에 비판을 받고 있었던 스탈린의 개인숭배 개념을 대체하여 김일성을 지도층의 중심에 둔 새로운 프롤레타리아 독재 개념을 정립하였다. 상징적인 면에서도 주체사상은 김일성이 개인 능력을 발휘함으로써 근로인민대중의 의사를 충족시키고 그들의 이익을 대표할 수 있는 최고의 체현자가 김일성이라는 것을 정당화시켰다. 김일성은 주체사상을 통해 자신을 최고의 권력자로 규정하였고 조선로동당이 노동계급 가운데서 가장 우수한 선진분자들로 구성되었다는 것을 내세웠다. 때문에 당은 수령보다 한 단계 낮은 등급의 권력을 행사했으나 최고형태의 조직으로 인정을 받으며 엘리트적 특혜를 누릴 수 있었다.

주체 사상은 지배 엘리트들의 특권을 보장하는 제도이기 때문에 김정일로의 권력 승계 과정이 진행되면서 그가 주체사상을 완벽하게 습득할 필요가 있었다. 김정일은 이를 위해 주체사상에 기여하는 위대한 사상이론적 혁명적인 지도자로서의 이미지를 부각시켰다. 초기 단계에서 이러한 작업은 권력 체제에 실제적인 영향력을 행사하는 사상에 대한 그의 충성을 표출하는 기반이 되었다.[9]

---

[8] 김정일의 북한은 전문가들이 예상했던 것과 달리 오랫동안 지속되었다. 하지만 특히 새로운 후계자의 공식화와 더불어 권력 구도 속에 갈등이 발생할 가능성이 높다. 김일성 시대에도 엘리트들간에 권력 투쟁이 자주 벌어졌다. 예를 들어 김정일과 김일성의 세 번째 부인과 그 혈연 간의 투쟁이 잦았던 것으로 알려져 있다. 또한 김일성의 사망 후 새로운 체제에 대한 불확실성으로 인하여 기성세대와 젊은 세대간에 갈등이 고조되고 있었다.

[9] 김정일 시대에 접어들면서 언론에서 주체의 사용 빈도가 약화되었으나 지배이념의 지위가 상실되진 않았다. 김정일의 권력 승계의 등장과 더불어 하위 실천이념이 부각되면서 주체사상 강조의 수위가 낮아졌지만 '붉은기사상', '강성대국론', '선군정치론' 등의 하위통치이념의 뿌리로 기능하였다.

김일성이 사망에 이르기 훨씬 이전 김정일은 북한 주민들의 의식 속에 북한의 다음 최고 지도자로 고착화되었을 가능성이 높다. 그러나 김일성 사망 시에 이러한 고귀한 이미지만 가지고서는 예전부터 형성된 김일성의 테두리에 있는 지배엘리트들의 지지를 확보하기에는 부족했다. 다시 말해 최고의 권력이 김일성에서 김정일로 이양됨으로써 기존의 김일성 체제조직이 개편되면서 보수세력들의 당내 입지가 불확실해질 가능성이 있었던 것이다 (INSS, 1998). 따라서 김정일은 이들의 의심을 분산시키고 당의 조직을 존중하겠다는 신호를 보내기 위해 김일성의 사망 보도에서 김일성을 중심으로 기존 체제에 대한 자신의 충성심을 명백히 표현하려고 하였다.

김일성에 대한 김정일의 충성심은 김일성의 사망과 관련된 로동신문의 기사 수와 기사 내용에서 가장 잘 나타나고 있다. 1994 년 7 월 8 일에 김일성은 사망하였고 그 다음 날인 9 일에 로동신문의 제 1 면에서 그의 사망을 공표하는 전면 사진이 공개되었다.[10] 10 일까지 경제관련 기사 및 국제 기사가 계속 보도되었으나 7 월 11 일부터 21 일까지 로동신문은 김일성의 사망과 관련된 기사만 보도하였다. 또, 평상시에 6 면으로 이루어진 지면 수가 8~10 면으로 늘었다.[11] 21 일 이후에 경제관련 기사 및 국제 기사는 다시 보도되었지만 25 일까지 김일성의 사망 기사만 지속적으로 보도되었다. 이 짧은 기간에만 로동신문에서 김일성의 사망을 다루는 기사는 679 개에 달하였다. 50 년 동안 국가를 통치한 최초의 지도자 사망에 대한 비통함이 기사의 일부를 차지하였으나 슬픔보다 기사내용의 상당 부분은 김일성의 업적과 그의 노선을 받들어 나갈 국민들의 의무에 치중되었다. 어떤 기사는 매우 직설적으로 묘사되었고, 어떤 기사는 간접적으로 묘사되었지만 모두 김일성의 권력 구도에 대한 김정일의 헌신성을 상징적으로 제시했다고 해석될 수 있다. 예를 들어 7 월 11 일에 제 1 면에서 실린 사설은 김일성의 사상 혁명적 기여를 찬양하면서 다음과 같은 문단을 통해 김일성이 창건한 당에 대한 충성을 촉구하고 있다.

위대한 수령님께서는 조선로동당을 우리 시대의 가장 권위 있고 위력한 불패의 혁명적당으로 강화발전시키시고 우리 혁명이 억년

---

[10] 로동신문이 김일성의 사망 원인에 관한 의료 진단을 실었다는 것은 주목할 만하다. 이전에 로동신문에서 김일성의 건강과 관련된 보도는 없었고, 사망하기 전날 현지 지도하는 모습도 신문에 담겨 있었다.

[11] 로동신문에서 실리게 된 기사들은 당선전선동부에 의해 엄격히 검증되기 때문에 김일성의 사망에 대한 보도가 그 엄격한 절차를 다 거칠 수 있을 때까지 경제와 국제적 보도가 계속되었을 가능성이 높다.

드높지 않고 승리해나갈수 있는 혁명의 주체를 마련하여주시였다. 오늘 위대한 수령님께서 창건하시고 이끄신 우리 당은 가장 억센 조직 사상적기초와 령도체계를 가지고 모든 사업을 위대한 수령님식 사업 방법으로 전개해나가는 전도양양한 당으로, 그 어떤 어려운 력사적과제도 능히 수행해나갈 수 있는 강력한 혁명의 참모부로 그 위용을 높이 떨치고 있다. (로동신문, 1994)

위 문단은 김일성의 말을 김정일이 인용한 것으로 김정일이 이를 사용함으로써 자신의 의사를 뚜렷하게 전달하고자 한 의도로 보인다. 이 문단에서는 세 가지 메시지가 담겨져 있는데, 이를 통해 지배 엘리트들의 위상이 북한의 권력 구도에서 안정적이라는 것을 암시하고 있는 것으로 풀이된다. 첫 번째 문장에서 개진된 바와 같이 김정일은 조선노동당이 위대한 수령님이 직접 창립한 관리 기관임으로 떠받드는 것이 김일성의 혁명사업을 완성해 나가는 하나의 과제라는 것을 가리킨다. 이것이 실제적으로 김일성을 직접 인용한 지시이든 아니든 간에 김정일이 당에 대한 순종을 요구하는 대상에 자신을 포함시키고 있다. 둘째, 두 번째 문장에서는 수령의 방법대로 혁명을 수행해 나가는 데에 있어 당의 사상적기초와 영도체계의 역할을 언급하고 있다. 이 인용의 일차적인 목적이 김일성의 혁명사업을 완성해야 한다는 것을 강조하는 것이라면 이차적인 목적은 혁명사업에는 당시 김일성이 확립한 사상에 기초한 지배체제가 결정적인 기능을 하고 있다는 것을 강조하는 것으로 볼 수 있다. 셋째, 위 단락의 후반부에서 김정일은 조선노동당의 상징적 의미를 초월하여 국가 운영에 있어 그 조직의 실제적인 역할을 인정하는 것을 내비친 것이다.

이처럼 기존의 체제조직을 노골적으로 추켜세우는 기사가 지속적으로 쏟아져 나왔고 더 간접적인 표현으로 유사한 메세지를 전달하는 기사도 또한 많았다. 예컨대 김일성과 당 엘리트들에 대한 김정일의 헌신성을 좀 더 간접적으로 표현한 기사는 7 월 19 일 "우리 수령님은 영생하신다" 제목으로 보도되었다. 역시 이 기사에서도 김일성과 김정일의 찬양 속에서 기존의 체제를 고수하겠다는 내용이 담겨져 있었다.

아무리 세월이 흘러도 그 어떤 광풍이 불어와도 수령님께서 높이 드신 주체사상의 홰불은 꺼질수 없고…친애하는 김정일동지를 우리 당과 혁명의 수위에 높이 모시고 주체혁명위업을 대를 이어 끝까지 완성하리라는 것이 우리의 철석의 신념이다. (로동신문, 1994)

위 문단은 주체사상이 지속되리라고 선포하면서 다시 한번 김정일을 조선로동당의 수반과 주체사업을 주도하는 인물로 떠받들 것을 권유하고 있다. 다시 말하면 수반의 권력이 완전하게 김정일로 이양되더라도 조선로동당의 사상이론적 노선이 유지될 것이기 때문에 체제 조직은 개편되지 않을 것이다. 물론 1996 년부터 선군사상이 점점 대두되기 시작한 사실도 있지만 적어도 2000 년까지 주체사상은 국가의 지배적 이념이었다고 볼 수 있다. 김정일이 조선노동당의 엘리트를 진정시켜야 하는 필요성은 김일성을 따름과 동시에 김정일 아래의 보호를 받아온 충성스러운 청년 집단인 3 대혁명소조, 만경대혁명학원 학생들, 남산학교 학생들과, 김일성대학교 졸업생들과 김일성을 따르던 기성세대와의 세대간에서 찾을 수 있다. 이러한 시대간 정치 이념적인 격차를 불러오지는 않았으나 기성 엘리트 세대의 권력 체제 개편에 대한 우려를 고조시켰다. 김정일은 3 년을 걸친 애도 기간을 설정하여 그 기간동안 정치국, 당중앙회의, CPC 와, 최고인민회의 등의 활동을 유보시킴으로써 권력 체제의 개혁 여지를 모두 없애버렸다. 국가 기구들의 개편뿐만 아니라 이 기간동안 김정일의 공식적인 입지도 고정화되었던 것이다. 김일성 사망 이후 진행된 로동신문 선전 분석은 김정일이 기성세대 및 젊은 세대를 모두 아울려고 하였다.[12] 하지만 특히 김일성 사망 보도 기간에 이처럼 기성세대와 젊은 세대 모두 아울렀던 것은 기존 체제의 엘리트들만을 향했던 것이 분명하다.[13] 1994 년에서 1998 년까지의 기간에 김정일은 권력 체제를 그대로 유지하면서 체제에 대한 자신의 충성심을 자주 표시하려고 애썼다. 이는 김정일이 기성 엘리트 집단이 사망했을 시에 발생하는 공석을 다른 엘리트로 대체하지 않고 그대로 두었다는 사실에서 엿볼 수 있다.

2.2.1 주체 및 선군사상을 통한 김정은의 헌신성

앞서 언급한 바와 같이 김정일은 후계자로 등장했을 때 김일성과 조선노동당에 대한 자신의 충성을 주체사상의 완전한 습득으로

---

[12] 김일성이 사망한지 한달 지났을 때 김정일은 내부적 권력투쟁을 우려하여 자신에게 충성하는 청년집단과 김일성을 따르는 기성세대를 아우르는 사설을 로동신문에서 실었다. “Respecting the Generational Elites”이라 제목으로 이 사설에서 김정일은 청년집단과 기성세대를 향하여 기성세대들이 권력 구도에서 안전적이라는 것을 안심시키고 기성세대에 대한 청년집단의 존경 및 충성심을 요구하였다. 그리고 같은 사설에서 김정일은 청년집단에게 향후 권력 구조에서 부상할 것이라는 확신을 주며 인내심을 가질 것을 촉구하였다.

[13] 오진우 전 북한 국방 위원회 제 1 부위원장이 사망했을 때 김정일은 제 1 부위원장의 자리를 7 개월 동안 공석으로 남기기로 하였다. 또한 최광 전 인민무력부장의 사망 이후 그 자리가 1 년 동안 공석으로 있었다.

표방하었다. 주체사상의 확립으로 혈통 승계의 정당화 논리체계 이른바 후계자론이 정립되었기 때문에 3 세대 후계 문제를 해결하는데 있어서 별도의 새로운 후계자론을 내세울 필요성이 없었다. 다만 김정은은 아직 후계자 구축의 초기 단계이기 때문에 자신의 하위실천 통치이념을 창출하기 이전에 김정일의 전례를 본보로 삼아 주체사상과 선군사상을 고수함으로써 현재의 당조직에 대한 충성을 나타내고 지지층을 확보하려는 노력을 보이고 있다. 예컨데 김정은은 후계수업단계에서 김정일 위원장의 선군정치를 계승하기 위해 필요한 자질을 키우기 위해 김일성군사종합대학교 보병지휘관 3 년제와 연구년 2 년을 수학하였다. 그리고 2002 년부터 2007 년까지 김일성군사종합대학 특설반에서 '주체의 연군술'을 포함하는 군사학을 교육받았다. 김연수 교수는 북한의 정치적 맥락에서 김정은이 김정일의 전례를 따르는 것의 중요성을 지적하고 있다: "북한에서는 지도이념과 정치체제 간의 깊은 상관관계가 있다 …… 지도노선이 어떻게 형성되느냐에 따라 그에 맞춰 정치조직도 짜이게 된다."[14] 김정은 자신의 존재가 공표된 이후 김정은은 선군논리의 후계자로서 자기 입지를 확고하게 구축하기 위해 지금까지 군에서 현지지도 및 성능개량, 천안함 사건 등을 통해 업적 쌓기를 해왔고 선군노선에 있어 충분한 능력을 가진 계승자로서 자리매김하려고 하고 있다. 김정은은 작년 9 월 44 년 만에 개최된 조선노동당 대표자회에서 당 중앙군사위원회 부위원장에 선임되었다. 김정일 정권이 대장의 칭호를 부여한 사실을 볼 때 선군사상이념이 후계과정을 통해 더욱 중요해졌다는 것을 반증한다.

2.3 김일성과 김정일의 동질화

1972 년 새 헌법에 의하여 김일성이 유일체제의 제도화를 통해 권력 중심을 장악한 뒤 개인숭배는 김정일의 등장과 더불어 김정일로의 후계 사업에 흡수되었다. 그리고 개인숭배 작업은 당시 당 선전선동부의 부부장으로 활동했던 김정일에 의하여 주도되었다. 김정일은 우상화된 김일성을 찬양하는 선전을 퍼뜨리는 담당책임을 맡고 있었고, 우상화 작업을 후계자로서의 위상정립을 위한 수단으로 활용하였다. 1980 년의 전당대회 개최 이후 부자의 동질성 선전이 본격화되었다. 오랜 시간에 걸쳐 자리잡은 김일성에 대한 개인숭배는 자연적으로 김정일에 대한 개인숭배로 전환되었다. 이것은 김정일을 아버지와 함께 정치사회화의 중심에 심어주는 기능을 하였다. 부자의 동질성은 후계체제가 구축되는 전 과정

[14] 김연수 교수는 현재 국방대학교 북한정세연구실장으로 활동하는 대북 전문가이다.

속에서 활용되었는데, 특히 김일성 사망 보도 기간동안 부자의 동질성 기사가 폭발적으로 급증한 사실에서 알 수 있다.

김정일이 북한 준민 및 지배 엘리트들의 지지를 확보하고 김일성의 노선에 대한 충성을 표출하는 전략에 있어 김일성과 자신의 특별한 동질성을 강조하는 것은 핵심적인 역할이었다. 김정일의 후계자 홍보가 시작되었을 때에도 두 인물이 공유하고 있는 사상이론적 통솔력이라는 점이 두드러졌고, 1980 년대 후반으로 넘어가면서 김정일이 자신의 후계자로서의 자격을 구축하기 위해 아버지의 업적의 그늘로부터 독립되는 영역들이 생기게 되었다. 하지만 궁극적으로 김일성과의 동질성이 김정일의 권력을 정당화하는 가장 중심이 되는 요인이었다.[15] 김일성의 사망을 보도하는 기간에 김일성과 김정일의 동질성을 강조하는 미디어 운동이 전례없는 수준으로 진행되었는데 이것은 권력이양에 대해 김정일이 아직 예민했다는 것을 의미한다.

1994 년 7 월 9 일~25 일까지의 기간 동안 김일성의 사망을 다루는 679 개의 기사 중에 477 개의 기사는 김정일을 공통으로 언급하고 305 개의 기사는 직접적으로 두 인물의 동질성을 언급하고 있다. 이 기간에 보도된 모든 기사들은 김일성의 업적, 그에 대한 충성과, 그의 사망에 대한 애석함에 많은 비중을 두고 있다. 그런나 기사마다 한 문장이라도 김정일과 김일성의 동질성을 언급하고 있다. 예컨데 이 기간에 보도된 전형적인 김일성의 사망 기사는 다음과 같은 내용 순서로 구성되어 있다: 김일성의 사망에 대한 슬픔 및 비애→김일성의 탁월함 및 업적→김일성의 혁명사업을 받들어 나가는 마음→김일성의 특성과 유사함을 지닌 김정일 묘사. 이 중에 김일성의 업적은 가장 많은 비중을 차지하지만 그런 업적을 과도하게 강조하다가 마지막에 김일성과 김정일의 동질성을 이야기함으로써 그 모든 업적을 김정일이 소유하게 되는 효과가 생겨나게 된다. 예를 들어 7 월 10 일에 "어버이 수령님은 우리와 함께 계신다"라는 보도는 국민들이 애통해 하는 모습과 김일성의 전설적 존재를 드러내면서 다음의 문단으로 기사를 마무리 짓는다:

> "우리에게는 경애하는 수령 김일성동지의 모든 위대성과 출중한 풍모를 완벽하게 체현하고 계시며 우리 인민들과 세계 혁명적 인민들 속에서 절대적인 권위를 지니고 계시는 절세의 위인이시며 백전백승의 최고사령관이시며

[15] 김정일은 1974 년 이후 20 여 년 동안 후계자로서 김일성을 보좌하고 당, 군, 국가기구의 권력을 장악함으로써 김일성과 공동정권을 구축하였고 1985 년 이후 언론에서 김일성과 더불어 자신의 업적을 선포할 수 있었다.

우리모두의 한없이 자애로운 어버이이신 우리 당과 인민의 위대한 령도자 김정일동지께서 계신다" (로동신문, 1994).

이와 같은 맥락에서 위 기사의 내용은 김일성과 김정일이 동일한 존재라는 것을 전재로 하고 있기 때문에 김정일로의 권력이양을 정당화시키는 도구이면서 동시에 김정일에 대한 충성을 시사하는 것이기도 한다. 따라서 김정일에게 충성하고 받들어 나가는 일은 결국 김일성을 받들어나간다는 의미가 된다. 7 월 24 일에 로동신문의 보도는 다음과 같은 언급을 통해 이 점을 뚜렷이 반영하고 있다:

수령님은 친애하는 김정일동지이시며 친애하는 김정일동지는 수령님이시다. 우리는 그이의 말씀에서 수령님의 말씀을 들으며 그이의 손길에서 수령님의 자애로운 손길을 느낀다. (로동신문, 1994)

김정일은 김일성을 북한의 영원한 최고의 지도자로 제시한 명칭들 중에서 의도적으로 물려받지 않았던 명칭들이 있다. 예를 들어 북한 언론 매체에서는 현재까지도 '주석'과 '수령님'이란 용어를 사용함에 있어 김정일을 가리킨 적이 없었다. 그러나 김정일의 위상을 격상시키는 데 있어 위의 기사 내용은 공식적이지 않아도 상징적인 차원에서 김정일과 김일성을 동일한 위치로 제시하고 있다. 김정일이 자신을 지칭하는 용어로 '주석'과 '수령님'을 사용하지 못한 점만 미루어 봤을 때에는 김일성보다 자신의 힘이 약하다는 사실을 드러내는 것이라고 볼 수 있다. 하지만 오히려 그 명칭을 신격화되고 막강한 영향력을 가지고 있는 명칭을 자신과 동일하다는 식으로 묘사함으로써, 김정일이 '주석'과 '수령님'이 가지고 있는 힘을 그대로 물려받았다고 해석할 수 있다. '주석'과 '수령님'이라는 명칭이 가진 힘을 물려받은 것은 자연스럽게 김정일의 힘을 드러내는 데 효과적인 방안이었을 것이다.
평양에서 김일성을 추모하는 중앙추도대회가 거행된 다음 날인 21 일, 오래 전부터 김정일과 가까이 활동했던 김영남의 추도사가 로동신문에서 실렸는데 당의 지배 엘리트로서 김영남이 다음과 같은 언급을 하였다:

문무충효를 겸비하신 김정일동지는 어버이수령님의 사상과 령도 풍모, 고매한 덕망을 그대로 이어받으신 또 한 분의 위대한 지도자이십니다. (로동신문, 1994)

이것은 두 가지의 측면에서 김정일을 높이는 이야기가 된다. 첫째, 김일성과 김정일의 동질성을 인정하는 지배 엘리트가 실제로 존재하다는 것을 보여주고, 둘째 김정일이 아버지의 체재를 유지하겠다는 주장을 또 다시 확인시켜 준다.

2.3.1 김정은으로 이어받은 백두혈통

김정은이 경험 및 내부적 지지 기반의 결여로 인해 후계체제를 구축하는 데 있어 김일성과 김정일의 개인숭배에 의존할 수밖에 없는 실정이다. 3 세대 후계자 선전 작업의 초기 단계에서 김정은이 김정일을 더 닮을지 김일성을 더 닮을지에 대한 의견이 엇갈려 있으나 현재까지 밝혀진 선전 자료에 비춰 보면 김정은이 김일성의 속성을 더 부여받는 기색을 보인다. 원론적으로 김정일의 이미지가 대부분 김일성의 명성으로부터 형성되었다는 것을 감안하면 어느정도 일리있는 주장이라고 할 수 있다. 그렇다고 김정일의 품격이 선전 작업에서 완전히 배제되었다고도 말할 수 없다.
2008 년 11 월 김정은 후계 암시 기사가 대두되기 시작하면서 북한 곳곳으로 김정은 선전 자료가 배포되었다. 이러한 선전 자료는 주로 '만경대의 혈통', 백두의 혈통' 등과 같은 개념을 강조하고 3 세대세습의 정통성을 합리화시키는 것이다.[16] 예를 들어 그 중에 2010 년 3 월 공개된 김정은 우상화 교양자료는 '동지'라는 수식어를 사용해 이러한 선전의 일반적인 형식을 보여준다: "청년대장 김정은 동지는 어버이 수령님과 위대한 장군님의 한없이 겸허하고 소탈하신 인민적 풍모를 그대로 체현하신 위인"이라며 "병사들과 인민들에 대한 뜨거운 사랑을 지니시고 그들의 생활을 따뜻이 보살펴주고 계시는 분"이라고 역설하고 있다. 위의 구절은 김정은이 김일성의 신체적 특징을 가질 뿐더러 다음의 문장에서 그가 북한 주민의 행복을 언제나 걱정해준다고 하고 있다(북한 언론은 김일성이 '주민을 걱정해주는 것을 자주 강조하였음). 김정은의 취약함을 의식하여 이와 같은 선전을 통해 김일성에 대한 향수를 자아냄으로써 김정은을 젊은 시절 제 2 의 김일성으로 조성하고 있다. 김정은을 김일성과 연관시키는 선전은 특히 2010 년 9 월의 당대표자회 이후 본격화되었으며 현재 지도층의 신뢰를 얻어내는 필수적인 수단으로 활용되고 있다.

---

[16] 백두산은 항일무장투쟁이라는 역사적 체험을 전면에 내세우는 북한 최고지도부를 상징하는 표현이다. 북한은 김일성, 김정일, 그리고 김정숙을 묶어 '백두산 3 대 장군'이라고 한다. 만경대는 김일성이 탄생한 성스러운 곳으로 알려진다.

2.4 김정일을 지지하는 국제사회

북한과 같이 규모가 작고 국제 차원에서 정치적으로 고립된 공산주의 국가들이 내부 권력 구도에 대한 동맹국가들의 지지를 얻어내는 것은 공산주의를 존속시키는 데에 필수적 요인이다. 이 사실은 김정일의 지도적 부상에서 볼 수 있듯이 오늘 날 김정은의 세습 성공 여부에 도 여전히 적용되는 원리이다. 2010 년 8 월에 김정은이 아버지 김정일과 동반하여 방중한 것은 후계 진전에 중대한 의미를 가진 대표적 예라고 할 수 있다.

수령의 품성을 그대로 이어 받았다는 김정일에 대한 선전은 김정일의 이미지를 구축하며 김정일이 권력 구도의 상위 입지를 차지할 수 있도록 하였다. 하지만 김정일의 정치적 성장의 전환점이 되었던 것은 1983 년 6 월 김정일의 첫 번째 중국 방문이었다. 대북 전문가들은 방중 전에 김정일이 비공식적으로 중국을 방문했을 가능성이 있다고 가정하는데, 1983 년의 방중은 김정일이 김일성과 함께 북한의 엘리트 지도자의 위치로 갔다는 점에서 의미가 있다. 그 방문에서 김정일은 당시 중국 공산당 총석이었던 후야오방에게 공식 소개됨으로써 중국으로부터 혈통적 후계 구도에 대한 정통성을 얻어낼 수 있었다. 이로써 김정일은 자신의 정치적인 권력을 국제적인 규모로 격상시킬 수 있었다. 그 이후로도 김정일은 새로운 직책을 부여받았을 때 외국 인사들과 관계자들로부터의 축전을 지속적으로 선전했다. 이것은 무엇보다 김정일에 대한 국제사회의 인정과 김정일의 세계적 권위를 상징하는 것으로 해석된다.

국제적인 인정을 통해 후계체제의 정통성을 확보하는 작업은 김일성의 사망 이후 전례없는 수준에 달하고 기존 체제의 지지를 얻는 데 있어 한 몫을 하였다. 김일성의 사망에 대한 잇따른 보도에서 가장 현저한 점은 김정일을 향한 광범위한 국제적인 지지였다고 할 수 있다. 국제적인 지지는 대개 김일성에 대한 애도 및 외국 관리자들의 김일성 조전의 두 가지 형태로 이루어졌다. 로동신문을 보면 김일성 사망 이전 외국 관리들은 생일을 제외하고는 김정일에게 직접적으로 전보를 보내는 경우가 매우 드물었다. 그런데 그 전보들의 수가 전례 없이 많았고 이러한 전보들은 김정일에 대한 국제적인 인정이므로 그의 이미지와 국가 통치자로서의 신뢰를 한 층 더 격상시키는 데 큰 역할을 하였다. 이러한 외국의 지지를 통해 김정일이 당 권력 내에서의 입지를 넓힐 수 있었다는 점에서 주목할 만하다.

1994 년 7 월 11 일부터 로동신문은 외국의 지지와 김정일을 향한 외국 관리들의 전보를 싣기 시작하였다. 김일성의 사망을 추모하는 해외 보도들은 몇 개월 동안 지속되었고 외국 관리자들의

조전은 24 일까지 로동신문의 김일성 사망 보도에서 큰 비중을 차지하였다. 11 일에서 25 일까지 135 개국의 해외 지지를 표명하는 기사 수는 459 개에 달했고 그 중에 304 개의 기사가 김정일에 대한 지지를 표현한 것이고 216 개가 김정일에게 직접적으로 보낸 전보였다. 여기서 전달되고 있는 메시지는 우선 권력이양이 공식적인 차원에서 이루어지지 않은 상태였음에도 불구하고 이미 김정일의 통치자로서의 위상이 국제적으로 인정을 받고 있는 것이므로 김정일은 원론적으로 아버지와 동일한 위치였고 모든 행정적인 권력을 넘겨받았던 것이다.

물론 해외 조전들 중에 순수히 김일성의 사망에 대한 애도를 표시하는 조전들이 있었겠지만 다른 역할이 있다면 김정일의 국내외적 자격을 격상하고 그에 대한 지배 엘리트들의 확신을 조성하는 것이었다. 7 월 11 일에 로동신문이 보도한 중국과 러시아의 애도의 표시에서 그 역할이 반영되고 있다. 두 나라의 통신들은 김일성의 사망을 추모하고 그의 사회주의 성장에 있어 로동당을 창건한 일이 중요한 기여라고 인정하며, 김정일이 김일성의 위업을 완성할 것이라는 그들의 확신을 알리고 있다:

> 로동당과 인민의 탁월한 령도자이시며 혁명무력의 최고사령관이신 김정일동지께서 서 계신다. 로동당의 세련된 령도는 김일성동지께서 개척하시고 이끌어오신 주체의 혁명위업의 대를 이어 빛나게 계승 완성하여 나갈 수 있는 확고한 담보로 된다" (로동신문, 1994).

이 말은 김정일을 인정하여 높이는 가운데 지배 엘리트들로 구축된 당의 권력구조도 김일성이 창안한 하나의 업적이므로 김정일 또한 이러한 혁명에 따라 이어갈 것을 함축하는 말이 된다. 중국과 러시아를 포함하는 459 개의 외국 지지는 모두 유사한 메시지를 전하고 있다. 즉, 당을 포함하여 김일성이 세운 모든 업적은 김정일을 통해 계속될 것이다.

2.4.1 김정은의 국제적 지지 기반 형성

3 세대 권력이양이 순조롭게 이루어지기 위해서 김정은은 국제적인 지지기반을 견고히 해야 한다. 김정일은 2008 년부터 건강이 악화되면서 후계자 구축에 박차를 가하기 시작하였다. 김정은의 세습 절차가 진전되는 가운데 국제적 지지 기반을 형성하는 것에 대한 중요성이 점점 부각되기 시작하였다. 2010 년 9 월 당 대표자회의 개최 전후로 김정은이 작년 5 월과 8 월에 두

차례 아버지와 동행하여 중국을 방문했다. 부자의 중국 방문은 세습 구도를 확정하는 의미에서 두 가지의 역할을 하고 있는 것으로 해석된다. 우선 북한의 군사 및 경제적 버팀목인 중국이 북한의 후계자를 인정하지 않게 되면 권력이양이 불가능함으로 김정일 정권은 두 차례의 방중을 통해 중국의 지지를 확인하고 존중을 표시하는 행위로 볼 수 있다. 둘째, 실용적인 차원에서 후계자에 대한 중국의 인정은 필수적인데다가 북한 지배 엘리트 계층에서 김정은의 위상을 공고히 할 수 있다. 최근 천안함과 연평도 사건으로 인해 북한의 고립 상황이 심화되면서 김정일은 북한과 중국의 군사·경제 협력관계를 중요시하고 있다. 지금 지배 엘리트들은 중국이 북한의 생존에 있어 없으면 안되는 존재라는 것을 충분히 인식하고 있다. 그러한 맥락에서 지배 엘리트들은 자신들의 정치적 입지가 불확실할 수 있기 때문에 3 세대 후계체제에 대한 외부적 지지를 확보할 수 있다는 확신 없이는 김정은을 지지하지는 않을 것이다.

<그림 2>

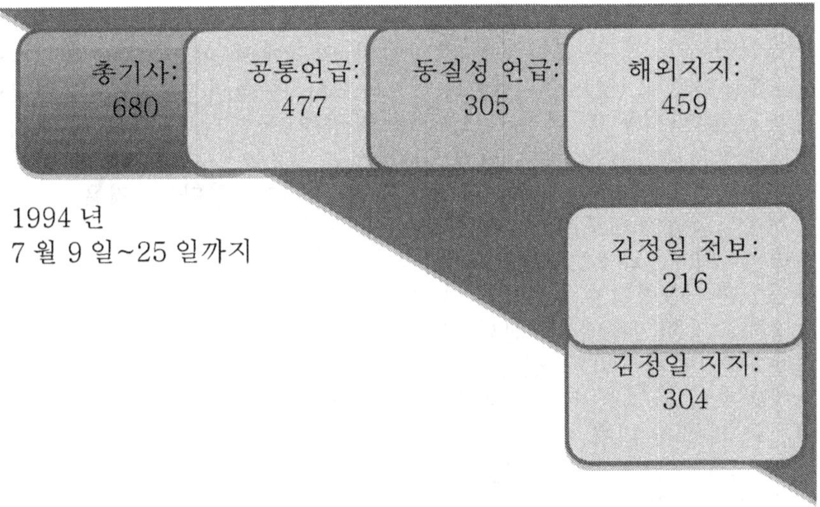

3. 결론

결국 유훈통치 기간이 지난 이후 김정일은 김일성 노선에서 벗어나면서 사회주의 헌법을 개정하고 북한의 권력 구도뿐만 아니라 북한의 경제 제도의 본질에서 어긋나는 경제개혁을 수립하면서 대규모의 변화를 일으키게 되었다. 그런데 이러한 전례없는 개혁들이 가능했던 이유 중에 하나는 김일성 사망 시에 처리한 방식이라고 할 수 있다. 다시 말해 김일성과 그가 창건한 권력 체제에 대한 헌신성, 김일성과의 동질성 강조 및 외국 지지의 표시가 내실을 추구하는 선전 도구로 기능했다는 것은 김일성 사망 이후 김정일이 실제로 기존 아버지의 정치 및 경제적 노선을 고수했다는 사실에서 재확인되고 있다. 김정일은 1993 년부터 김일성이 처리하였던 미국과의 대규모 핵협상을 성공적으로 수행한 것도 그러한 사실을 보여주는 아주 대표적인 예라고 볼 수 있다. 또한 북한에서 가장 심각한 경제 위기로 알려진 고난의 행군 속에서도 김정일이 김일성의 경제정책을 견지했던 것도 권력 체제를 유지하고자함을 뜻하는 것이다.[17]

김정일의 세습 안정화에서 상기의 언급된 세 가지 수단이 반드시 필수적이었는지를 판단하는 것은 어려운 일이다. 아버지의 권력이 아들에게로 이어지는 것이 정당한 권력이양이라고 할 수 있느냐는 의문을 떠나서 북한 주민이건 당 대표자이건 권력이양을 받은 사람 중에 김정일만큼 국내외적으로 권력기반을 공고히 확립한 사람이 없다는 사실을 부인할 수는 없다. 그러나 북한의 역사에서 이것은 이례적인 권력이양이고 국제적 공산주의 체재가 파벌 갈등으로 인해 분열되었다는 점을 감안하면 김정일의 입장에서 이 기간을 세심히 접근할 수밖에 없었을 것이다. 그러므로 주석의 위치와 수령의 명칭을 내버려두고 먼저 김일성의 자리에 들어가는 것보다 지배 엘리트들의 지지를 확실하게 보장하는 것을 우선순위로 매긴 것이었다. 김정일 정권이 현재까지 유지되어 왔다는 것은 당의 지지를 성공적으로 확보하였다는 것으로 받아들일 수 있는데, 이러한 지지 확보는 김일성 사망 이후에도 전개되었을 것이다. 김정일은 권력확보의 초기 단계에서 김일성에 대한 충성심을 표명하고, 김일성과 자신의 독특한 동질성을 강조하며, 자신을 인정하는 국제사회를 실증하는 미디어 운동을 벌였다. 이 과정은 김정일로의 완전한 권력이양의 기반이 되었고 북한의 권력 구도에서 내실을 다지는 데에 핵심적 역할을 수행하였다.

김정은으로의 권력이양은 김정일의 자연수명과 김정일 사망 시에 김정은의 후계체제가 얼마나 공고히 구축되어 있느냐에 따라

[17] 김정일은 유훈통치 기간을 설정하고 심각한 경제난 속에서 경제적 구도를 손 대지 않았던 다른 요인도 있었을 것이다. 김정일은 북한이 김일성 사망 바로 직후 경제난이 닥친 것에 대한 책임을 회피하고자 했을 가능성도 높다. 여하튼 김정일은 1998 년부터 추진한 경제개혁을 유훈통치 기간에 도입하려고 했다면 대대적인 관료 개편이 필요했을 것이다. 이런 이유로 김정일은 기존의 노선을 유지해 나가면서 김일성이 확립한 이념을 토대로 자연자해를 극복하자는 선전이 더 안전한 권력 확보 전략이었을 것이다.

결정될 것이다. 2008 년부터 시작되었다고 추정된 3 세대 후계자 구축은 3 대 승계의 정당화를 위해 현재도 지속적으로 김정은의 영명함, 단호함과 투철함 등의 자질을 선전하고 그의 혁명적 업적을 보여주고 있는데 김정일보다 후계자로서의 점진적인 성장과정이 훨씬 압축적으로 진행되고 있기 때문에 김정일 사망 이후 김정은의 공식적인 권력 확보를 위한 언론 전략은 김정일이 활용했던 전략과 아주 유사할 것이라고 추정할 수 있다.[18] 그런데 김정일은 3 세대 권력이양이 가능한 한 간단하고 단기간에 이루려는 노력을 보이고 있다. 사망에 이르기 전에 김정일은 자신의 경험에 비춰서 순조로운 권력이양을 위한 준비가 얼마나 잘 되어 있는가가 김정은이 권력을 확보하는 속도를 결정할 것이다.

그렇다면 앞으로도 기존 체제를 유지하는 것이 합리적이겠지만, 2012 년 강성대국 건설을 위해 김정일 정권에서는 선군노선을 개혁하거나 조절할 가능성이 있다.[19] 현실적으로 김정은의 후계 공고화를 가장 확고히 만들 수 있는 것은 주민들의 최우선적인 고민인 '먹는 문제'를 해결하는 것이다. 북한은 선군노선을 완전하게 포기할 가능성이 거의 없지만 2012 년의 강성대국 목표를 달성하려면 약간의 개혁이나 개방을 통한 경제건설이 현실적인 방안이다. 경제회복과 주민들의 '먹는 문제'가 김정은에 의해 해결된다면 김정은은 자신의 입지를 강화할 수 있을 것이다. 따라서 권력이양 과정에서 '김정일 정권의 노선'이 어떠한 형태로 바뀔지 두고 봐야 한다.

사망을 앞두고 김정일은 승계의 제도화를 위해 후계자에게 충성하는 새로운 세대의 엘리트들을 북한 권력구도의 핵심에 배치하려는 작업이 보인다. 고위층 2 세대들의 이 같은 약진은 북한 주민들에게 김정일에서 김정은으로의 권력세습이 후계체제를 자연스레 뒷받침하는 세대교체 효과를 낸다는 주목된다. 김일성

---

[18] 북한 선전매체는 김정은이 승계자로 지명된 얼마 후 김정은의 업적 쌓기 작업은 본격화되었다. 예를 들면 2009 년 4 월 5 일 '광명성 2 호' 장거리 미사일 발사가 김정은이 주도했다고 발표하고 김정은의 업적을 조작하였다. 같은 해 김정일은 김일성의 생일을 기념한 '축포야회'의 아이디어를 김정은이 생각해내고 그 행사를 치밀하게 계획했다고 칭찬하였다. 2010 년 4 월의 150 일 전투와 9 월 100 일 전투도 김정은의 주도에 의해 시행되었다고 한다. 그리고 5 월 1 일의 '국제노동절'에 김정은은 북한의 금속공업과 연관부문의 노동자 1 만 5000 명을 평양에 불러서 김정일과 함께 국가공후합창단 공연과 축포야회를 포함하는 경축공연의 행사를 기획했다고 선전했다.

[19] 최근에 북한과 중국의 경제협력이 강회되는 조짐이 보인다. 북중간의 교역량과 중국의 대북투자 프로젝트는 지속적으로 증가하는데 현재는 북한내에의 중국기업은 200 개 이상이다. 4 월에 북한은 경영권을 중국 투자자들로 넘겨주었다. 외국 투자를 끌어들이고 2012 년 강성대국건설의 권철을 위한 조치로 풀이된다.

시대의 간판인 오진우 아들인 오일정은 작년 당대표자회를 앞두고 군사부장에 임명되었고 당 중앙위원에 오른 후 4 월 13 일 중장 격인 상장으로 승진했다. 항일빨치산의 대표적인 지배 엘리트인 요백룡의 장남인 오금철과 둘째 아들인 오철산은 군부에 막강한 영향력을 행사하고 있다. 오금철은 군 지휘관으로 활동해 9.28 당대표자회에서 당 중앙위원으로 임명되었다. 오철산은 해군사령부에서 정치위원과 당 중앙위 후보위원으로 지명되었다. 북한의 권력구조의 세대교체는 김정은에 대한 지지기반과 군 내에 뿌리를 내리는 기능을 할 것으로 보이며 김정은으로의 권력 이양 과정에서 파벌의 형성이나 내부적 투쟁을 해소하는 역할을 할 것이다.[20]

김정일이 북한의 내부 상황 안정화 및 친김정은 권력기반 형성을 이루지 못하고 사망할 경우, 김정은으로의 권력이양 과정은 장기화될 것이며 권력 투쟁과 같은 위험요소도 증가할 것이다. 이처럼 불안한 상황이 발생한다면 김정은은 권력확보를 위해 김영남이나 장성택 등의 고위인사들의 힘과 경험에 의존하면서 기존 체제와 2 세대 간에 균형을 잡기 위해 많은 애를 써야 할 것이다.

본 연구는 1994 년 7 월 9 일부터 1994 년 7 월 25 일까지 로동신문에 보도된 김일성의 사망 관련 기사를 분석함으로써 김정일이 권력 구도의 중심을 장악하기 위한 초기의 전력을 밝히고자 하였다. 또한 김정일이 김일성과의 동질화 및 국제사회의 지지를 통해 지배 엘리트들의 충성을 확보한 것의 중요성을 조명하였다. 하지만 본 연구는 자료 접근성이 한정되어 로동신문 외에 북한의 다른 언론매체를 살펴보지 않아 추가적으로 보충할 필요성이 있다. 그러나 이 연구는 크게 두 가지 측면에서 북한학에 기여할 수 있다. 첫째, 본 연구는 북한 역사에서 일정한 기간을 자세한 내용과 분석을 제시했다는 면에서 북한의 권력이양 과정을 이해하는 데에 일조할 수 있다. 둘째, 김정일이 사망에 이를 경우 김정은이 권력 확보를 위한 언론 활용을 어떻게 평가해야 되는지 파악하는 데 있어 분석 기반을 마련하고 있다.

[20] 세명의 권력 부상외에 3 월 백룡천은 조선중앙은행의 총재로 임명되었고 작년의 당대표자회에서 당 정치국 후보위원에도 올라갔다. 유명인사의 2 세로 알려져 있는 서동명은 항일빨치산 원로로 당 비서와 검열위원장이었던 서철의 장남이며 대외보험총국장으로 나가고 있다. 조직지도부 부부장으로 활동하고 김정일의 최측근으로 지냈던 리명제의 아들인 리용호는 최근 북한의 외교분야에서 부상했다.

참고 문헌

Clippenger, Morgan E. "Kim Chong-Il in the North Korean Mass Media: a study of semi-esoteric communication". University of California Press, 1981

Ithiel, Sola Pool. "Content Analysis for Intelligence Purposes". World Politics. 1960

Welch, David. "Nazi Propaganda: The power and limitations"

Institute for National Strategic Studies. "North Korean Leadership; Kim Jong Il's Intergenerational Balancing Act". 1998

Martin, Bradley K. "Under the Loving Care of the Fatherly Leader: North Korea and the Kim Dynasty". January 2006.

Oh, Kongdan; Hassig, Ralph C. "North Korea through the Looking Glass". Brookings Institution Press, 2000.

An, Tai Sung. "North Korea: From Dictatorship to Dynasty". Asian Affairs, Vol. 4, Heldref Publications. 1977.

백성호. "1995 년부터 2004 년까지 로동신문의 사설분석을 중심으로". 김일성 사후 북한 외교노선의 변화와 대외관계의 특징, 2005.

양정아. "김정은이 형 2 명 물리치고 후계자 지목된 이유?" Daily NK 2010, September 28. <http://www.dailynk.com/korean/read.php?cataId=nk06500&num=86493>

오경섭. "북한 권력승계의 특징과 3 대세습체제의 지속가능성". 세종정책연구, 제 6 권 1 호. 2010.

윤성원. "북, 김정은 시대 '주체사상, 선군사상 동일시대서 선군시대로.'" Asia Today 2010, September 29th. <https://ssl1.asiatoday.co.kr/news/view.asp?seq=400569>

윤완준. "대북소식지 '명절 지정' 정부 '공식행사 안열려.'" Donga.com 2010, January 9. <http://news.donga.com/Politics/New/3/00/20100109/25291145/1&top=1>

이승렬. "북한 '수령체제'의 변화와 '수령승계방식'의 한계에 관한 연구". 북한대학원대학교 박사학위논문. 2009.

서재진. "북한의 개인숭배 및 정치사회화의 효과에 대한 평가연구". 통일연구원, 2004.

정성장. "김정일 시대 북한 국방위원회의 위상, 역할, 엘리트". 세종정책연구, 제 6 권 1 호, 2010.

조환영. "Succession Politics in North Korea: Implications for Policy and Political Stability". Asian Survey, Vol. 26, No. 10. 1986

장용훈. "北김정은, 김정일 두차례 방중 모두 동행." 연합뉴스 2010, October 4th. <http://blog.yonhapnews.co.kr/king21c/>

최완규. "(시론) 북한 3 대세습에서 선군사상." 한겨레 신문 2010, September 29th. <http://www.hani.co.kr/arti/SERIES/156/441517.html>

통일부. 『북한의 주요인물 2009』. 서울: 통일부, 2008.

본사 기자. "위대한 수령님 김일성동지께서 영생할 것이다." 로동신문 7 월 9 일 1994 년

본사 기자. "질병과 사망원인에 대한 의학적결론서." 로동신문 7월 9일 1994년

본사 기자. "경애하는 어버이 김일성동지의 서거에 즈음하여." 로동신문 7 월 11 일, 1994 년

본사 기자. "어버이 수령님은 우리와 함께 계신다." 로동신문 7 월 10 일, 1994 년

본사 기자. "우리 수령님은 영원한 하늘이시다." 로동신문 7 월 24 일, 1994 년

김영남. "추도사." 로동신문 7 월 21 일, 1994 년

본사 기자. "위대한 수령 김일성동지의 서거와 관련하여." 로동신문 7 월 11 일, 1994 년

http://www.nkeconwatch.com/2010/11/05/dprk-steps-up-reporting-of-kju/

http://www.nkeconwatch.com/2010/10/05/power-restructuring-in-north-korea/

http://www.nkeconwatch.com/2010/08/30/lankov-on-dprk-succession/

http://www.nkeconwatch.com/2010/06/24/kim-jong-il-visits-sinuiju-successor-kim-jong-eun-takes-up-on-site-guidance/

http://www.nkeconwatch.com/2010/06/15/lankov-on-succession/

한국 정당의 이념·정책적 변화: 새누리당과 2012 년 총선 사례를 중심으로

알리사 모디카 (ALISA MODICA)

MA, Korean for Professionals, University of Hawaii at Manoa, 2011

IDEOLOGY AND POLICY CHANGE IN SOUTH KOREAN POLITICAL PARTIES: THE SAENURI PARTY AND THE 2012 NATIONAL ASSEMBLY ELECTIONS

Western scholars of political parties note that party ideology and platforms are difficult to modify, but change is brought about by shifts in public opinion and occasionally prior election failure. On the other hand, as a result of Korea's legacy of dictatorships, Korean politics scholars point to personalism, regionalism, the generation gap, and impermanence as particular characteristics found in Korean political parties; these characteristics can influence the pattern of party policy and ideology change. Through a case study of the South Korean conservative Saenuri Party (formerly Grand National Party) in the months leading up to the April 11, 2012 National Assembly elections, the current research will examine how much these "Korean characteristics" still apply and how they affect policy and ideology change in Korean political parties. This study found that while the Western model of political party change can be applied to Korean democracy, "Korean characteristics" remain pervasive in Korean politics, allowing Korean political parties to easily form and dissolve parties, not to mention modify ideology and policies according to a leader's needs. The study contributes to the literature on Korean political parties, and also has implications for research on the development of political parties in post-dictatorship democracies as well as general research on political party change.

1. 서론

국회 권력이 4 년 만에 보수에서 진보로 바뀔 것으로 예측되었음에도 불구하고 보수적인 새누리당(옛 한나라당)은 4 월 11 일 총선을 통해 권력을 지킬 수 있었다. 2012 년 1 월까지만 해도 이명박 대통력에 대한 불신과 정권을 둘러싼 정치스캔들로 인해 여당의 승리가 폭넓게 전망되어 왔다. 그러나 새누리당은 총선을 앞둔 여론조사에서 민심이 경제적 문제에 대하여 좌경화된 것으로 나타나자 입장을 여기에 맞추어 변화시키는 전략을 취했다. 새누리당은 이명박 대통령의 부유층에 친화적인 정책들로부터 거리를 두었고 새로운 이미지를 창출해내려 노력했다. 전통적으로 진보 정당의 영역인 복지분야에 추가적인 지원을 실시하겠다고 말하며 재벌과 세금부문의 개혁을 약속했다. 새로 만들어진 새누리당의 정강은 민주통합당의 정강과 너무 비슷해서, 심지어 2012 년 1 월에 민주통합당 이용섭 정책위의장은 한나라당이 정체성을 버리고 민주통합당의 정책을 베낀다고 주장하기까지 했다.[1]

이것을 한국의 민주화 과정과 정당체제 강화를 바탕으로 접근하였을 때 어떻게 해석할 수 있는가? 기존의 한국 정당에 대한 연구는 일반적으로 정당의 목표를 정당지도자의 정권획득을 위한 수단으로 이해하였으며 한국 정당의 임시성을 인정하였다. 즉, 한국 정당은 이념적 경직성이 결여되어 있기 때문에 쉽게 정당의 정체성을 바꿀 수 있었다. 그러나 최근의 연구는 한국의 정당들이 더욱 제도화됨에 따라 정당의 입장과 이념이 굳어지고 있다고 분석하고 있다. 본 연구가 살펴볼 문제는 다음과 같다. 한국 정당이 과거와 마찬가지로 이념보다 지도자로 기반을 두고 선거에서 승리하기 위해 손쉽게 바뀔 수 있는 정치적 수단인가? 그렇다면 서양에 기반을 둔 정당모형을 한국에 적용할 수 있는가, 아니면 한국의 특수성에 따라 모형을 수정해야 하는가?[2] 본 연구는 한국이 20 년 이상 민주국가로서 서구의 이론적 틀이 크게 적용되지만 한국의 정치적 특질이 아직도 존재하고 있다고 판단하였다.

이러한 질문을 대답하기 위하여 본 연구에서는 한국의 정당에 대한 가설을 제시하고 오늘날의 사례를 살펴볼 것이다. 여기에서 다룰 사례는 2012 년 4 월 11 일 총선을 앞둔 새누리당과 한국 정당들의 변화 과정이다. 본 연구는 이 사례에서 일어난 정당의 변화를 관찰함으로써 한국 정당체제의 형성과정을 보고자 한다. 한국에 서양의 정당변화 이론을 적용할 수 있는가? 또한, 그 동시에 한국의 정치적 특징은 그것과 어떤 관계가 있는가? 본 연구에서는 가장 최근의 사례를 알아봄으로써 다가올 대선에 대한 시사점을 논의해 볼 것이다. 물론 몇 가지의 정당의 조사나 정량 분석을 통해

---

[1] 최봉석, "이용섭 "한나라 경제민주화, 진정성 없다" 맹비난," 프라임경제, 2012.1.31, http://www.newsprime.co.kr/news/articleView.html?idxno=230353.

[2] 본 연구는 경쟁력이 있는 국회에 참석하는 정당만에 적용할 수 있다. 물론 노동, 사회주의 등의 기반으로 둔 비주류의 정당들이 존재한다.

더욱 과학적으로 일반화된 정당연구를 할 수 있으나, 본 연구는 일반적인 이론연구 보다는 하나의 사례를 보다 자세하고 깊이 연구할 것이다.

결과적으로 한국은 어떤 면에서 서양 모델을 적용할 수 있으나 오랫동안 독재정권을 경험하고 최근에 민주화된 국가로서의 한국은 서양의 이론적 틀은 한국의 특징을 완전히 파악할 수 없다. 한국정당은 내부적으로 이념을 바꾸는 데에 있어서는 반대에 부딪혔지만 여론 조사에 따라 입장과 정강을 바꾸는 것이 상대적으로 쉬웠다. 또한 한국정당의 변화는 여전히 지도자의 성향에 기반을 두어서 정당 자체는 민주주의를 강화하는 제도라기 보다는 지도자의 수단으로 보인다. 앞으로 정당의 역할강화가 예상되지만 과거의 경향은 현재에도 영향을 미치고 있는 것으로 나타났다.

본 연구의 중요성은 두 가지이다. 첫째, 이 연구는 일반적인 정당 학계에 기여한다. Harmel and Janda (1994), Demker (1997) 등 학자들은 정당 변화에 대한 이론적 틀을 세웠다. 그들은 크게 정당의 변화를 선거 실패에서 원인을 찾는다. 또한 Adams et al. (2004), McDonald and Budge (2005), Adams et al. (2009)은 정당의 이념 변화 원인이 여론조사 경향이라고 주장한다. 반면 한국 정당을 알아본 Shin (1995), Lee (1999), 그리고 Klingner (2007)에 따르면 최근에 민주화된 나라로서 한국의 정당 전개는 약하며 한국 정당이 지역주의, 개인추종주의와 같은 특징이 있다. 따라서 서양 학자의 이론 일반화 가능성이 낮다. 이 개념은 아마 최근에 민주화된 국가에 적용할 가능성이 있어서 민주화와 정당 학계에 새로운 시각을 제공한다. 특히 이 연구는 독재정권 후기 민주국가의 정당 연구가 부족해서 학계에 기여할 수 있다. 본 연구는 이 이론적 틀에서 가설을 제시하고 현재 한국 정당의 사례를 알아 볼 것이다. 또한 구체적인 사례 역시 한국 정당 연구의 발전에 기여할 수 있다.

둘째, 실제적인 중요성도 있다. 정당은 이념적 경직성이 앞으로도 없을 것이라면 정당의 변동성이 지속되고 정당의 안정성도 존재할 수 없을 것이다. 즉, 정당의 입장이 빠르게 변화될 수 있기 때문에 정책공약이 실행되기 어렵다. 또한, 정치적 전망을 고려할 때 정당이 주장하는 것보다 지도자의 주장에 초점을 맞추게 되고 개인추종주의로 인해 독재 정권의 잔재가 계속 남아있게 될 것이다. 말하자면, 박근혜의 성격과 꿈이 150 여 명의 국회의원의 성향보다 미래 정책을 예측하는데 훨씬 더 중요하다.

이 글에서는 우선 기존 연구를 살펴보고자 한다. 그 다음 가설과 연구 디자인을 제시할 것이다. 새누리당의 총선 전략을 알아봄으로써 한국 정당의 특정을 알아보도록 하겠다. 그 사례를 논의함과 동시에 한국 정치에 주는 시사점과 미래 연구 방향을 제시할 것이다.

2. 기존 연구

2.1. 서양 국가에 기반을 둔 학계

대부분의 정당 변화를 다룬 연구들은 장기적으로 굳건하게 형성된 미국과 서유럽의 정당에 요점을 둔다. 이러한 연구들은 중요한 가정을 바탕으로 한다. 정당은 이념을 변화시키는 것을 주저한다. (Harmel and Janda 1994; Adams et al. 2004) 따라서 변화를 일으키기 위해서 내·외부적 요소에 대한 연구는 필수적이다. 이러한 요소들에 대한 학설은 다음과 같다.

첫째, 어떤 학자들은 정당의 이념적 변화의 원인을 기존의 선거 실패로 찾는다. 일반적으로 Panebianco (1988: 253-257)과 Harmel and Janda (1994)는 정당의 변화는 크게 외부 요인으로 인한 것이라고 하면서 그 중에 선거 실패가 논리적으로 가장 큰 영향을 미치는 것으로 추정했다. Budge (1994)는 정당 성명서(manifesto)를 분석함으로써 넓게 유럽 정당의 이념 변화를 연구하였고 기존의 선거결과를 바탕으로 정당이 내부 파벌을 만족시키기 위해 이념을 바꾼다고 주장했다. Janda et al. (1995)에 따르면 정당이념의 변화는 선거 실패가 주요 요인이다. 이념과 정체성을 바꾸었던 정당 중에 기존 선거에서 승리한 경우도 있었으나, 대체적으로 극심한 변화를 일으키는 선거 실패의 사례가 많았다. 게다가 Demker (1997)는 프랑스의 드골주의(Gaullist)정당의 사찰을 통해 선거 실패가 필요 조건이지만 충분하지는 않다고 밝혔다. 그러나 전반적으로 선거차질을 겪으면서 정당의 조직에 변화가 일어나면 이념 변화도 이루어진다.

둘째, 정당은 여론 조사에 따라 이념을 바꾼다는 의견도 있다. 기반은 Erikson et al. (2002)이 미국의 정치 체제 사례를 중심으로 정치인들이 정책 행동을 민심에 따라 조정한다는 것이다. Adams et al. (2004)에 따르면 여론이 정당의 이념에서 벗어날 경우에만 정당은 정당들은 여론의 변화에 대응한다. McDonald and Budge (2005)도 서유럽의 정당 연구를 통해 유사한 결론을 내린다. Adams et al. (2009) 은 정당들이 여론과 경제적 상황에 대응하여 이념을 바꾸지만 이 차원에서 보수 정당이 진보 정당보다 더 민심에 반응한다고 주장한다.

정당 학계는 민주국가에서의 경쟁력이 있는 정당을 놓고 일반적으로 보편적인 성향을 가진다고 주장하고 있지만, 반면에 한국의 정치에 몇 가지의 예외적인 특징이 있다는 것을 보여주는 증거가 있다.

2.2. 한국의 특징에 기반을 둔 학계

한국은 해방 이후에 급속히 경제성장을 이루면서 거의 1988 년까지 독재 정권을 경험했다. 따라서 서양 민주국가와 비교하면 한국의 민주제도는 약하고 덜 발전된다. 특히 한국 정치와 정당의 특징은 다음과 같습니다.

첫째, 세대 별의 이념 차이이다. Klingner (2007)는 보다더 젊고 진보적인 486 세대 (옛 386 세대)가 한국의 정치에 큰 영향을 미친다고 한다. 50-60 대는 미국의 한국전쟁 희생과 경제를 건설하는 지원을 인정하면서 486 세대는 미국에 대해 의심을 갖고 북한과 더 긴밀한 관계를 원한다. 또한, 한국의 20 대의 경향은 진보적인 성격이다. 486 세대와 젊은 사람들의 관심사는 빈부격차, 물가상승 등 사회·경제적 문제이다. 따라서 반재벌 정책을 지지하고 복지가 중요한 투표 원인으로 보인다.

둘째, 개인추종주의이다. 한국은 독재정권 시대에 오랫동안 정당이 금지되어 있었기 때문에 정당은 이념이나 이데올로기에 기반을 두기보다는 개인의 성향에 영향을 받는다. (Henderson 1969,Lee 1999, Stockton 2001). 당 대표는 공천에 대한 결정을 하고 당원들은 당 대표를 충실히 복종한다 (Shin 1995). Helgesen (1995: 28)은 말한대로:
한국의 정당들은 변덕스러운 현상을 보이며 이데올로기나 공식적 조직구조보다 지도자에 의존한다. 지도자는 정당의 대표가 아니라 오히려 반대이다. 정당은 지도자의 지지망을 구성한다. 즉, 지도자는 정당이다."

셋째, 정당의 임시성이다. 한국의 정당은 개인에 기반을 두기 때문에 그 지도자가 충동적으로 정당을 해체하거나 새롭게 창당을 하기도 한다. 따라서 한국 정당은 오래가지 않는다. Steinberg and Shin (2006)에 따르면 광복 이후 한국에서는 200 개의 정당이 창설되었다. 의원들은 자주 정당 충성을 바꾸고 지도자는 정당을 연합시킨다 (Klingner 2007).

넷째, 지역주의이다. 한국의 정치는 심하게 지리적 경계로 나뉘었다. 지역 유권자는 전통적으로 호남(전라남도와 전라북도)에서 진보를 지지하고 영남(경상남도와 경상북도)은 대체로 보수적이다. Klingner (2007)에 따르면 지역주의는 한국 정치의 가장 지배적인 요소이다. 예를 들자면 김대중은 1992 년과

1997 년 대선에전라도에서 각각 88%과 93%투표율을 받은 반면 경상도에서 10%과 12%을 받았다(Lee 1999: 214).

지금까지 살펴보았듯이 많은 학자들이 한국이 예외적인 정치적 특정을 보이고 있다고 주장한다. 반면 Heo and Stockton (2005)과 Steinberg and Shin (2006)은 최근에 한국 정당들의 정체성이 강화되고 있다고 주장한다. 따라서 이러한 연구는 일반적으로 한국의 특징을 인정하면서 단계적으로 한국이 발전된 민주국가와 유사한 경향을 보이고 있다고 주장한다.

한국 정당정치는 정당 이념의 변화와 관하여 서구의 모형을 적용할 수 있는가? 아니면 한국의 특징은 예외적인가? 본 연구는 서구의 모형과 한국 정치 유일성의 종합적인 분석으로만 한국 정당의 이념적 변화와 한국의 정치적 성질을 파악할 수 있다고 추론한다.

3. 가설과 연구 디자인

본 연구는 서구 학자가 제시한 모형과 한국학자가 말하는 한국 정치 특징을 합쳐서 몇 가지의 예측을 하려고 한다. 여기에는 정당의 수, 투표 제도와 같은 요소를 다루지 않지만 널리 받아들여지고 있는 서구의 모형이 포함된다. 여섯 가지의 가설을 제시하고자 한다. 우선, 민심에 대한 가설이 있다.

H1: 정당은 민심에 저촉될 경우 정당이 그 쪽으로 이념을 조정한다는 것이다. 이 가설은 Adams (2004) 논문에서 채택한 것이다. 조금 더 깊이 알아보면 민심은 다양한 이유로 바뀔 수 있다. 정치적 스캔들, 부패에 대한 인식, 인기없는 정치인이나 정책 등의 원인으로 정당에 대한 여론이 부정적으로 보게 된다. 예를 들어, 부패 등의 이유로 정당이 대중을 대표할 수 없을 경우 정당은 정체성을 바꾸기도 한다. 이것은 서구 학자가 말하는 정당 정체성이나 이념 변화를 일으키는 이론이다. 그러나 한국 정치가 발전함에 따라 한국 정당정치의 특수한 성격때문에 정당정치는 계속해서 변화할 것이다.

H2: 당 대표와 지도부는 지배적으로 변화를 주도하고 내부 갈등에도 불구하고 지도자의 의제가 크게 실행될 것이다. 물론 서양에서도 당 지도부가 당의 의제에 큰 영향을 미치기는 하지만 한국의 경우는 지도부가 당에서의 절대적인 권력을 가지고 있다고 해도 과언이 아니다.

H2-1: 여권여대 상황에서 정당은 인기 없는 대통령에서 거리를 두거나 대통형의 탈당을 요구할 것이다. 왜냐하면 단임제 대통령은 당의 의제를 통제할 수 없기 때문에 새로운 정권을 중심으로하는 당 대표와 지도부는 압도적인 권력을 행사하고 당을 자신의 이미지

강화의 수단으로 활용할 수 있기 때문이다. 물론 서양 민주국가에서도 정당이 대통령이나 총리로부터 거리를 두려고 하는 경우가 있다. 그러나 한국의 경우 정당은 지도부일뿐이고 독재를 막기 위한 5 년 단임제 하에서 한국의 전통은 대통령의 탈당을 시키는 것이다.[3]

H3: 선거 전에 당명과 정강의 변화, 정당 통합 등이 일어날 것이다. 한국 정당의 정체성은 불안하고 변하기 쉽기 때문이다. 이 현상은 점점 약해지고 있다고 일부 학자들은 주장하지만 아직도 한국 정당정치의 큰 특징으로 나타나고 있다.

H4: 지역주의는 지속적으로 큰 영향을 미칠 것이다. 왜냐하면 한국전쟁과 독재 정권을 직접 경험한 구세대가 살아 있기 때문이다. 세대별의 이념 차이과 지역주의 때문에 구세대는 여전히 보수 후보를 지지한다. 그 결과 보수 정당은 기본 정책을 바꾸어도 구세대의 지지를 기대할 수 있다. 반면 보수 정당에게 젊은 세대에 초점을 두고 젊은 세대가 원하는 입장, 그리고 젊은 세대를 접근하는 기술도 필요하다고 본다.

H5: 한국 정당은 선거 실패를 결과로 정당의 정체성을 바꿀 것이다. 서양 학자들은 선거 패배를 정당 변화의 요인으로 보이는 것에 대하여 견해차를 보이고 있으나 한 조건으로 보인다. 그러나 한국의 경우 서양 정당 보다더 쉽게 변화를 일으킬 수 있어서 선거 실패가 일어나면 정당은 즉시 정책을 바꿔 대처한다.

요컨대 한국 정당은 서구와 같이 여론에 따라 이념과 정체성을 변하는 것으로 예측된다. 그렇지만 한국의 특징으로써 지도부는 더 강하고 작은 변화보다 완전한 변화를 초래할 것이다. 지역주의 때문에 당은 구세대의 지지에 의존할 수 있으며 젊은 세대에 초점을 둘 것이다. 선거 실패 후나 선거 전에 지지를 강화시키기 위해 정당은 당령, 기본정책등을 바꾸고 여당이라면 인기 없는 대통령에서 거리를 두기가 쉽다. 지금부터는 열거한 이론들을 한국 정당 변화의 사례를 통해 살펴볼 것이다. 즉 2012 년 4 월 11 일 국회의원 선거와 여당인 새누리당의 승리 전략을 관찰함으로써 가설을 검증할 것이다. 다음 장에서 선거 기본 정보, 새누리당이 겪었던 어려움, 당 이미지를 쇄신에 대한 추진작업, 그리고 선거 결과와 후유증을 알아볼 것이다.

---

[3] Choi He-suk, "Reform often cosmetic in Korean politics," Korea Times, 2012.1.29, http://view.koreaherald.com/kh/view.php?ud=20120129000224&cpv=0.

4. 사례: 2012 년 4 월 11 일 선거와 새누리당

4.1. 선거 배경

대한민국의 국회 선거는 4 년 마다 열린다. 19 대 총선은 5 년 마다에 대선과 같은 해에 실시하는 것이 20 년에 처음이다. 국회 의석은 2008 년에 실시된 18 대 총선의 299 석에서 300 석으로 늘어났다.[4] 선거구별로 최고득표자 1 인을 당선인으로 하는 소선거구 비교다수대표제가 있다. 또한 '지역구선거에서 5 석이상의 의석을 차지한 정당과 비례대표선거에서 유효투표총수의 3/100 이상을 득표한 정당에 대하여 비례대표국회의원선거에서 얻은 득표비율에 따라 각 정당이 제출한 명부순으로 당선인을 결정하는 정당별 득표비례구속명부제'가 있다.[5]

4.2.한나라당 배경

한나라당은 신한국당과 민주당의 합당으로 1997 년 11 월 17 일에 출범하였다.[6] 김대중의 2007 년 12 월 선출로 한나라당이 야당이 되었으나 2000 년 16 대 총선에서 과반의석으로 여소야대가 되었다. 노무현의 임기를 걸쳐 10 년 동안 야당 상태가 유지되었다. 2004 년 17 대 총선에서 과반의석을 잃었으나 2007 년 한나라당 속한 이명박 대통령 선출 후에 2008 년 19 대 총선에서 299 석중에 153 석을 차지했다.[7] 당은 전통적으로 자유주의와 시장경제정책을 지지하고 미국과 긴밀한 관계를 내세우면서 강경한 대북정책을 제시한다.[8]

4.3.새누리당의 어려움

이명박 대통령 정권이 들어서자 미국산 쇠고기와 한미 FTA 에 대한 반대가 곧 시작되었다. 또한 물가 상승과 수업료 인상에 대처하지 못해서 비판소리도 많았다.이러한 정치적 기류는

---

[4] 하송연, "'19 대국회 300 석 증원' 본회의 통과," KBS 뉴스, 2012.2.27, http://news.kbs.co.kr/politics/2012/02/27/2442088.html.

[5] 중앙선거관리위원회, "공직선거안내," http://www.nec.go.kr/.

[6] "與 쇄신파, `재창당' 강공 배경은," 연합뉴스, 2011.12.13, http://www.yonhapnews.co.kr/bulletin/2011/12/13/0200000000AKR20111213097000001.HTML.

[7] 김지섭, "뿌리도 철학도 없는 한국의 정당 이름 변천사," 조선일보, 2012.3.22, http://news.chosun.com/site/data/html_dir/2012/03/22/2012032201724.html.

[8] 한나라당, "한나라당 소개 > 정책·정강," 2006.1.9, http://www.hannara.or.kr/ohannara/hannara/hannara_02.jsp.

4 월 27 일 보궐 선거 결과로 나타났다. 당시 야당 대표 손학규는 한나라당이 전통적으로 우세지역인 분당에서 한나라당의 전 대표를 선거에서 이겼다. 민주당 후보 최문순은 강원 지사에 당선되었고 김태호는 김해을에서 의석을 얻었다.[9] 사실상 여야 의석 변경이 그렇게 많이 없었으나 민주당이 생각보다 잘했다는 인식이 있었다.

4.3.1.기존 선거에서의 곤란

2011 년 10 월 26 일 서울 시장 보궐선거는 한나라당이 직면한 상황을 명백하게 보여주었다. 진보과반수의 서울특별시 의회는 저소득층인 초·중학생을 위한 무상급식 정책을 실시해 왔다. 보수적인 서울시장 오세훈은 정책이 과다한 비용을 초래한다는 근거로 무상급식에 반대했다. 오세훈은 무상급식에 대한 국민투표에 자신의 정치 인생을 걸었고 국민들이 무상급식을 지지하거나 투표율이 투표를 인증하는 33.3%를 달성하지 못할 경우 물러나겠다고 밝혔다.[10] 8 월 24 일 투표율이 25.7% 밖에 그쳐 오세훈이 26 일 사퇴를 발표했다.[11] 따라서 보궐선거는 10 월 26 일에 실시되었다.

9 월 2 일에 서울대학교 융합과학기술대학 원장이자 바이러스 방어 프로그램을 제공하는 안랩 이사회 의장인 안철수는 무소속으로 출마를 고심하고 있다며 밝혔고 서울시장 후보 간의 경쟁은 급격하게 변화하였다.[12] 정치적이나 도덕적인 결함이 없는 유명한 공인으로서 안철수는 한나라당 후보 나경원보다 세배나 지지율을 받았다.[13] 그렇지만 며칠 후에 안 교수는 출마를 포기하는 대신에 무소속 후보 박원순을 지지하겠다고 밝혔다.[14] 이 지지를 결과로 박원순은 젊은이의 높은 지지를 받아 53.4% 투표율을 획득함으로써

---

[9] "<4.27 재보선> 與 분당乙 패배..정국 요동," 연합뉴스, 2011.4.28, http://www.yonhapnews.co.kr/issues/2011/04/27/1204210000AKR20110427237851001.HTML.

[10] Choe Sang-hun, "Seoul Mayor Resigns After Losing School Lunch Referendum," New York Times, 2011.8.25, http://www.nytimes.com/2011/08/27/world/asia/27korea.html.

[11] 김대현, "오세훈 死不死?" 주간조선, 2011.8.29, http://weekly.chosun.com/client/news/viw.asp?nNewsNumb=002171100005&ctcd=C03.

[12] 이근우, 정석우, 이가윤, "안철수 '서울시장 출마 고심'," MK 뉴스, 2011.9.2, http://news.mk.co.kr/v3/view.php?year=2011&no=572857&sID=300.

[13] 류지복, "안철수 지지율 박원순으로 옮겨갈까," 연합뉴스, 2011.9.6, http://news.naver.com/main/read.nhn?mode=LSD&mid=sec&sid1=100&oid=001&aid=0005253649.

[14] 이용욱, "안철수, 지지율 정점서 '통 큰 결단'," 경향신문, 2011.9.6, http://news.khan.co.kr/kh_news/khan_art_view.html?artid=201109062204565&code=91010.

나경원(46.2%)을 물리쳤다. 10 월 26 일 보궐선거는 한나라당의 보수적 정책에 대한 국민의 반대로 분석되었으며 2012 년 총선과 대선에 영향을 끼칠 것으로 예상되었다.[15]

4.3.2. 부패의 인식

새누리당이 겪었던 어려움은 부패에 대한 인식이었다. 이 대통령이나 한나라당과 관련된 뇌물수수에 대한 기사는 한국 신문의 1 면 뉴스였다. 이 대통령은 2007 년 대선 전에 일어났던 BBK 주가 조작 사건에 대해서 한동안 비난을 받았다.[16] 이 대통령은 2011 년 9 월에 스스로 자신을 '도덕적으로 완벽한 정권'이라고 언급했음에도 불구하고 측근들과 친척들을 둘러싼 비리가 매우 많았다.[17] 전 청와대 홍보 수석 김두우는 부산저축은행의 검사를 예방시키기고 구명 정탁을 해달라는 부탁으로 로비스트로부터 1 억원 금품을 받았다는 혐의로 기소되었다.[18] 청와대 정무비서관 출신인 김해수도 마찬가지로 뇌물수수 혐의로 기소되었다.[19] 방송통신위원장이자 이 대통령 최측근 최시중은 정책보좌관의 뇌물수수 의혹으로 사퇴했다.[20] 신재민 전 문화체육관광부 차관은 이국철 SLS 회장의 청탁을 받고 지식경제부 고위공무원에게 로비를 시도한 것으로 나타났다.[21]

더욱더 한나라당의 편판에게 피해를 가하는 것은 2011 년 말에 일어난 매표와 돈 봉투 스캔들이었다. 12 월 14 일 여당의원

---

[15] Christian Oliver and Song Jung-a, "South Korea mayoral race shows shift to the left," Financial Times, 2011.9.29, http://www.ft.com/intl/cms/s/0/154fa7f6-ea76-11e0-b0f5-00144feab49a.html; Tetsuya Hakoda, "Seoul mayoral election reshaping S. Korean politics," Asahi Shimbun, 2011.10.25, http://ajw.asahi.com/article/asia/AJ2011102415573.

[16] 박종찬, " '이명박 BBK 대표이사' 명함 또 나왔다," 한겨레신문, 2012.3.13, http://www.hani.co.kr/arti/politics/bluehouse/523067.html.

[17] 박영환, "MB '우리는 도덕적으로 완벽한 정권'," 경향신문, 2011.9.30, http://news.khan.co.kr/kh_news/khan_art_view.html?artid=201109302136545&code=910203.

[18] "檢, 김두우 前수석 구속영장 청구," 연합뉴스, 2011.9.23, http://www.yonhapnews.co.kr/society/2011/09/23/0702000000AKR20110923192300004.HTML.

[19] "9 조원대 금융비리…부산저축銀 76 명 기소,"연합뉴스, 2011.11.2, http://www.yonhapnews.co.kr/bulletin/2011/11/02/0200000000AKR20111102070452004.HTML.

[20] "최시중 사퇴 '최선다해 후회없어' 누리꾼 '통신료 1000 원 내리느라 수고하셨소'," 한겨레신문, 2012.1.27, http://www.hani.co.kr/arti/society/society_general/516319.html.

[21] " '신재민, 이국철 청탁 받고 지경부 로비'," YTN 뉴스, 2011.12.06, http://www.ytn.co.kr/_ln/0103_201112062045177063.

고승덕은 당 대표 선출 전당대회 때 자신에게 돈봉투가 전달됐다고 자기 웹사이트에서 칼럼을 제개하였다.[22] 이 칼럼은 1 월 3 일 텔레비전 방송이 이슈를다시 논의했을 때까지 주목을 많이 받지 않았다.[23] 4 일에 고 의원은 2008 년에 열린 전대에서 당 대표 후보의 측근이 돈봉투로 300 만원을 자신에게 주었다고 밝혔다. 다음 날 한나라당은 혐의에 대해 검찰이 수사해 달라고 했으나 언론매체에서는 이미 전 한나라당 대표이자 당시 국회의장인 박희태을 지목했다.[24] 2012 년 1 월 6 일에 협의를 받았던 김효재 청와대 정무수석은 스캔들의 관여를 부인하였다.[25]

고 의원은 8 일에 검찰에 소환되어 조사를 받았다.박 의장의 측은 2008 년 전당대회 당대표 선거 전에 돈봉투를 전달했다고 주장했다.[26] 여야는 박 의장의 사퇴를 요구했으나 이것은 여당개혁의 박차를 가하게 된 것으로 분석되었다. 그 당시 해외 출장인 박 의장은 18 일 귀국해서 혐의를 부인했다.[27] 처음에 사퇴 요구를 거절했으나 스캔들이 펴져 박 의장은 결국 2 월 9 일에 물러났다.[28] 마지막에 스캔들은 김효재의 관여가 혐의함으로써 이 대통령의 측근 비리 인식이 늘어나며 김효재 청와대 정무수석은 사퇴를 발표했다.[29]

---

[22] 고승덕, "고승덕 칼럼: 전당대회 유감," 대한민국 새 희망 국회의원 고승덕, 2011.12.14, http://www.gozzang.org/bbs/viewbody.php?code=column&page=1&id=39&number=39.

[23] Ser Myo-ja, "GNP in full panic after bribe claim," Joongang Ilbo, 2012.1.10, http://koreajoongangdaily.joinsmsn.com/news/article/Article.aspx?aid=2946863.

[24] "Ruling party to request investigation into suspected internal bribery," Yonhap News, 2012.1.5, http://english.yonhapnews.co.kr/national/2012/01/05/50/0301000000AEN20120105005051315F.HTML.

[25] "김효재 '고승덕과 말 한마디 나눈 적 없어'," 연합뉴스, 2012.1.6, http://www.yonhapnews.co.kr/bulletin/2012/01/06/0200000000AKR20120106027800001.HTML.

[26] 조미덥, 강병한, ""박희태 측이 보냈다" 고승덕, 검찰서 진술," 경향신문, 2012.1.9, http://news.khan.co.kr/kh_news/khan_art_view.html?artid=201201090301065&code=910402.

[27] 김익태, "'사면초가' 박희태, 여야 '즉각 사퇴하라'," 중앙일보, 2012.1.18, http://article.joinsmsn.com/news/article/article.asp?total_id=7163936&ctg=1000.

[28] "'모든 책임 안고 간다' 박희태 사퇴," 동아일보, 2012.2.9, http://news.donga.com/Politics/New/3/00/20120209/43901965/1.

[29] "Lee accepts senior aide's resignation offer," Yonhap News, 2012.2.10, http://english.yonhapnews.co.kr/national/2012/02/11/8/0301000000AEN20120211001600315F.HTML.

한나라당은 수사에 대한 강력한 요구로 피해를 최소화하였지만 대단히 당혹스러워 했다.[30]

이명박 대통령의 친척들도 의혹을 받았다. 이 대통령의 친형 이상득은 저축은행으로부터 구명 청탁과 함께 4 억원을 받았다는 의혹이 있다.[31] 또한 이 의원의 측도 SLS 그룹에서 뇌물 수수 혐의로 구속되었다. 이 대통령 조카사위인 전종화는 주가조작에 연루되어 검찰에 되었다.대통령 부인 김윤옥의 친인척들도 저축은행과 관련된 비리가 많다.또한 이 대통령의 아들인 이시형은이 대통령이 퇴직한 다음을 위한 내곡동 주택의 부동산 거래가 실명제법위반으로 불법적으로 실행하였다.[32]

새누리당은 당 내에서 일어나는 스캔들도 처리해야 했다. 2011 년 10 월 26 일 서울 시장 보궐선거 열린 날에 몇 시간 동안 중앙선거관리위원회는 디도스(DDoS: distributed denial-of-service) 사이버 공격을 당했다. 12 월 4 일에 한나라등 최구식 의원 수행비서 공 모 씨는 디도스 공격을 실행한다는 혐의로 구속되었으나 당시 민주당은 한나라당 지도부가 배후세력이라고 주장했다. 공씨는 박희태 의장실 전 비서 김 모 씨가 공씨와 5 번 통화했다는 것으로 드러나 여당의 혐의가 늘어났다.[33] 경찰은 디도스가 공씨의 단독범행이라고 했으나 야당과 학생단체는 이것을 인정하지 않고 검찰의 수사를 요구했다. 2012 년 6 월 검찰은 디도스 공격이 김 씨와 공 씨의 공동범행이고 의혹된 윗선 개입이 없었다고 결론내렸다.[34] 민주당은 특검을 계속 요청해서 한나라당이

---

[30] Kim Eun-jung, "Unfolding bribery scandal feared to dampen ruling party's reform drive," Yonhap News, 2012.1.6,http://english.yonhapnews.co.kr/national/2012/01/06/33/0301000000AEN20120106004100315F.HTML.

[31] 정제혁, "이상득의 '청탁 4 억·장롱 7 억·공천헌금 2 억'도 사법처리할 듯," 경향신문, 2012.4.24, http://news.khan.co.kr/kh_news/khan_art_view.html?artid=201204241838555&code=940301.

[32] 박종찬, "MB 친인척 13 명이 비리연루·의혹," 한겨레신문, 2011.12.29, http://www.hani.co.kr/arti/politics/politics_general/512412.html.

[33] Kim Eun-jung, "Ruling party staggers in election site hacking scandal," Yonhap News, 2011.12.5, http://english.yonhapnews.co.kr/national/2011/12/05/81/0301000000AEN20111205003700315F.HTML; "박희태의장 前비서・공씨 경찰청서 철야조사," 연합뉴스, 2011.12.8, http://www.yonhapnews.co.kr/issues/2011/12/08/1204640000AKR20111208009300004.HTML.

[34] "검찰 '디도스 사건 두 비서 공동범행'," SBS 뉴스, 2012.1.6, http://news.sbs.co.kr/section_news/news_read.jsp?news_id=N1001061421.

수용했으며 배후 세력을 놓고 증거가 없었음에도 불구하고 한나라당에게 큰 충격을 가했다.[35]

새누리당을 가장 위협하는 스캔들은 민간인 불법사찰 사건이었다. 이 사건은 원래 2010 년 KB 한마음 대표인 김종익이 2008 년 자신의 블로그에서 이명박을 비난하는 동영상을 업로드하자 정부가 김 씨를 불법적으로 사찰을 했다는 사건이다.[36] 장진수 전 지원관실 주무관은 민간인 불법 사찰에 대한 자료를 삭제한 것으로 알려져서 2012 총선 한 달 전에 민주통합당은 재수사를 요구했다. 3 월말에 KBS 뉴스가 2,619 건의 사찰 문서 파일을 어덨다고 보도했다. 청와대가 3 월 31 일에 사찰 문서 2,619 건 중 80%는 노무현 정권 때 작성된다고 주장했음에도 불구하고, 기자들은 민간인 불법 사찰이 선거결과에 크게 영향을 미칠 거라고 예측하였다.[37] 새누리당 비상대책위원장 박근혜는 '새누리당은 이렇게 잘못된 구태정치, 과거정치와 단절하기 위해 비대위까지 꾸려 개혁하고 쇄신하고 있다'고 말했다.[38]

4.4.한나라당에서 새누리당으로의 변화: 당면, 이념, 정책 등

이명박과 부패사건으로부터 거리를 두고 민심을 맞추기 위해 한나라당은 선거를 앞두고 개혁을 시도하였다. 내부 갈등에도 불구하고 박근혜가 키를 잡아 한나라당은 광범위하게 정강과 당명, 공천 과정과 입장을 바꾸었다.

4.4.1. 당 이미지의 쇄신 추진

한나라당 대표 홍분표는 12 월 9 일에 사퇴해서 당원은 12 일에 박근혜가 위원장으로 비상대책위원회(비대위)를 설치하기로 했다.[39] 한나라당 싱크탱크인 여의도 연구소는 부패를 근절하고 더 열린

---

[35] 손봉석, "민주당 '디도스 특검법' 제출, 한나라당도 수용 뜻 밝혀," 경향신문, 2012.1.9, http://news.khan.co.kr/kh_news/khan_art_view.html?artid=201201091751361&code=910402.

[36] 허정현, "'불법 사찰 드러났는데 왜 정부는 사과 안하나' 마르지 않는 눈물," 한국일보, 2010.12.20, http://news.hankooki.com/lpage/society/201012/h2010122002313421950.htm.

[37] "'盧정부때 사찰자료' 4 번·5 번 USB 폴더 보니...," SBS 뉴스, 2012.4.1, http://news.sbs.co.kr/section_news/news_read.jsp?news_id=N1001138172.

[38] "박근혜 '어느 정권 할것 없이 불법사찰'," 연합뉴스, 2012.4.1, http://www.yonhapnews.co.kr/chongsun/2012/04/01/4701180000AKR20120401015100001.HTML.

[39] 신지홍, "홍준표 대표 전격사퇴..박근혜 전면등장 초읽기", 연합뉴스, 2011.12.9, http://www.yonhapnews.co.kr/bulletin/2011/12/09/0200000000AKR20111209149200001.HTML. Lee Tae-hoon, "Park to take helm as interim GNP leader," Korea Times, 2011.12.12, http://www.koreatimes.co.kr/www/news/nation/2011/12/116_100632.html.

공천을 가능하게 하기 위해 정치 경험 없는 후보 출마, 부패 사건을 둘러싼 정치인 제거, 비례 대표를 국민 선거로 뽑는 등의 공천에 대한 개혁을 제시했다.[40] 비대위는 '보수'라는 말을 한나라당의 정강에서 삭제하고 여성, 20·30 대의 후보를 큰 비율로 선거에 내보낸다는 방안을 검토했다.[41] 그러나 '보수' 용어를 삭제한다는 제안은 심각한 내부 갈등으로 이어져서 채택되지 않기도 했다.[42]

이 대통령의 지지율이 엄청나게 낮아져 2012 년 11 월에 27.6%로 하락했기 때문에 한나라당은 이명박 정권으로부터 거리를 두려고 노력했다. 박 비대위원장은 이 대통령의 KTX 민영화 계획에 반대했고 1 월 중에 대통령 탈당 요구가 시작했다.[43] 또한 옛 한나라당의 친박·친이 갈등과 마찬가지로 박선규 전 청와대 대변인, 박형준 전 청와대 정무수석과 같은 이명박의 측근 공천 여부가 큰 논쟁이 되었다.[44]

개혁을 추구하는 한나라등 의원들은 당대표와 최고위원 폐지를 네세우면서 과거의 공천과 관련된 부패를 예방하기 위해 비대위의 공천 개입 자제를 요구해 대신에 국민의 공천 참여를 요청했다.[45] 민주통합당이 모바일 투표실험 실시한 다음에 박 비대위원장은 1 월 17 일 한명숙 민주통합당 대표와 만나서 공천권을 국민에게 돌려주야 한다고 동의했으나 박 비대위원장은 사기와 기술적 문제를 이유로 모바일 투표를 도입하지 않겠다고 말했다.[46] 한나라당은

---

[40] Chung Min-uck, "Ruling party to overhaul nomination rules," Korea Times, 2012.1.3, http://www.koreatimes.co.kr/www/news/nation/2012/01/116_102145.html.

[41] 이준서, "與, `지역구 25%' 여성 · 2030 세대 공천 검토", 연합뉴스, 2012.1.15, http://www.yonhapnews.co.kr/politics/2012/01/14/0502000000AKR20120114054300001.HTML.

[42] 김화영, 김범현, "與 정강서 '보수'용어 유지..'더이상 논의안해'," 연합뉴스, 2012,1.12, http://www.yonhapnews.co.kr/bulletin/2012/01/12/0200000000AKR20120112089500001.HTML.

[43] Chung Min-uck, "Park Geun-hye faces backlash from within," Korea Times, 2012.1.13, http://www.koreatimes.co.kr/www/news/nation/2012/01/116_102812.html; Kang Hyun-kyung, "Conservatives split over Lee's party affiliation,"Korea Times, 2012.1.19 http://www.koreatimes.co.kr/www/news/nation/2012/01/116_103206.html.

[44] 김범현, "새누리, `MB 맨' 공천 어떻게 할까," 연합뉴스, 2012.2.14, http://www.yonhapnews.co.kr/bulletin/2012/02/14/0200000000AKR20120214163800001.HTML.

[45] 김시현, "한나라, 당명 바꾸고 당대표 폐지 추진," 조선일보, 2012.1.25, http://news.chosun.com/site/data/html_dir/2012/01/25/2012012500126.html.

[46] 류지복, 정아란, "박근혜-한명숙 첫 회동 화기애애..탐색전," 연합뉴스, 2012.1.17, http://www.yonhapnews.co.kr/politics/2012/01/17/0502000000AKR20120117132400001.HTML.

8 명의 비정치적인 공인들과 3 명의 한나라당 의원들을 포함해 공직후보자추천위원회를 설치했다.[47] 한나라당은 의원 25%를 공천에서 배제한다며 경쟁력, 도덕성 등을 기준으로 평가하기로 했다. 이와 함께 한나라당은 지역구 30%를 여성에 할당하기로 했다.[48]

한나라당은 1 월 30 일에 복지와 일자리 창출을 강조하여 정강을 개정했다. 박 비대위원장은 '국민과의 약속'이라는 10 개의 항, 23 개의 정책을 발표했다.[49] 2 월 2 일 한나라당은 '새누리당'이라는 새 당명을 공개했다.1997 년 이래 처음으로 당명을 바꾸는 것이었다.[50] 당명은 국민공모를 통해 뽑았다. 동시에 새누리당은 친박 보수 소수당인 미래희망연대와 합당했다.[51] 불행하게도 리얼미터 여론조사에 따르면 새 당명이'마음에 들다'고 응답한 국민이 21.2%에 그쳤고 '마음에 들지않다'고 한 응답자는 38.0%로 나타났다.[52]

새누리당이 결국에는 공천에서 의원 재임자 25%를 배제함으로 특히 '친이' 친이계를 집중적으로 겨냥했다는 분석때문에 내부 갈등이 발생했다.[53] 그러나 새누리당은 재임자를 배제했을뿐만 아니라 공천 후보를 다양화시켰다. 예를 들자면 부산에서는 문재인 민주통합당 상인고문의 지역인 사상구에서 정치적 경험없는 주부인

---

[47] "Lawyer picked to lead ruling party's nomination review committee," Yonhap News, 2012.1.31, http://english.yonhapnews.co.kr/national/2012/01/31/57/0301000000AEN20120131008900315F.HTML.

[48] 김화영, "새누리 국민경선, 흥행몰이 될까," 연합뉴스, 2012.2.15, http://www.yonhapnews.co.kr/chongsun/2012/02/15/4701990000AKR20120215090700001.HTML.

[49] 차윤주, 김유대, "與 '국민과의 약속'에 담긴 박근혜식 패러다임은?," 중앙일보, 2012.1.30, http://article.joinsmsn.com/news/article/article.asp?total_id=7244369&ctg=1002.

[50] 새누리당은 1981 년에서 1990 년까지 민주정의당, 1990 년에서 1995 년까지 민주자유당, 그 다음 간략히 신한국당으로 불렸다. 1997 년 11 월에 노무현 선출 한 달 전에 한나라당이 되었다. Kang Hyun-kyung, "Parties use facelift to woo voters," Korea Times, 2012.1.27, http://www.koreatimes.co.kr/www/news/nation/2012/01/116_103592.html.

[51] Im In-tack, "Conservative party hoping for a 'new world'," The Hankyoreh, 2012.2.3, http://english.hani.co.kr/arti/english_edition/e_national/517369.html.

[52] 리얼미터, "'새누리당' 마음에 든다, 21%에 그쳐," 2012.2.3, http://www.realmeter.net/issue/view.asp?table_name=S_News2&n_num=793.

[53] 황철환, "새누리 공천반발 확산..친이 분당설까지," 연합뉴스, 2012.3.6 , http://www.yonhapnews.co.kr/bulletin/2012/03/06/0200000000AKR20120306070300001.HTML.

손수조 예비후보가 공천자로 확정하기로 했다.[54] 또한 비례대표 후보자 추천 명단은 북한이탈주민이자 통일부 통일교육원 원장인 조명철, 처음에 귀화한 시민으로 이자스민을 포함시켰다.[55]

4.4.2. 경제적 이슈에 관한 변화

경제적 이슈는 총선에서 큰 역할을 했다. 새누리당은 전통적으로 자유주의적 정책을 추진함에도 불구하고 경제민주화를 지지하게되었다.[56] 부자에게 혜택을 주는 경제정책을 가지고 물가상승과 빈부격차 증가로써 이 대통령은 경제문제의 주범으로 알려졌다.[57] 새누리당은 이 대통령으로부터 거리를 두려고 여론과 맞추기 위하여 포퓰리즘적 경제정책을 채택한 만큼 신문 독자들은 여야 경제정책을 구별하기가 어려웠다.

새누리당은 보통사람들에 대한 배려를 보여 주려고 노력했다. 박 비대위원장은 평생 맞춤형 복지 계획을 네세웠다. 연령대별로 차별화된 양육수당과 고등학교 무상·의무교육 확대, '노인 근로장려세제(EITC)' 도입 등으로 지원 증가시키는 계획이다.[58] 또한 '아동, 노인, 장애인, 다문화가족, 탈북자 등 사회적 약자'를 대상으로 복지와 고용 서비스체제를 구축하겠다고 공약했다. 또한 새누리당은 고용률에 집중해 '비정규직 근로자에 대한 불합리한 차별과 불평등을 해소한다'면서 청년고용은 일자리 정책이 '핵심과제'로 꼽는다. '산 • 학 • 연 연계를 강화하고, 창업생태계를 활성화하며, 청년고용기업에 대한 지원을 확대한다'고 밝혔다.[59]

게다가 새누리당은 재벌 개혁을 공약했다. 박 비대위원장은 2009 년 재벌의 투자를 제한시키는 출자총액제한제 폐지를

---

[54] "새누리 이동관·진성호 등 제외…손수조·홍사덕 공천," 한겨레신문, 2012.3.5, http://www.hani.co.kr/arti/politics/politics_general/522000.html.

[55] 김시현, "與 비례대표 1 번 여성과학자 민병주… 박근혜 11 번,' 조선일보, 2012.3.20, http://news.chosun.com/site/data/html_dir/2012/03/20/2012032000792.html.

[56] 장세훈, 강주리, "여야 '경제민주화' 경쟁," 서울신문, 2012.1.28, http://www.seoul.co.kr/news/newsView.php?id=20120128001003.

[57] "Income gap widens", Chosun Ilbo, 26 April 2011, at http://english.chosun.com/site/data/html_dir/2011/04/26/2011042601161.html.

[58] 이승헌, 홍수영, "[약속 2012 4·11 총선]새누리-민주 복지정책 공약 검증," 동아일보, 2012.3.15, http://news.donga.com/3/all/20120315/44777090/1.

[59] 새누리당, "기본정책," 2012.2.13, http://www.saenuriparty.kr/web/intro/web/listDoctrineView.do.

지지했으나 2012 년 1 월 19 일 그 제도의 부활하겠다고 말했다.[60] 박 비대위원장은'대기업의 계열사 일감 몰아주기 근절, 무분별한 중소기업 영역 진출 방지, 납품단가 현실화 등'의 재벌 규제 정책을 내놓았다.[61]

4.4.3.외교정책

새누리당은 많은 분야에서 변화를 일으켰으나 한미동맹, 한미자유무역협장 (Korea-U.S. Free Trade Agreement)에 대한 입장이 바뀌지 않았다. 민주통합당이 한미 FTA 를 철폐하겠다는 약속 바탕으로 새누리당은 긴밀한 한미관계 유지, 한국의 국제 편판을 보호한다는 명분으로 국민의 반대에도 불구하고 한미 FTA 를 계속 지지했다. 또한 제주해군기지를 추진했다. 이 논쟁들에 대해 여론이 부정적이었지만 새누리당은 민주통합당의 인지된 입장의 위선을 지적하여 지지 입장은 크게 피해를 막을 수 있었다.

4.4.4.대북정책

한국의 국민들은 보다완화한 대북정책을 추구한 것으로 나타났다.[62] 이명박 대통령 재임 기간중에 천안함 침몰 사건과 연평도 포격 사건 두 가지의 중대한 북한 도발 행위가 발생했고 이명박의 대북정책때문에 남북관계가 극도로 악화되었다는 인식이 있었다. 선거는 김정일 사망 내 달 이후만에 열려서 새로운 정권에 대한 낙관주의가 드러났다. 이명박 정권의 대북정책에 대한 불만과 북한 내부 변화로 인해 새누리당은 새로운 대북정책을 제시하게 되었다.[63]

한나라당은 보수적 정당으로서 강경한 대북장책을 내세워 왔다. 한나라당은 좌파의 온건한 '햇볕정책'을 심하게 비난했다. 당의 2006 년 정강 개정으로 북한을 놓고 '새로운 한나라당은 자유민주체제에 대한 확신을 바탕으로 소극적 · 방어적인

---

[60] 김남권, "박근혜 '출총제 보완..공정거래법 강화," 연합뉴스, 2012.1.19, http://www.yonhapnews.co.kr/politics/2012/01/19/0501000000AKR20120119227000001.HTML.

[61] 고제규, "새누리당 재벌정책 평가, 제 점수는요," 시사한뉴스, 2012.4.3, http://www.sisainlive.com/news/articleView.html?idxno=12771.

[62] "한국인 설문조사 '대북정책 완화해야'," 미국의 소리, 2012.2.8, http://www.voanews.com/korean/news/korea-nk-138926119.html.

[63] 전정홍, 김정환, 이기창, "여야 'MB 대북정책 수정하라'," MK 뉴스, 2012.3.1, http://news.mk.co.kr/v3/view.php?year=2012&no=137406.

대북정책에서 벗어나'면서 '북한주민의 인권을 개선하며 한반도의 평화를 창출한다'고 써 있었다.[64] 2010 년 8 월 이 대통령은 통일의 압도적 비용을 준비하려고 통일세 계획을 제시했으며 2011 년 4 월 한나라당은 북한 붕괴를 준비하는 통일에 관한 계획을 제시했다.[65] 그러나 2011 년 8 월부터 한나당의 대북정책 전환이 보이기 시작되었다. 박근혜는 미국에서 출한된 국게관계 저널 *Foreign Affairs* 에서 새로운 대북정책은 '신뢰외교(trustpolitik)'를 기반으로 두는 '균형정책(alignment policy)'이 필요하다고 기고문을 썼다.[66]

1 월 초에 여당의 지도부는 '유연한 대북정책'을 정강쟁책에서 내세웠다.[67] 1 월 30 일에 비대위원회는 정강을 개정했다. 여기서 세습으로 변천을 겪었던 북한을 자극할 수 있는 '북한의 자유민주주의 체제로의 전환을 위해 노력한다'는 대목을 삭제했다. 또한 '북한이 국제사회의 책임있는 일원으로 참여할 수 있도록 적극 지원함으로써 한반도 평화와 북한의 개방을 촉진한다'는 내용도 포한되어 있다. 게다가 남북 교류협력을 추진하면서 '인도적 지원을 지속해 나간다'고 강조했다.[68] 2 월 28 일 박 비대위원장은 '2012 핵안보정상회의 기념 국제학술회의'에서 '지금까지 남북한 간, 그리고 북한이 국제사회와 합의한 기존 약속들은 기본적으로 존중돼야 한다'고 말했다. 새누리당은 이명박 정권과는 달리 북한 천안함 사과가 대화 필요 조건으로 규정하지 않는다는 입장 등으로 더 유연한 대북정책을 제시하였다.[69]

4.4.5.SNS 와 젊은 세대

젊은 세대는 크게 진보성향이라서 새누리당은 지원 증가를 공약했을 뿐만 아니라 소셜 네트워크에 집중해야 했다. 진보적인

---

[64] 한나라당, "한나라당 소개 > 정책·정강," 2006.1.9, http://www.hannara.or.kr/ohannara/hannara/hannara_02.jsp.

[65] Shin Hae-in, "Ruling party drawing up new reunification policy," Korea Herald, 2011.4.5, http://www.koreaherald.com/national/Detail.jsp?newsMLId=20110405000750.

[66] 신정훈, "박근혜 대북정책 '신뢰·균형'에 방점," 한국일보, 2011.8.24, http://news.hankooki.com/lpage/politics/201108/h2011082402375621000.htm.

[67] "與 '정강정책에 '유연한 대북기조' 반영'," 경향신문, 2012.1.5, http://news.khan.co.kr/kh_news/khan_art_view.html?artid=201201051002231&code=910402.

[68] 김환용, "한나라 새 정강 '유연한 대북정책' 강조," 미국의 소리, 2012.1.30, http://www.voanews.com/korean/news/-0130-korea-gnp-nk-138320414.html.

[69] 최재혁, "박근혜 '10·4 남북선언(盧정부때 김정일과 한 합의) 정신 존중돼야'," 조선일보, 2012.2.29, http://news.chosun.com/site/data/html_dir/2012/02/29/2012022900218.html.

'나는 꼼수다'라는 정치 풍자 팟캐스트는 이명박 대통령과 야당에 관한 스캔들을 다루며 매주 2 백만 번 다운로드된다. 이 팟캐스트는 젊은 세대의 정치를 놓고 지식과 관심에 기여했으나 새누리당의 이미지에게 피해를 가했다. 새누리당은 이번 총선에서 SNS 사용을 촉진하였다. 이 바탕으로 여당은 26 세 하버드 출신 이른바 'SNS 전문가' 이준석을 젊은 세대를 대상으로 하는 '눈높이위원회' 위원으로 뽑았다.[70]

4.5.선거 결과

지금까지 새누리당의 이념과 정책 변화 전략을 살펴보았다. 다음은 간략히 선거 결과를 서술하고자 한다. 새누리당은 과반의석을 확보하여 지역구 127 석과 비례대표 25 석을 확보하면서 민주통합당은 지역구 106 석과 비례대표 21 석을 이겼다. 야당의 재 2 정당인 통합진보당은 지역구 7 석과 비례대표 6 석을 얻었다.[71] 투표율이 54.3%로 집계되었다고 밝혀져 2012 년 12 월 대선에 관한 관심때문에 2008 년 46.1 투표율보다 높다는 분석이 있었다.[72] 여론이 좌회전한다는 인식을 고려하면 새누리당의 권력 유지는 대단한 성취로 분석되었고 야당의 지도부에게 큰 타격을 입혔다.

지역주의는 여전히 주요한 영향을 미쳤다. 새누리당은 전통적인 지지 지역인 영남(경상남도, 경상북도, 대구, 부산, 울산)에서 완승했으며 강원도에서 다소의 의석을 얻었다. 민주통합당은 호남(전라남도, 전라북도, 제주도, 광주)에서 완승했다. 새누리당은 호남에서 하나의 석도 얻지 못했다.[73] 새누리당은 서울·경기도 지역에서 48 석 중에 16 석만을 얻었다.[74] 새누리당이 예상하지 못했던 승리는 부분적으로 지역주의의 결과로 생겼을뿐만 아니라 새누리당의 의도적인 전략으로 일어난 것으로 분석되었다. 다시

---

[70] "하버드 출신 이준석 위원이 만든 '한나라 공천 트위터 지수'," 조선일보, 2012.1.17, http://news.chosun.com/site/data/html_dir/2012/01/17/2012011700838.html.

[71] 중앙선거관리위원회, 선거통계시스템, "당선인 각종통계," http://info.nec.go.kr/electioninfo/electionInfo_report.xhtml?electionId=0020120411&requestURI=%2Felectioninfo%2F0020120411%2Fep%2Fepei03.jsp&topMenuId=EP&secondMenuId=EPEI03&menuId=&statementId=EPEI03_%231&searchType=1&electionCode=2&cityCode=0&maxMinCode=-1&genderCode=-1&x=28&y=15.

[72] 권오성, "최종 투표율 54.3%…여야 승패 가늠 어려워," 한겨레신문, 2012.4.11, http://www.hani.co.kr/arti/politics/politics_general/527855.html.

[73] 최문선, "지역주의 벽에 도전했지만… 줄줄이 낙마," 한국일보, 2012.4.12, http://news.hankooki.com/lpage/politics/201204/h2012041202393921000.htm.

[74] "Saenuri Party Pulls Off Surprise Win in General Election," Chosun Ilbo, 2012.4.12, http://english.chosun.com/site/data/html_dir/2012/04/12/2012041200755.html.

말해서 민주통합당은 소위 말해 '심판론', 즉 인기없는 이명박 정권을 심판하고 국민들이 이명박이 속한 새누리당에 반대하여 투표해야 한다고 주장하였지만 새누리당은 새로운 당을 만들어서 민주통합당의 전략을 약화시켰다.

5. 논의

새누리당의 전략은 서구정당과 한국정당에 대한 가설을 이론적 틀로 어떻게 판단될 수 있는가? 한국 정당이 이데올로기적 융통성이 크지 않은 맥락 속에서 여론에 편승하여 이념을 바꾸었는지, 또한 한국 정당의 특징으로 지역주의, 개인추종주의 등은 아직도 큰 영향을 미치고 있는지 살펴 보고자 한다.

H1 은 '정당은 민심에 저촉될 경우 정당이 그 쪽으로 이념을 조정한다'고 예측한다. 여기서 서양학자의 가설은 적용된다. 여당 일련의 추문과 인기 없는 대통령, 그리고 경제정책과 대북정책이 잘못 된다는 민심으로 말미아마 새누리당은 과반의석을 유지하기가 매우 힘들었다. 2011 년 12 월까지만 해도 총선에서의 야당의 압도적 승리가 예측된 것이다. 국민이 여당을 다시 지지할 것을 납득시키기 위해 의미있는 변화가 필요하다는 것을 인정했다.따라서 자유주의와 강경한 대북정책을 지지하던 새누리당은 당명까지 바꿔서 정강과 기본정책을 개정했고, 복지 지원을 증가하고 북한과의 더 유연한 정책을 추구하겠다고 발표했다. 실제로 새누리당은 서양 정당보다 더 쉽고 철저하게 변화를 일으켰다. 다음 가설들을 보면 이유를 파악할 수 있다.

H2 는 당 대표와 지도부는 지배적으로 변화를 주도하고 내부 갈등에도 불구하고 지도자의 의제가 크게 실행된다는 것이다. 지도부는 한국의 개인추종주의 잔재로 인해 지도자는 당의 미래를 결정한다.새누리당의 사례를 보면 박 비대위원장은 강력한 권력을 가지고 있었다. 그러나 박근혜는전 당 대표나 대통령 후보와 같이 완전한 통제를 행사하지 못한다. 예를 들어 박 비대위원장은 '보수' 용어를 정강에서 삭제하려고 했을 때 의원들의 반발로 제안을 포기해야 했다. 그리고 파벌주의로 친이 의원들을 모두 다 배제할 수 없었다. 다시 말해서 한국 당 지도부는 막대한 권력을 행사하기는 하지만 점점 서양정당처럼 의원들의 참여가 늘어나고 있다.

H2-1 은 여권여대 상항에서 정당은 인기 없는 대통령에서 거리를 두거나 대통형의 탈당을 요구할 것이다. 한국의 미국 대통령제와는 달리 대통령이 빨리 레임덕을 맞이하는 경향이 있다. 이 대통령의 입장은 19 대 총선의 결과에 중요한 영향을 미치지 않았다. 그리고 박 비대위원장이 당의 권력을 갖게 되면서 이

대통령이 제시한 계획을 지지하거나 반대하거나 마음대로 할 수 있다.

H3 은 지속적으로 각 선거 전에 당명과 정강의 변화, 정당 통합 등이 일어날 것이라고 예상한다. 새 당명, 연합, 합당, 정강 변화는 한국 정당 연구에서 반복되는 관측이다. 여기서는 한국의 정치 특징은 여전히 남아있다. 사실은 한나라당은 17 년 동안 합당 외에 크게 이념과 정책이 달라지지 않았으며 이번 총선 앞서 합당, 새 당명, 정강, 기본 정책 모두 다 바꾸었다. 그 이유는 새누리당은 지난 총선과는 달리 19 대 총선에서 막대한 패배를 예상했기 때문인 듯하다.

H4 는 지역주의가 지속적으로 큰 영향을 미칠 것이다. 2012 년 총선에서 지역주의의 영향은 학자들의 생각보다 더 큰 것으로 보였다. 한국의 지역주의는 왜 사라질 수 없는지 물어보면 살아 있는 독재 정권의 역할로 구세대는 압도적으로 보수 정당을 지지하기 때문이다. 아산정책연구원 월례 2012 년 3 월 여론조사에 따르면 새누리당의 지지율이 연령별에 따라 다음과 같다. 20 대가 22.0%, 30 대가 18.2%, 40 대가 24.5%, 50 대가 43.6%, 그리고 60 대는 57.7% 지지율을 기록한다.[75] 또한 예상한대로 새누리당은 구세대의 지지를 기대할 수 있어서 젊은 세대의 지지를 얻는 복지정책, 고용정책, SNS 접근 방법 등을 실시했다.

H5 는 한국 정당은 선거 실패를 결과로 정당의 정체성을 바꿀 것이다. 새누리당은 2008 년 18 대 총선에서 완승했으나 최근에 열린 2011 년 10 월 26 일 서울시장 보궐선거에서 한나라당의 후보인 나경원이 낙선함으로써 당의 향후 실패를 예측했었다. 또한 요즘에 월례 여론조사를 결과로 전 선거 실패뿐만 아니라 다음 선거 실패도 예측할 수 있다. 따라서 전 선거 실패보다 다음 선거에 대한 예측이 보다 중요한 요인으로 나타난다.

6. 결론

여당의 압도적 승리가 예상된 선거에서 이기기 위하여 새누리당은 정강과 입장을 바꿔서 정치적 스캔들과 인기 없는 이명박 대통령으로부터 거리를 두었고 박근혜에 기초로 하는 정당을 만들었다. 이런식으로 민주통합당의 이명박 정권 '심판론' 전략을 약화시켰다. 이 전략을 보면 서양 정당 변화에 대한 이론과 한국의 예외적인 정치 특징을 나타내고 있다. 이렇게 본 연구는 서양 정당과 한국 정당 연구 학계에 기여했고 2012 년 4 월 11 일 앞서

[75] 우정엽, 칼 프리드호프, 강충구, "아산정책연구원 2012 년 3 월 월례 여론조사," 아산정책연구원, 2012.3, www.asaninst.org/upload_eng/board_files/file1_659.pdf.

새누리당의 이념과 정책 변화를 중심으로 하는 사례도 도움이 될 것이다.

더 나아가 이 연구는 어떤 시사점을 가지고 있는가? 한국 정당은 용이하게 이념을 바꿀 수 있지만 그 변화는 신뢰할 만한 변화인지 확인하기가 어렵다. 한국 정당들은 아직도 안정성을 달성하지 못했다. 그 불안은 국내적인 정책에 반영하거나 국제적으로 보일 수가 있다. 한국의 정당은 용이하게 바꿀 수 있으면 다른 국가는 한국정당에 대한 신뢰율이 낮아진다.

2012 년 대선에서 박근혜는 이제 대통령 후보로 출마하고 대통령이 될 가능성이 높다. 새누리당은 현재 박근혜의 정당이다. 그 당시 박 비대위원장은 자신의 목표로 삼고 새누리당을 설치했다. 그러나 대통령 단임제때문에 4 년 정도 뒤에 박근혜의 영향도 약해질 것이다. 정당 순환이 다시 시작할 듯하다.

6.1 한계와 미래 연구 방향

본 연구는 몇 가지의 한계을 보이고 있지만 미래 연구로 문제에 대처할 수 있다. 우선, 본 연구는 새누리당 사례를 중심으로 한국 정당 이념 변화를 탐구했으나 하나의 사례를 통해 분석하기보다는 몇 가지의 사례를 포함한 비교 연구가 더 적절했을 것이다. 한국 내 과정을 이해하기 위해 민주통합당과 같은 당을 포함하여 최근의 정당 비교도 필요하다.특히 Adams et al. (2009)이 발견한 바와 같이 보수와 진보 정당은 다른 정도로 여론에 반응하기 때문이다. 또한 한국 정당과 서양 정당을 비교하는 연구가 흥미로운 결과를 낳을 듯하다. 특히 독재정권을 경험한 대만이나 싱카포르와 비교할 필요가 있다. 이렇게 한국의 특징을 '독재정권 후기 정당 특징'으로 분류될 수도 있을 것이다.

또하나의 한계는 한국의 정치 배경을 더 깊이 사찰해야 한다. 이런식으로 한국의 정치 특정은 어떻게 생겼는지를 연구함으로써 지역주의, 개인추종주의, 세대별 차이, 정당의 임시성 등은 심하게 한국 정치 모양을 갖추는 이유를 파악할 수 있다. 이와 함께 한국 정당의 과정을 파악하기 위해 시기별을 보는 역사적 비교를 실행할 필요가 있다.

본 연구는 2012 년 4 월 11 일 총선 앞서 새누리당의 사례를 중심으로 한국 정당 특정을 살펴보았다. 결론적으로 한국 정당들은 서양의 모형을 따르지만 아직도 한국 정치의 특징으로 인해 한국 정당은 쉽게 이념을 바꿀 수 있다. 앞으로 더 포괄적이고 한국 정치의 역사적 설명이 포함되고 정당 비교연구를 통해 한국의 민주화 과정을 할 수 있얼 것이다.

참고문헌

Adams, James, Michael Clark, Lawrence Ezrow, and Garrett Glasgow. 2004. "Understanding Change and Stability in Party Ideologies: Do Parties Respond to Public Opinion or to Past Election Results? *British Journal of Political Science* 34(4): 589-610.

Adams, James, Andrea B. Haupt and Heather Stoll. 2009. "What Moves Parties? The Role of Public Opinion and Global Economic Conditions in Western Europe." *Comparative Political Studies* 42(5): 611-639.

Budge, Ian. 1994. "A New Spatial Theory of Party Competition: Uncertainty, Ideology and Policy Equilibria Viewed Comparatively and Temporally." *British Journal of Political Science* 24(4): 443-467.

Demker, Marie. 1997. "Changing Party Ideology: Gaullist Parties Facing Voters, Leaders and Competitors." *Party Politics* 3(3): 407-426.

Erikson, Robert S., Michael B. MacKuen and James A. Stimson. 2002. *The Macro Polity*. Cambridge, UK: Cambridge University Press.

Harmel, Robert and Kenneth Janda. 1994. "An Integrated Theory of Party Goals and Party Change." *Journal of Theoretical Politics* 6(3): 259-287.

Helgesen, Geir. 1995. "Democracy in South Korea." *Nordic Institute of Asian Studies Reports* 18.

Henderson, Gregory. 1969. *Korea: The Politics of the Vortex*. Cambridge, MA: Harvard University Press.

Heo, Uk and Hans Stockton. 2005. "The Impact of Democratic Transition on Elections and Parties in South Korea." *Party Politics* 11(6): 674-688.

Janda, Kenneth, Robert Harmel, Christine Edens and Patricia Goff. 1995. "Changes in Party Identity: Evidence from Party Manifestos." *Party Politics* 1(2): 171-196.

Klingner, Bruce. 2007. "South Korea's Mercurial Political Landscape." *Backgrounder* 2068, Heritage Foundation.

Lee, Aie-ree. 1999. "What We Know about Party Non-identifiers in South Korea." *Asian Affairs* 25(4): 209-219.

McDonald, Michael, and Ian Budge. 2005. *Elections, Parties, Democracy: Conferring the Median Mandate*. Oxford, UK: Oxford University Press.

Panebianco, Angelo. 1988. *Political Parties: Organization and Power*. Cambridge: Cambridge University Press.

Shin, Doh Chull. 1995. "Political Parties and Democratization in South Korea: The Mass Public and the Democratic Consolidation of Political Parties." *Democratization* 15(2): 20-55.

Steinberg, David I. and Myung Shin. 2006. "Tensions in South Korean political parties in transition: From entourage to ideology?" *Asian Survey* 46(4): 517-537.

Stockton, Hans. 2001. “Political Parties, Party Systems, and Democracy in East Asia: Lessons from Latin America.” *Comparative Political Studies* 34(1): 94-119.

탈북자의 국내 적응 문제 개선 방안: 심리적 문제 중심

오연주 (YUN JU OH)
MA, Korean for Professionals, University of Hawaii at Manoa, 2011

A STUDY ON IMPROVING AND PREVENTING THE PSYCHOLOGICAL DIFFICULTIES REFUGEES FACE IN ADAPTING IN SOUTH KOREA

The number of defectors in South Korea, after the Korean War, was merely 10 people per year, however, the number of defectors increased rapidly in other parts of the world such as; China, Russia and South Korea after the death of Kim Il Sung ,the flood at Sin-Eui Joo, food shortages and the accelerated financial crisis. The main reason for defection is known to be the food crisis, however, the underlying cause is known to be the structural economic crisis. The purpose of this dissertation is to present solutions of difficulties faced by defectors adapting in South Korea, mainly focusing on psychological issues. I examined the lifestyle defectors wished to have in South Korea despite the economic, social and cultural struggles they face. Why is adapting in South Korea harder compared to other countries such as China or Russia? What is our role to improve such hardships defectors face? Defectors face limited education and stereotypes which makes it even more difficult for them to adjust. Despite all the problems faced by defectors, the focus of this dissertation will be on the psychological issues which include family issues, marital relationships, parent-child relationships, relationships with South Korean neighbors, changes in values and self-esteem.

1. 문제제기

국내 탈북자 수는 한국 전쟁 이후 매년 10 여 명에 불과하였으나, 김일성 사망 이후에는 사회주의 체제가 흔들리고 홍수가 거듭되면서 북한의 경제난과 식량난이 가속화 되자 중국 러시아 등으로 탈북하는 북한 주민들의 수가 급증하게 되었다.

북한은 1990 년대 들어 러시아 동구 유럽 사회주의 국가들의 몰락 그리고 경제적 어려움과 극도의 식량부족 사태에 직면하였다. 북한의 경제적 곤란과 식량부족 사태는 국경지역 인근의 하층 노동자 출신들을 시작으로 대규모 중국 탈출의 길을 열어 놓게 되었다. 북한의 식량부족 사태는 일부의 특권 계층을 제외한 대부분의 일반 주민들에게는 생존의 위협 요인이 되었고, 이러한 사태는 점차 생계형 범죄를 양산하게 되었으며, 굶주림과 생계형 범죄로 더 이상 북한에 머무를 수 없다고 판단하게 된 북한 주민들은 생존을 위하여 국경을 넘게 되었다.

탈북자들이 발생하게 된 원인으로 식량위기를 들고 있으나, 더 근본적인 원인으로 구조적인 경제위기를 들 수 있다. 북한은 오랫동안 에너지와 원자재 공급을 구소련과 동구권의 사회주의 국가들과의 교역에 의존해 왔다. 90 년대 초 동구권이 해체되면서 에너지 공급에 차질이 생기고 북한의 경제는 심각한 타격을 받게 된다.

탈북자들의 가장 큰 탈출원인은 식량난과 경제난으로 볼 수 있지만, 최근 탈북자 중에는 북한에서 식량문제를 경험하지 않은 이들이 상당수 포함되어 있기 때문이다.이들은 자녀들에게 더 좋은 환경을 주기 위해, 더 나은 삶을 추구하려는 욕구의 충족, 또는 중국으로 탈출하려는 탈북자들은 일차적으로 돈을 벌기 위해서 왔지만, 새로운 삶을 살려는 심리변화가 찾아온다고 밝히고 있다.

2010 년 한국에 들어온 탈북자는 2,800 여명으로 이미 2 만명을 돌파한지 오래 되었다. [1] 탈북자의 입국 현황만 보더라도 2000 년에는 1000 명, 2006 년에는 2000 명으로 급속하게 증가하였고 2008 년에 이르자 2809 명에 달하는 것으로 집계되었다. 그 바로 다음 해인 2009 년에는 2927 명으로 사상 최대치를 기록하였으며 시간이 지날수록 늘어나는 추세에 있다. [2] 국내 정착한 탈북자 수가 2 만명이 넘는 시대에 그들에 대한 관심은 선택사항이 아닌 의무가 되었다. 특히 북한 정권의 3 대 세습 체재로 인해 사회의 불안정성이 날로 높아지고 있고, 군사적 긴장감 또한 고조되고 있는 현 시점에서 능동적 문제 해결 주체로 거듭날 탈북자들에 대한 체계적 지원은 필수적이다. 본 논문에서는 그들이 국내 사회에 성공적으로 적응할 수 있는 방안을 모색해보고, 개선책을 마련하는 데 역점을 두었다.

최근 한 사회 단체가 탈북자들이 국내에서 북한에 거주하는 가족들에게 일정 한도의 송금을 보내고 있다는 사실을 발표해 눈길을 끌었다. 김정일의 국방위원장의 사망 등으로 인한 급변 사태에 효과적으로 대응하기 위해서는 위 사실에 대한 면밀한 검토가 필요할 것으로 보인다.

---

[1] 통일연구원(2010) [북한인권백서 2010] p. 369

[2] 통일연구원 (2010)

본 논문의 연구 목적은 국내 탈북자들의 사회 적응 현황을 사회심리적인 측면에서 살펴보고, 그 과정에서 도출해낼 수 있는 문제점에 대한 해결책을 제시하는 데 있다. 그에 앞서 필자는 탈북자들이 남한으로 넘어오려는 이유와 그들이 향유 코자 하는 삶이 무엇인지를 조사하였고, 경제적 사회적, 문화적 차이에서 오는 괴리감 때문에 국내 적응에 어려움을 겪고 있는 그들의 생화 실태를 살펴보았다. 필자는 이 논문을 준비하며 다양한 국가들의 탈북자 적응 현황을 보면서 왜 유독 한국에서는 어려운것일까? 하는 의문을 제기하게되었다. 본 논문에서는 정책적인 측면에서 그원인을 밝히려 한다. 그를 통해 탈북자들의 사회 적응 문제를 집중적으로 조명해볼 수 있고, 그들이 직면하고 있는 한계에 대한 통합적인 개선 방안을 제시할 수 있을 것이라 생각한다.

2. 탈북자 국내 정착 실태 및 현황

2.1. 탈북현황 및 탈북경로

탈북자의 규모는 분단 이후 매년 10 명 내외였고, 1990 년 이후로는 600 명에 달하는 것으로 집계되었다. 사회주의 체제가 붕괴되고 북한의 경제난 등 체제위기가 고조된 2000 년 이후에는 증가세를 보이고있고, 2010 년 현재에는 2 만명이 돌파하였다. 이와 같이 탈북자의 수가 급격하게 늘어난 데에는 여러가지 아유가 있겠지만, 모든 요소들이 복합적으로 맞물려 생겨난 현상이라고 볼수있다. 예상규모와 관련해서는 대부분 북한의 급면사태를 상정하고 발생원인을 예측 분석하고있다. 탈북자의 지속적 증가는 남한 정부, 북한 정부, 그리고 북한주민의 태도를 통해 설명될 수 있다. 이외의 인근 국가의 입장도 북한주민 발생에 영향을 미칠수있다.

1990 년대 초반까지는 지위혹은 신분차별 등과 같은 막다른 상황에 부딪치거나 또는 사상이나 개인 문제로 북한을 이탈하는 경우가 대부분이었다면, 경제난을 겪으면서는 생존의 문제를 해결하기 위한 탈북이 증가하였다.[3] 또한 최근에는 가족 단위의 탈북이 늘어나고 있고 최근 입국자 중에서는 여성들이 70%를 차지하고있다.[4] 경제난 이전부터 북한에서는 가내작업반, 장마당 등을 통한 비공식 부문의 경제 활동이 주민 생존의 기반이 되었고, 경제난과 더불어 여성들이 실질적 가정으로 생계전선에 적극적으로 나서는 경우가 더욱 증가했다. 북한 남성들이 근무할

[3] 선한승 (2005), " 북한 이탈주민의 취업실태와 정책과제 연구" pp. 2-4

[4] 진미정 (2009), "탈북인의 사회관계망과 사회적 자본" pp.29

수 있는 장소는 공장, 기업소 등에 한정되어있었던 반면에 여성들은 비공식 부문에서의 경제 행위가 가능했다.탈북 역시 이 과정의 일환으로 볼수있다.

비공식적으로 외화를 벌어들인 후 국경을 넘어 가족에게 재정적 지원을 하는 여성들이 증가했다. 또한,북한 여성들은 유흥업소 등과 같은 도의적 측면에서 적절하지 못한 서비스업에 종사하며 자발적으로든, 비자발적으로든 중국 동북 지역에서 불법 체류자로 거주하고있다.

입국 현황(~'10.12 잠정)

북한이탈주민 입국현황														
구분	~'89	~'93	~'98	~'01	'02	'03	'04	'05	'06	'07	'08	'09	'10	합계
남	562	32	235	563	506	469	626	423	509	570	612	666	604	6,377
여	45	2	71	480	632	812	1,268	960	1,509	1,974	2,197	2,261	1,819	14,030
합계	607	34	306	1,043	1,138	1,281	1,894	1,383	2,018	2,544	2,809	2,927	2,423	20,407
여성비율	7%	6%	23%	46%	55%	63%	67%	69%	75%	78%	78%	76%	75%	69%

출처:북한이탈주민지원재단 (http://www.dongposarang.or.kr)

탈북자들을 대상으로 조사해본 결과 그들이 한국으로 건너온 이유는 보다 나은 삶을 영위하기 위해서였고, 예전에 비해 한국에 대한 정보를 접하기 수월한 것으로 나타났다. 이들은 한국에 오는 경우 어떤 지원을 받을 수있을지에 대해서 비교적 상세한 정보를 가지고 있으며, 2009 년 들어서는 한국에서 살기보다는 이민 허가를 받아서 미국으로 가는 것을 선호하는 모습을 보일 정도다.

2.1.1. 중국

중국은 북한에서 제일 가까운 지역으로 왕래가 빈번하며 중국 내 조선족들로 인해 언어소통이 가능하기 때문에 주요 탈북경로가 되고 있다.[5] 중국내 탈북자는 주로 북한과의 국경을 통해 유입되고 있으며, 국경지역과 그 내륙지역까지 광범위하게 분포되어있다. 특히 조선족 생활근거지에 밀집되어 있고, 이들 중 일부는 한국대사관에 망명을 요구하며 한국행을 모색하고있다. 탈북자의 대부분은 직접 국경을 넘었고, 주로 밤시간대를 이용하는 것으로 알려져있다. 겨울철에는 강물이 얼어서 넘기에는

[5] 윤인진 (2009), "북한이주민" pp. 75

어려움이 있지만 여름에는 탈북 가능한 장소가 줄어들기 때문에 그러한 어려움을 감수하고서라도 겨울철에 탈북을 결심한다. 이들은 2-5 명으로 뭉쳐서 국경을 넘는것으로 알려줬고, 전문브로커의 도움을 받는것으로 나타났다. 국경에서의 탈북경로는 두만강, 압록강, 백두산 이 대표적이다. 그중 두만강이 주된 탈북경로이다. 북한의 국경은 일정 간격으로 경비병이 근무 중이나 철처하지 않다고 한다. 중국과 북한의 국경을 이루고 있는 두만강은 백두산 상류 쪽에 가까울수록 강폭이 좁고 수심이 얕아 탈북이 용이한걸로 알려졌다. 하류지역도 수심이 얕아 어린이들과 여성들도 쉽게 건널수있다.

초창기의 탈북자들은 중국, 러시아 등을 통해서 한국으로 왔다. 그러나 최근 중국과 북한의 탈북자 체포에 현상금을 제시하는 등 중국이 강력하게 대응하기 시작하자 난민정책이 비교적 관대한 라오스, 태국, 미안마 등으로 탈출이 이뤄지는 실정이다.[6]

2.1.2. 러시아

러시아 내 탈북자는 1990 년대 초기 벌목공 문제에 대한 언론의 보도로인해 국제사면위원회의 1996 년 보고서 발표로 많은 관심을 끌게되었다. 러시아 내 탈북자는 중국지역 탈북자에 비해 규모가 작고 국내 유입이 가능하다는 사실때문에 일반인들의 관심밖이였지만, 중국 내 탈북자들까지도 러시아로 유입되는 현상이 발생하면서 새로운 관심의 대상으로 떠올랐다.

러시아에 있는 탈북자들은 새분류로 나눌수있다.[7] 첫째, 외교관 상사원 등 적법 절차에 따라 송출된 노동자들이다. 이들은 합법적으로 러시아에 있는 상태로 벌목공이 감소했기 때문에 일어난 현상이다.두번째이유는 불법적으로 작업장과 근무지를 이탈하였으나 작업장과 근무지로 돌아가서 북한으로의 귀환이 가능한 자들이다. 외화벌이를 위해 현지 건설현장의 노동자 등으로 나가게 된다. 하지만, 합법적 입국이더라도 정해진 기간이 지나면 불법체류자의 신분이 된다.세번째 분류는 탈출과 장기간의 탈출로 북한으로의 귀환이 불가능하거나 한국행을 희망하는 자이다. 러시아에 있는 대부분의 탈북자들이 이 분류에 속한다. 이들은 한국정부와 NGO, 그리고 국제기구들의 주요 관심대상이며, 보호대상자이다. 대부분의 탈북자들은 외화벌이를 나왔다가

[6] 윤인진 (2009), "북한이주민" pp. 78

[7] 정진경 (2006), " 북조선 사람들의 남한살이" pp. 80

일정기간을 넘겨 귀환 할수 없는 상태가 되거나 작업장에서 한국인과의 접촉이 노출되었을 경우, 또는 동료와의 갈등 관계로 불미스러운 사건에 연루된 경우 등으로 귀환 이후의 처벌에 대한 두려움 때문에 북한으로 돌아가지 못한다.

러시아내 탈북자들은 대부분 20-30 대 또는 40 대의 젊은 층들이고, 중국을 경유하여 들어온 경우이기 때문에 합법적 노동자로 파견된 경우로 여성들은 찾아볼수없다. 이들이 비록 벌목장, 탄광, 건설현장, 농장 등의 단순 노동자로 파견되었으나, 북한으로 돌아가면 출신성분이 우수해지고 월등히 높은 임금을 받을 수 있다. 하지만, 이들은 한국으로의 탈출을 위해 최소한의 생계유지비와 은신처 확보를 위해 고려인 생활지역인 극동지역과 중앙아시아 지역, 그리고 모스크바 시내 등으로 숨어든다.

또한 경찰의 단속과 북한 공안요원들의 체포를 피하기 위해 주거지를 옮겨 다니며,이곳 저곳 전저하면 현주민이나 한국인 등의 도움을 받아 생활하게 된다. 이러한 환경에 있는 탈북자들은 절도와 범죄행위에 노출시키게 되고, 탈북자들에대한 인식을 악화시켜 더욱 어려운 상황이 초래될 수밖에 없다. 그래서 한국으로 안전하게 가기 전에 북한으로의 강제송환에 대한 두려움 속에서 생활하고 있다.

2.2. 탈북이유

탈북자들의 탈북동기와 탈북경로는 매우 다양화되어있다. 최근 탈북자들을 대상으로 탈북 동기를 조사한 결과 북한 사회에 대한 염증을 느끼고 있고, 자유에 대한 열망이 커지고 있기 대문으로 나타났다. 1990 년대 이후 탈북 동기는 북한내 법률위반, 규율위반으로 인한 처벌의 두려움, 외부세계에 대한 상대적 박탈감, 식량난과 정치적 탄압등이 있다. [8] 또한 1994 년대 이후로 탈북 원인 중 가장 큰 특징은 북한내 법률위반행위, 부정부폐 등 경제사범이 있다.

2.2.1.경제난

1990 년대 이후 지속된 북한의 경제난은 탈북자들의 발생의 주된 원인이다. 1990 년대 초반부터는 마이너스 성장이 지속되었고, 가뭄등 자연재해가 겹치면서 탈북자 규모가 점차적으로 늘어나기 시작했다. 90 년대 중반 북한 당국의 중앙배급체제로 북한 주민들의 의식주 문제를 해결할수 없었기 때문에 이는 각기 해결해야 할 과제가 되었으며 북한의 식량

[8] 윤여상 (2001) ,"북한이탈주민의 적응과 부적응" pp. 83-87

문제는 한국을 포함한 국제사회의 원조에 힘입어 어느 정도는 완화되었으나 여전히 큰문제로 남고있다. 아직도 북한은 100 여 만톤의 식량을 외부 원조에 의지하고 있다.

2.2.2. 삶의 질 추구

사회적 요인에 따른 가치관의 변화가 이뤄지면서 해외 파견 근무자들이나 벌목공의 탈출이 가세하고 있는데, 이는 해외에서 목격한 현실이 당사자들의 가치관을 변화시킨 황경적 요인도 한 몫을 했다. 북한 내부의 분배 과정에서 투명성과 공정성이 이루어지지 못한 점,체제에 대한 회의 및 불만(노동당 간부 및 정부 관리들이 만성적인 '관료주의 사업 작품) 등이 증가하기 시작했다.

해외 공관의 자금난과 공관원들의 궁핍한 생활, 마약 등의 밀수 밀매 및 위조 미화의 제작 유통, 공관내 조직원들의 갈등 증폭 및 상호 감시 밀고 강제송환 등은 해외 근무자들의 망명을 초래해 왔으며, 외화벌이 사업을 하다 한국 상사원이나 선교사들과 접촉한 경우 처벌의 두려움 때문에 탈북을 시도하는 경우도 빈번하게 발생했다. 이에 북한 당국은 해외 체류자를 대상으로 소환 및 재교육을 실시하는 응급처방을 실시했으나 해외 근무자들의 가치관 변화를 기존의 통제장치만으로 차단 하기는 어려운 상황이었다.

2.3. 탈북자의 생활실태

탈북자들은 국내 입국 후 1 개월 내외의 정부합동신문을 통해 신원확인 등 조사를 받은 뒤 보호 결정이 내려지면 하나원에 입소, 8 주간 정서순화, 문화적 이질감 해소, 각종 직업 기초능력 훈련 등 사회적응 교육을 받게 된다. 이후 정부로 부터 정착금과 임대아파트를 제공받아 거주지로 편입되며 이 단계에서는 정착 도우미, 신변보호, 거주지, 취업 보호담당관 등으로 부터 각종 행정, 취업, 사회복지, 신변보호 등의 지원을 받게 된다.

* 취업지원정책 현황

시행제도	주요내용
직업훈련	o 무료 직업훈련, 훈련기간 중 훈련 수당 지급
취업알선	o 전국 52개 고용지원센터에 취업보호담당관을 지정, 취업알선 및 직업지도
고용지원금	o 새터민 지불 임금의 1/2을 지원함으로써 사업장의 새터민 채용 활성화 장려금제
장려금제	o 직업훈련, 자격증 취득, 취업 등 개인의 취업의지에 따라 장려금 지급 학력·자격인정
학력·자격인정	o 관계법령에 따라 북한에서 취득한 학력 및 자격에 상응 하는 국내 학력자격 인정

탈북자 정착지원금 구성 변화(1인당 기준)

구 분	2006년	2010년 8월말 현재
기본금	1810만원	646만원
주거지원금(집값 상승 영향)	592만원	956만원
정착장려금	-	316만원
보로금	2326만원	4240만원
가산금	186만원	444만원
고용지원금	319만원	407만원

하지만 탈북자들의 수가 늘어나면서 남한 사회에 적응하지 못하는 사례도 증가하고 있다. 경찰대학 부설 치안정책연구소 김윤영 박사의 '북한이탈주민에 대한 보안경찰의 효율적인 지원방안 연구' 보고서에 따르면 1998 년 부터 2010 년 말까지 전체 탈북자중 1 천 687 명이 범죄를 저질렀다. 특히 전체 탈북자들의 10%에 해당하는 900 명이 살인 강도 상해 등 강력 범죄를 포함한 형사 범죄를 감행한 것으로 집계됐다. 이는 4.3% 수준인 국내 평균 범죄율보다 두 배 이상 높은 것이다.

탈북자 증가에 따라 1 가구당 정착 지원금이 줄어들고 사회적 차별, 문화적 차이 등으로 남한 사회에 적응 하지 못하면서 생활고에 빠져 범죄에 유혹에 쉽게 노출될 수 있다는 점과 재북 또는 제 3 국에서 습득한 범죄학습 효과 등도 탈북자들의 범죄의 원인으로 꼽히고 있다.

3. 탈북자의 문제점 - 심리적 측면을 중심으로

3.1. 탈북자의 국내 적응현황: 인터뷰

'여성인권을 지원하는 사람들' 이 시행한 탈북여성 인터뷰 중에서 2 명의 탈북자들의 적응현황을 자세히 보여주는 인터뷰 내용이다:

김영희: 처음에는 정부에서 준 집에 들어가니 참 기가 막히더라. 13 평이라는 게 정말 좁다. 북한에서는 그리 좁은 집이 없어서 처음엔 한숨이 나오더라. 한숨이 나오더라. 토끼장 같은 데서 살아야 될까.. 그러면서 시작을 했는데.. 지금은 내려오면 교육도

해주고 취업도 도와주지만 그때는 그런 것도 없었다. 다음날 아침부터 뭐 할까? 기가 막히더라. 제일 먼저 산 게 TV 였다. 뉴스에서 강도사건 많이 나오더라. 이런 나라에서 어떻게 살까 싶고… 불안하더라. 사방이 강도 도둑놈 같고… 경찰서장 말이 북한에도 있는데 폐쇄적이라 안 내보내는 걸 거라고 하더라. 그렇지만 북한에서는 체험하고 사는 게 별로 강도, 강간 이런 걸 체험을 못 했었다. 그때는 제일 유일한 지원이 담당형사였다. 취업도 그분들이 해주면 해 주고… 지금은 훨씬 센터가 생겨서 가이드 역할을 해 줄 수 있는 시스템이 있어서 좋다. 우리 세대까지는 남존여비 사상이 있었다. 여기 와서 살면서 적응하면서 여자들이 더 빨리 변하더라. 그치만 남자들은 안 그러더라. 여전히 보수적인 생각대로 살려 하더라. 남자들은 여기 와서 여자들이 사회활동 하는 거 안 좋아하더라. 사회활동이라 해도 단순직 집-회사-집-회사… 식당, 공장… 좀 다른 직업 가지려 해서 다른 남한 사람들 만날 기회 많아지면 꺼려 하더라.
*새터민 가정은 불화가 있다. 가족상담이 필요하다. 남자도 변해야 하기 때문에…
*그 다음에 자녀 교육 문제… 딸이 하나 있는데 3 학년 들어가야 할 아이를 1 학년에 넣었다. 말투로 문제되는 건 없는데, 4 학년이 되니까 정신연령 갭이 생기니까... 결국 대안학교 찾더라. 물론 사는 게 긴급하다. 남한에서 살자면 뭔가를 배우고 인생을 시작할 수 있는 그런 걸 해주길. 저도 작년에 대학에 들어갔다. 공부에 대한 것도 알려주면 도움이 될 것이다. 희망이 될 것 같다.

박해연: 제가 1 년차 돼서... 3 기였는데... 하나원에서 나올 때부터 하나센터 있는 데로 가자. 했다. 그런데 하나센터가 내가 발을 들여놨다는 게 큰 안심이었다. 2009 년 10 월에 왔는데 2 월에 와서야 하나센터가 잘 운영되고 있더라. 일찍 왔어도 다행히 하나센터 4 개밖에 없을 때도 하나센터 있는 지역에 와서 복받았다고 생각했다.아들이 북한에서 대학 붙었는데도 현재 고등학교 재학 중이에요. 신랑이 중국인이라서 다문화가정이라서 이것 저것 겪고 있다.남북한 아이교육이 너무 다르다. 고등학교 가더니 아들과 언어가 안 통하기 시작하더라. 소통이 안 된다. 같이 왔는데도.운이 안 좋은 경우는 아이들이 교육을 잘 못 받고 있더라. 엄마랑 많이 떨어져 있고.엄마가 되면 자식 문제가 첫째 아닌가. 일반 학교 갔다가 한겨레 학교 이런 데로 돌아다니다가 지금 아예 안 다니는 애들도 많다. 우리 애는 일반학교 잘 다닌다는 아이들이지만도 소통이 안 된다.

1.5 세대들… 점점 아이들이 많아지는데 청소년에 대한 지원이… 한 번은 애가 말을 안 하더라. 남한 애들이 왕따 시키고 싸움 걸려 했다더라. 애가 세서 혼내줘서 무난하게 된 거지 다른 애들은 학교에 적응 못 해서… 거기까지 하나센터 도움이 많았고. 애가 '엄마 나 하나센터 아니면 어쩔 뻔 했냐'고 하더라. 교육과정이 다르더라. 북한은 중고등학교 과정이 일관적인데. 지금은 '바로 편입됐거나, 고 3 으로 갔을 뻔 어쩔 뻔했나...' 하는 말을 하더라. 애가 또 하는 말이 남한 애들이 북한에 대해 알았으면 하고 생각하더라. 나도 직업학교 다니면서 드는 생각이 그거다. 왜 북한 사람들만 남한을 알아야 되나.. 남한 사람들이 북한을 좀 알았으면 좋겠다.
남한에 오면 1 년이면 다 이룰 수 있겠다 생각했는데… 적응이라는 게 1 년이 아니라 10 년이더라. 6 개월 생계비 주면서 적응과정 주면서… 그래도 사람이 적응에 몇 년이 걸리는데… 이사 3 년.. 뭐 3 년.. 이렇게 3 년이라는 기간이 있다. 지원 기간을 3 년 정도로 늘렸으면 좋겠다. 현실화가 필요. 책을 쓴다니까 하는 말인데… 제발 1 년을 10 년으로 착각하지 않게… 이론적 책 아니고… 이제 조금 뭔지 알 것 같은데 좀 더 잘 알 것 같을 때 졸업을 해야 하더라. 1 년짜리 퀄리티 대학 들어갈껄… 왜 6 개월짜리 교육과정 갔을까. 정부에서는 6 개월 생계비 주면서 끝나면 바로 취업하라고 하는데... 1 년 정도 배우니까 좀 알겠더라. 말이 정착지원비지... 그 6 개월 안에 다 적응하라는 거지. 새터민 커뮤니티도 필요하지만 나 혼자서 남한 사람과 부딪혀야 하겠더라.
나는 말한다. 나를 차별하지 말라고. 나를 통해서 당신들이 북한을 알고, 당신들을 통해 또 10 명의 사람들이 북한을 알아서 광주 사람들만이라도 북한을 좀 알았으면 좋겠다. 그리고 남편이 조선족이지만, 중국 국적이다. 저는 당당하게 말하는데, 남편이 중국 사람이라 하면 좀 차별 기색이 보이더라. 좀 슬프더라. 그리고 병원도 긴급지원 1 년에 30 만원 혜택있는 사람 몰랐다. 내가 병원 많이 다니니까 알았지... 알고 보니까 60 만원 들여 검사를 크게 한 적 있는데 억울하다 이랬는데 왜 보조 안 받았냐고… 분명 들었겠는데도 잘 못 챙긴다. 잘 써줘라. 또 아이가 고등학생이니까… 남한 고등학교 과정, 대학 과정 수시, 정시 너무 많다. 나는 북한에서 대학과정 나온 사람인데 한국에 오니 정시, 수시… 죽으라는 소리야 살라는 소리야… 이런 거에 대해서 좀 알려줬음 좋겠다. '엄마는 몰라도 돼. 엄마는 모르는 거야.' 한다. 이상하다. 그리고 가장 걸리는 게 부교재가 너무 많다. 대학 도서관은 자리가 없고… 서구문화센터 이런 데서 공부 잘 했는데... 남한의 문화에서는 도서관 가야 공부가 된다더라… 내가 대학 가보니까 이해가 되더라. 인터넷으로 책을 엄청 주문해서 부교재 샀는데… 부교재비… 대학 들어가서 하려니 레포트 쓰라는데.. 캐드 직업전문학교 갔는데… 컴퓨터가 막힌다. 하나센터에서 4 월부터 인터넷 교육 한다니까 정말 다행이다. 미리 좀 있지… 작년에 미리 배워놨으면 좋았을껄… 캐드도 내가 혼자 해야 하더라. 거의 이름만 직업훈련학교지 우리는 컴퓨터 기초도 몰랐다…
우리는 실제로 1 년을 10 년처럼 추진해서 해야 적응이 된다.

3.2. 탈북자의 부적응 실태 및 문제점

3.2.1 가족적인 문제점

북한 탈북자들은 남한사회의 어렵고 미래가 불확실한 환경에서 가족의 생존을 위해서는 가족끼리 서로 위해주고 보살펴주는 것이 매우 중요하다는 인식을하는 것으로 나타났다.[9] 실제로 가족단위로 탈북하는 입국자들이 그렇지 않은 입국자들에 비해서 정신적인 안정감이 높은것으로 보고된다. 구체적으로 가족원들 사이에서는 가부장적 위계질서가 강하게 나타나고 있고, 아내는 남편의 의사에 무조건 복종해야한다는 권위적인 성향을 지니고 있는 것으로 나타났다. 또한 정통적인 효의식도 여전하다. 부모의 말씀을 여전히 공경하고 책임지고 부양한다는 인식이 지배적이다. 청소년들은 가족보다 개인 중심적으로 사고하고 행동하는 경향이 있기때문에 부모와 자녀간에 충돌이 많은 원인이 되기도 한다. 부모 자식 간의 갈등과 가족의 불안정성이 그 원인으로 뽑히고 있으며, 홀로 탈북한 사람들은 고국에 가족들을 두고 떠나온 것에 대한 죄책감 때문에 사회 적응에 어려움을 겪고 있는 것을 알수 있었다. 이를 통해 가족을 동반하고 탈북하였느냐 여부는 한국 사회에서의 적응 정도를 결정하는 척도가 될 수 있다는 결론을 도출해낼 수 있다. 가족갈등을 다룬 연구에서는 10 대 에서 50 대를 대상으로 조사한결과 청소년들과 장년들의 사회적응 속도가 달라서 가족원들 사이에 갈등을 낳고있다고 밝혀졌다.[10]

---

[9] 윤인진 (2009), " 북한이주민" pp.189

[10] 윤여상 (2002), " 통일 시대 북한주민의 남한생활 이론과 실제" pp. 210

많은 탈북자들이 이전에 결혼생활을 경험한 적이 있었지만 현재 배우자 없이 생활하는 경우가 대부분이었다. 그 이유는 북한에 가족을 두고 왔기 때문이기도 하지만 한국으로 온 후 가정 불화가 심화되어 별거 중이거나 이혼한 상태에 있는 탈북자들도 적지 않았다. 한 통계 자료에 따르면 20 대의 결혼율은 26.4% 이고 30-50 대 결혼율은 50%대에 머물고있다. 60 세 이상 노인층에서만 결혼율이 70%대에 이른다. 결혼했지만 혼인신고를 하지 않았거나 동거하는 비율이 20%에 가깝다는 조사결과가 나왔다. 이러한 불안정한 결혼생활은 상당수 탈북한후 입국한 것으로 기인한다는것으로 보인다.

윤인진교수진이 한 연구에 따르면 조사대상자의 73%가 북한에 형제 및 자매가 있다고 응답하였고, 47.8%는 친부모가 북한에 남아 있다고 하였다. 2003 년 통일연구원 연구에서는 북한이나 제 3 국에 직계가족을 두고있는 경우는 63.2%로 그렇지 않은 경우보다 월등히 높은 것으로 조사되었다. 위두 가지 통계 자료만 보더라도 상당수의 탈북자들이 이산 가족의 고통을 겪고 있는 것을 알 수 있다. [11] 북한에 가족을 두고 있는 경우에는 수단과 방법을 가리지 않고 그들과 재회하기 위해 노력을 기울일 가능성이 존재하고, 그것이 탈북자들이 한국 사회에 적응하는 데 크나큰 장애요인이 되고 있다. 참고적으로 북한이 아닌 제 3 국에 가족이 머물고 있는 비율은 10% 미만에 그치는 것으로 나타났다. 북한과 제 3 국에 가족을 두고 있을 경우 서로 연락을 주고받는 경우는 48.9%로서 그렇지 않은 경우 (46%) 보다크게 나타났다. 또한 북한과 제 3 국에 있는 가족을 지원하기 위하여 돈을 보낸 경험이 있는 비율은 57.5%로 그 반대의 경우보다 높게 나타나고 있다. 북한 잔류 가족에 대한 경제적 원조의 동기는 남한으로 함께 내려오지 못한 죄책감 등 탈북으로 가족이 공안부에 체포되는 불이익이 당하지 않을까 하는 걱정, 또는 근심과 같은 심리적 동기도 크게 작용하는것으로 나타났다.
위와 같은 이유 때문에 대부분의 탈북자들은 남아있는 가족에 대한 죄책감을 씻어내기 위해 한국에서 돈을 벌어 그들에게 재정적인 도움을 주고 싶어하는 것으로 나타났다.

3.2.1.1 부부관계

탈북자들은 가족없이 지내기 때문에 정서적으로 불안하다. 따라서 가족에 대한 욕구를 충족 시킬수있는 프로그램과 정책이

[11] 윤인진 (2009), "북한이주민" pp. 194

요구된다. 남한으로 와도 남성 탈북자들은 가부장적 사고를 보여주고 있다. 탈북후 북한이나 중국에 있는 가족에 대한 염려와 죄의식이 문제점으로 제기되고있다. 또한 탈북자와 남한의 여성이 결혼할 경우 자녀교육 문제로 인한 고민이 많이 표출되고있다. 남편은 공교육과 인성위주의 교육을 고집하는 반면에 남한출신 여성은 사교육의 중요성을 강조하기 때문에 갈등이 많이 발생한다. 가족관계를 원활히 하게끔 남성우월적인 전통적 사고방식에대한 의식전환이 필요하다. 아내는 남한 정착 후 남편에게 의지하는 경향이 강해지는 결과가 나타났다. 하나원 기간동안 사회정착후 사회복지관, 종교기관, 자원봉사등의 도움을 받아 남한의 일반 가정을 방문하는 홈스테이 프로그램을 통해 남한의 생활을 배우는것도 효과적일것이라고 필자는 생각된다. 통일부와 정부는 이러한 프러그램을 위탁하거나 참가비를 지원해야한다.

3.2.1.2 부모자녀 관계

탈북자들이 남한으로 오면서 생활의 패턴또는 이념이 바뀌면서 자녀들과 부모의 마찰이 많아진다. 부모는 대부분 북한에서 받았던 자신의 교육경험을 자녀에게 적용하려 하지만, 자녀는 학교와 동료들에게서 학습한 새로운 부모관계를 요구하게 된다.[12] 북한의 50 대 이상 세대에는 아직도 전통적 관습과 예의 범절을 중요시하고 조상을 숭배하는 풍조가 있지만, 40 대 이하들은 혁명적 동기의식과 자기중심적 사고가 강하기때문이다. 보통의 탈북자들은 생계의 고난과 남한의 학습체제에 대한 이해부족으로 자녀들의 학습지도와 과외학습에 어려움을 겪는다. 자녀에 대한 과잉 또는 기대심리 때문에 부모와의 갈등이 증폭된다. 그래서 이러한 점을 개선할 필요가있다. 방학또는 캠프를 이용하여 부모와 자녀의 진솔한 대화의 기회를 열어주어야한다. 특히 종교단체와 많이 엮인 탈북자들이 이러한 단체에서 이뤄지고 있는 ‘ 좋은 아버지 교육 프로그램’ 등에 참석할 수 있도록 정부가 비용을 대신 지원할 필요가 있다고 생각한다. 편부모 밑에서 자라나게 될 남한의 인식 또는 학교에서 적응을 잘못하는 탈북자 자녀들을 위해 부모과 선생의 만남이 잦아야하고 정부는 이것에 적극 지원해야한다.

3.2.2 이웃관계

탈북자 들은 타인과의 관계를 매우 중요하게 인식하고 있으나, 실제 사회에서는 이러한 것들이 충족되지 못하고있다. 지역사회의

---

[12] 유여상 (2001), “재외탈북자” pp. 205

공적 또는 사적 단체에 참여함으로써 이러한 효과를 얻을수있도록 노력해야한다. 탈북자들은 친화욕구에 많은 어려움을 겪고있다. 그 원인은 주로 비우호적인 태도이기때문이다. 특히 인간관계의 부족 때문일수도있다. 탈북자들은 대화와 타협보다는 주먹과 행동으로 문제를 해결하려는 경향이있다. 이러한 태도는 남한 사회의 생활양식과 적합하지 않다. 그러므로 인간관계에 대한 기술을 습득해야한다. 남한사회에서는 하나원 또는 정부기관에 여러 프로그램이 실시된것으로 알려진바있다. 하지만 탈북자들은 부족하다는 목소리가 높고 구체적으로 어떤 사람이 좋은 사람인지, 또 남한에서 우리가 어떻게 하면 좋은 벗을 사귈수있을찌에 대한 구체적인 방법을 제시해달라고 한다. 이러한 인간관계의 문제점에서 전문적인 교육 프로그램의 시행이 필요하다. 하나원 생활기간에 전체적으로 이루어져야 한다. 연령별과 성별에 따라 구분하여야하고 대인관계의 제일 중요한 요소인 의사소통의 문제점을 언어적 비언어적 소통을 포함한 의사소통기술과 학습된 대인관계에 대한 잘못된 생각을 바로잡아야 한다.

3.2.3 가치관의 변화

남한으로 탈북해 정착한이들을 조사한 결과 다음과 같은 가치관의 차이를 보였다. 북한 사회에서 자신의 물질주의 지향가치를 평균 3.93 점으로 응답한 반면 남한에서의 물질주의 지향가치를 2.99 점으로 낮게 응답 했는데, 남한에서의 물질주의 가치관 차이는 통계적으로는 비슷한 수준인 것으로 나타났다. [13] 북한에서는 생필품을 구입하는것마저 수월하지 않았기에 물질에 집착해야만 했지만 한국으로 넘어오게 되면서 북한 정부에서도 받지 못한 주택 무상 공급 등의 경제적 혜택을 받을 수 있기 때문에 오히려 생존에 대한 위기감이 줄어들어 물질에 대한 집착이나 욕망이 감소된 것으로 나타났다.

또한 개인주의적 성향의 정도도 크게 변화하고 있는 실정이다. 개인주의적 성향을 수치로 표현하자면 북한에서는 3.32 점, 한국에서는 3.27 점으로 그렇게 큰 차이는 보이지 않았다.그 이유는 탈북자들이 한국 사회에 대한 이해도가 떨어지기 때문이라고 할 수 있다. 그들은 정부의 탈북자 지원 프로그램을 통해 생계가 어느 정도 유지되고 있어 치열한 경쟁 사회의 구조를 파악할 수 있을만큼의 풍부한 사회 경험을 해보지 못한 것으로 나타났다.

---

[13] 이순형 (2007), "탈북 가족의 적응과 심리적 통합" pp. 259

가족주의 가치성향은 북한에서는 3.76 점이고 남한에서는 3.09 점으로 어느 정도의 차이를 보이는 것으로 조사되었다. 탈북자들의 가족주의 가치 성향이 남한에서보다 북한에서 훨씬 더 강하게 나타나고 있음을 알수있다.[14]

북한에서는 '사람들이 간부들과 사귀려는 것은 출세에 도움이 된다' 고 생각하는 경향이 남한에서보다 북한에서 훨씬 더 강하며, ' 쌀독에서 인심 난다고 수입이 많아야 남을 배려하게 된다' 는 생각도 남한에서보다 북한에서 더 강하게 느낀다고 밝혀졌다. 장기적으로 남한에서의 새로운 삶의 방식을 본다면 남한 사회에서 생존에 필요한 재화와 주택을 마련해 줌으로써 물질에 대한 절박한 욕구를 감소시켜 주었기 때문일 것이다.

집합주의 성향에서는 ' 내 속한 집단의 이익을 위해서 내 자신의 이익을 희생해야 한다' 는 문항에 대해 북한 사회에서 3.17 점 남한 사회에서 2.70 점으로 나타난다. 공산주의 사회에 속해 있던 사람이 스스로 느끼고 평가한 집합주의 의식에 남한에 와서 스스로 완화되었다고 느낀다는 것은 의미있는 사실이다. 사회의 이념체제 속에서 인간의 사고가 형성되고 영향을 받으며, 그 사고 성향이 새로운 이념체제 속에서 변화된다는 것을 잘 드러낸다.

한편 '자신의 일은 스스로 뜻대로 해야한다' 는 문항과 '자신이 옳다고 생각하는 일이라면 위사람이 못하게 해도 하겠다' 는 자유의지에 대한 문항에 대해 북한에서와 남한에서의 응답자의 점수에 의미 있는 차이가 없다. 북한에 체계속에서는 '하나는 전체를 위해 전체는 하나를 위해서' 라는 구호가 말하듯이, 북한의 사회에서는 어린이나 성인이게 집단주의를 각인시킨다. 북한의 어리아이들은 어린나이에 탁아소에 맡겨지게 되고, 부모의 이름을 알기전에 어버의 수령의 이름을 입에 담게 된다. 개별 가정의 양육 변수를 통제하고 단체의 집단교육으로 원하는 인간상을 일찍부터 형성하고자 하는것이다. 북한은 생활총화 시간에 자기 비판을 통해 동료에게 비판 받는 생활에 익숙해지도록 어린 아이들을 교육하고 있다. 어린이들은 일찌감치 개인의 생활 또는 개인주의 사고에 젖어 별다른 생각하지 못하게 하고있다. 조사에 따르면, 가족을 동반하여 탈북한 경우보다 혼자 탈북한 경우에 북한에서의 집합주의적 사고를 더 높게 자각했다.

[14] 이순형 (2007), "탈북 가족의 적응과 심리적 통합" pp. 261

가족주의 가치관에서는 자신의 성공이 가족의 영광이 되므로 개인의 성공보다 더 중요하다고 답변한 비율이 높았다. 하지만 남한에있는 탈북자들은 거의 동일 한 점수가 나와서 큰 차이가없는것으로 밝혀졌다. 두번째 문항인 '아들이 없어서 대가 끊기는 것은 가족과 가문의 불행' 이라는 질문도 역시 남한으로 탈북한후 유사한 점수가 나왔다. '이혼은 어떤 경우라도 해서는 안된다' 는 문항에서 3.7 에서 2.66 으로 큰차이가 있는것으로 나타났다. 이를 통해 탈북한 후 한국 사회에서 경험한 가치관의 변화는 생각보다 큰 것으로 이해할 수 있다.북한 사회가 남한 사회보다 가족주의 가치관이 더 강하며 북한 주민들이 가족주의 의식이 더 높다는 사실을 나타낸다. 탈북자들은 인생에서 가족의 중요성을 강조하는 사고는 부모와 자녀의 유대를 강하게 하고 가족관게를 유지하도록한다는 생각이 강하다. 가족이 해체 되는것은 용납될수없다는 인식이 팽배하다. 북한에서는 이혼을 강력히 금지하고있고, 세계적으로 이혼이 증가하고있는 상황임에도 북한은 여전히 결혼 생활을 유지해야한다는 인식이 강하다는것을 알수있다.

북한과 남한 사이에 존재하는 뚜렷한 가치관의 차이 중 하나가 가부장적인 성역할에 대한 인식이다.북한에서는 남편이 아내를 지배하고 아내는 이에 복종하는 전형적인 가부장주의가 만연해 있다. 하지만, 탈북자들은 중국에서 지내면서 기존에 있던 가부장제가 흔들리고, 한국으로 들어와서는 강력한 변화를 느끼게 된다.

가부장적 성역할 가치관의 변화는 조사를 통해 볼수있다. '부부가 모두 가정 밖에서 일을 해도 가사는 여성이 할일' 이라는 문항에서 북한 사외에서는 3.8 점 남한생활에서는 2.42 로 많이 감소된것으로 보고있다. 또한 '사회에서 하는일에는 남성의 일과 여성의 일이 있다' 는 문항에서는 북한에서는 3.32 점 탈북후는 2.5 로 많은 차이가 있는 것으로 밝혀졌다.
탈북자들의 자아 정체성의 형성 양상을 조사하였는데, 정체성은 지속성 항상성과 고유성으로 구분된다. [15] 지속성은 과거와 현재라는 시각적 흐름에도 불구하고 존재가 동일하다는 의미이고, 항상성은 여러 상황속에서도 자신이 동일한 존재임을 인지한다는 것을 의미한다. 고유성은 자신이 어느 세상 누구와도 구별되지 않는 존재로서 인지하는 것을 말한다. 이와 관련된 세가지 문항 '자신이 과거의 내가 아닌듯 느껴질 때가 있다'

[15] 조수철 (2009), "탈북 가족의 적응과 심리적 통합" pp. 270

거나, '새로운 사회에 와서 내가 아닌 다른 사람으로 여겨질 때가 있다' , ' 많은 사람들 속에서 자신이 누구인가 하는 의문이 들곤했다' 는 질문을 물었다. 그결과,탈북자들은 중간값을 넘어 항상적 존재로서의 정체성을 가지고 있는 것으로 밝혀졌다. '많은 사람들 중에서 나와 같은 이는 없다' 는 문항에대해서는 그저그렇다는 대답이 대다수였고, '자신만의 삶을 산다' 는 문항에 대해서는 중간 값을 넘는 긍정적인 반응을 보였다.

3.2.4. 심리 특성변화

3.2.4.1. 귀인성향

귀인성향은 내적 귀인과 외적 귀인으로 나타난다.[16] 내적귀인은 일반적인 일들을 자신의 탓으로 돌리고 자신의 노력에 의해 극복해 나갈수있다는 것으로 예측된다. 탈북자들의 대다수는 외적 귀인으로써 내적 귀인화되는 데에는 시간이 필요하다. 북한에서는 정부에 의해서 뭐든지 이뤄지는 반면에 남한에서는 자신이 노력하지 않으면 아무것도 주어지지 않아 점차적으로 자신이 사회에 기여할수있는 일을 깨닫기 시작하는것이다. 탈북자들의 성향을 알아보기위한 6 개 문항을 조사중에 탈북자들은 ' 자신의 성공이 다른 사람의 도움에 달려 있다' 는 문항에 동의하였다. ' 인생의 상당 부분이 우연에 의한 사건으로 결정되지 않는것 같다' 는 문항에 긍정적인 답을 보였다. '자신이 회피하려고 해도 피할수 없는 불운을 만날 때가 있다' 는 문항에 대하 점수를 역부호화했을때 평균 그렇지 않다는 부정의 응답이 나타났다. '자신이 바라는 것을 얻는 것은 운이 좋았기 때문' 이라는 문항에 대한 역시 그저 그렇다는 긍정도 부정도 하지않았다. '친구를 많이 사귀는 것은 자신에게 달려있다' 라는 질문에 긍정적 동의를 했다.

3.2.4.2. 우울감

탈북자들은 고향을 떠나 제 3 국으로 여러가지 어려움을 겪고 나서 한국에 오기 때문에 이들의 정서상태가 매우 불안정하고 비관적이며 암울할수 있을것으로 예상된다. '매사에 걱정이 많다' 는 문항에는 평균 3.23 점으로 긍정적으로 응답했다. 나머지 질문에는 늘 피곤하고, 관심과 흥미가 없고, 매사가 힘들고, 장래에 희망이 없는 것같다는 무력감, 모든일이 내탓이라는 자책감, 외롭고 허무하고 눈물이 나고 기분이

---

[16] 김창대 (2007), "탈북 가족의 적응과 심리적 통합" pp. 284

울적하고, 죽고 싶은 생각이 든다는 우울감이 든다고 답변했다.탈북자들은 스스로 자신의 감정을 잘 드러내지 않지만, 면접에서 경계심을 풀었을때에는 자신의 솔직한 마음을 표현하는 경향을 보였다. 탈북자들은 외롭다는것 자체가 너무 큰 문제라고 하였고, 이것에 영향을 끼칠수있는것은 없다고 보고있다고 하였다.

3.2.4.3. 자아존중감

탈북자들은 자신이 버린 국가때문에 자신을 신뢰하고 존중하는가를 설문조사결과를 보면 자기 존중 정도를 측정하는 9 개 문항 중에서 자기 자신에 대해 미진하다고 답변한 사람은 아무도 없었다. 크게 자랑할것은 없어도, 자신이 남들보다 못났다고 생각하지 않고, 성격이 좋고 일을 잘할수 있는 사람이고, 사회에 이바지 할수있는 사람이며, 좋은 사람이며, 최소한 실패를 하지 않는 사람이고, 가치 있는 사람이라고 평가한다.[17] 한마디로 탈북자들은 자기 자신에게 만족하고 있는것으로 볼수있다. 이러한 긍정적 자아 의식이 어떻게 형성되었는지는 정확히 알 수 없으나 원하지 않는 사회 체제를 떠나 새로운 곳으로 왔다는 성취감때문인 것으로 생각된다. 존중감에 영향을 미치는 변수를 알아보기 위해, 성별, 연령, 교육수준, 가족동반 여부, 결혼 여부, 탈북 후 경과기간을 분석한 결과 자아 존중감에 영향을 주는 유의미한 원인 변수는 없는 것으로 나타나 이에 대한 추가적인 연구가 필요할 것으로 보인다.

3.2.4.4. 남한생활의 대한 인식

탈북자들은 한 사회에서 다른 사회로 이주하면 사회의식의 변화가 생겨날 수 있다.특히 두 사회가 이념 정치 제도가 매우 다르고 사회발전 속도가 다르다면 사회의식의 변화가 일어날 수 밖에 없다. 하지만 인성에 관한 한 탈북자들은 큰 차이를 느끼지 못하는 것으로 나타났다. 북한의 사회와 달리남한은 자유가 보장되고 경쟁이 치열한 곳으로 인식하고 있었고, 북한 사회보다 남한 사회의 자유 경쟁을 높이 평가했다.

3.2.4.5. 인성

탈북자들의 전체적인 평가를 살펴보면 남한 사회의 사람들이 모두 친정하고 인정이 많다고 생각하고 있었다. 탈북자들은 남한 사회의 주민들이 돈을 중요하게 생각하는가에 대한 평가는

[17] 김창대 (2007), “탈북 가족의 적응과 심리적 통합” pp. 274

유의미한 차이가 있었다. 북한 사회의 사람들이 남한 사회의 사람들보다 돈을 더 중요하게 생각한다고 평가했다. 공산주의 사회의 근간인 국가가 제공해 주는 식품을 비롯한 공급이 끊기게 될 경우 주민들이 각자의 생활을 책임져야 하는 상황이 되어 오히려 주민들이 물질과 돈의 중요성을 심각하게 여기게 된다는 사실을 반영한다고 말할 수 있다. 남한 사회에서는 의식주를 해결하기 위해 심각하게 고민할 필요가 없으므로 북한에서의 궁핍한 생활 대비 생겨난 여유 때문일 것이다. 배급이 끊기게 되면 생계를 유지하기 위해 암시장에서 생필품을 구입해야하는 데 그 과정에서 상당한 위험을 감수해야한다. 그렇기 때문에 금전에 대한 욕구는 집착에 가깝다고 볼 수 있다.

3.2.4.6. 자유경쟁

탈북자들이 한국에 들어와서 느끼는 점은 한국사람들이 너무 열심히 일한다고 평가한다는 것이다. 남한과 같이 자유주의를 지향하고 개방적인 국가에서는 자신이 이루고 싶은것들을 이룰수있는 희망을 줄수있는 중요한 사안이다. 사회진출을 위해 남한은 좋은 대학에 입학해야고, 대학을 가기위해서는 공부를 열심히해야한다는 것이다. 하지만 북한에서는 공부만 잘한다고 대학에 입학할수없으며, 부모의 당성이 입증되어야 하고 출신성분이 좋지 않으면 안된다는 사실이 알려져있다. 개인의 성취 가능성이 열린 사회에서는 열심히 일하면서 기회를 보색해볼 수 있다.북한과 달리 한국에서는 개인의 노력만으로 성공할 수 있다는 희망을 가질 수 있기 때문이다. 위에서 언급했듯이 북한에서는 개인이 특정 목표를 달성하는 데 있어 많은 사회적 제약이 따르기 때문에 실제적으로나 심리적으로나 어려움을 겪을 수 밖에 없다. 탈북자의 경쟁에 대한 생각은 이렇다. “북한, 사회주의 때문에 출싱성분이 딱 정해져 있어요. 계급적으로. 그래서 이제 그사람 고만큼밖에 발전 못하기 때문에 사람들이 안정되어 있어요. 내가 특별히 노력한다고 이만큼 올라가는 게 절대 아니거든요. 그래서 자기 주어진 그 출신에 맞게 살아가면 돼요, 맘 편하게 시키면 시키는 대로”.[18] 탈북자가 한말이 북한의 사회적 상황에 대해 정확히 말해주고 있음을 알 수 있다.

3.2.4.7. 권위존중

탈북자들은 북한 사회와 남한 사회 주민들의 가정이나 사회에서 권위적인 대상에 대한 생각이 어떻게 다른지를 비교

---

[18] 진미정 (2009), “ 탈북 적응과 심리적통합”

검토하도록 한 결과. 북한사회에서는 부모자 자녀를 위해 희생한다는 문항에는 매우 그렇다고 대답했고, 남한 사회에서는 더 그렇다 라고 응답했다. 부모들이 자녀를 가르치는 교사를 존경한다는 문항에 대해 북한 부모들은 그런 편이고, 남한 부모들도 그런편이라고 비슷한 답변을 볼수있었다. 지도자가 주민들의 생활에 관심이 많다는 문항에 대해 북한 사회의 지도자에 대해서는 다소 그렇지 않는 편이라고 응답했고, 남한사회에서는 그런편이라고 응답했다.
남북한에서 권위존중 의식과 관련된 변수는 무엇일까? 권위존중과 관련해 앞에서와 동일한 여러 인구배경 변수를 투입해서 회귀분석을 실시했다. 미혼자보다는 기혼자가 남한에서 권위존중의식을 지니고 있는 것으로 나타났다. 북한사회에서의 위계구조는 유일사상이란 김일성만이 유일한 지도자라는 사상이다. 초등학교부터 '김정일 동지의 어린시절' 이라는 수업시간에 다뤄지고, 김일성 부자에 대한 숭배는 유아기부터 시작된다. 이러한 사상화의 배경에는 북한 사회 내의 위계 질서를 확립하고 집권 세력의 지배력을 유지 및 강화하려는 의도가 깔려있다.

4. 탈북자 적응의 장애요인과 해결과제

4.1. 탈북자 적응의 장애요인

대부분의 탈북자들이 남한사회에의 적응에 어려움을 겪는 것으로 알려져있다. 따라서 탈북자들은 적응과정에서의 고충을 토로하고 있으며,그들의 장래에 대한 불안감은 커져만 가고 있다. 이와 같은 사실은 사회적으로 문제가 될 수 있는 소지가 다분하다. 탈북자들이 이러한 것들을 느끼는 대에는 여러 이유가 있지만, 첫번째로는 정보부족이다. 탈북을 하기전 남한사회에 대한 정보를 습득한후 입국한 경우도있지만, 그러한 정보에 접근가능한 집단은 매우 제한되어 있을 수 밖에 없다. 따라서 탈북자들은 남한에 대한 지나친 기대심을 가질수있으며, 남한 정부와 주민들에 대한 과도한 지원수준의 요구로 이어지게 되었다. 탈북자들이 겪는 어려움중에 능력부족이 포함되어있다. 상대적으로 앞선 남한사회는 고도의 과학기술 발전과 정보화의 물결속에 있어, 최신 교육을 받지 못한 탈북자들의 적응은 어려울수밖에없다. 북한의 교육체제는 남한과 상이한 측면이 많으며, 상대적으로 열악하다. 따라서 북한에서 생활한 탈북자의 경우 남한 주민들과 비교할때 많은 부분에서 능력에 차이를 보고있다. 이러한 격차는 재교육을 통해 보완되지 않는 경우 탈북자의 적응에 장애요인이 되고있다. 이에 더하여 탈북자들의 준비부족도있다. 남한에 대한 정확한 사전 정보는 물론이고 불충분한 상태에서 남한으로 입국하고 더구나 남한에 입국한 이후 직업교육과 적응훈련이 불충분한 상태에서 사회로 진출하고있고 남한사회에서 탈북자들을 도울수있는 제도적 뒷받침이 부족한 상태에서 탈북자들을 접하고있기때문에 적응장애로 표출되고있다.

적응장애를 겪고 있는 탈북자들은 수없이 갈등에 직면하고 끊임없는 좌절을 경험하면서 여러 방식으로 그들의 불만을 표출하고 있다. 지원수준과 기대수준과의 괴리 또는 남한 사회의 이기주의와 개인주의로 인한 배타성 등으로 불만을 갖는 경우가 많다. 탈북자들의 열등감을 불러오는 주요인은 차별대우이다. 지원수준에서 큰 차이를 이루는 차별정책 때문에 탈북자들은 물론이고 남한주민들과의 갈등이 심화되고있다. 탈북자들은 언어의 이질화로 인한 의사소통의 문제가 발생한다. 의사소통이 불가능한 수준은 아니지만, 언어의 차이로인해 소극적인 사고와 행동을 하게 된다. 언어뿐만이아니라 남한의 경계심과 비우호적인 태도가 주요한 원인이라는 주장이 많다. 탈북자들은 직장동료 또는 친구관계등에서 많은 어려움을 겪고있다. 경제적 자립을 위해 직장생활을 하려면 동료들과의 관계가 원만해야하는데, 남한사회의 경계심으로 탈북자들은 많은 어려움을 겪고있다. 가족단위로 탈북해 남한사회으로 온 가족들은 자녀를 동반한 탈북자이다보니, 남한의 일반 가정과는 다른 어려움을 안고있다. 남한의 학교에서는 북한에서 출생한 자녀들을 위한 특별프로그램이 없어서 초기 적응에 어려움을 겪고있다. 그러한 과정에서 생긴 열등의식이 탈북자들을 사회 부적응자로 만들고 있다. 사람들이 낯선 타문화를 접하게 되었을 경우, 자신의 기존 문화에서 습득한 지식과 기술 등이 효용가치가 없다는 사실을 인지하게 되면 불안을 경험하게 된면서 열등감과 불안감이 심화된다. 위의 적응장애로인해 발생하게되는 범죄행위의 대한 적절한 처벌또한 큰 문제가된다.

4.2. 탈북자 적응을 위한 대안 모색 - 정책적인 측면에서의 개선방안

4.2.1. 친화 프로그램 선사

탈북자들이 사회적으로 안정감과 소속감을 느낄수 있도록 친화 프로그램을 개설하여야하고 그에 대한 뚜렷한 목적 의식을 지녀야 한다. 탈북자들은 새로운 현실에 적응하는 과정에서 직면하는 여러 상황에서 올바른 판단을 내리기 위해 필요한 정보의 부족 때문에 미래에 대한 불확실성이 높아진다고 느끼고 그에 따라 심리적 불안감은 높아지게 된다. 사회생활의 기본적인 사항들인 타인에 대한 지식, 대화의 수단 또는 행동규칙에대한 필요성 협조의 이익 등은 고립되거나 소외된 생활 속에서는 얻을수없기때문이다. 이들이 한국 사람들과 접촉할 수 있는 기회를 마련해주면 자신의 행동에 대한 타인의 반응을 관찰할 수 있을 것이다. 그렇게 되면 갈등이 형성되기도 하겠지만 그것의 원인이 무엇인지 가시적으로 파악할 수 있기때문에 이러한 시행착오를 통해 접촉을 넓힐수있는 계기를 마련해야 한다. 남한사회의 적응은 교육과정에 의한 학습과 체험이 모두 요구된다고 하겠다. 교육학습을 통해하는 체험이 모두 요구된다. 독일의 세계 2 차 대전후 분단을 경험한 이주자들 또는 통일 이전까지 시행되었던 이주민 정착 프로그램은 일반적으로 성공적이었다는 평가이다. 탈북자 또는 이주민에 대한 많은 경험을 갖고 있는 이스라엘의 경우 교육이라는 피상적 접근을 통한 사회적응보다는 사회와의 점진적 접촉의 확대 라는 방법을 통해 이들의 사회적응을 실시하고 있다. 이러한 집단적인 접촉은 집단간의 해소에 도움을 줄수있지만, 무의식적인 접촉이 아닌 분명한 당위성 목적의식을 가지고있어야하며, 탈북자들과의 접촉은 개인적 차원에서 이뤄져야한다. 탈북자 전체를 묶어서 하는 그룹활동보다는 개인의 가치와 각 상황을 검토할 필요가있다. 미국 정부의 경우 소수 인종차별의 문제로 어느정도 제도적 장치로서이들의 이해와 편견을 감소시키기 위해 매스미디어를 이용하였다. 정부는 탈북자들이 적극적으로 참여할수있는 지역사회의 다양한 프로그램을 만들어 참여하게해야하고, 시민단체, 주부대학, 연극단, 또는 대학 부설 평생교육 프로그램을 다양하게 개발하여 탈북자가 함께 어울릴수 있는 프로그램을 만드는 것이 매우 중요하다.위와 같은 프로그램을 통해 개인적 또는 사회적인 생활을 바람직하게 개선할수있지 않을까 필자는 생각한다.

4.2.2. 정책적인 측면에서의 개선 방안 - 정부관계

탈북자들은 입국 직후부터 정부 관계자의 보호와 지원을 받아 거주지 기간이 종료되는 5 년간 매우 많은 부분에서 영향을 받게된다. 그러나 정부는 이들을 지원하기도 하지만, 통제하는 역할도 하기 때문에 많은 상호갈등이 있다. 따라서 남한 정부의 지원 수준은 이들의 적응 조건으로서는 부족하지 않는 상태가 아님을 알수있다. 하지만, 탈북자들의 대다수는 정부가 자신들에게 호의적이지 않다고 느낀다.

정부는 탈북자들의 원활한 적응을 돕도록 하는데 목적을 두고있다. 그래서 10 개월간 신면보호를 받게되어있다. 하지만 탈북자들은 감시하고 통제받는다는 불만을 제기하여 갈등이 나타나기도 한다. 이 문제를 위해서는 탈북자와 신변보호 담당과의 제도와 적용기간과 대상에 대한 기준이 설정되어야 한다. 거주지보호 담당관은 지역단위의 체계적인 지원망 즉 지역 사회복지관과 유관 시민단체들에 대한 연결망을 형성해야하고 거주지보호 담당관 종합적인 행정 서비스 제공과 지역 사회에 적합한 프로그램을 개발하여 실시하여야한다.

4.2.3. 심리 안정

탈북자들의 대표문제는 심리적 안정이라고 할수있다. 탈북자들은 새로운 환경에의한 심리적인 부담을 덜 방법을 찾고싶어한다. 심리적 충격을 새로운 사회에서의 혼란으로 안정적인 심리상태를 갖기 어렵다. 가장크게 고통받고있는 죄의식과 외로움 등의 해결을 위해 보고시설에서부터 이르기까지 지속적인 연계 프로그램이 요구된다. 정부는 상담 및 정신의학 전문가들로 구성된 상담 팀이 개별 또는 집단 상담의 기간을 정해 실시함으로써 불안을 탈피할수있도록해야한다. 탈북후 심리 상태가 가장 불안정한 시기에 상담을 주기적으로 실시해야하고 이와함께 남한 사람들과 만날 수 있는 자리를 마련해야한다. 또한 가족과 함께 동반하지 못한 탈북자들의 소외감, 불안감, 정체성 혼란 등 각종 스트레스 행동을 야기하게 된다. 이러한 행위는 모든 이주민들에게 동일한 수준으로 나타나는것을 알수있고, 이러한 심리적인 문제를 예방하는 내용을 포함하는 세부적인 준비가 필요하다.

5. 결론

이에 따라 탈북 10 만명 시대를 맞아 이들의 안정적 정착을 위해서는 보다 실질적인 사회적응 교육과 지원 등 법 제도적 개선이 필요하다는 지적이 나오고 있다. 취업지원 등 탈북자들의 빠른 정착을 위한 제반 지원책이 제대로 성과를 거두기 위해서는 정부의 노력과 함께 탈북자에 대한 우리 사회의 인식개선이 시급하다. 탈북자에 대한 긍정적 시각과 올바른 사회적 평가가 있어야만 이들이 정착해 나가는데 필요한 기본적 토대가 마련되는 것이다.

하나원에서 남한 생활교육 체험, 컴퓨터 등 사회적응에 필요한 소양교육을 하고 있지만 이것만으로는 미흡하고 실물경제,

생활법 등 자본주의에 대한 이해를 높이고 실생활에서 활용할 수 있는 현장학습 위주의 교육이 강화돼야 한다.

탈북자들을 위한 정착도우미제, 보호 담당관제 등 정부가 운영하고 있는 다양한 제도도 인력, 예산 부족 등으로 실효성이 떨어진다는 지적도 있다.정착도우미의 경우 1 천 860 명에 불과하고, 신변보호 담동 보안경찰은 지난해 1 월 기준으로 704 명에 그치고 있다.경찰, 통일부, 보건복지부, 지방자치단체 등 유관기관들이 합동으로 탈북자 전담 멘토제를 운영해 이들이 사회정착에 성공할 때까지 지속적으로 지원할 필요가 있다는 의견도 있다. 탈북자들의 증가에 따라 범죄 경력자나 간첩 등의 입국 가능성도 커지고 있는 만큼 입국 검증 시스템이나 관리 체계를 개선할 필요가 있다.

탈북자들이 남한 생활에 보다 성공적으로 적응하기 위해서는 자주적으로 그들이 원하는것이 무엇인가를 고민하는 시간이 우선 필요하다. 정부가 일방적으로 지원해주는 방식으로만 시행된다면 탈북자 문제가 개선될것이라는 생각이 들지 않는다. 환경이나 상황을 탓하는것보단 자신 스스로 직접 몸고 깨닫는 그런 작은 변화가 있어야하고 시행착오 끝에 느낄수있는 자율적 존재로 거듭나야한다. 기존의 정책을 재검토해야하고 이것이 실질적으로 제대로 시행되고있는지 먼저 확인한후 보완되야할것이다.

또한 제도는 탈북자들의 생활 개선을 위한 것인데 만약 이것이 부작용을 발생시킨다면 당연히 바꾸거나 수정하는것이 바람직하다. 정부의 지원중에 제일 먼저 수정해야할 부분은 정부의 지원이라고 필자는 생각한다. 최근 조사에 따르면 탈북자들의 2/3 이상이 경제적 곤란을 겪고 있는 것으로 나타났다. 탈북자의 40%가 실질적인 실업상태이며, 자본주의 사회에 대한 이해부족으로 돈버는 능력만이 아니라 재산관리 능력도 부족하여 이러한 현상은 정부의 획기적인 개선책이 없다면 지속될것으로 보인다. 그럼 왜 정부는 지원을 하는데도 이러한 문제가 생기는 것인가를 정확하게 분석한후 다른나라의 제도를 검토해 획기적인 수정안을 내놓야한다. 정부가 지원하는 비용을 독일의 지원정책의 경우와 유사하게 적용해야한다. 독일은 서독의 경우 동독출신 이주자에 대해 탈출 전의 지위에 관계없이 일정한 지원을 해주었다.

전문가들이 애기하듯 탈북자들이 통일교육의 주요 담당자가 될수있을것이라는 부분은 매우 정확하다. 그리고 탈북자들 또한 대부분 통일을 위해 자신이 일정한 역할을 담당해야한다는 사명감을 갖고있다. 탈북자들에게 적절한 교육을 실시함으로서 그들이 한국 사회의 성장 및 발전에 주체적 역할을 할 수 있기를 바라는 바이다.

참고문헌

곽해룡 (2005). “북한이탈주민 현황과 문제”, 서울:학술정보

손주환(1999). “북한이탈주민문제에 관한 연구”, 경남대학교 정치학 박사학위 논문

허지연 (2004). “탈북자의 탈북요인과 중국 한국 이동경로에 관한 연구”, 고려대학교 석사학위논문.

정병호, 전우택, 정진경 (2006). “ 북조선 사람들의 남한살이”, 한양대학교

윤여상 (2001). “ 북한이탈주민의 적응과 부적응”, 고려대학교

윤여상 (2002). “ 통일 시대 북한주민의 남한생활 이론과 실제”, 세명

윤인진 (2009). “ 북한이주민”, 고려대학교

진미정, 이순형, 김창대. “탈북인의 사회관계망과 사회적 자본”, 통일평화연구소

선한승,강일규, 김영윤, 윤인진, 이영훈, 정성훈, 김화순. “ 북한 이탈주민의 취업실태와 정책과제 연구”, 한국 노동 연구원

이순형, 조수철, 김창대, 진미정. “탈북 가족의 적응과 심리적 통합”, 서울대학교

통일연구원 현 (2011) “2010 년 북한경제 종합평가및 2011 년 전망”, 통일연구원

북한이탈주민지원재단 (http://www.dongposarang.or.kr)

여성인권단체 인터뷰 자료

대이란 경제 제재 및 한국의 대이란 외교 정치

올센 해럴드 (HARALD OLSEN)

MA, Korean for Professionals, University of Hawaii at Manoa, 2012

ECONOMIC SANCTION AGAINST IRAN AND KOREA'S FOREIGN POLICY ON IRAN

As United States-led sanctions on Iran tightened in the first quarter of 2012, South Korea stood out among U.S. allies for its reluctance to cut financial ties and reduce imports of Iranian oil. Given the close relations between the two democracies, the possibility that the U.S. might have to block South Korea from its domestic financial market in retaliation for continued trade with Iran aroused concern. This paper identifies the reasons behind South Korea's reluctance to join sanctions on Iran, namely an outlook on international affairs deeply rooted in realism, the oil shocks of the 1970s and 1980s, and persistent suspicion about America's actions as a global hegemony. Much of the evidence concerning Korea's motivations in Iran has been overlooked or inaccessible to Western analysts. Using recently declassified cables from the Ministry of Foreign Affairs and Trade and other untranslated Korean sources, this paper explains why South Korea seeks to maintain links to Iran, even at the risk of disrupting its alliance with America.

1.서론

2012 년 3 월 25 일에 이명박 대통령과 미국 오바마 대통령은 공동 기자 회견을 개 최했다. 독특하게도 오바마 대통령은 정이라는 감정을 언급하면서 양국 관계를 자랑했고 앞으로도 그 감정을 기반으로 양국 관계가 강화되기를 바란다고 연설했다.[1] 2012 년 핵안보정 상회에 참석하러 오바마가 서울에 방문해 임기 중에 현 대통령이 가장 많이 방문한 수도는 되었다. 그 당시에 거리가 멀어도 국가 정서가 다르더라도 양국 관계에 아무 문제점이 없어 보였다. 하지만 언젠가부터 모든 것이 꼬이기 시작했다. 2011 년 12 월

[1] "CNN SUNDAY MORNING: Presidents Obama and Lee Hold Press Conference; Seoul Nuclear Security Summit; Cheney Gets Heart Transplant", (2012.3.25) http://transcripts.cnn.com/TRANSCRIPTS/1203/25/sm.01.html

미국에서 새로운 법안이 통과되어 한미 관계에서 현재의 가장 심각한 갈등이 발발되었다. 즉 미국은 대이란 핵 무기 개발 예방 조치를 취하고 동맹국으로부터 동참을 요구해서 한미 동맹은 시험대에 오르 게 되었다.

2012 년 12 월 31 일에 오바마 대통령은 2012 년 국방수권법을 통과시켜 그로 인해 제 3 차 국가들이 대이란 석유 수입을 진행하면 처벌을 가해야 하게 되었다. 즉시 전면적인 대이란 석유 수입 중단하기가 어렵다고 인정해 상당한 정도라도 석유 수입을 줄이면 미국 정부로부터 제외 서류를 받을 수 있다고 한다. 제외 서류만 있으면 국가가 제 2 차적인 대미 제재를 당하지 않는다. 현재까지는 미국과 친밀한 동맹국 중에 한국이 유일하게 제외 서류 를 받지 못했다.

결단 내리지 못하는 한국의 지지부진한 태고에 대해 여러 가지 설명이 나왔다. 대이란 자원 외교나 수동 외교라는 비난이 나타났는데 포괄적인 설명이 결여되어 있다. 또는 이 외교 문제에 대해 한국과 국외 학자들이 분석하려고 하는데 근본적인 장애물이 생겨났 다. 즉 각계가 극히 다른 관점에서 갈등을 대하고 있어서 양해가 불가능하다. 이어 미국과 한국이 자국의 시각에서만 보고 작성한 보고서를 이용하면 실패를 거둘 수밖에 없다. 학계 에서 특정한 문제를 둘러싼 시각차가 당연하지만 단순한 학자의 계파 싸움으로 설명해버리 면 소중한 기회를 놓칠 것이다.

양국은 세계적으로 완전한 동맹관계를 보여주려고 노력해서 사실 한미 간 외교 정 책에 대한 이견이 자주 공개되지 않고 있다. 대이란 경제 제재에 관한 갈등을 파악해 이론 적으로 확대시켜 보면 양국 간 근본적인 외교 차이를 인정할 수 있을 뿐만 아니라 더 나은 이해와 소통의 장을 마련할 수 있을 것이다. 따라서 한미 외교 관계에 관한 이해를 확대하 고 최근 심각한 대이란 제재에 대한 이견을 정리하기 위해서 본 연구에서는 양자의 발언 및 행동을 감안해 현실적인 분석을 하도록 하겠다.

1.1. 대이란 제재 실태

한국은 최근 대이란 제재에 적극적으로 참여하지 않았지만 엄밀히 따지면 2006 년 부터 한국은 지속적으로 대이란 핵개발에 관련된 제재를 실행해왔다. 기본적인 원인은 이란 국내 핵개발 사업이 발전되면서 세계 국가들의 우려가 심화된 것이다. 2006 년

들어와 국제 원자력기구 (IAEA)가 이란에서 시찰을 실행하지 못하게 되었다고 판단해서 유엔안보리는 일련의 대이란 제재를 시작했다.[2]

이전에도 1996 년 미국의 Iran Sanctions Act (ISA)라는 대이란 제재 법안이 통과된 이후에 이란 에너지 분야 해외 투자가 점차적으로 압박을 받게 되었다. 그때부터 위반하 는 해외 기업에 처벌할 수 있었지만 올해 2012 국방수권법 1540 조 국방예산결재법안 (H.R. 1540: the National Defense Authorization Act for Fiscal Year 2012)은 제 1245 조 '대이 란 금융 분야에 대한 제재 집행' (Imposition of Sanctions with respect to the financial sector of Iran)이 집행되어서 사상 압박이 높아졌다. 구체적으로는 제 3 차 국가가 두 가지 이유로 미국으로부터 처벌을 당할 수 있다. 첫 번째 경우는 미국 재무부가 규정한 이란 금 융 기구와 금융거래를 진행하면 거래를 실행한 회사가 처벌을 받는다. 즉 이란 중앙은행이 나 미국 재무부가 몇 가지로 제한한 이란 금융 기구가 관리하는 계좌로 한국 기업이 거래하 면 미국에서 대리계좌 및 결제계좌의 개설 및 유지가 금지된다. 두 번째 경우는 오바마 행 정부가 세계 석유시장을 조사해 공급량이 충분하다고 판단한다면 대이란 석유 수입을 대행 하는 해외 기업에 전자의 시나리오와 마찬가지로 미국 금융 시장에서 괴리시킨다.[3] 이란은 세계 원유수출국 중에 3 위를 차지해서 후자인 시나리오가 아주 심각하다.[4]

위와 같은 대이란 경제 제재 조치의 궁극적인 목표는 억지이다. 이는 이란의 경제 상황을 약화시켜 특정한 사람의 생활수준이 낮아지고 정부에 핵개발을 중지하라는 국내 목소리가 높아질 것이다. 그래도 이런 제재 조치가 실제적인 효과를 이루려면 한 두 국가가 아니라 대다수의 이란 무역 주도국의 참여가 요구된다. 무역 강대국으로서 미국은 심각한 영향을 끼칠 수 있지만 이미 이란과 석유 및 금융 거래를 단절해서 더 이상 심화할 수 없 다. 최근의 제재 조치는 미국의 세계 무역의 뒷받침 역할을 지렛대를 사용해 제재를 위반하 는 제 3 차 국가에 협박한다.

---

[2] "Resolution 1696: Security Council demands Iran suspend uranium enrichment by 31 August, or face possible economic, diplomatic sanctions", (2006.7.31) http://www.un.org/News/Press/docs/2006/sc8792.doc.htm

[3] United States. Cong. Senate. H.R.1540: the National Defense Authorization Act for Fiscal Year 2012. 112th Cong., Sec. 1245: Imposition of Sanctions with respect to the financial sector of Iran. Washington: GPO, 2011. Print.

[4] Sedghi, Ami "Iran oil exports: where do they go?", (2012.2.6) <The Guardian>.

대이란 석유 수입을 감축한다는 제재 조치가 공개되어 반대하는 목소리가 작지 않 았다. 특히 아시아 국가들은 자국 석유 수입량 중에 대이란 수입량이 상당한 정도를 차지하 고 있기 때문에 경제적 피해를 우려한다. 또한 2008 년 세계 경기 위기 여파로 여러 국가들이 불안정한 경제 전망을 언급하면서 중요한 대이란 석유 수입이 끊기면 막대한 부담을 질 것이라고 주장한다. 이에 대해 한국 외교통상부가 발표했던 주장은 크게 다르지 않다고 2010 년 유엔 안보리 결의에 대응해 발표했던 공식 선언을 통해 파악할 수 있다.

정부는 앞으로 이란과의 정상적이고 합법적인 거래는 원활히 이루어지도록 하 는 한편, 8.26 일부터 시행중인 국내 중소 수출입업체에 대한 지원 방안을 차질 없이 시행하는 등 우리기업들의 피해를 최소화해 나갈 것입니다.[5]

외교통상부 관계부처 합동으로 그 때 이란 핵 확산 방지에 동참한다는 말도 했는데 한국 기업들의 피해를 최소화하겠다는 발언을 해서 유의할 만하다. 역사적 실제를 보면 한 국 정부가 대이란 위기상태에서도 무역 관계와 양국 우호적인 관계를 강조하도록 했다. 아 래에서 그러한 사건을 고려해 한미 간 대이란 대책 충돌이 발생하는 추세를 주목할 것이다.

1.2. 기존의 국내외 분석론

위에서는 한국의 외교 정책을 고려하면서 자원 외교라는 이론이 언급돼왔다. 특히 이명박 정부가 권력을 장악하고 나서 단지 경제적 이익을 얻기 위해서 한국 정부가 아무하고나 합의를 한다는 비판이 있었다. 예를 들어 2011 년 리비아 사태가 벌어지면서 한국은 뒤늦게 가다피 정부와 관계를 단절해서 국제 사회로부터 "경제만 생각하는 한국"이라는 비 판을 받았다.[6] 이번에 한국은 수동적인 자세를 갖게 되어 석유 수입을 보조하기 위한 행위 라고 한다. 남의 국가의 윤리를 비판하는 것과 같아서 심각하게 받아들일 수밖에 없다.

서구 학자가 세운 틀로 한국의 행동을 분석해보면 위와 같은 비판을 증명할 수 있 다. 하지만 그 한 가지 틀은 전 세계적으로 일반화시키면 한국 정책의 원동력을 오해하게 된다. 한국뿐만

---

[5] "유엔 안보리 결의 (1929 호) 이행 관련 정부 발표문" (2010.9.8) 외교통상부 관계관 합동 보도자료.

[6] '미국의 이란 제재와 한국의 선택: 성숙한 동맹을 위한 제언', <정세와 정책> 2010 년 9 월호

아니라 미국과 유럽연합국도 대이란 제재 참여를 신중하게 고려하고 득실을 판단하고 있다. 득실을 판단해 한국 정치인들이 논리적으로 대책을 마련해왔다. 깊이 이해 하고 싶다면 먼저 그 논리를 파악해야 된다.

서구와 한국 하계의 분석 차이를 한마디로 요약하자면 한국 학계에서 서구 학자들 의 바탕에 깔린 추정이 없다. 미국 언론사는 대이란 제재에 대해 수많은 글을 쓰고 있기 때 문에 그 것을 예로 서구 학자의 입장을 파악하는 것이 가능하다. 미국에서는 좌익인 잡지<The Nation>이든 우익인 잡지 <The New Republic>이든 이란의 적대적인 자세를 인정 하고 핵무기 확대를 우려하면서 대책을 제시해야 한다고 밝힌다.[7] 미국의 공식적인 주장을 보면 제재 조치 실행이 불가피하다는 시각이 있다.[8] 원유 수출로 얻는 돈이 직접적으로 불 법적인 핵무기 개발과 국제적 테러를 지원하는 관계를 주장해 다양한 집행 노력이 바람직하 다고 했다.[9] 대조적인 충언 중에서 이란 핵개발이 남의 중동 국가에서도 핵무기 개발 경쟁을 일으킬 수 있기 때문에 예방하면 좋겠다고 쓰였다. 아무리 파키스탄과 이스라엘이 핵무 기를 보유한다고 해도 이란은 예전부터 공격적인 나라로서 핵개발로 무장하면 안 된다고 한 다. 그에 따라 제재 조치 자체에 대한 이의가 있더라도 좌우파의 전체적인 목표가 크게 틀 리지 않다.

반면 한국 학자들은 대이란 제재를 실행해야 한다는 근본적인 이유를 의심하거나 완전히 다른 기준으로 타당성을 제공한다. <민중의소리>라는 잡지에서는 한국의 대이란 외교정책에 대해 유명한 전문가인 장병옥 한국외국어대학교 교수는 대이란 제재 실행을 반대 한다고 썼다. 장 교수는 대이란 제재 조치에 대한 뉴스가 나올 때 전문가로서 입장을 피력하는 영향력 있는 전문가이다. 미국 입장과 반대로 장 교수는 이란 핵개발의 적대적인 특성 과 제재들의 타당성을 의심한다고 밝히고 있다. 이란 주변국의 공격적인 자세를 지적하면서 핵무기 개발이 타당한 수단이라고 한다.[10]

우파인 문순보 세종연구소 연구위원은 장병옥 교수와 달리 대이란 제재 참여를 지 지한다고 썼지만 미국 학자들과 상이한

[7] Dreyfuss, Richard. "The Push to Isolate Iran", 2010.5.24 <The Nation>.

[8] Zarate, Juan. "Beyond Sanctions", 2010.10.4 <National Review>.

[9] United States. Cong. Senate. H.R.1540: the National Defense Authorization Act for Fiscal Year 2012. 112th Cong., Sec. 1245: Imposition of Sanctions with respect to the financial sector of Iran. Washington: GPO, 2011. Print.

[10] "73 년 석유파동 때 이란 덕분에 큰 타격 안 입었는데", (2011.2.25) <미중의 소리>.

논리로 정당화한다. 중동 지역의 안정성을 간과하고 한국의 경제적 손실과 한미동맹에 미치는 영향만 고려했다.[11] 외교통상부 공식 보도 자료를 고려하면 문 연구위원과 같은 주장을 인정할 수 있다. 2012 년 1 월 보도자료에서 외 교통상부는 미국의 대이란 제재의 취지에 공감을 표하여 "평화적 해결을 위해 가능한 범위 내에서 최대한 협력해 나간다는 의사를 피력하였다"고 선언했다.[12] 그리고 그와 관련된 보 도자료에서는 대이란 석유 부문에 대한 제재조치를 언급했는데 특정한 참여를 약속하지 않았다.[13] 역설적으로는 올해에 외교통상부 관계자들이 대이란 제재 조치에 동의하고 진행 중이라고 하면서도 지속적인 감소 대책을 공개하지 않았다.[14]

한국 학자들의 다양한 입장을 설명하기 위해서 본론에 자세한 내용이 분석되지만 미국과 상이한 태도를 이미 파악할 수가 있다. 이 격차 자체가 또 하나의 한국 대이란 외교 를 살펴볼 이유다. 양국의 분석 틀이 다르면서 서로 만족스러운 결정을 이끌기가 힘들어진 다. 기존의 상황에서는 미국 학계의 논리로 한국으로 하여금 제재 참여를 요청하는 것을 비유적으로 보면 엉뚱한 재료로 케이크를 만들어보는 것과 같다. 재료 물량을 조절하거나 수 차례 시도해도 자기가 만들고 싶은 케이크는 나오지 않을 것이다. 쌍방에 만족을 시키고 싶 고 문제를 풀고 싶다면 한국의 독특한 논리가 발생한 원인을 알아봐야 한다. 본 연구에서는 이에 대한 설명을 하고자 한다.

2. 한국의 대이란 관계를 좌우하는 논리

한국에서는 대이란 대책을 좌우하는 요소를 묘사할 때 공식적인 정부의 입장과 학자의 논술이 매우 다르다. 여기서 정확한 이해를 위해서 학술 논문과 외교통상부 문서까지 포함시킨다. 첫 번째로 파악해야 하는 것은 한국 대외 정책의 현실주의적인 태도이다. 한국은 정책을 마련하면서 권력의 분배와 상황적 이익을 중요시한다. 두 번째 요소는 자원 외교 와 국가 성장주의다. 70-80 년대 석유 파동 때도 그랬지만 현재도 대이란 무역 관계를 중요 시해서 정책 결정

[11] 문순보 "미국의 이란 제재와 한국의 선택: 성숙한 동맹을 위한 제언", <정세와 정책> 2010 년 9 월호

[12] "이란핵문제 관련 한·미간 협의(미측 대표단 방한)", 제 12-28 호, (2012.1.17). http://www.mofat.go.kr/news/pressinformation/index.jsp?menu=m_20_30

[13] "美 국방수권법상 대이란제재 예외인정국 발표 관련" 제 12-245 호, (2012.3.21) 외교통상부 북미국 공보·홍보 담당관(북미국 심의관) http://www.mofat.go.kr/news/pressinformation/index.jsp?menu=m_20_30

[14] Cho, Meeyoung; Kao, Jeanny "S.Korea, Taiwan, S.Africa cut Iranian oil imports", (2012.3.22) Reuters http://uk.reuters.com/article/2012/03/22/idUKL3E8EM2FA20120322

제도에 상당한 영향을 미치고 있다. 세 번째 요소는 미국 패권에 대한 우 려이다. 그에 이어 미국 대외 강경정책의 효율성에 대한 의심이 작용되어서 미국의 대이란 정책에 참여하지 않겠다는 목소리가 높아졌다.

2.1. 현실주의적인 태도

현실주의라는 개념이 국가들이 대외 정책을 맺을 때는 상대방의 우호관계나 이전 활동과 상관없이 단지 권력의 분배만 고려한다는 개념이다. 즉 어떤 강대국은 아무리 이웃 국가와 몇 백년 동안 친밀한 무역과 외교 관계를 진행했어도 자기를 위협할 세력이 강대해 지면 즉각 적대적으로 굴게 된다. 또한 세계 질서에서 강대국도 있고 약소국도 있는데 안보를 보장하기 위해서 약소국은 강대국과 동맹을 맺거나 강대국에 저항하기 위해서 다른 약소 국과 연대를 구성한다.

한국 학자는 중동 지역을 고려하면서 주저 없이 현실주의론을 적용한다. 최근 이라크와 아프가니스탄 전쟁을 볼 때 미국이 자국 이익을 얻기 위해서 침략했다고 한다.[15] 이어 미국이 어떤 국가의 원유 수출 기준에 따라 군사 원조와 경제적 원조를 결정한다.[16] 미국에서 지나치게 노골적이고 획일화된 말이겠지만 한국에서는 흔하다. 미국의 반서구 국가 를 억제하고 친서구 국가에 군사 시설을 제공하는 이중 봉쇄 정책이 당연하다고 한다.

그와 마찬가지로 이란 군사력 개발이 당연하다는 목소리도 있다. 13-14 세기 오스만 제국 침략까지 언급해 윤영호 중동 국가 간 마찰에 따른 이란 핵무기 개발을 정당화한다.[17] 예전 제국 사이 경쟁을 언급해 현대 갈등이 자연스럽다고 한다. 장병옥 교수도 파키스탄과 러시아와 이스라엘 주변 국가가 이란을 위협하는 국가라고 지적해 이란 군사력 확대 가 불가피하다고 밝혔다. 이와 같은 인식이 현실주의적인 기반에 바탕하고 있다. 즉 중동에 서는 강대국들이 존재하는 이상 권력을 둘러싼 경쟁이 있을 수밖에 없을 것이다.

권력 분배를 최우선시하는 인식 때문에 한국에서 독특한 정책이 유도되었다. 중요 한 점은 국가 간 경쟁이 불가피하다고 인정하고 보면 그 사이에 적극적으로 나서 개입할 필 요가 없어지는 것이다.

---

[15] "미국의 대이란 정책: 부시 행정부와 오바마 행정부를 중심으로", <중동연구> 2010 년 제 29 권 3 호.

[16] 정상률 "중동 석유의 정치경제와 한국의 대중동 자원외교", <동서연구> 제 20 권 제 2 호 63-89 쪽.

[17] 윤형호 "이란 및 북한의 핵문제와 오바마 행정부", <중동연구> 2010 년 제 29 권 3 호, 25-61.

문순보 교수와 같은 주장에 따르면 외교 정책이란 단지 국가 사이에 자국에 가장 유리한 관계를 맺을 수 있는 국가를 선택하는 것과 같다. 이런 식으로 대외 정책을 진행하면 오히려 문제에 따라 정책을 마련한다기보다 해당하는 국가에 따라 마련하게 된다. 그래서 한국 정치계에서는 대이란 경제 제재를 실행하는 문제가 사실상 미국이나 이 란 관계를 택하는 문제로 단순화시킨 것이다.

한국 대중동 전문가와 얘기하면 빠질 수 없는 말이 수동외교라는 것이다. 위와 같은 현실주의론 분석이 수동외교론 분석과 표면적으로 비슷하지만 차이점을 인정해야 된다. 수동외교라면 한국에 대안이 없는 상태를 의미한다. 즉 언젠가 충돌이 일어나면 한국이 강 대국을 따라할 수밖에 없다고 한다. 2004 년 이라크에 자이툰부대 파견 예를 들어 단지 미국 압박만 받고 실행한 대책이라고 비판하였다.[18] 하지만 이런 식으로 모두의 한국 대외 정책을 일반화하면 실태를 파악할 수 없다. 현재 외교통상부 내부적 입장을 알아보기가 어렵 지만 1980 년대 이란 혁명을 둘러싼 한미 관계에 대한 문서를 읽으면 정책을 좌우하는 요소 를 모색할 수가 있다. 주이란 한국 대사관 문서에 실린 것은 1980 년대 미국-이란 관계에 대한 주요 목표가 "중립태도"라는 것이었다.[19] 한국에 중립태도를 달성한다는 것은 1979 미대사관 인질 사건으로 미국이 단교를 요구했을 때 한국이 최소한 협조 제기를 의미했다. 하지만 한쪽에 너무 기울이지 않도록 동시에 이란 정부와 사이에 거리를 두었다. 수동외교 론을 제시하면 초강대국인 미국이 요구하는 대로 단교가 불가피했을 것이다. 그래도 한국이 오랫동안 미국 압박을 거쳐도 포기하지 않아서 수동외교와 상이한 태도를 드러냈다. 1980 년대와 현재에는 한국이 중립태도를 취하는 것이 현실주의를 명백히 반영한다. 한국은 중동 에서 상대적인 약소국이므로 중동 상황에서 강대국인 이란과 관계를 유지하고자 했다. 이어 세계적으로 강대국인 미국과 동맹관계를 살리도록 했다. 역설적으로는 동시에 양국 관계 유 지를 시도하기 때문에 마비된 모습을 갖게 되었다.

중동지역에서는 대이란 외교가 상당히 중요하다. 그래서 어려움을 겪어도 한국이 현 상황을 유지하고 있다. 세계적 외교를 진행하는 것에 관해 대미 관계는 필수적이다. 그래서 이란이 2005 년 10 월 유엔안보리 제재에 참여한 것을 계기로 보복을 가한 것처럼 이

---

[18] 오수연 "이라크 파병, 아랍권 전체 원망살 것", (2004.7.3) <프레시안>.

[19] "제 31 문서 1980.4.16" <이란 사태 관련 한-이란 관계, 1979-1980: 미국의 대이란 단교 및 경제 제재 조치에 따른 한.이란 우호관계 유지 및 강화 방언> 외교통상부 중동담당관실

번에도 보복을 협박해도 원유 수입을 감축하겠다는 선언을 한다, (2010 년 인터뷰에서 모하 마드 레자 바크티아리 주한 이란대사는 "만약 한국이 제재를 가한다면 우리는 두 손 놓고 가만히 앉아 있지는 않을 것이다. 한국의 기업들이 이란 시장을 잃게 될 것이다"고 직접적으로 협박했다.)[20] 외교통상부 외교원한테는 동시에 지역적 강대국과 세계적 강대국의 요구 사이에 균형을 맞혀야 하므로 역설적인 면이 있다. 최근 새로운 경제 제재 참여가 요구되어서 현실주의 태도에 따른 대결이 악화되고 있다.

이 대결에서는 한국이 경제 제재 참여에 대한 결정을 지연한 이유를 찾을 수가 있다. 처음부터 미국 요구를 거절한 중국과 달리 한국은 긴밀한 대미 관계를 유지해야 한다고 주장한다. 초기부터 제재를 수행한 영국과 달리 한국은 중동지역에서 약소국 역할 할 수밖 에 없다. 세계적으로 양면에 미국과 이란 관계를 유지하고 싶는 한국과 같은 국가가 한 두 밖에 없다. 한국은 양쪽 대안에 손해를 볼 것이라고 내다봐서 데우스 엑스 마키나를 기대하는 모습이지 않을까 싶다.

그러나 현실주의론이 제기하는 행동으로만 파악하면 한국의 장기적인 외교 정책 추세와 보통의 국내 인식을 예상하는 데 한계가 있다. 국제관계이론에 관해 얘기하면서 그분 야의 전문가인 아담 엘커스는 (Adam Elkus) 다음과 같이 주장했다:

> 국제관계이론이 단지 이론이다. 이론을 통해 우리 세상에 대한 지식을 생산할 수 있다. 그 지식은 실제 활동을 지원할 수 있지만 독자적으로 운영 계획을 구성할 수 없다.[21]

한국의 실제적인 대이란 외교 관계를 파악하기 위해서 현실주의론 이해에 대해 하 루하루 떠오르는 정치 문제를 고려해야 한다. 그래서 다음 두 절에서 그런 문제를 주목할 것이다.

2.2. 자원 외교와 국가 성장주의

한국 외교 정책 전문가들은 이번에 대이란 경제 제재 참여하지 않은 실태를 보면서 빠짐없이 한국의 대중동 석유 의존도를 강조한다. 한국의 자립 연료 생산율이 3%를 자치하 는 통에 대외 에너지 수입과 나아가 대중동 석유수입이 중요하다고

---

[20] “인터뷰: 바크티아리 주한 이란대사”, (2010.8.9) <연합뉴스>.

[21] Elkus, Adam "Walt and Unreal Realism", (2012.5.1) http://rethinkingsecurity.tumblr.com

주장하였다.[22] 대이란 석유 수입과 한국의 대이란 외교 정책 구성 제도 간에 관계가 없을 수가 없지만 서론에서 언급했듯이 한국의 대이란 논리를 파악하고 싶다면 보통의 분석 수준을 넘어 세부적인 상황 을 고려해야 한다. 특히 최근 대이란 석유수입 중단이 한국 경제에 막대한 피해를 가할 것이라는 논의가 나오고 있기 때문에 정확한 통계와 성장률 감소량에 주목해야 쓸모 있는 분석을 정리할 수 있을 것이다.

어떤 세밀한 유가상승으로 야기된 성장률 감소량을 계산하기 전에 역사적 배경을 알면 도움이 된다. 여기서는 또 하나의 국내 학계와 서구 학계의 차이점이 나온다. 한국에 비해 1970 년대와 1980 년대 제 1 차와 제 2 차 석유파동으로 서구 국가들은 큰 피해를 보지 못 했다. 그래서 요즘에 유가상승 얘기가 나올 때는 한국과 대외 학자들한테 떠오르는 우려가 다르다. 한국에서 실제 경제적 피해보다 유가상승에 대한 지각이 더 심각하기 때문에 그 지 각을 일으키는 원인을 제대로 알아야 된다.

2.2.1 석유 파동의 유산

1973 년 10 월 17 일에 미국의 대이스라엘 군사 지원 선언에 대응해 OPEC 국가는 단체적으로 원유 수출가 70%로 인상할 것이라고 선언했다.[23] 1973 년에 인상 정책이 마무리되었을 때까지 배럴 당 실질 가격이 $11.27 에서 $47.45 로 321% 급증했다.[24] 유가상승으로 인해 1973 년 한국 소비자물가가 24.7% 증가해서 큰 타격을 받았다고 본다.[25]

제 1 차 석유 파동 여파로 대중동 내부적인 갈등의 중요성을 인정해 한국이 대중동 외교를 적극적으로 추진하기 시작했다. 제 1 차 석유 파동의 타격이 심각한 것에도 불구하고 1980 년에 벌어진 제 2 차 석유 파동이 더욱 폭력적이었다.

1979 년 이란 이슬람 혁명으로 인해 대이란 석유 수입이 다수 감소되었다. 감소는 정권 교체로 인한 혼란과 반서구 국가 감정으로 인해 야기되었던 것이다. 1979 년 말부터 1980 년 중순까지 실질 배럴 당 유가가 $33.30 에서 $86.55 로 늘어났다, (159.9% 인상). 또는 1980 년 이란-이라크 전쟁이 발발해 대이란 석유 수입이 계속

---

[22] "이제는 미래산업 친환경 그린에너지다'", 2010.1.11, <경북일보>.

[23] 정상률 "중동 석유의 정치경제와 한국의 대중동 자원외교", <동서연구> 제 20 권 제 2 호 63-89 쪽.

[24] 정상률

[25] 이영희 "국제유가의 변동이 한국경제에 미치는 영향에 대하여", 위덕대 대학원 학위논문, 2006.8.

감소되었지만 새로운 석유 원조를 이용해 80 년대에 유가가 점진적으로 줄어들었다.[26]

제 2 차 석유 파동보다 제 1 차 쇼크로 유가가 더 오른 것에도 불구하고 한국에 제 2 차 석유 파동은 훨씬 더 심각했다. 1973 년에 한국은 서구 국가와 동맹한 국가 중에 유일하게 대이란 석유 수입 중단을 받지 않았다. 그래서 그것 덕분에 큰 손해를 안 입었다.[27] 하지 만 1980 년대 들어와 전쟁과 혁명이 버러진 탓에 대이란 석유 수입에 거래하는 국가와 상관 없이 유가가 급등하였다. 그래서 1980 년에 한국 소비물가가 28.8%로 증가하였고 나아가 국내 총생산율이 -3.9%까지 하락했다.[28]

석유 파동을 겪으면서 한국은 대중동 석유 수입 의존도를 감소시키고자 했다. 한국 이 석유 수입을 처음으로 시작한 1964 년에 대중동 석유 수입에 전면으로 의존했던 상황으로부터 1994 년에 원조 다변화 정책을 실행해서 44%로 감소하게 되었다.[29] 그래도 2011 년 전까지는 의존도가 다시 늘어나 최근 83%에 달하고 있다.[30] 대중동 석유 수입 의존도가 점차 늘어나는데도 파동으로 인한 손해에 대한 우려가 여전히 담겨 있다.

현 한국 대이란 경제 제재에 대한 기사에서는 제 1 차와 제 2 차 석유 파동을 언급해 서 최근 대이란 석유 중단에 대한 걱정이 팽배한 것으로 보여준다. 막대한 경제적 손실을 들여다보니 자원 외교가 한국의 대중동 논리에 주요적인 요소라고 한다.[31] 하지만 제 2 차 석유 파동이 벌어진지 30 년 넘었다. 그리고 한국이 경제 발전을 거쳐 현재 경제 구조가 1980 년대 구조와 매우 다르다. 게다가 그때 이래로 세계적 원유 원조가 다양해져서 일방적인 수출 중단이 예전처럼 상당한 영향을 끼치지 못할 것이다. 석유로 취약한 인식이 중요하 지만 현재 상황과 일치하지 않으면 정부 계획도 조만간에 반영할 것이다. 정부 내부적인 외교 정책 결정 논리를 파악하고 싶다면 이런 요소를 경제적 예측에 적용해야 할 것이다.

---

[26]정상률

[27]장병옥 미중의 소리 "73 년 석유파동 때 이란 덕분에 큰 타격 안 입었는데"look at the article title itself… 정지영 기자 2011-02-25

[28]이영희 "국제유가의 변동이 한국경제에 미치는 영향에 대하여", 위덕대 대학원 학위논문, 2006.8.

[29]김상태 <중동의 새로운 이해> 1999, 국가안보정책연구소 기획총서.

[30] 30)외교통상부 "What is Energy and Natural Resources Cooperation Diplomacy?" http://www.mofat.go.kr/ENG/policy/energy/overview/energy/index.jsp?menu=m_20_130_10 &tabmenu=t_ 2

[31]장병옥

2.2.2 유가상승에 따른 경제적 영향 분석

유가상승으로 인한 경제적 손실이라고 할 때는 사실 두 가지의 손실이 포함된다. 첫 번 재 손해는 고유가로 인한 생산자본 가격 상승이다. 생산자본 가격이 상승하면 상품가 격도 상승하고 각 상품의 수요 탄력성에 따라 소비량이 줄어든다. 특히 석유의 경우에는 의존하지 않은 상품이 없어서 소비자 수요가 전면으로 감소된다. 그런 탓에 기업이 이득을 볼 수 없게 되고 결국 자본을 확대하지 못하고 구조조정을 실행해야 하는 상황이 발생하게 될 수도 있다. 두 번재 손해는 전자에 비해 간접적이지만 한국과 같은 수출국에 더 우려스러운 것일 수도 있다. 요즘 이란은 대유럽연합국 수출을 대다수 중지시켜서 그의 국내 재조원가가 상승하고 있고 물가가 증가하고 있다.[32] 이어 그 국가들의 대외 수입 수요가 감소할 수 밖에 없다. 이런 식으로 아무리 한국이 대이란 경제 제재에 참여하지 않아도 무역 대상국의 참여를 통해 한국산 타이어와 가전용품과 자동차 등은 팔리기가 힘들어진다. 첫 번재 직접 경제 손실과 두 번재 손실이 합쳐져야 정확한 영향분석을 할 수 있다.[33] 그래서 한국이 대 이란 경제 제재 조치를 실행하지 않더라도 경제적 타격에 대비해야 한다.

석유 파동 여파로 한국 경제의 미약성에 대한 우려가 심각해서 유가상승에 따른 구 체적인 영향분석이 많이 쓰게 되었다. 그 중에 최근 제도적으로 실행한 분석은 산업연구원과 대외경제정책연구원이 실행한 것이다. 각 연구소가 다른 시기에 분석을 했고 결과가 달라서 서로 비교하면 한 개만 고려하기보다 더욱 정확한 결론을 맺을 수 있을 것이다.

산업연구원 주력산업실 2008 년 보고서에 따르면 유가상승 10%에 국내 총생산이 0.09%로 감소한다고 한다. 그리고 보고서가 반복적으로 강조하는 것은 업종별로 유가상승의 영향이 다르다는 것이다. 각 분야마다 석유 의존도 다르기 때문에 유가상승이 철강산업 에는 막대한 타격을 줄수 있지만 반도체에는 많은 영향을 미치지 않을 것이다. 만약에 배럴 당 가격이 $200 에 달하면 (2012 년 5 월 6 일에 $114 두바이유)[34] 가장 미약한 분야인 석유

---

[32] Tovrov, Daniel "Iran Cuts Oil Exports To Germany In 'Counter-Sanction'", (2012.4.11) http://community.nasdaq.com/News/2012-04/iran-cuts-oil-exports-to-germany-in-countersanction.asp x?storyid=133016

[33] 산업연구원 주력산업실, "유가상승에 따른 산업별 영향분석과 대응전략", 산업연구원 (2008)

[34] "Bloomberg Arabian Gulf Dubai Fateh Crude Oil Spot Price",(2012.5.4) <Bloomberg> http://www.bloomberg.com/quote/PGCRDUBA:IND

화학 수출이 913 백만 달러 (1 조 3 백만원가량) 감소될 것이다. 간접적인 경제적 손해와 합치 면 그런 시나리오에서 총 한국 수출액수가 약 84.8 억 달러 (4 조 8 천만원가량)로 줄어들 것이다. 84.8 억 달러 손실은 2011 년 한국 총 수출 액수의 1.5%를 차지하는 것이다.[35]

대외경제정책연구원 박복영 연구의원이 산업연구원 보고서를 삼년 앞서 유가상승에 따른 영향을 분석했다. 2005 년 유가가 2008 년의 절반이었다. 각 보고서 핵심은 다르지만 유가 상승에 따른 국내 총생산 하락을 내다보았다. 박복영에 의하면 유가 10% 상승이 0.5% 국내총생산 하락을 야기할 것이라고 주장했다.[36] 산업연구원에 비해 상당한 피해를 예측하는데도 미래 유가상승이 역사적 파동보다 심각하지 않다고 덧붙었다. 박복영은 "2-3 개월의 단기간에 3-4 배 급등하고 공급물량 차질을 동반한 반면, 최근의 고유가는 장기간에 걸쳐 점진적으로 이루어지고 물량차질이 거의 없어 충격에 대응하기도 비교적 쉽다"고 밝혔다. 그리고 1980 년대에 반해 IT 와 서비스 분야 확대를 통한 15% 석유 의존도 감소를 인정 하면 한국에서 경제가 예전보다 유가상승에 안정한다고 주장했다.

양쪽 분석 중에 유가상승에 따른 영향이 많이 달라서 일반적인 2004 년 IEA(국제 에너지 기구) 분석 결과를 제기하면 도움이 될 수 있다. IEA 보고서는 에너지 전문가 사이 에서 신뢰도가 높다. 현재에 비해 유가가 훨씬 낮은 2004 년에 보고서를 작성하면서 IEA 는 배럴 당 25 달러에서 35 달러 가격 상승을 고려했다. 현재 급증한 유가 상황에는 적용하기가 더 복잡하지만 위 분석에 의거하여 계산해보면 현재 상황에서는 유가의 10% 상승으로 자정해 볼 것이다.[37] 지금까지 제기했던 분석 유가 10% 상승에 따른 총생산 하락을 요약하면 산업연구원 0.09%와 대외경제정책연구원 0.5%와 IEA 0.075%-0.1% 하락을 할 수 있 다.

국민을 보호하는 대표로서 경제적 피해가 적더라도 정부는 유가상승을 중요시해야 하지만 활발히 참여해도 한국이 1979 년

---

[35] "The Republic of Korea: Economy", <CIA World Factbook>. https://www.cia.gov/library/publications/the-world-factbook/geos/ks.html

[36] (2005.3.6) "최근 고유가와 1970 년대 오일쇼크의 비교" <오늘의 세계 경제> KIEP 대외경제정책연구원 제 05-01 권.

[37] Maeda, Akira; Tezuka, Tetsuo "Analyzing the Oil Price-GDP Relationship and its Historical Changes", (2005.7.5) International Energy Workshop 2005.

6.78% 경제 성장률에서 -1.49% 성장률 급감과 괴리가 있는 상황이다.[38]

통계 분석 결과를 정하고 비교하기는 간단한데 경제적 피해에 대한 사람의 인식을 정하기는 어렵다. 여기서도 국내 학계와 대외 학계 간에 한 차이점이 생길 수 있다. 즉 한국에 심각한 피해가 타국에서는 적다고 할 수 있다. 예를 들면 실업률에 있어서는 미국이 현재 시달리는 8.1%[39] 실업률을 해결해야 한다고 하지만 한국도 미국에 비해 현저히 낮은 3.7% 실업률에도 불구하고 미국보다 더 많은 논란을 불러일으키고 있다.[40] 한국의 대중동 외교 정책 결정 과정을 파악하고 싶다면 유가상승에 따른 경제적 영향뿐만 아니라 주관적인 인식도 고려해야 한다. 제 1 차와 제 2 차 석유 파동의 역사를 살펴보면 현재 일반 시민의 인식을 어느 정도 모색할 수 있지만 외교 정책을 결정하는 사람의 인식을 쉽게 알아볼 수가 없다. 정부 기구로서 외교통상부가 내부적인 갈등이나 노골적인 말을 공개하지 않고 있다. 이런 상황에서 간접적으로 검토할 수밖에 없다. 2010 년 다른 대이란 경제 제재 조치에 대한 선언을 찾으면 유익하다. 오늘날 대이란 경제 제재와 비슷하게 유엔 안보리 결의 1929 호가 이란의 핵개발을 목적으로 삼아 있었다. 그에 대비해 외교통상부가 다음과 같은 발표를 했다: "정부는 앞으로 이란과의 정상적이고 합법적인 거래를 원활히 이루어지도록 하는 한편, 2010.8.26 일부터 시행중인 국내 중소 수출입업체에 대한 지원방안을 차질 없이 시행하는 등 우리기업들의 피해를 최소화해 나갈 것입니다."[41] 이런 주장에는 의미가 있지만 구체적인 이야기와 정확한 입장이 결핍되어 있다. 다가오는 유가 위기에 대한 내부적인 입장을 알아보기 위해서 2012 년에 공개된 외교통상부 내부 문서를 보아야 한다.

---

[38] “GDP Growth for the Republic of Korea" <WDI and GDF 2010>, World Bank, http://data.worldbank.org/data-catalog#Tables

[39] "Employment Situation Summary, May 4, 2012", U.S. Bureau of Labor Statistics http://www.bls.gov/news.release/empsit.nr0.htm

[40] 40)Seo, Eunkyung "South Korea's Unemployment Rate Rose to 3.7% in February", (2012.3.14) <Bloomberg> http://www.bloomberg.com/news/2012-03-13/south-korea- s-unemployment-rate-rose-to-3-7-in-february.html

[41] (2010.9.8) “유엔 안보리 결의 (1929 호) 이행 관련 정부 발표문” 외교통상부 관계관 합동.

2.2.3 1979-1981 이란 인질 사건과 한국 외교통상부 대응

1979 년에서 1981 년 사이를 대할 때는 최근과 유사한 점이 뚜렷이 나온다. 주이란 미 대사권 인질 사건이 벌어져 미국 정부가 일방적으로 자국의 대이란 금융 거래를 금지했다. 대사관원 석방을 목표로 삼아 미국 정부는 이란 대상으로 경제적 압박을 가했다. 갈수록 대이란 경제 제재 조치를 강화해서 카터 대통령이 1980 년 4 월 7 일 공식적으로 한국의 대이란 경제 제재 참여를 요청했다.[42] 한국뿐만 아니라 모든 국가가 같은 요청을 받았는데 1980 년 중순 전까지 유럽연합국과 일본은 수락했다. 석유 분야를 제외하고 한국은 어느 정도 대이란 경제 정책을 줄였지만 미국 요구에도 불구하고 정상적인 대이란 외교 관계를 유 지했다.[43]

현재와 마찬가지로 1980 년에 한국이 제재 참여 요청에 직면해 모호한 대응을 드러 내면서 최대한 지연을 하고자 했다. 1970 년대에 이란에서 한국의 대표적인 투자 사업은 건 설이었다. 그래도 1979 이란 혁명 여파로 24 개 건설 기업 중에 19 개가 철수했다.[44] 혁명 발발되기 전에 한국 건설 회사 직원 1 만 3 천명이 이란에서 일하고 있었다. 1980 년 6 월까지 한국 국민은 총 934 명만 남아 있었다.[45]

한국 건설 기업 철수는 미국 요청에 수락하는 것을 암시하지만 그와 반대로 인질 사건 기간 동안에 한국 대이란 석유 수입이 확대되었다. 이런 식으로 한국은 매우 역설적인 노선을 진행해왔다. 1981 년 1 월까지 미국과 이란은 협정을 맺어서 인질을 석방시켰다. 1979 년 일당 평균 5 만 4 천 배럴 도입량에서 1980 년에 7 만 4 천 배럴에 도달했다. 1981 년 8 월 18 일 보고서에 의하면 5 만 배럴로 줄어들었다고 밝혔다.[46]

---

[42] "제 111 문서 1980.6.30" <10187-이란 사태 관련 한-이란 관계, 1979-1980: 미국의 대이란 단교 및 경제 제재 조치에 따른 한.이란 우호관계 유지 및 강화 방언> 외교통상부 중동담당관실

[43] "제 128 문서 1980.10.6" <10187-이란 사태 관련 한-이란 관계, 1979-1980: 미국의 대이란 단교 및 경제 제재 조치에 따른 한.이란 우호관계 유지 및 강화 방언> 외교통상부 중동담당관실

[44] "제 104 문서 1980.5.30" <10187-이란 사태 관련 한-이란 관계, 1979-1980: 미국의 대이란 단교 및 경제 제재 조치에 따른 한.이란 우호관계 유지 및 강화 방언> 외교통상부 중동담당관실

[45] "114 문서 1980.8.21" <10187-이란 사태 관련 한-이란 관계, 1979-1980: 미국의 대이란 단교 및 경제 제재 조치에 따른 한.이란 우호관계 유지 및 강화 방언> 외교통상부 중동담당관실

[46] "제 46 문서 1981.8.18" <10128-이란산 원유도입> 외교통상부 국제경제 담당과

한국 내부적 대이란 외교 관계에 대한 논의를 1980 년대 석유 수입 확대에 반영했다. 1980 년 4 월에 강해지는 미국 요청에 대응해 외교통상부가 대이란 원리를 정했다. 첫 번재 원리는 "정치, 안보, 경제적 차원에서 미국의 적극적인 협력과 지원이 필수 불가결"이라고 주장했다.[47] 그런데 "이란측에 대한 악감정 유발 방지"를 목표로 삼아 "가능한 한 지연책을 모색"할 거라고 주장했다. 악감정 유발을 방지하기 위해서 한국은 교역 거래를 유지 했는데 미국 요청과 국제 사회의 강경 자세 때문에 조심스럽게 해야 했다. 즉 기존의 신용 장기개설 상품 선장의 경우에는 한국 기업 대상으로 "최대한 지연" 대책을 제시했고 "부득 이한 경우 은밀히 선적"하라고 밝혔다. 1980 년 5 월 7 일 내부 문서에 따르면 미국으로부터 감시를 피하기 위해서 한국에서 대이란 수출 상품을 반출할 때 직접적으로 선편으로 하지 말고 제 3 차 항구로 다시 반출하라고 지시했다. 또는 대이란 경제 제재를 개방한 이후에도 1980 년과 1981 년 대이란 교역에 대한 통계 기록 공개를 금지시켰다. 그리고 외교통상부는 국제 사회가 대이란 제재를 실행하는 한 한국 수출업체들에 손실이 있을 것이라고 예상해서 미국 측으로부터 보상을 대비했다. 예를 들어 대이란 교역 전면 중단의 경우에는 섬유 및 신발류에 해당하는 대미 수입규제 완화를 요청할 것이라고 밝혔다. 그를 통해 불가피할 경 제 손실을 어느 만큼 완화할 수 있겠다고 논의했다. 그리고 미국으로부터 대이란 석유 수입 을 전면 중단을 요구하면 "원유 대체도입에 대해 대미 특별지원 요청"을 대책을 마련할 것이라고 덧붙었다. 이런 방식으로 미국 억지에도 불구하고 한국 경제 활동을 활발히 진행하도록 해서 한국 정부의 경제적 손해에 대한 걱정이 드러난다.

주이란 미국 대사관 인질 사건이 종료된 지 30 년 넘었는데 현재 대이란 경제 제재 들에 관한 한국 정부 입장이 많이 변하지 않았다고 본다. 이번에도 한국은 미국 동맹국 중 에 유일하게 이란과 가능한 한 외교 관계를 정상적으로 유지하고 있다. 또는 2012 년 2 월 박기영 한국투자증권 에너지 분석가에 의하여 한국 수출 업계에 "대이란 거래가 경제 제재로 인해 불가능해진 때가 없습니다. 언제나 수출 기업들은 대이란 수출 방법을 찾습니다. 보통 일본과 같은 제 3 차 국가를 통해 지불 결제를 처리할 수 있습니다"라고 주장해서

[47] "제 38 문서 1981.12.31" <26842-한.이란 경제 통상 협력, 1981: 미국의 대이란 경제제재 조치 해제에 따른 대이란 정책 재검토문제 포함> 외교통상부 지역통상 담당과

한국 기업은 여전히 간접적으로 대이란 수출을 할 수 있음을 암시했다.[48]

또 하나의 유의할 만한 점은 지난 30 년 동안에 이란 대상으로 새로운 한국 경제적 활동에 도전하는 것이다. 예전부터 한국이 지배해오던 가전용품과 조선 분야에 상륙한 중국은 이제 대중동 건설 업체 확대도 추진하고 있다. 예전에 비해 한국은 최근 건설 기술 수출에 의존하지 않지만 그분야가 중국에 넘어가면 큰 손실을 예상하고 있다. 또는 대이란 자동 차와 플랜트 수출 강세를 잃고 싶지 않기 때문에 어부지리로 중국 상품 수입을 확대하는 시나리오를 예방하고자 한다.[49]

1980 년과 같은 상황이 다시 일어나고 새로운 위협이 부상되면서 제 2 차 한국 지연 정책이 나타났다. 30 년 전에 한국이 단교를 하지 않음으로 큰 성공을 얻을 수 있었었다. 대표 적인 수출품인 키아 프라이드라는 자동차가 1992 년 이란에 도입되어 2009 년 전까지 이란 승용차의 시장 점유율 47%를 장악하고 있다.[50] 대이란 외교 정책을 맺으면서 기존의 고수 익과 석유 수입 중단의 잠재적 손해를 감안할 수밖에 없다. 이 실용적인 요인이 한국 현실주의 태도와 합쳐져서 대이란 관계를 정상적으로 유지하고자 할 의욕이 강해질 수밖에 없다.

2.3. 미국 패권주의에 대한 우려와 미국 대중동 강경정책에 대한 비판

한국의 대이란 외교 정책 분석에서는 현실주의 태도와 경제적 이익만 포함시키면 대다수의 문제점을 이해할 수 있지만 완전한 상황을 파악할 수가 없다. 마지막 한 가지 좌우하는 요소가 있는데 외국 학자 분석에서 잘 언급되지 않아서 간과하기가 쉽다. 이 요소는 미국 패권주의에 대한 우려이다.

오바마와 이명박 대통령은 서로의 편에 서 있을 때는 의심스러운 관계는커녕 전 세계적으로 가장 친밀한 동맹 관계 중에 하나를 보여주고자 한다. 게다가 주요 언론 매체나 외국 언론사를 고려하면 양국의 공식적인 입장과 일치하지 않은 입장을 찾기가 힘들다. 미

---

[48] "'Iran sanctions won't hurt Korean exports'", (2012.2.9) <The Korea Herald/Asia News Network>
http://www.asiaone.com/News/AsiaOne%2BNews/ Asia/Story/A1Story20120209-326775.html

[49] "美 이란제재로 中만 `어부지리`", (2011.3.2) <이데일리>
http://www.edaily.co.kr/news/NewsRead.edy

[50] "중동의 탈석유화 전략 및 중소기업 육성 현황" (2012.4.5) 대한무역투자진흥공사

국은 강대국인 실태와 한국은 상대적 약소국인 실태를 숨기는 것이 아니지만 보통 논의에서 자주 나타나지 않는다. 특히 미국에서는 중국을 제외해 양국 간 국력 격차로 일어난다는 얘 기가 공개적인 담론에 없다. 그나마 한국 국내에서는 미국 패권주의와 그에 해당하는 대외 강경정책에 대한 우려가 극단주의자의 인기가 없는 입장이 아니라 주류 입장이 되어버린 것이다. 그리고 그런 입장이 한-이란 외교 관계에 직접적인 영향을 미치고 있다.

한-이란 양국 관계 밑바닥에서는 강력한 공감이 있다. 문화가 다르고 정부 형태가 다르고 외교 정치적 자세가 다른데도 세계적 권력 분배에서 비슷한 위치를 잡고 있는 것으로 근본적인 정서가 같다고 한다. 주변국으로부터 위협을 느끼고 고래 사이에 낀 새우인 형 태를 묘사하면서 장병옥 교수는 "무엇보다 외세의 압박을 많이 받았던 쓰라린 역사적 경험 때문에 민족 정서가 닮았다고 느끼는 적 같다"고 주장했다. 이와 같은 시각을 정하니 장 교수가 이란 편을 들어 대중동 정책을 함부로 가하는 미국에 반대하면 좋겠다고 주장한다. 심지어 한국 대이란 외교 관계를 요약하면서 형제 관계라고 할 정도로 우정이 많다고 밝힌 다.[51] 한 사람의 주장을 온 한국 국민으로 일반화시킬 수가 없지만 대표적인 논술과 편집을 통해 대이란 공감과 미국 패권주의에 대한 의심이 주류에 있다는 현실을 인정할 수 있다. 미국이 패권국으로서 강대국이나 약소국이나 상관없이 자국 국익을 최대화시키기 위해서 손해를 가할 경향이 있다고 분석하였다.

이와 같은 미국의 약소국에 대한 일방적 제재나 무력행사는 미국 대중동 정책에서 쉽게 찾아볼 수 있다. 1999 년 실크 로드 계획안과[52] 대이스라엘 군사 원조와 인도 핵개발 을 반대하지 않는 것을 비롯한 꾸준한 패권 확대 전략이 추진되었다.[53] 여기서는 미국이 원조가 도구로서 작용하여 미국의 국익과 패권에 위협을 제기하는 국가를 약하게 만들 목적으 로 이용된다.

대중동 원조 정책과 대이스라엘 군사적 원조가 일반 국민의 생활에 나타나지 않기 때문에 패권국에 대한 우려가 극소수의 정치화된 사람에 제한된다고 주장할 수 있다. 하지만 사실상 미국 패권을 우려하는 정서가 중동국가 자체와 특별한 관계가 없다. 물론

---

[51]장병옥 미중의 소리 "73 년 석유파동 때 이란 덕분에 큰 타격 안 입었는데"look at the article title itself… 정지영 기자 2011-02-25

[52] "미국의 대이란 정책: 부시 행정부와 오바마 행정부를 중심으로", <중동연구> 2010 년 제 29 권 3 호.

[53]윤형호 "이란 및 북한의 핵문제와 오바마 행정부" 중동연구 2010 년 제 29 권 3 호.

최근 들어와 미국이 대중동 국가와 사이에 충돌이 많아지면서 미국 패권에 대한 의심이 강화됐지만 이미 이전에 존재하고 있었다. 미국 패권을 우려하는 가장 중요한 이유는 한반도의 분단이다.

언젠가 외교 정치 문제에 북한을 포함시킬 때 위험할 수도 있지만 여기서 적절하다고 본다. 이런 면에서는 또 하나의 국내 학계와 대외 학계 분석 간에 차이점을 인정할 수 있다. 외국 학자들은 남한보다 북한을 고려한다는 방향을 볼 수 있지만 오히려 남한 국내 정치에 북한의 영향을 충분히 고려하지 않고 있다. 그러나 어떤 전략적 요충지에서 자국 안보를 보장한다는 핑계로 상대적 약소국에 봉쇄 정책을 가하는 강대국이라면 미국의 대북 관계라는 생각이 들지 않을 수가 없다.

대이란 경제 제재와 대북 경제 제재 중 같은 맥락으로 볼 수 있지만 더욱 깊이 살 펴보면 미국의 남북 분단 정책이 더욱 적합하다고 본다. 그리고 한국 정서와 주요 외교 정치 성향을 알아보고 싶다면 분단에 대한 감정이 세밀한 제재 전략보다 실생활에 관련되어 있어서 주목할 만하다. 통일에 있어서는 미국 대사관들은 수차례로 지지하고 있다고 주장해 왔다. 최근 2011 년 4 월에 캐슬린 스티븐스 전 주한 미대사는 "we support reunification - too long postponed, too long delayed, too tragically prolonged - by peaceful means and in accordance with the wishes of the Korean people." (우리가 한반도 사 람들이 원한 대로 평화적 통일을 지지합니다. 너무나 늦추었고 지연된 통일입니다.)이라고 공언했다.[54] 그래도 분단이 미국에 국익이라는 주장이 여전히 주류이다. 미국 공식 입장에 대응해 반복되는 입장이 분단된 한반도가 미국 동북아 전략에 유익하고 미국과 지나치게 친밀한 동맹국 일본에 유일하다는 것이다. 그에 따르면 남북한 사람들이 막대한 고통을 겪어도 미국 패권이 자국 안보를 우선시하기 때문에 아무렇지도 않다고 생각한다. 그런 주장이 이미 대북 맥락에 적용하기가 흔해졌으면 한반도 외에도 적용하는 것은 당연할 생각이다.

미국의 한반도 분단 지지론 논리를 이란에 적용하면 대이란 경제 제재를 반대할 수 밖에 없다. 북한의 위협에 맞서 일본을 보조하고 분단을 고착하는 미국이 대이란 북한 개발 위협을 우선시하고 이스라엘의 편을 들 것이다. 우연히 일본과 이스라엘은 역사적으로 미국과 매우 친한 동맹국이기 때문에 서로 관계를 시키기가 어렵지

---

[54] Ramstad, Evan "U.S., Japan, Russia on Reunification: Good!", (2011.4.8) <Wall Street Journal> http://blogs.wsj.com/korearealtime/2011/04/08/u-s-japan-russia-on-reunification-good/

않다. 윤형호 국방대학교 교수는 이스라엘-미국 동맹관계 기반을 묘사하면서 냉전 시대 고난 속에서 맺은 전략적 관계와 반서구 운동에 반대하는 공동점과 주미 유대인 세력을 지적했다.[55] 동아시아 맥락에서 일본은 그 세 가지 기반 중에서 첫 두개도 보유하고 있다고 본다. 북한의 경우에서 민족주 의와 공동의 역사가 중요한 영향을 미치고 있는데 이란을 둘러싼 우정과 최근 문화 교류가 비슷한 역할을 하고 있다. 2010 년 8 월 9 일 인터뷰에서 주한 이란 대사는 한-이란 우호 관 계를 언급하면서 "친구는 어려울 때 등 돌리지 않는 법이다. 친구는 항상 친구로 남아 있는 것이다"고 주장해 우정을 명백히 강조했다.[56] 대이란 문화 교류는 생각보다 논술에서 자주 나온다. 하나같이 대이란 정서에 관한 에세이에서 드라마 "주몽"과 "대장금"의 인기를 지적하였다.[57] 주몽이라는 드라마가 2009 년 이란에서 방송되었을 때 85%의 시청률을 기록했다고 한다.[58] 남북 공동된 역사와 비교도 안 되는 상황이지만 최근 우정과 문화 교류를 바탕 하고 있는 우호적인 분위기를 깨고 싶지 않다는 목소리가 있다.

한반도 분단의 틀로 보면 미국의 대이란 공격적인 제재가 단지 또 하나의 패권의 정당화할 수 없는 이기적인 행위라고 생각할 수 있다. 이 사고를 염두에 두어 기자와 학자 의 글에서 미국의 대중동 자세에 대한 우려가 발생하곤 한다. 그런데 또 하나의 요소는 미국 대이란 외교 정책 사업에 대해 우려를 일으킨다. 한국 국내에서 미국 패권을 바라보면서 패권 위치 자체와 미국의 구체적 대외 정책을 구별되고 있다. 외교나 소프트 파워를 자주 택하지 않는다고 하면서 미국 강경정책이 우려를 야기한다.

특히 부시 전 대통령이 일방적 외교 자세를 취한 이후 한국에서 미국 강경정책에 대한 반감이 심해졌다. 락 밴드 크라잉넛의 "룩셈부르크"라는 노래에서 강조했듯이 "전쟁을 많이 하는 아메리카"가 국제법원에 소송을 제기하는 것이나 평화적 외교를 동원해 이란 핵 개발 문제를 해결하기보다 무력을 선호하는 것으로 악명높다.[59] 이에 따라 미국이 최근 대 이란 추가 제재를 실행하고

---

[55] 윤형호 "이란 및 북한의 핵문제와 오바마 행정부" 중동연구 2010 년 제 29 권 3 호.

[56] “인터뷰: 바크티아리 주한 이란대사”, (2010.8.9) <연합뉴스>.

[57] 강성수 “이란, 문구류 시장 전망 밝아”, (2010.4.29) 대한무역투자진흥공사 보도자료

[58] 신나리 "[전운 감도는 테헤란을 가다 4 信]수교 50 돌 이란에도 한류열풍… 한국인 보면 '주몽' '대장금'" (2012.3.16) <동아일보> http://news.donga.com/3/all/20120316/44805263/1

[59] 유달승 "미국의 대이란 정책: 부시 행정부와 오바마 행정부를 중심으로", <중동연구> 2010 년 제 29 권 3 호.

싶다고 하니 한국 국내에서 즉각 반대를 초래했다. 이면에서도 미국의 대이란과 대북 정책 간에 공동점이 보인다. 스티븐스 전 대사의 주장에도 불과하고 미국 북진통일론이 아직 한국 국내에서 자리를 잡고 있다. 이명박 정권이 들어온 후 미국과 한국 대북 정책에 더욱 일치하게 되었지만 유연정책보다 강경정책을 선호하는 미국이라는 비판이 희박하지 않다.

또 하나의 미국 대이란 강경정책에 대한 우려를 악화시키는 요소는 한국 보수진영 의 대북 강경정책을 보조하기 위해서 대이란 강경정책을 택해야 한다는 직접적인 주장이다. 미래에 군사적 충돌이 나면 대이란 제재를 가했다는 이유로 대미 지원을 정당화할 수 있으면 유익하다고 한다.[60] 1980 년에 대이란 경제 제재 요청에 대해 논의하면서도 군사 정권은 안보 차원에서 미국의 적극적인 협력과 지원이 필수 불가결이라는 상태가 참여할 이유라고 했다.[61] 이런 식으로 한국 국내 세력이 대이란 강경정책과 인기가 없는 대북 강경정책에 일관성을 강조해서 전자를 무조건 반대하는 이유가 되어버렸다. 대북과 대이라크와 대아프가 니스탄 강경정책에 서로 연결을 시키게 되어서 이란을 대상으로 불가피하게 단호한 정책을 우려할 수밖에 없다.

3. 결론

한국은 현실주의적인 태도를 택하여 대이란 경제 제재 참여로 인한 경제적 득실과 미국의 독특한 패권 외교를 감안해 곧 미국이 요청하는 대로 동참할 확률이 낮다고 본다. 6 월 28 일까지 미국 정부는 제 3 차적인 미국 금융 시장 제재에서 제외할 국가를 결정해야 하는데 그 전에 한국은 더욱 적극적으로 대이란 제재에 참여하지 않으면 문제가 발생할 것이다. 한국이 미국으로부터 금융 시장에서 제외하는 제재를 받는 것이 이례적이다. 이에 따라 한국은 제재를 피하기 위해서 최소한의 참여 방법을 마련할 것이라고 판단한다.

앞으로 한국은 어떤 대이란 외교 정책을 취해야 할 것인지 아니면 올바른 대이란 자세가 무엇인지는 이 연구 범위 밖이다. 국내와 국외 학계 간에 양해를 확대하고 더욱 세밀한 한국 외교 분석을 목표로 삼고 있는데 규범적인 진술은 정치인의 책임이다.

---

[60] 문순보 "미국의 이란 제재와 한국의 선택: 성숙한 동맹을 위한 제언", <정세와 정책> 2010 년 9 월호

[61] "제 38 문서 1981.12.31" <26842-한.이란 경제 통상 협력, 1981: 미국의 대이란 경제제재 조치 해제에 따른 대이란 정책 재검토문제 포함> 외교통상부 지역통상 담당과

대이란 핵 개발 문제에 있어서는 가장 중요한 점은 평화적 해소이다. 한국이 중립 적인 태도를 갖게 되든 미국 강경정책을 우려하든 비핵화를 이루려면 서로 상대방의 입장을 이해해야 한다. 특히 미국에는 한국 내부적인 논의를 충분히 접하지 않으면 오해와 충돌이 벌어질 수밖에 없다. 미국에서는 대이란 핵무기 개발에 맞서 제재 강도만 주목하면 핵무기를 수용할 수 있다는 한국과 효과적인 논의를 수행할 수 없다.

이란-이스라엘 전쟁이 임박해지면서 한국과 미국 간 의견 차이가 탁상공론이 아닌 곧 해결해야 할 문제가 되었다는 점을 간과하면 안 된다.

참고 문헌

"이란, 문구류 시장 전망 밝아", (2010.4.29) 대한무역투자진흥공사 보도자료 "경북도 '이제는 미래산업 친환경 그린에너지다' ", 2010.1.11, <경북일보>.

"대이란 유엔 안보리 결의 (1929 호) 이행 관련 정부 발표문" (2010.9.8) 외교통상부 관계관 합동 보도자료.

문순보 '미국의 이란 제재와 한국의 선택: 성숙한 동맹을 위한 제언', <정세와 정책> 2010 년 9 월호 "美 국방수권법상 대이란제재 예외인정국 발표 관련" 제 12-245 호, (2012.3.21)

박복영 (2005.3.6) "최근 고유가와 1970 년대 오일쇼크의 비교" <오늘의 세계 경제> KIEP 대외경제정책연구원 제 05-01 권.

유달승 "미국의 대이란 정책: 부시 행정부와 오바마 행정부를 중심으로", <중동연구> 2010 년 제 29 권 3 호.

장병옥 "73 년 석유파동 때 이란 덕분에 큰 타격 안 입었는데", (2011.2.25) <미중의 소리>. 정상률 "중동 석유의 정치경제와 한국의 대중동 자원외교", <동서연구> 제 20 권 제 2 호 63-89 쪽.

윤형호 "이란 및 북한의 핵문제와 오바마 행정부", <중동연구> 2010 년 제 29 권 3 호, 25-61. 오수연 "이라크 파병, 아랍권 전체 원망살 것", (2004.7.3) <프레시안>.

"제 31 문서 1980.4.16" <이란 사태 관련 한-이란 관계, 1979-1980: 미국의 대이란 단교 및 경제 제재 조치에 따른 한.이란 우호관계 유지 및 강화 방언> 외교통상부 중동담당관실

유현민 "인터뷰: 바크티아리 주한 이란대사", (2010.8.9) <연합뉴스>.

산업연구원 주력산업실, "유가상승에 따른 산업별 영향분석과 대응전략", 산업연구원 (2008)

손주영, 김상태 <중동의 새로운 이해> 1999, 국가안보정책연구소 기획총서.

유현민 "인터뷰: 바크티아리 주한 이란대사", (2010.8.9) <연합뉴스>.

윤형호 "이란 및 북한의 핵문제와 오바마 행정부" 중동연구 2010 년 제 29 권 3 호.

이영희 "국제유가의 변동이 한국경제에 미치는 영향에 대하여", 위덕대 대학원 학위논문, 2006.8.

장병옥 미중의 소리 "73 년 석유파동 때 이란 덕분에 큰 타격 안 입었는데"look at the article title itself… 정지영 기자 2011-02-25

"중동의 탈석유화 전략 및 중소기업 육성 현황" (2012.4.5) 대한무역투자진흥공사

“제 38 문서 1981.12.31” <26842-한.이란 경제 통상 협력, 1981: 미국의 대이란 경제제재 조치 해제에 따른 대이란 정책 재검토문제 포함> 외교통상부 지역통상 담당과
“제 46 문서 1981.8.18” <10128-이란산 원유도입> 외교통상부 국제경제 담당과
“제 104 문서 1980.5.30” <10187-이란 사태 관련 한-이란 관계, 1979-1980: 미국의 대이란 단교 및 경제 제재 조치에 따른 한.이란 우호관계 유지 및 강화 방언> 외교통상부 중동담당관실
“제 111 문서 1980.6.30” <10187-이란 사태 관련 한-이란 관계, 1979-1980: 미국의 대이란 단교 및 경제 제재 조치에 따른 한.이란 우호관계 유지 및 강화 방언> 외교통상부 중동담당관실
“제 114 문서 1980.8.21” <10187-이란 사태 관련 한-이란 관계, 1979-1980: 미국의 대이란 단교 및 경제 제재 조치에 따른 한.이란 우호관계 유지 및 강화 방언> 외교통상부 중동담당관실
“제 128 문서 1980.10.6” <10187-이란 사태 관련 한-이란 관계, 1979-1980: 미국의 대이란 단교 및 경제 제재 조치에 따른 한.이란 우호관계 유지 및 강화 방언> 외교통상부 중동담당관실
Dreyfuss, Richard. "The Push to Isolate Iran", 2010.5.24 <The Nation>.
Maeda, Akira; Tezuka, Tetsuo "Analyzing the Oil Price-GDP Relationship and its Historical Changes", (2005.7.5) International Energy Workshop 2005.
United States. Cong. Senate. H.R.1540: the National Defense Authorization Act for Fiscal Year 2012. 112th Cong., Sec. 1245: Imposition of Sanctions with respect to the financial sector of Iran. Washington: GPO, 2011. Print.
Zarate, Juan. "Beyond Sanctions", 2010.10.4 <National Review>.

인터넷 자료
“美 이란제재로 中만 `어부지리`” , (2011.3.2) <이데일리>
http://www.edaily.co.kr/news/NewsRead.edy
“'Iran sanctions won't hurt Korean exports'”, (2012.2.9) <The Korea Herald/Asia News Network> http://www.asiaone.com/News/AsiaOne%2BNews/Asia/Story/A1Story20120209-326775.html
신나리 "[전운 감도는 테헤란을 가다 4 信]수교 50 돌 이란에도 한류열풍… 한국인 보면 '주몽' '대장금'" (2012.3.16) <동아일보> http://news.donga.com/3/all/20120316/44805263/1
“이란핵문제 관련 한 · 미간 협의(미측 대표단 방한)” , 제 12-28 호, (2012.1.17).

http://www.mofat.go.kr/news/pressinformation/index.jsp?menu=m_20_30
외교통상부 "What is Energy and Natural Resources Cooperation Diplomacy?"
http://www.mofat.go.kr/ENG/policy/energy/overview/energy/index.jsp?menu=m_20_130_10&ta bmenu=t_2
외교통상부 북미국 공보 · 홍보 담당관(북미국 심의관)
http://www.mofat.go.kr/news/pressinformation/index.jsp?menu=m_20_30
"Bloomberg Arabian Gulf Dubai Fateh Crude Oil Spot Price",(2012.5.4) <Bloomberg> http://www.bloomberg.com/quote/PGCRDUBA:IND
Cho, Meeyoung; Kao, Jeanny "S.Korea, Taiwan, S.Africa cut Iranian oil imports", (2012.3.22)
Reuters
http://uk.reuters.com/article/2012/03/22/idUKL3E8EM2FA20120322
"CNN SUNDAY MORNING: Presidents Obama and Lee Hold Press Conference; Seoul Nuclear Security Summit; Cheney Gets Heart Transplant", (2012.3.25)
http://transcripts.cnn.com/TRANSCRIPTS/1203/25/sm.01.html
Elkus, Adam "Walt and Unreal Realism", (2012.5.1)
http://rethinkingsecurity.tumblr.com
"Employment Situation Summary, May 4, 2012", U.S. Bureau of Labor Statistics
http://www.bls.gov/news.release/empsit.nr0.htm
"GDP Growth for the Republic of Korea" <WDI and GDF 2010>, World Bank,
http://data.worldbank.org/data-catalog#Tables
Ramstad, Evan "U.S., Japan, Russia on Reunification: Good!", (2011.4.8) <Wall Street Journal>
http://blogs.wsj.com/korearealtime/2011/04/08/u-s-japan-russia-on-reunification-good/
"Resolution 1696: Security Council demands Iran suspend uranium enrichment by 31 August, or face possible economic, diplomatic sanctions", (2006.7.31)
http://www.un.org/News/Press/docs/2006/sc8792.doc.htm
Sedghi, Ami "Iran oil exports: where do they go?", (2012.2.6) <The Guardian>.
http://www.guardian.co.uk/news/datablog/2012/feb/06/iran-oil-exports-destination
Seo, Eunkyung "South Korea's Unemployment Rate Rose to 3.7% in February", (2012.3.14)
<Bloomberg>
http://www.bloomberg.com/news/2012-03-13/south-korea-s-unemployment-rate-rose-to-3-7-in-february.html

"The Republic of Korea: Economy", <CIA World Factbook>. https://www.cia.gov/library/publications/the-world-factbook/geos/ks.html

Tovrov, Daniel "Iran Cuts Oil Exports To Germany In 'Counter-Sanction'", (2012.4.11) http://community.nasdaq.com/News/2012-04/iran-cuts-oil-exports-to-germany-in-countersa nction.aspx?storyid=133016

선군정치와 개혁

박웅민 (PAUL PARK)

MA, Korean for Professionals, University of Hawaii at Manoa, 2011

NORTH KOREA'S MILITARY-FIRST POLICY AND REFORMS

North Korea's 'military-first' policy has been the central policy of Kim Jong-il's regime. This policy was intended to help North Korea attain national security and develop a self-sufficient economy. The military-first policy was also a means to provide legitimacy to Kim Jong-il's leadership as well as regime survivability. However, while the military-first policy was able to produce short-term achievements such as economic aid, it failed to provide a long-term, stable society.

This paper will discuss North Korea's military-first policy and the reforms that were implemented to supplement the policy. The paper will address the policy's historical background and how its significance had changed over the years. The paper will also describe the functions of the policy as well as assessing its results. Though there are differing views on the efficacy of the military-first policy, the paper will weigh the policy's merits and flaws from the view of both the state and its people. After a thorough assessment of the policy, the paper will finally offer a brief prediction on Kim Jung-un's regime.

Now with the leadership transition complete in North Korea, it is necessary and appropriate to analyze what type of regime the new leadership will produce. Therefore, an analysis of the past regime's policy is needed in order to deduce a sound prediction. However, the reader must note that data and resources on North Korea are limited due to a lack of transparency and the country's seclusive nature. Research for this paper was mostly done through thesis papers, news articles, and internet websites.

1. 서론

1990 년대 초반, 북한이 대외적으로 체제위협을 받고 대내적으로 최악의 경제적 상황에 부딪치게 되면서 북한붕괴론이 활발하게 제기되었다. 1994 년 김일성의 사망과 더불어 90 년대 초반에는 대외적인 측면에서 미소 냉전종식과 독일 통일, 그리고 구소련을 비롯한 여러 동구권의 사회주의 국가들의 붕괴 등 국제정세가 급속하게 변화됨에 따라 북한은 사회주의 체제의 위기에 직면하게 되었다. 또한 1994 년 제 1 차 북핵 위기 때부터 미국의 압박이 시작됐고, 특히 군사적 위협은 북한체제에 있어 불리한

KLFC MA Scholarly Papers 3.

대외환경으로 작용했다[1]. 동구 사회주의 국가의 붕괴는 북한의 대외무역구조의 붕괴를 의미했다. 그와 동시에 북한의 대외 자본축적의 원천이 일순간에 사라졌다. 특히 소련이 해체되면서 국가경제의 상당 부분을 소련에 의존하고 있던 북한은 상당한 타격을 받았고 경제위기를 겪게 된다[2]. 1986 년부터 1990 년까지 구소련은 북한의 총 대외무역량의 60%를 차지하는 가장 큰 무역 상대국이었다[3]. 더불어 1995 년과 1996 년에 걸쳐 발생한 대홍수와 1997 년의 큰 가뭄으로 인해 북한 많은 아사자가 발생하고 식량난을 겪게 되었으며 이는 북한의 경제위기를 가중시켰다[4]. <표 1>에서도 알 수 있듯이 북한은 1990 년부터 9 년 연속으로 마이너스 경제성장을 거듭해왔으며, 그 근본적인 내적 요인은 무엇보다 사회주의적 소유방식에 따른 생산력 저하와 중앙집권적 계획경제의 조정능력 상실에서 비롯된 것이다[5]. 사회적으로 1995 년부터 1998 년까지는 소위 '고난의 행군[6]'으로 인해 탈북자 수가 크게 증가했다. 북한의 김정일 주석은 이 열악한 상황을 대처할 수 있는 통치제도와 김일성의 주체사상을 대체할 수 있는 체제가 시급했으므로 선군정치를 공표했다.

<표 1> 북한의 경제 성장률 추이[7]

년도	90	91	92	93	94	95	96	97	98	99
성장률 (%)	-3.7	-3.5	-6.0	-4.2	-2.1	-4.1	-3.6	-6.3	-1.1	6.2

1.1. 연구의 목적

선군정치는 김정일 정권의 대표적인 정치체제이며 군을 선호하고 그 어느 일보다 앞세우는 것이다. 선군정치가 북한의 모든 영역을 지배했으며 다양한 방식으로 북한사회에 큰 영향을 끼쳤다는

[1] 문일호(2004). "북한선군정치의 특성에 관한 연구" 서울대학교 p.37

[2] 문일호(2004). p.35

[3] Jaewoo Choo (2008), "Mirroring North Korea's Growing Economic Dependence on China." 「Asian Survey」 Vol.XLVIII, No.2, p.347

[4] 문일호(2004). p.35

[5] 문일호(2004). p.35

[6] 1990 년대 중반부터 2000 년까지 최악의 식량난으로 약 33 만 면의 북한 국민들이 아사한 시기

[7] 한국은행(www.bok.or.kr) 남북한의 주요경제지표비교 참조.

점을 부인할 수는 없다. 본 논문은 주제와 관련된 뉴스 및 선행 연구들을 정리, 분석하였으며 그 분석 시기는 90 년대 초반부터 현재까지로 제한하였다. 그 이유는 이 시기에 선군정치가 도입됐고 선군정치가 불러온 효과를 제대로 파악할 수 있기때문이다. 선군정치는 그 근본적인 구조적 문제로 인해 대내적인 사회·경제 기능들을 제대로 수행하지 못했고 이에 대응하기 위해 각 분야의 위기의 시기에 맞춰 개혁 혹은 변화시켜야 했다. 더불어 선군정치를 통해 대외적인 생존전략 수립과 김정일 정권 유지란 단기적인 목표를 달성할 수 있었지만 장기적으로는 사회, 경제분야에서 극복할 수 없는 장애에 직면하게 되면서 선군정치의 효과가 급격히 감소됐다. 김정일 사망 후 김정은은 현재 군부대 현장을 시찰하고 있지만, 기존의 선군정치의 미흡한 점을 충분히 고려하고 있는 김정은은 장차 군 중심의 선군정치에서 당 중심의 선군정치로 체제를 전환한 것으로 전망된다. 본 논문은 김정일 정권의 선군 정치가 전개되어 온 역사적 과정과 그 구조적 변화 분석을 통하여 선군정치의 사회·경제적인 기능들이 보여주는 의미와 그에 대한 평가를 제시하는 것을 목표로 한다.

1.2. 선행연구

통일정책연구소 이기동은 2001 년 공동사설의 '새로운 관점과 사고방식'이 실질적으로 어떤 변화를 일으켰고 이 신사고와 선군정치가 가진 연관성을 보여주었다[8]. 또한 선문대학교 윤황은 선군정치의 기능과 그와 관련된 특징을 규명하였다. 윤황은 결과적으로 이런 특징과 기능들을 종합하여 선군정치가 '군사독재정치방식'이라는 분석을 내렸다[9]. 명지대학교의 황지환은 "선군정치와 북한 군사부문의 변환전략"이란 주제로 선군정치의 구조적 취약성을 조사하고 이러한 취약한 점들을 어떤 식으로 해결할 수 있는지 전략을 모색하였다[10]. 세종연구소의 정성임은 선군정치의 단계와 역할을 소개한 바 있다. 그는 김정일 정권아래 군이 주체로 강성대국을 이끄는 역할을 맡았고, 이를 위해 1998 년 헌법 개정을 함으로써 국방위원장의 권력이 강화되었고 군은 당 아래에서 통제되었다고 주장하였다. 정성임은 선군정치 하에서도

---

[8] 이기동(2001)."북한의 '신사고', '선군정치' 그리고 정책변화" 통일정책연구소

[9] 윤황(2010). "김정일의 선군영도체계 구축에 따른 선군정치의 기능 분석: 로동신문의 담론을 중심으로". 「한국동북아논총」 제 57 호

[10] 황지환(2010). "선군정치와 북한 군사부문의 변환전략". 「국제관계연구」 제 15 권 제 2 호

군의 기초는 당에 있다고 주장했다 [11]. 마지막으로 서울대학교 문일호는 북한의 총체적인 위기 상황 속에서 어떻게 선군정치가 정치적인 안정을 불러왔는지를 분석하고 체제생존에는 어떠한 영향을 미쳤는지를 분석하고 있다 [12]. 본 논문에서는 문일호의 평가를 전제로 하여, 선군정치가 단기적으로는 그 성과를 이루었지만 장기적으로는 정부가 의도한 목적을 달성하지 못하여 제도적인 변화나 개혁을 필요로 한다는 점을 강조하고자 한다.

선행 논문들이 가진 한계는 무엇보다도 아직까지 선군정치에 대한 객관적인 평가를 내리지 못했다는 것이다. 주자들의 주관적인 성향으로 인해 선군정치 제도가 완전히 성공했는지 혹은 실패했는지를 판단하기는 애매한 측면이 있다. 예를 들자면, 북한 정부가 선군정치로 인해 군사적인 측면에서 군부사업 발전과 체제위기 상황을 극복했다는 면에서는 선군정치가 성공적이었다고 할 수 있다. 반면, 배급제도가 폐지되었고 궁극적으로 경제위기를 극복하지 못했고, 인민들의 삶도 개선시키지 못했다는 점을 감안할 때 선군정치는 실패한 것이라고 볼 수 있다. 선군정치의 성과를 어디에 두느냐에 따라서 그 의견은 다를 수 밖에 없으므로, 본 논문에서는 객과적인 지표를 확인하여 객관적인 평가를 내릴 것이다. 선군정치가 세운 '강성 대국'이란 이데올로기의 핵심은 경제이며, 사회의 근간을 이루고 있는 인민들이 가지고 있는 군에 대한 반감을 감안하여 선군정치는 실패하였다고 생각한다. 물론, 군 혹은 김정은 체제와 관련된 전망은 사실상 이미 여러 북한학자 및 전문가들이 예측한 것으로 독창적인 분석은 아니다. 그러나 일련의 연구를 통해 본 논고는 이미 제시된 전망을 보충하거나 새로운 근거 및 시각을 제공하고자 한다.

2. 선군정치의 역사적 발달과정과 그 의미

2.1. 역사적 발달 과정

선군정치라는 용어가 처음으로 등장한 것은 1998 년 인민군 창건 66 주년 기념 로동신문 사설에서였다 [13]. 그러나 <표 2>에 나오는 것처럼 1995 년경부터 김정일의 군에 대한 현지 지도가 급증하면서 사실상 군을 중시하는 선군정치는 이미 시작되었던 것이라 볼 수 있으며 이러한 점은·김정일의 공식 활동 중 절반 이상이 군에 대한

[11] 정성임(2004). "북한의 선군정치와 군의 역할"「국방연구」제 47 권 제 1 호. 국방대학교 안보문제연구소

[12] 문일호(2004). "북한선군정치의 특성에 관한 연구"

[13] 이기동(2001). p.278

현지지도로 이루어진 것에서 찾아볼 수 있다[14]. 김일성이 사망한 바로 다음 해의 첫 날, 김정일이 인민군 군 부대를 현지시찰한 것은 "인민군대를 기둥으로 삼고 인민군대에 의거하여 조성된 난국을 타개하고 주체혁명위업을 완성해 나가기 위한 위대한 선군정치의 시작을 알리는 장엄한 력사적 선언"이었다[15].

<표 2> 1994 년 이후 김정일 연도별 군 관련 행사[16]

	총횟수	군 관련 행사수	군 관련 행사수/총횟수 (%)
1994	21	1	4.7
1995	35	20	57
1996	52	37	74
1997	59	40	67
1998	70	49	70
1999	69	41	59
2000	95	22	23
2001	146	56	38
2002	96	37	39
2003	92	63	68

또한 1997 년 7 월 '선군후로(先軍後勞)'라는 용어가 등장했는데 이는 사회주의 위업수행에서 군대를 노동계급보다 앞에 내세운다는 의미로, 노동계급의 역할은 강력한 군사력의 뒷받침에 의해서만 이루어질 수 있다는 인식을 보여준다. 그리하여 김정일은 1999 년 초에 선군정치를 자신의 기본정창식으로 공표하였다[17]. 제도적인 부분에서, 1998 년 9 월 헌법개정에서 '국가주석제'를 폐지하고 그 대신 '국방위원회'의 지위와 권한을 대폭 강화시킴과 동시에 국방위원장에 김정일이 재추대되었다[18]. <표 3>을 살펴보면 국방위원회의 권한이 '군사'부문으로부터 '국방' 부문으로 크게 확장되었다. 2009 년에 '위기관리체제 2 기'가 실행되면서 권력

[14] 정성임(2004). p.115

[15] 전덕성(2004). "선군정치에 대한 리해".평양: 평양출판사. p.16

[16] 1994-2000 년까지는 이대근, "조선인민군의 정치적 역할과 한계-김정일 시대의 당·군 관계를
중심으로"「고려대학교 대학원 박사학위논문」 2000, p.75 참조, 2001-2003 년까지는 통일연구원, 통일환경 및 남북한 관계전망「서울: 통일연구원, 2001,2002,2003」를 참조

[17] 강성길(2002). "선군시대 조국을 가다". 평양: 평양출판사. p.18

[18] 윤황(2010). p.214

엘리트 사이엔 큰 변동이 없었고 선군정치의 지속은 국방위원회 및 산하 인민무력부 강화로 이어졌다 [19].

<표 3> 1992 년, 1998 년 헌법에서 국방위원회(위원장)의 권한 비교 [20]

	1992 년 헌법	1998 년 헌법	비고
국방위원회 정의	- 국가주권의 최고군사지도기관(111 조)	- 전반적인 국방관리기관(100 조)	보충
국방위원회 임무, 권한	- 국가의 전반적 무력, 국방건설사업 지도 - 중요 군사간부 임명 또는 해임 - 군사칭호 제정, 장령 이상의 군사 칭호 수여 - 유사시 전시상태와 동원령 선포	- 국방기관의 중앙기관 내오거나 없애(103 조)	신설
국방위원장 권한	- 일체 무력을 지휘 통솔(113 조)	- 국방사업 전반을 지도(102 조)	보충

<표 4>를 참고하면 선군정치는 2001 년을 기점으로 크게 두 단계로 진화된 것을 볼 수 있다. 첫 단계는 1998 년에 처음으로 선군정치가 제기되었을 때로, 그 내용은 상당히 간단했다. '군민일치'를 강조하고 선군정치를 제시하며 선군의 의미, 그리고 사회구성원의 변화(노농동맹→군민)에 대해 일부 언급하는 것에 그쳤다. 1999 년에는 경제적 위기로 인해 군과 지도자를 중심으로 단결할 필요가 있었던 시기로 선군정치를 이끄는 김정일의 영도력('선군혁명,' '선군령도')를 강조하는 한편, '선군후당'의 논리를 통해 군의 역할과 선군의 정당성을 제시하는 데 중점을 두었다. 이 위기를 극복할 수 있다는 신념을 주민들에게 심어주기 위해 북한은 '필승'과 '불패'가 강조했다.

2001 년 이후의 두 번째 단계는 선군정치의 내용이 보다 구체화되는 한편, 그 활용의 범위가 확대되었던 시기이다. 선군정치가 새로운 정치방식이라는 점이 부각되고 김일성과의 연계를 통해 정당화/선군의 활용범위를 대내로부터 대남 관련으로 확대하였다. 또한 선군사상의 내면화를 강조하고 선군시대의 선언 등을 하면서 북한은 혁명, 건설현장에서 선군방식의 대중화를

[19] 전현준(2009). "최근 북한의 권력동향과 정치 변화". 「서울:통일연구원」 p.28,36.

[20] 정성임(2004) p.119

이끌어 내고 대남, 통일과 관련해서도 인민들에게 자부심과 우월감을 불어 넣으려 했다[21].

<표 4> 선군정치의 지속성과 변화[22]

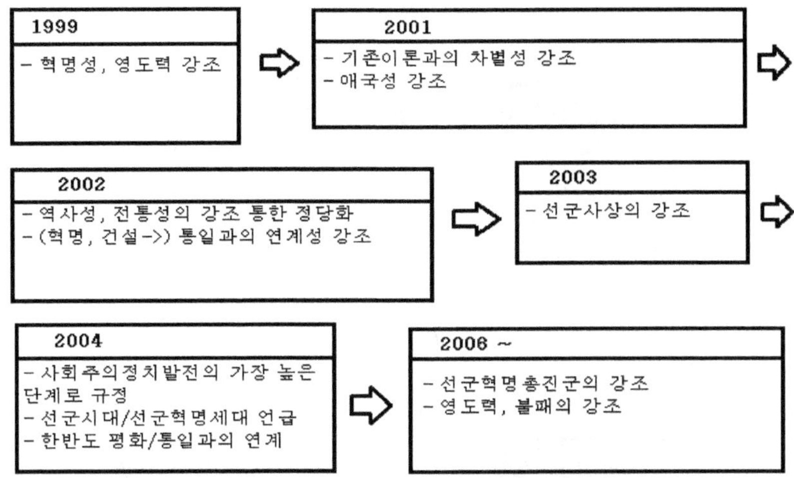
1999
- 혁명성, 영도력 강조
2001
- 기존이론과의 차별성 강조
- 애국성 강조
2002
- 역사성, 전통성의 강조 통한 정당화
- (혁명, 건설->) 통일과의 연계성 강조
2003
- 선군사상의 강조
2004
- 사회주의정치발전의 가장 높은 단계로 규정
- 선군시대/선군혁명세대 언급
- 한반도 평화/통일과의 연계
2006 ~
- 선군혁명총진군의 강조
- 영도력, 불패의 강조

2002 년에 들어서면서 선군정치의 정당성을 그 역사성과 전통을 통해 설명하려는 시도가 구체화되었다. 이 때부터 통일에 있어 선군정치가 유용함을 주장하기 시작했고 주로 남한이나 외국의 반향을 통해 소개하는 특징을 보였다. 이와 함께 '애국'의 표현이 빈번히 등장하고 남한 내부에서의 선군정치의 영향력을 주장하는 등 그 활용범위가 더욱 확대되었다. 2003 년 선군논리는 사상 부문이 두드러지게 강조되고 선군사상은 '주체 사상화의 새로운 높은 단계'로 정의되어 '온 사상의 선군사상화'에 주력하게 된다. 여기서 선군정치의 '총대'는 무력 만을 강조하는 개념이 아니며 결사의지를 뜻하는 사상정신적 힘과 '총대'가 결합된 개념이다. 2004 년 선군정치는 '사회주의 정치발전의 가장 높은 단계'이며 '완성된 사회주의의 정치방식'으로 제시된다. 그리하여 선군정치는 군민일치를 통한 수령결사 옹위정신에서 시대 및 발전단계의 변화에 부응하는 가장 높은 단계의 정치방식으로 규정된 것이다. 2006 년에 들어 '선군혁명총진군'이 강조되어 선군정치의 대중운동으로서의

---

[21] 정성임(2009). "1998-2007 년 로동신문분석을 통해 본 북한의 '선군정치' 논리". 「통일문제연구」 2009 년 하반기 제 52 호. p.265

[22] 정성임(2009). p.262

의미가 다시 강화되는 측면이 있었으며 이와 함께 영도력과 불패 또한 강조되었다.

2.2. 선군정치의 의미

근본적으로 선군정치는 사상적으로 무장된 군을 중심으로 한 김정일의 영도방식이자 사회주의 건설방식으로서, 군을 사회조직과 경제사업의 모델로 삼아 체제위기를 극복하고자 하는 것이다. 또한 선군정치는 '우리식 사회주의'의 위기에서 나온 위기 돌파의 정치방식으로 새롭게 제창되어 전략적 방침이 된 정치방식이다. 정치·사회적으로 선군정치 하에 군은 당 일꾼들에게는 '화선식 정치사업'을, 그리고 인민들에게는 '혁명적 군인정신'의 모범사례를 제시하고자 했다. 선군정치의 정치적 의미를 살펴 보면 김정일의 '선군후당' 인식 하에 노동계급의 역할은 강력한 군사력의 뒷받침에 의해서만 이루어질 수 있다는 것을 강요하고 군대를 정치의 수단이 아니라 정치를 주도해 나가는 세력으로 보는 관점을 가지고 있다[23]. 정치와 군사를 결합시킨 정치방식은 이전의 '(프롤레타리아) 민주주의'와 다르다. 당시의 과업은 '부르주아민주주의의 반(反)인민적' 성격을 폭로하고 피압박 근로대중을 지키는 데 있었다. 제국주의자들과의 대결 속에서 인민의 자주성을 지키는 문제가 주요 과제가 되고 이것을 지키려면 '총대'가 중요하게 되면서 김정일은 '총대중시사상'의 정치방식인 선군정치를 창안했다[24]. 따라서 경제적인 측면에서도 군을 전반적 사회주의건설에 동원하여 조직의 집단력과 충실성을 활용해 경제회복에 나섰다. 이는 군부가 개혁·개방 여부 문제, 남한이나 미국 과의 관계개선문제와 대결 및 전쟁 여부 문제 등의 정책결정에 대해 관여하고 충고 할 수 있으며 결정적인 영향력 행사를 할 수 있음을 뜻한다. 동시에 선군정치는 크게 두 가지의 의미를 담고 있다. 하나는 선군정치가 북한을 회생 시킬 수 있다는 생존전략으로서의 의미이며 다른 하나는 김정일이 선군정치로 그의 정권을 정당화 시키려 한다는 의미이다.

2.2.1. 생존전략의 선군정치

김정일은 세계 곳곳에서 사회주의가 무너지는 것을 관찰하며 세계정치구도와 역량관계에서 큰 변화가 일어났다는 점을 강조했다. 북한의 시각에서 냉전종식은 평화보다 전쟁 가능성이 높아진

[23] 황지환(2010). p.110

[24] 정성임(2009). p.252

것이라고 볼 수 있다[25]. 이러한 난관 속에서 북한은 어떠한 외부의 지원도 없이 단독으로 이 어려움을 헤쳐 나가지 않으면 안 되기 때문에 선군정치를 통해 군사부문에 힘을 집중하고 인민군대의 강화에 의존하는 것만이 북한의 안전과 사회주의를 보호할 수 있다고 인식하였다. '선군'의 의미는 무엇보다도 제국주의국가들의 영향력 차단 부분에서 우선적인 중요성을 갖는 것이다. 즉, 김정일은 어느 정도 북한의 체제위기를 파악하고 선군정치로 대내외적인 상황을 통제하려고 했다. 군은 북한에서 제일 효율적인 특성을 가지고 있기 때문에 김정일은 이를 다른 부문에 파급시키려고 노력하였다[26]. 김정일은 인민들에게 과거 사회주의국가들의 붕괴 원인은 노동계급의 중요성 만을 강조했기 때문이라고 설명하며 선군혁명에 대한 언급이 부재했다는 점을 지적했다[27]. 군을 우선하는 차원에서 북한의 모든 자본을 집중적으로 군사력 강화를 위해 투입했다. 그러므로 북한에서 과학기술이 가장 발전한 부문이 바로 군사분야이고 과학기술 중시정책을 수행하는 가장 모범적인 집단이 군대가 되었다. 북핵과 미사일 개발을 통해 서방국가들의 지대한 관심의 대상으로 부각되어 이것을 협상수단으로 이용했다. 김정일은 미국과 같은 강대국과의 협상에서 북한이 자주권을 지킬 수 있었던 이유는 바로 과학기술의 발전 때문이라고 인식한다. 내부자원이 고갈된 상황에서 경제회생에 필요한 외부자원을 끌어들이기 위해서는 한반도와 동북아의 안정을 볼모로 잡을 필요가 있고 이를 위해서는 북한의 군사력을 꾸준히 강화할 필요가 있었다. 이를 대외협상의 중요한 협상카드로 활용하려는 의도에서 비롯된 대외협상력 강화 수단이라고 볼 수 있다. 결과적으로 미사일 수출을 통해 수십억 달러의 외화를 벌었고 핵문제를 통해 외국의 지원을 획득하였다[28]. 어떻게 보면 외형상으로 북한은 미국과의 정치협상을 통해 북미관계개선을 실현하고자 하는 것으로 보이지만 내면상으로는 대북침략책동, 반북고립압살책동 등에 총대를 앞세운 선군정치로 맞서 군사적 승리를 이룩한다는 것에 집중하고 있다[29].

여기서 또 주목할 점은 체제위기 속에서 김정일은 군지도부의 세력을 무시할 수 없었고 자기의 세력을 유지하기 위해서 군부

[25] 황지환(2010). p. 109

[26] 황지환(2010). p. 113

[27] 이기동(2001). p.279

[28] 이기동(2001). p.283

[29] 윤황(2010). p.233

엘리트들의 서열을 대폭 상승시키고 군 관련 기관의 기능 및 위상을 강화시켰다는 것이다[30]. 실제로 김정일은 김일성과 달리 항일운동이나 빨치산 운동에 직접적인 참가자가 아니라서 그에 대한 인민의 신뢰감이 상당히 약한 편이었다. 군관들과 하전사들에게 자신을 향한 절대적인 충성을 요구하기에는 적절한 보상수단이 없었기 때문에 군부대 사찰에서 군부의 사기를 높이고 자신에게 충성하는 집단으로 만들기 위한 수단으로서의 측면이 함의된 것으로 볼 수 있다.

2.2.2. 선군정치의 정당성

김정일은 선군정치를 통해 그의 집권을 정당화시킬 필요가 있었다. 선군정치가 소기의 성과를 거두려면 무엇보다도 인민들 스스로 이 방식의 필요성과 정당성에 공감해야 했다. 김정일은 이것을 인식하고 있었고 해결을 위해서 선군정치의 역사성, 전통성 등을 의식화하고 선군 영웅이나 모범 사례 등을 제시하여 '따라 배우기'를 이끌었다. 김정일의 주장에 따르면 선군정치는 김일성 정권과 연관된 사상이다. 그러나 이 주장은 사실과 다르다. 선군정치는 김일성 시대의 국가전략과는 일정 부분 차이점이 있다. 선군정치는 인민군대를 핵심 세력으로 규정하고 있는 반면, 김일성은 노동계급에 주로 의존해왔다. 김일성은 항일전쟁과 국가건설 시기 정규군대가 없었기 때문에 노동계급에 주로 의존해왔다. 그러나 김정일은 이러한 역사성 주장을 통해 당위성과 충실성을 이끌고자 하는 의도를 가지고 있었다. 선군정치는 김일성시대의 '선군혁명영도'의 정통을 계승하고 있다는 점과 '선군후당'이란 개념으로 한반도 해방이 군을 통해 이루어졌다는 점을 강조한다. 사실상 기존의 사회주의 이론은 '선당후군' 개념을 중요시했지만 김정일 정권은 '선당후군'이 사회주의의 붕괴를 가져왔다는 점을 비판했다[31]. 따라서 김정일의 모든 정책을 김일성과 연관시키려는 데 있어 정부는 김일성, 김정일의 가계 우상화를 전개했고, 이들과 관련된 모든 활동들은 항일혁명시기로 소급되면서 조선인민군의 효시를 1932 년 4 월 25 일 '반일인민유격대'의 창건일로 되돌렸다. 하지만 실상 만주지역에서 항일유격투쟁의 지도부는 중국공산당이었다[32]. 이런 사실들에도 불구하고 2009 년 4 월 개정헌법의 제 3 조에서 선군정치가

---

[30] 문일호(2004). p. 39

[31] 정성임(2004). p.116

[32] 정성임(2004). p. 116

주체사상과 동격의 지위를 가진 북한의 유일적 통치체제로 공식 명문화되었다[33]. 선군사상은 주체사상에 기초하고 있으며 주체사상을 구현하기 위해 실천투쟁 속에서 나온 혁명사상이라고 정의되었다. 기본적으로 수령에 대한 충실성을 김일성에서 김정일로 이어가려면 '선군후당' 방식이 이미 김일성 시기에 이루어졌음을 제시할 필요성이 있었다.

궁극적으로 김정일이 선군정치를 통해 얻고자 했던 것은 북한체제의 안정이었다. 선군정치는 북한체제의 위기를 극복할 수 있었던 생존전략이었고 김정일 정권을 유지하고 정당화할 수 있었던 체제였다. 이런 점에서는 어느 정도의 안정을 불러왔지만 대내적으로 사회를 안정시키기 위해서는 인민들의 생활의 경제적인 부분을 충족시켜 주어야하고, 사회 통제가 중요한 요소로 작용해야한다. 따라서 선군정치 하에 강성대국이란 이데올로기는 인민들에게 희망과 목표는 심어주었지만 근본적으로 온전히 인민을 위주로 한 체제가 아니었기 때문에 대내적으로 그 기능을 수행하는 데에는 불가피한 문제점들을 안고 있었다.

3. 선군정치의 기능

3.1. 중공업 우선정책으로 인한 인민경제의 악화

선군정치는 근본적으로 강성대국 건설을 위한 체제이며 강성대국이란 이데올로기의 핵심은 경제부문에의 진전에 있다. 김정일은 강성대국 건설을 위해서 인민군대의 역할이 필수불가결하다고 봤으며 경제건설 현장에서 직접 군대를 동원하는 방식을 세웠다[34]. 북한의 체제 위기의 가장 큰 요인은 경제위기로 인한 것이었고 경제회생 과정에서 믿을 수 있는 조직은 오로지 군대밖에 없었다는 점에서 군의 강화는 큰 역할을 했다. 군의 경제회복 선봉대로서의 역할은 군의 정치적 역할 확대 기반을 제공하고 군부 엘리트의 위상강화도 가져왔다. 그러나 중공업 우선정책의 무리한 추진은 사회주의 계획경제의 모순과 더불어 북한경제를 피폐시킨 가장 큰 원인으로 평가받고 있다[35]. 거시적으로 봤을 때 북한의 경제는 여전히 불안전한 상태인데, 배급제가 붕괴되면서 암시장이 번성하였고 7.1 경제조치가 이를 양성화하면서 소비재 유통부문의 시장화가 전개되었다.

---

[33] 윤황(2010). p. 215

[34] 윤황(2010). p. 232

[35] 문일호(2004). p. 41

정부는 해마다 평양을 중심으로 '신년공동사설'의 과업 관철을 위한 대규모의 '군중대회'를 개최했고, 그 밖에도 수시로 선군정치 지지대회의 일환으로 각종 공장·기업소 준공의 경축군중대회, 대남규탄의 군중집회, 반미·반일의 군중집회, 핵실험 성공 축하의 군중집회, 안보리 제재 반대의 군중집회 등을 대규모로 개최하였다[36]. 이와 더불어 김정일은 매년 각 지역의 부대와 산업시설에 현장지도를 실시했다. 이와 같이 각종 운동, 구호 군중대회들이 계속 이어졌다는 것은 바로 선군정치가 북한의 경제난을 극복하기 위한 노력동원과 군중동원을 극대화시키는 데에 이용되고 있다는 것을 의미한다. 북한의 전력난, 식량난이 문제시 됨에 따라 역시나 군부가 집중적으로 그 부문에 투입됐다[37]. 예를 들면 군은 발전소 건설, 탄광 지원, 농업생산 지원, 국토건설사업, 기타 공장 및 시설 공사에 동원되었다. 또한 이들은 제대 후에도 생산현장에 집단 차출되기도 했다. 북한 이탈주민들에 의하면 군이 다양한 사업수행에서 도움이 된 점을 부인할 수 없으며 종종 인민들도 군에 감사하는 마음을 가지기도 했다고 한다[38]. 주요 건설 사업을 군에서 모두 맡고 있다고 해도 과언이 아니며 이것은 인원을 통솔하기가 수월하며 군 정신으로 인한 효과를 누릴 수 있었기 때문이다. 군대는 도로, 철도 등 사회간접자본시설 공사에 일상적으로 투입됐고 버섯채취를 비롯한 외화벌이사업에도 적극 나섰다[39]. 또한 기업소·공장이나 협동농장에 군이 투입되어 모범적인 모습을 선보이면서 군 간부들이 이들의 경영을 맡았다. 그러나 농장지원 과정에서 군과 민의 마찰이 일어나기도 했다. 이탈주민들에 의하면 농촌지역에서 군은 농사현장을 지키는 것이 아니라 오히려 약탈을 하는 일들이 빈번했다[40]. '노력동원자'로서의 군의 역할은 건설 사업의 진척에 있어서는 긍정적이었지만, 인민들에게는 긍정적 인식과 부정적 인식을 모두 심어 주었던 것으로 보인다.

앞서 언급했듯이 선군정치 하에서 북한 내 거의 모든 자본은 군사분야에 투자됐다. 선군정치의 경제 쟁책은 공식적으로 2002 년

---

[36] 윤황(2010). p. 232

[37] 정성임(2004). p. 129

[38] 정성임(2004). p. 129

[39] 이기동(2001). p.282

[40] 정성임(2004). p. 130

9 월에 공표됐지만 사실상 1998 년에 이미 수행되고 있었다 [41]. 선군경제의 원칙은 우선 군부를 중심적으로 개발하면 점차적으로 모든 경제부문에서 그 이익을 본다는 것이다. 이 정책의 전제는 군사력이 경제개발에서 원동력이며 강한 국방사업의 견실한 기초에 의해 경공업과 농업도 활성화되고 인민들의 생계도 개선될 수 있다는 것이다. 김정일 정권이 들어선 후 석탄, 강철, 조강, 시멘트, 및 다른 중공업 생산이 98 년부터 점차적으로 증가했다 [42]. 따라서 비료가 부족함에도 불구하고 한국의 지원과 북한 인민들의 개인 재배로 인해 식품 생산도 99 년이후 매년 점차적으로 증가했다. 여기서 주목할 것은 이러한 점진적인 경제회복은 앞서 언급한 북한 정부의 국방사업 강화로 인해 이루어진 것이 아니라 초기 김정일 정권과 비교했을 때 경제조건들이 더욱 좋아졌기 때문이다 [43]. 그리고 선군정치의 경제정책은 북한 인민들에게 크게 이득을 주지 않았기 때문에 7.1 조치와 경공업중심으로 전환된 것이다.

김정일은 선군경제 정책을 공표하기 전인 2002 년에 7.1 조치를 공표했다. 7.1 조치는 가격, 환율, 임금을 조정시켰고 시장을 어느 정도 합법화 혹은 확장시켰으며 사업운영에 대한 자율권을 확대했다 [44]. 북한 정부는 공기업들의 계획 생산 목표의 비중을 줄이고 오히려 기업들에게 근로실질소득세와 같은 수익성 목표를 달성할 것을 장려했다. 그로 인해 공기업들은 무엇을 얼마나 생산할 지를 결정하는 것에서 좀 더 자율성을 갖게 되었다. 더구나 정부는 일부의 생산품을 시장에서 파는 것을 허용했다. 기업들은 이제 생산품 판매에 있어서도 국가가 운영하는 통로에만 국한되지 않았고 시장경제를 통해 개인재산의 축정이 시작되었다. 또한 기업들은 다른 기업들과 직접 거래를 할 수 있었고 시장에서 물건을 살 수 있었다. 이런 시장지향 분권화의 복합적인 변화들은 당의 기업통제를 약화시키는 반면에 기업의 관리자의 역할은 강화시켰다. 실제로 이런 변화들은 90 년대 중반에 기업들이 이미 실현되고 있었고 7.1 조치는 단지 그것을 공인한 것일 뿐이었다 [45].

여기서 의문스러운 점은 정부는 왜 공인을 했는가이다. 북한은 제한된 자원과 자본을 전략적으로 국방과 관련된 중공업에

---

[41] Lim Soo-Ho(2010). "Reform in North Korea's Military – First Economic Policy". January 2010 「SERI Quarterly」 p.127

[42] Lim Soo-Ho(2010). p.128

[43] Lim Soo-Ho(2010). p.128

[44] Lim Soo-Ho(2010). p.129

[45] Lim Soo-Ho(2010). p.129

집중시키기 원했고 다른 영역에서 자본을 배제시켰다 [46]. 기존의 사회주의 이론에 따르면 경제부문을 토대로 사회주의를 건설하고 군대를 강화할 수 있다. 그러나 선군정치는 주체사상의 원리에 기초하여 군대강화에 선차적인 힘을 넣어야 한다는 원리를 갖고 있다 [47]. 자원이 부족함에도 불구하고 경제회복을 하려면 전략적인 영역에만 자원을 집중시켜야 하며 그 이외의 영역에서는 자원을 배제시키는 것이 불가피하다는 입장이다. 그러므로 증가된 자율성은 중공업 이외의 기업들에게만 해당되었고 그만큼 국가의 책임은 감소됐다. 중요한 것은 이러한 비전략적인 분야의 기업들은 아직도 국가가 운영하며 그로 인한 제일 큰 변화는 이 기업들의 생산이 다시 국가로 가는 대신에 돈을 다시 공급하는 것으로 바꿨다. 국가의 운영 책임이 감소되면서 비전략적인 기업들은 자율성을 통해 돈을 벌게 됐지만 이로 인한 세금도 증가되면서 이 세금으로 정부는 중공업에 투자를 할 수 있었다 [48]. 궁극적으로 7.1 조치는 비전략적인 기업들의 흑자를 중공업으로 전환시키는 것이다. 또한 이 조치는 배급제에서 점차적인 시장체제로의 변화를 보여준다. 국가가 생필품을 안정적으로 지원하지 못하고 7.1 조치로 배급제를 폐지하여 주민들이 생필품 부족 문제를 스스로 해결하는 상황에서 비공식 경제부문의 부분적 양성화 조치는 불가피했다 [49].

궁극적으로 선군정치의 경제는 인민들의 삶을 크게 개선시키지 못했고 인민들로부터 군에 대한 불만이 증가하는 상황이 일어났다. 정부는 인민들의 생활을 안정시키는 목표를 세웠고 이를 위해서는 경공업을 강조해야 했다. 경공업에 집중함으로서 인민들의 생필품 문제를 해결할 수 있으며 그들의 삶을 어느 정도 향상시킬 수 있다는 것이다. 그 이전부터 정부는 북한이 이미 군사적, 정치적, 그리고 이데올로기적으로 강대국으로 격상됐다고 표방하고 있었으며 경제분야만 집중하면 2012 년까지 강성대국을 관철시킬 수 있게 될 것이라고 선전하였다. 또한 한 해 전부터 공동사설에서 경공업과 농업을 '주공전선'으로 강조하기 시작했다. 2008 년에는 '국방력 강화', 2009 년에는 '혁명적 대고조'란 노선을 강조했지만 작년부터는 인민경제 개선을 최우선 목표로 내세웠다. 경공업은 군수공업 우선, 중공업 우선 정책에 밀려서 제대로 된 투자와 관리를

---

46 Lim Soo-Ho(2010). p.130

47 황지환(2010). p. 111

48 Lim Soo-Ho(2010). p.131

49 권숙도(2010) "김정일 정권의 체제전환 과정: 지속과 한계" 「대학정치학회보」 18 집 2 호 p.11

받지 못한 채 방치되어 왔다. 또한 7.1 조치 직후부터 2009 년까지 제기된 '국영상점 복원' 문제도 경공업의 부진한 실적을 이유로 전혀 성과를 보지 못했다[50]. 올해 <로동신문>, <조선인민군>, <청년전위> 의 신년공동사설에서도 경공업에 대한 중심을 강조했다, "올해에 다시 한번 경공업에 박차를 가하여 인민생활향상과 강성대국건설에서 결정적 전환을 일으키자[51]." 그러나 현실은 경공업이 여전히 중공업이나 국방공업에 비해 뒤처져있다고 볼 수 있다[52].

3.2. 사회통제 부작용과 그의 따른 강화

군부는 북한 사회의 통제에서 그 역할이 크게 확대됐다. 선군정치의 사회적 기능은 공동체를 공고히 결합시켜 합목적적으로 조직화시키는 것이다[53]. 1990 년대 중반의 경제난 이후 북한 주민의 90% 가 경제활동에 참여하여 개인장사가 보편화됐고 당이 운영하는 사회 조직 참여율이 30%-60% 정도로 떨어졌다. 이런 심각한 경제위기는 거의 습관적 순응의 자세를 보여왔던 북한 주민들을 변화시키면서 북한 사회의 통제체제를 이완시켰다. 경제난으로 주민들의 조직정규모임에 대한 불참자가 증가했고 사기 저하, 경제관료들의 허위보고 증대, 과다한 개인 외화보유, 불법 텃밭개간 등 무질서한 행동들이 일어났다[54]. 또한 식량획득을 위해 지역 간 이동, 농민시장을 통해 개인적 상행위, 비공식적 변경무역 증대와 같은 합법적인 방법 뿐만 아니라 권력기관의 부정부패, 일반주민들의 절도 행위, 여성들의 매춘행위, 탈북현상 등 불법적인 행위가 만연했다[55].

이런 상황을 지켜 본 김정일과 당 지도부는 이미 국가와 사회에 대한 통제력이 약화되었다고 파악하고 군 중심의 주민이탈 방지와 사회통제력을 강화시켰다. 국가안전보위부나 사회안전성에 대한 김정일의 불신으로 군이 직접적으로 사회통제에 나서면서

---

[50] 박인호(2010). "北공동사설, '경공업' 강조하며 '국가통제력 복원' 시사" 「데일리 NK 」 < http://www.dailynk.com/korean/read.php?cataId=nk00100&num=79913>

[51] 「데일리 NK」 (2011). <http://www.dailynk.com/english/data_view.php?bbs_code=ebbs1&bbs_number=56&page=1&keycode=&keyword=>

[52] 남민지(2011). "김정일 시대 북한의 사상적·경제적 통제의 변화" p. 19

[53] 윤황(2010). p.216

[54] 윤황(2010). p.216

[55] 문일호(2004). p. 42

사회전체가 군의 영향력 하에 들어간 것이다[56]. 2009 년 국가안전보위부 부부장이 처음으로 국방위원이 된 것도 사회를 통제하는 업무와 연관시켜 생각할 수 있다[57]. 또한 사회통제를 담당하는 인물들은 군 소속은 아니지만 군인의 신분을 갖고 있는 인사들이다. 예컨대 인민보안상인 백학림(차수), 최용수(상장), 주상성(대장), 그리고 교통위원장인 리용무(차수) 등이 모두 군인의 신분을 갖고 있다[58]. 김정일 정권은 자본주의 문화를 인간증오사상과 약육강식의 법칙, 극도의 향략주의, 말세기적인 생활풍조를 고취시키는 퇴폐적이며 비인간적인 문화라고 규정하고 반사회주의적·자본주의적 생활문화 풍조의 확산에 대한 경계심으로 단속을 강화했다[59]. 더불어 '혁명정 군인 정신' 혹은 '군민일치운동'을 정부가 전개함으로 군이 사회를 통제하는 기풍을 확립했다. 전통적으로 북한사회에서는 주민통치 행태의 일환인 군사적 긴장의 지속, 장기간 군복무에 따른 정치교육의 영향, 광범위한 준군사조직에서의 군사훈련 등으로 군이 간접적인 사회통제기관으로서의 역할을 수행해 왔다. 군대를 통해 김정일 정권은 북·중 국경의 통제, 공민증 교체작업의 추진, 탈북자 가족의 격리수용, 공개 처형 등에 나섰다[60]. 결과적으로 선군정치는 북한주민의 일탈 현상과 당의 통제력 저하를 수습하기 위해 국가 및 사회통제의 기능으로 작용했다.

앞에 언급했듯이 군의 역할이 확대되면서 군에 대한 부정적인 인식이 형성되었다. 물론 국가 차원에서 체제유지에는 긍정적인 역할을 수행해왔다고 할 수 있지만 대민 차원에서는 부정적인 평가도 엇갈리고 있다[61]. 군이 사회를 통제를 하려면 모범의 전형이 되어야하고 기본적으로 군에 대한 인식이 긍정적이어야 한다. 예전에는 북한 사회에서 출세를 하려면 군사복무는 필수였고 '군대를 다녀와야 사람질 한다'는 표현까지 있었다. 그러나 군에 대한 불만이 형성되면서 인민들 가운데 '군이 호랑이 가죽을 썼다'라는 표현이 생기고 군대에 가 봤자 버르장머리만 없어지게 된다는

[56] 문일호(2004). p. 43
[57] 정성임(2007). p.235
[58] 정성임(2007). p.235
[59] 윤황(2010). p. 229
[60] 윤황(2010). p. 229
[61] 정성임(2009). "북한의 민군관계: 군 역할을 중심으로" 「북한연구학회보 13 권 1 호」 북한연구학회. p. 244

소리가 나오고 있다. 앞서 설명한 것과 같이 군은 인민과 갈등이 일어나면서 군인들의 힘 과시, 인민 소유물의 약탈로 부정적인 영향을 미쳤다 [62]. 선군정치 이후 군의 힘이 강해지면서 군인들이 횡포를 일삼고 심지어 인민보안원들에게도 함부로 행동하는 사례들도 있었다. 흥미로운 점은 이러한 문제점들에도 불구하고 인민들은 군의 무력에 대해서는 대남우위를 자신하고 군의 안보적 역할에 대해 인민의 신뢰는 여전히 유지되고 있다는 점이다.[63]

2009 년때부터 군에 대한 반감과 주민의 일탈 현상같은 부작용을 통제하기 위해 대대적인 숙청 작업이 시작됐다. 보안서에서 각 기업소 반장과 인민반장 등이 소집되면서 주민들 발언을 감시하게 됐다. 이는 후계자 김정운의 세습을 위한 사전 정지 작업으로 보인다 [64]. 금년 1 월부터 군부에 의한 사회통제가 더 강화됐고 이는 김정은으로의 권력이양과정에서 있을 수 있는 부작용을 해소하기 위해 주민들에게 공포심을 조성하는 행위로 볼 수 있다. 군부가 사회전반의 관리시스템을 직접 통제하고 있고 보위사령부를 중심으로 군부 검열인원들을 대폭 늘리며 지역 인민위원회들에까지 상주인원들을 파견하고 있다. 또한 장마당에서 군인들의 통제로 인해 싸움도 일어나고 이런 일련의 사건들로 인해 오히려 주민들의 반발이 더 크게 나타나고 있다 [65]. 선군정치를 통해 실제로 사회의 안정을 불러올 수 있었다면 이러한 통제는 사실상 필요없었다고 볼 수 있다. 세습에 대한 불만과 저항이 두렵기 때문에 이런 조치를 취하는 것으로 파악된다.

3.3. 선군정치에 대한 평가

하나의 목표를 정하고 그것을 추진해 나가는 데에 있어서 부작용이나 예측할 수 없는 상황들이 일어나는 것은 불가피하다. 이와 마찬가지로 선군정치도 그 성과를 내는 과정에서 여러가지 문제점들이 발생하였고 그로 인해 긍정적인 평가와 부정적인 평가로 나뉘어졌다. 또한 그 의도와는 별개로 선군정치 자체의 구조적인 문제로 인하여 기대했던 이익을 누릴 수도 없었다. 따라서 우선

---

[62] "군대를 다녀와야…", "군이 호랑이 가죽…"의 인용은 정성임(2009). 「북한연구학회보 13 권 1 호」 p. 245 참조

[63] 정성임(2009). 「북한연구학회보 13 권 1 호」 p.246

[64] 「조선일보」(2009). "북한, 대대적 사상통제/숙청 작업중" <http://news.chosun.com/site/data/html_dir/2009/07/16/2009071600949.html>

[65] 오중석, 문성휘(2011). "[북한은 오늘] 사회전반에 군부 통제력 강화" 「자유아시아방송」 <http://www.rfa.org/korean/weekly_program/nk_now/fe-ms-03282011111250.html>

선군정치의 성과를 살펴본 후, 선군정치의 구조에 대한 비판을 하고자 한다.

전문가들이나 북한학자들이 부인할 수 없는 사실은 선군정치를 통해 북한이 다양한 위기상황을 극복하고 체제를 유지할 수 있었다는 점이다. 또한 반 세기 동안 북한은 정부에 대한 사회의 반감을 억제하고 수령을 중심으로 한 획일화된 사회를 유지해왔다. 또한 체제 내부의 결속을 강화 하기 위해서 김정일은 남북한 긴장 분위기를 고조시킬 필요성이 있었다. 따라서 전쟁의 위험이 높아질 수 있다는 점을 빌미로 비상 준-전시치체제의 유지·강화를 도모하는 한편, 대중들의 정치사상 의식의 고양과 광범위한 대중운동의 조직화를 동시에 추구하여 체제의 안정을 유도하였다[66]. 그리하여 선군정치는 대외적인 체제 안전을 불러올 수 있었다. 군을 강화하는 것은 대외적인 체제생존의 수단으로 사용되었는데, 북한은 특히 핵 미사일 외교를 통해 북미관계를 개선했으며 벼랑끝 외교전술을 통해 대미 협상력을 높이는 방식으로 미국에 자신들의 요구를 관철시켜왔다. 군사적 위협의 결과로 대북 경제제재 부문 완화라는 경제적 실리를 얻을 수 있었고 이는 경제회생의 발판을 마련한 것이라고 할 수 있다.

선군정치의 부정적인 측면은 북한이 원래 의도한 목표를 제대로 이루지 못했다는 점이다. 특히 김정일의 궁국적인 대외적 목표는 미국이 대화에 응하도록 유도하여 북미 수교를 성사시키고, 궁극적으로는 미국으로부터 자신의 체제에 대한 보장을 받는 것이었다. 북한 내에서는 선군정치를 통해 생존권과 자주권을 지키며 전쟁을 억제하고 평화를 달성하고 있다고 선전하였다. 또한 북한의 핵 보유가 전체 한반도의 안전을 담보해주는 민족공동의 핵 우산이라고 주장하기도 했다. 그러나 그로 인해 오히려 대외적인 긴장이 심화되었고 군은 더욱 위상을 강화해야 했다. 군비 증강은 한반도 주변 국가들의 위기 의식을 증대시켜 동북아 군비경쟁을 초래하고 있으며 한반도에서의 대결과 충돌을 격화시켜 오히려 북한이 원했던 미국과의 평화협정을 체결하는 데에도 큰 장애가 되고 있다.

선군정치에 대한 더욱 부정적인 점은 북한 내의 상황에서 찾을 수 있다. 북한은 강성대국 건설에 있어 가장 중요한 경제 부문에 있어서 선군정치 때문에 딜레마에 빠져있다. 중공업 우선정책의 무리한 추진은 사회주의 계획경제의 모순과 더불어 북한경제를 피폐시킨 가장 큰 원인으로 평가된다. 근본적으로 국가의 거의 모든 역량을

[66] 문일호(2004). p.43

군사부문에 집중시키고 군을 통해 국가를 운영하는 전략은 자원의 배분구조를 왜곡시켜 효율성이 떨어졌다는 평가가 두드러진다. 건전한 경제발전을 이루기 위해서는 생산-소비-투자라는 경제의 원활한 순환이 이루어져야 되는데 북한처럼 군사부문을 우선시하면 생산품 소비가 새로운 투자로 이어지는 선순환 고리가 파괴된다[67]. 이로 인한 북한의 저조한 경제성장률은 <표 5>에서 잘 드러나고 있다. 정권안정을 꾀하려는 노력이 자원의 효율적인 배분을 막아 체제안정의 핵심요소인 북한경제의 정상화를 불가능하게 만든 것이다. 그리하여 선군정치는 북한 인민들의 삶을 개선시킬 수 없었고 오히려 인민들사이에 군에 대한 불만을 고조시켰다.

<표 5> 북한의 경제성장률(1997-2008)[68]

연도	**1997**	**1998**	**1999**	**2000**	**2001**	**2002**
경제성장률(%)	-6.3	-1.1	6.2	1.3	3.7	1.2
연도	**2003**	**2004**	**2005**	**2006**	**2007**	**2008**
경제성장률(%)	1.8	2.2	3.8	-1.1	-2.3	3.7

4. 결론

북한의 선군정치는 단기적으로 위기상황 속에서 체제를 유지시킨 통치방식이다. 김일성 사망 후 김정일 주석은 군부를 우선시하면서 군부의 신뢰감과 충성을 얻을 수 있었다. 북한이 과거 노동당의 지도력 때문에 위기상황에 직면했다는 전제 하에서 김정일은 제일 믿음직한 군부를 모든 분야에 투입함으로써 그의 영향력을 확대시켰다. 강성대국이란 목표에 군을 주체로 삼았지만 그와 같은 장기적인 목표를 달성하기 위한 주체로 군부는 적합하지 않았고 경제부문과 사회를 통제하는 과정에서 한계를 보이게 되었다. 바꿔 말하면, 당보다 군을 앞세워 '전투적'으로 사업을 벌이는 것으로 단기적 성과를 끌어낼 수는 있었지만, 장기적으로는 인민들의 삶을 피폐시키고 부작용만 심화되었다.

이러한 맥락에서 대부분의 북한학자들과 전문가들은 김정은이 권력을 세습하게 됨으로써 군 중심에서 벗어나 노동당이 북한 정치를 주도하게 될 것이라는 전망을 내리고 있다. 이는 역사적으로 봤을 때, 군부가 경제·사회부문을 잘 이끌어내지 못할 경우 다음 체제에서는 당 중심으로 회귀하던 현상을 잘 설명해준다. 예를 들어, 과거에는 군부의 오극렬이 주도적으로 북한의 외자유치를 담당해 왔다. 그러나 이제는 그러한 외화벌이 사업에 있어 장성택 혹은

---

[67] 황지환(2010), p.117

[68] 황지환(2010), p.117

김영철이 담당하게 되었다. 김정일이 집권할 때와 마찬가지로 김정은 정권도 그 정당성을 위해서 선군정치를 활용할 가능성은 있지만, 이미 선군정치가 90 년 대 누렸던 영향력을 가지고 있지 않기 때문에 더 이상 군을 앞세우지는 않을 것으로 전망된다.

4.1. 성과 및 한계

이 논문이 가진 한계는 무엇보다도 아직까지 선군정치에 대한 객관적인 혹은 완전한 독창적인 평가를 내리기 어렵다는 것이다. 또한 일련의 연구를 복합적으로 감안한 결과로 저자는 선군정치에 대한 평가를 내린 것이다. 그러나 본 논문은 선군정치의 부적합함을 밝혔다는 점에서 의미를 둘 수 있다. 미국 혹은 한국 정부의 지도자들은 선군정치의 결함을 철저하게 감안할 수록 장차 보다 적절한 대응법을 창출 할 수 있다. 정부는 선군정치의 깊은 의미와 북한내의 현황을 정확히 파악해야만 북한의 지도부들의 요구들과 주장을 이해할 수 있고 이들이 왜 개혁, 통제 등과 같은 국내적 행위를 감행하는지를 알 수 있다. 궁극적으로 본 논문은 이러한 결점들을 제시하며 보다 나은 대북정책이 구성되기를 희망한다. 또한 논문의 증거와 자료들을 통해 기존에 제시되었던 유사한 전망들을 보충할 수 있다고 본다. 그럼에도 불구하고 북한의 불투명성, 예측 불가능성 등과 같은 한계들은 무시할 수 없다. 따라서 북한의 선군정치와 개혁에 대한 심도 있는 연구가 지속되어야 한다.

참고문헌

강성길, "선군시대 조국을 가다". 평양: 평양출판사, 2002.

권숙도, "김정일 정권의 체제전환 과정: 지속과 한계" 「대학정치학회보」 18 집 2 호, 2010.

남민지, "김정일 시대 북한의 사상적·경제적 통제의 변화" 「고려대학교 대학원 박사학위논문」, 2011.

문일호, "북한선군정치의 특성에 관한 연구" 서울대학교, 2004.

윤황, "김정일의 선군영도체계 구축에 따른 선군정치의 기능 분석: 로동신문 의 담론을 중심으로". 「한국동북아논총」 제 57 호, 2010.

이기동, "북한의 '신사고', '선군정치' 그리고 정책변화" 통일정책연구소, 2001.

이대근, "조선인민군의 정치적 역할과 한계-김정일 시대의 당·군 관계를 중심으로" 「고려대학교 대학원 박사학위논문」, 2000.

전덕성, "선군정치에 대한 리해".평양: 평양출판사, 2004.

전현준, "최근 북한의 권력동향과 정치 변화". 「서울:통일연구원」, 2009.

정성임, "북한의 선군정치와 군의 역할"「국방연구」제 47 권 제 1 호. 국방대학교 안보문제연구소, 2004.

정성임, "북한의 민군관계: 군 역할을 중심으로" 「북한연구학회보 13 권 1 호」 북한연구학회, 2009.

정성임, "1998-2007 년 로동신문분석을 통해 본 북한의 '선군정치' 논리". 「통일문제연구」 2009 년 하반기 제 52 호, 2009.

황지환, "선군정치와 북한 군사부문의 변환전략". 「국제관계연구」 제 15 권 제 2 호, 2010.

통일연구원, 통일환경 및 남북한 관계전망「서울: 통일연구원, 2001,2002,2003」

Jaewoo Choo, "Mirroring North Korea's Growing Economic Dependence on China." 「Asian Survey」 Vol.XLVIII, No.2, 2008.

Lim Soo-Ho, "Reform in North Korea's Military – First Economic Policy". January 2010 「SERI Quarterly」, 2010.

박인호, "北공동사설, '경공업' 강조하며 '국가통제력 복원' 시사" 「데일리 NK」 <http://www.dailynk.com/korean/read.php?cataId=nk00100&num=79913>, 2010.

오중석, 문성휘, "[북한은 오늘] 사회전반에 군부 통제력 강화" 「자유아시아방송」 <http://www.rfa.org/korean/weekly_program/nk_now/fe-ms-03282011111250.html>, 2011.

한국은행(www.bok.or.kr)

「데일리 NK」, <http://www.dailynk.com/english/data_view.php?bbs_code=ebbs1&bbs_number=56&page=1&keycode=&keyword=>, 2011.

「조선일보」, "북한, 대대적 사상통제/숙청 작업중" <http://news.chosun.com/site/data/html_dir/2009/07/16/2009071600949.html>, 2011.

고급 한국어 교육에 대한 학습자 요구 분석: 한국어 플래그십 프로그램을 중심으로

김칠성 (KEITH SEIDEL)

MA, Korean for Professionals, University of Hawaii at Manoa, 2011

A NEEDS ANALYSIS OF ADVANCED LEARNERS OF KOREAN – CENTERED ON THE KOREAN LANGUAGE FLAGSHIP PROGRAM

Korean as a foreign language has been taught in the United States for no more than 100 years. This comparatively short history is one of the reasons why research regarding advanced levels of Korean has still not been carried out thoroughly. Another reason is because up until recently, there has been a larger focus on novice and intermediate levels of Korean language study. However, increased interest in Korean as a foreign language due to Korea's economic growth, spread of Koreans abroad, etc, has made apparent the need for more research on advanced Korean language teaching. This study's goal is to assess whether the needs of advanced learners of Korean are being met by conducting a needs analysis survey to students in the University of Hawai'i Korean Language Flagship Program. As a result of this study, we find that these learners of Korean make up a new category of Korean learners (advanced Korean education for employment). The goals of these students and the program are similar and appear to be satisfied overall. However, we also found that the students would prefer to be offered more classes, particularly writing, grammar/expression, and speaking classes.

1. 서론

한국어 교육의 역사에서 외국어로서의 고급 한국어 교육이 그다지 오래된 것은 아니다. 한국어 교육의 초기에는 초급이나 중급 수준의 한국어 학습자들을 위한 교육 과정이 만들어졌고 이러한 과정에 역점을 두었는데 최근에는 한국어 고급 학습자들이 급격히 증가하면서 고급 학습자들에 대한 연구의 필요성이 더욱 부각되고 있다. 한국어 교육과 관련된 연구들을 살펴볼 때 고급 한국어 교육에 대한 연구는 아직까지도 부족한 편이다. 지금까지 진행되어 왔던 연구 대부분은 '이미 설정된 수업에서 고급 한국어 학습자들을 어떻게

KLFC MA Scholarly Papers 3.

가르쳐야 하는가'라는 문제만 다뤘을 뿐이다. 또한 고급 한국어를 습득하려고 하는 학습자들의 요구가 무엇인지에 대한 연구가 지금까지 활발하게 진행되지 못하고 있는 실정이다. 예를 들어, 장미경 외 (2008)에서는 수업의 내용을 준비하는 단계에서 학습자들이 다뤘으면 하는 주제나 내용을 조사해서 수업에 반영하는 것이 강조되었지만 학습자들의 요구를 교육과정과 교수요목 설계 단계에서 수용하여 어떠한 수업을 제공할 것인지에 대해서는 크게 중요시되지 않고 있다는 것을 알 수 있다.[1] 다시 말해서 고급 한국어 교육에 대한 기존 연구는 교육 이념이나 과정에 집중했지만 학습자들의 요구는 크게 반영하지 못한 셈이다. 따라서 고급 한국어 학습자들의 요구가 무엇인지에 대한 연구가 필요하다.

본고는 고급 한국어 학습자의 요구를 연구하는 발판을 마련하는 것을 목표로 한다. 고급 한국어 학습자들의 특수성은 무엇이며 그들의 요구는 왜 교육에 반영되어야 하는지를 규명할 것이고, 또한 학습자들의 요구는 무엇이며 현재 그 요구들이 실제 수업에 반영되고 있는지를 분석, 평가하고자 한다. 또한 한 걸음 더 나아가 앞으로 고급 한국어 교육이 변해야 할 방향을 모색하고 제시할 것이다.

본고에서는 고급 한국어 학습자들의 요구 분석을 위해 미국 하와이 대학교에서 운영되고 있는 한국어 플래그십 프로그램을 [2] 소개하고 플래그십 프로그램으로 1 년 동안 고려대학교에서 학습하고 있는 9 명의 학부 학습자와 15 명의 석사 학습자에게 요구조사를 하여 분석하고 고급 한국어 학습자들에게 필요로 하고 중점을 두는 것이 무엇인지 제시하면서 현재 미국에서의 고급 한국어 교육을 설명하고 평가하고자 한다. 미 국방부가 지원하고 있는 한국어 플래그십 프로그램은 각 분야에서 업무를 수행할 수 있는 한국어 전문가들을 양성하는 것을 목표로 하고 있으며 고급 한국어 교육에 대한 새로운 패러다임을 제시하고 있다. 높은 목표와 미래 한국어 교육에 대한 비전을 갖고 있는 이 프로그램을 연구함으로써 고급 한국어 학습자들의 요구를 충족시키기 위해 한국어 교육이 어떻게 변화해야 할지에 대해서 좀 더 이해할 수 있을 것이다. 또한 이 연구는 학부 학습자 및 석사 학습자들을 같이 다루고 있다. 학부와 석사 학습자들의 학습 목적이나 동기가 약간 다를 수도 있다. 하지만 최종 목표가

---

[1] 장미경, 강인범, 박종우, 김서형, "영어권 고급 학습자를 위한 한국어 화행 교육 모형 개발 연구." 국제한국어교육학회, 2008.

[2] 한국어 플래그십 프로그램이란 미국 국방부 산하 기관인 National Security Education Program 이 지원하는 프로그램으로 한국어 전문가를 양성하는 프로그램이다. 현재 미국 하와이 대학교와 한국 고려대학교에서 운영되고 있다. 자세한 소개와 정부는 3 장에 포함되어 있다.

비슷하고 학부/석사 학습자들 모두에게 교육을 제공하는 프로그램인 만큼 두 집단의 요구를 함께 고려해야 할 것으로 판단된다. 결과 분석에서는 학부 학습자와 석사 학습자 사이에 차이가 나는 결과를 나눠서 분석하도록 하겠다.

2. 선행 연구

먼저 2 장에서는 미국에서의 한국어 교육이 어떠한 과정을 걸쳐서 시작되었는지를 살펴보고 고급 한국어와 고급 한국어 교육의 특징을 살펴보도록 하겠다. 미국에서의 한국어 교육에 대한 배경 및 이해는 한국어 플래그십 프로그램 학습자들의 요구를 분석하는 데 필요한 정보가 될 것이다.

2.1. 미국에서의 한국어 교육의 역사

최근에 여러 가지 요소로 해외에서 제 2 외국어로서의 한국어 교육에 대한 관심이 많아지고 있다. 특별히 80 년대에 한국의 고도 경제성장 및 88 서울 올림픽 이후 한국은 국제적으로 중요한 나라로 인정을 받고 있으며 영향력이 커지고 있다. 다른 요소로, 이른바 "한류의 붐"은 한국어 교육에 큰 박차를 가하고 있다. 많은 학습자들은 한류를 통해 한국을 처음으로 접하게 되며 한국어에 대한 관심을 갖게 된다.[3] 게다가 이민을 통해 한국인들이 세계 곳곳으로 분산되면서 한국어에 대한 인식이 높아지며 재외 한국인들의 자녀를 위한 교육의 필요성이 대두되면서 한국어 교육이 확대된 바도 있다.[4] 또한 한국국제교류재단이나 세종학당 등 한국 정부 산하 기관들은 한국학과 한국어에 대한 교육을 세계 곳곳에 운영하고 지원하면서 한국의 국제 이미지를 개선하려는 노력에 적극적으로 나서고 있다.

미국 내 한국어 교육은 1934 년 컬럼비아 대학교 (Columbia University)에서 한국어를 임시로 교육하다가 1962 년부터 한국어과를 개설하고 운영하면서 시작되었다. 하와이 대학교 (University of Hawai'i)에서도 일찍 1946 년부터 한국어가 한국어를 임시로 교육하다가 1962 년에 그 교육이 체계화되면서 한국어 학과가 개설되었다. 현재 하와이 대학교는 본문이 소개하고 연구하고 있는 한국어 플래그십 프로그램을 운영하면서 한국어 교육의 발전을 위해 노력하고 있다. 또한 1952 년부터 하버드 대학교 (Harvard University)가 한국어 학과를 개설하였고 1960 년대에는 캘리포니아 대학교 버클리 (University of California, Berkeley), 워싱턴 대학교 (University of

---

[3] Chan, Wei Meng, "A Study of the Learning Goals of University Students of Korean as a Foreign Language." Electronic Journal of Foreign Language Teaching, 2010.

[4] 신현숙, "한국어교육의 어제와 오늘." KBS 한국어연구회, 2004.

Washington), 인디애나 대학교 (Indiana University)에서 학과를 개설하였다. 지난 30 년 동안 미국에서의 한국어 교육이 크게 확대되어 현재 120 여개 대학에서 매 학기 5000 여명의 학습자가 한국어를 학습하고 있다.[5]

대학교에서 뿐만 아니라 한국어 교육은 여러 단체 및 기관에서 이루어지고 있다. 손호민 (2001)은[6] 3 가지를 제시하고 설명하였다. 첫번째는, 주로 종교 단체에서 운영되고 있는 한글학교이다. 초기에 한글학교는 주로 한국계 미국인들의 자녀를 위한 민족 언어와 문화 교육으로 사용되었고 현재까지 그러한 뿌리가 아직도 분명히 반영되고 있다. 각 지역의 한글학교의 질과 규모에 대한 차이가 크고 여전히 해결되어야 할 문제점이 많지만, 미국의 한국어 교육에 중요한 역할을 해왔다는 점에서 의미 있는 교육체제라고 할 수 있다.

두번째로는, 정규 초, 중, 고등학교의 한국어, 한국문화 교육이다. 최근에 한국의 지속적인 경제 성장과 한국어가 미국의 대학수능시험인 SAT II 에 과목으로 등장한 것은 재미교포들의 한국어 교육에 대한 관심을 몰고 오는 계기가 되었다. 이에 따라서 초, 중, 고등학교에서 외국어로서의 한국어 과목의 등장이 많아지고 있다.

마지막으로는 미국 정부기관의 한국어 교육이다. 그 중에 가장 언급할 만한 것은 미국 국방 외국어대학인 Defense Language Institute (DLI)이다.[7] DLI 한국어 교육 프로그램은 다른 대학이나 단체의 한국어 프로그램보다 훨씬 대규모이고 집중적으로 한국어를 교육하고 있다. DLI 의 학습자들은 주로 군인들인데 군인들이 제대한 후에 계속 한국과 한국어에 대한 관심을 갖고 일반 대학에서도 한국어를 공부하게 되는 경우가 많아 더욱 한국어 교육에 박차를 가하는 프로그램이기도 하다.

2.2. 고급 학습자 대상 외국어로서의 한국어 교육

고급 한국어가 어떤 방식으로 이루어져야 하는지에 대한 연구에는 김영만 (2003)을[8] 대표적인 예로 들 수 있다. 한말연구학회에서 발표된 이 논문은 고급 한국어가 어떻게 구성되어야 하며 어떻게 진행되어야 바람직한지에 대한 적절한 모델을 제시하고 있다. 김영만 (2003)은

---

[5] 신현숙, "한국어교육의 어제와 오늘." KBS 한국어연구회, 2004.

[6] 손호민, "미국에서의 한국어교육의 역사와 미래 조망." 「외국어로서의 한국어교육」, 연세대학교 언어연구 교육원, 서울, 2001.

[7] Defense Language Institute 는 미국 국방부 교육 및 연구 기관으로써 미 국방부 및 다른 연방 기관과 다양한 다른 기관에 언어 및 문화 교육을 제공하고 있다.

[8] 김영만, "고급 한국어 수업 구성에 관한 일고찰." 한말 연구학회 전국학술대회, 2003.

고급 한국어 교육이 과제 중심 교수요목으로 구성되어야 하며 수업은 세가지 단계로 진해되어야 한다고 언급했다. 그 세가지는 "과제 수행 이전 단계", "과제 수행 단계", 그리고 "과제 수행 이후 단계"이다. "과제 수행 이전 단계"는 수업의 내용을 더 쉽게 받아들이게끔 내용을 소개하고 학습자들을 준비시키는 단계이며, "과제 수행 이후 단계"는 과제 수행 시 문제를 고치는 단계이다. 김영만 (2003)의 모델에서는 학습자들의 개인적인 노력과 과제 이후에 교사와의 피드백이 중요하다고 보고 있다.

다음으로 학습자에 대한 평가 체계 및 등급화를 살펴보기 위해 2010 년에 발표된 「국제 통용 한국어 교육 표준 모형 개발」을 [9] 검토하겠다. 최근에 만들어진 이 교육과정은 수많은 한국어 교육 관계자의 참여를 통해 편찬된 교육과정이기 때문에 그 신뢰성과 타당성이 높은 편이라고 볼 수 있다. 최근에 많은 학자들은 한국어 교육과정에 대한 표준이 이루어지지 않고 있기 때문에 한국어 교육 기관마다 다른 교육과정을 설계하여 학생과 한국어 교육 전반에 혼란을 주고 있다는 것을 언급하고 있다.[10] 따라서 최근에 한국어 교육의 평가 체제 및 목적을 동일화하려는 시도가 많아지고 있다. 「국제 통용 한국어 교육 표준 모형 개발」이란「유럽 공통 참조 기준」을 [11] 기반으로 국립국어원이 주도하여 한국어 교육에 대한 평가 및 등급 기준을 마련하기 위해 발표된 출판물이다. 한국어 학습에 있어 학문 목적, 일반 목적, 취업 목적 등의 동기가 다양한 만큼 그 교육이 다양한 방법과 기준에 따라 평가되어 왔지만「국제 통용 한국어 교육 표준 모형 개발」을 통해 그 많은 평가 체제를 통일하려고 했다. 그 결과, 등급 기술의 영역은 주제, 언어기술, 언어지식, 문화 등 네 영역을 구분하여 초급 (1-2 급), 중급 (3-4 급), 고급 (5-6 급), 최상급 (7 급)으로 평가하는 체계가 설립되었다. 본 논문에서 언급하는 고급 한국어는 "국제 통용 한국어 교육 표준 모형 개발"의 고급, 최상급 (5-

---

[9] 김중섭, 「국제 통용 한국어교육 표준 모형 개발.」 국제한국어교육학회, 국립국어원, 서울, 2010.

[10] 이영숙. "국내외 한국어 교육의 현황과 과제." 외솔회, 2010.

[11] 유럽 평의회, 「언어 학습, 교수, 평가를 위한 유럽공통참조기준.」 한국독일어교육학회, 2007.
유럽의 언어 정책의 기본은 언어와 문화의 다양성을 유지하면서 회원국들 간의 소통과 협력을 강화는 것이라고 할 수 있다. 이러한 언어 정책은 언어 교육을 통해 실현되는데, "유럽공통참조기준"은 유동성이 커지고 복잡해지는 다중언어, 다문화 사회에서 외국어 교육의 방향을 제시하고 있다. 특히 유럽연합의 많은 언어를 위해 언어 학습, 교수 및 평가에 대한 기준을 통일하여 동일한 기준을 마련하고 있다.

7 급)과 유사한 등급이라고 보고 있고, 그 표준은 다음과 같이 요약될 수 있다:

- 5 급: 사회적 소재를 중심으로 의사소통을 할 수 있으며, 자신의 전문 분야에서의 연구나 업무 수행에 필요한 언어 기능을 어느 정도 수행할 수 있다. 사자성어, 속담, 시사용어, 자신의 전문 분야에서 자주 쓰이는 어휘를 이해하고 사용할 수 있으며 문법의 미묘한 차이를 이해하고 비교적 유창하게 사용할 수 있다. 억양과 어조를 상황에 따라 자연스럽게 바꾸어 사용할 수 있다. 한국 문화와 자국의 문화를 비교해 표현할 수 있다.
- 6 급: 사회적, 추상적 주제를 다루는 의사소통에 참여하여 자신의 의사를 표현할 수 있으며, 자신의 전문 분야나 친숙하지 않은 사회적 소재들로 이루어진 글이나 발표, 토론, 대담 등을 이해할 수 있다. 전문적인 글을 쓸 수 있고 대부분의 어휘와 문법, 대표적인 방언을 이해할 수 있다. 성취문화, 제도문화, 생활문화에 대한 이해를 바탕으로 사회/문화적인 내용을 이해하고 사용할 수 있다.
- 7 급: 정치, 경제, 사회, 문화의 폭넓은 주제에 대해 분명하고 상세하게 의사표현을 할 수 있으며, 의견 조율, 협상 등의 다소 복잡한 과제를 해결할 수 있다. 발표, 토론, 업무, 보고서, 사업 계획서 등 자신의 전문 분야와 관련된 학술 활동과 업무 활동을 수행할 수 있다. 거의 오류 없이 대부분의 문법을 사용할 수 있으며, 별 어려움 없이 어감 차이를 고려하여 맥락에 맞는 적절한 어휘를 선택하여 사용할 수 있다. 매우 제한적인 경우를 제외하고는 원어민에 가까운 발음과 억양을 구사할 수 있다. 한국의 경제, 문화, 과학 교육 등의 다양한 분야에서의 논의와 성취를 이해하고 평가할 수 있다.[12]

3. 하와이 대학교의 한국어 플래그십 프로그램

서론에서 말한 것처럼 고급 수준의 한국어를 가르치는 미국 내 프로그램으로 하와이 대학교의 한국어 플래그십 프로그램이 있다. 한국어 플래그십 프로그램을 소개하고 설립 배경과 목표가 무엇이고 교육과정은 어떻게 구성되었는지를 간단하게 제시하겠다.

3.1. 소개와 역사적 배경

The Language Flagship 이란 미국 국방부에서 지원하는 프로그램으로 미국이 군사적, 외교적으로 필요한 언어 전문가를 양성하기 위한 전략적 프로그램이라고 할 수 있다. 미 국방부 산하 National Security Education Program (NSEP)이 지원하고 있는 이 프로그램의 목적은 다음과 같다:

---

[12] 등급화의 자세한 기준을 위해 김중섭 (2010) pg 135-173 에 참고.

"The Language Flagship 은 미국 내 고급 외국어 교육을 위한 패러다임을 설계하고 지원하고 시행하는 데에 있어서 선도적인 역할을 하고 있다. 중앙 정부, 교육 기관 및 기업들 사이의 혁신적인 협력을 통해, The Language Flagship 은 미국의 경쟁력 및 안보에서 중대한 위치를 차지하는 많은 언어들 중에 한 가지를 최상급 수준으로 구사하면서 세계의 전문가로써 등장할 수 있는 학습자들을 양성하는 데 목적을 두고 있다."[13]

The Language Flagship 은 2002 년부터 고급 수준의 한국어, 아랍어, 러시아어, 그리고 중국어 등 4 개 국어를 교육하는 프로그램을 마련하였고 현재 아랍어, 중국어, 힌디어/우르두어, 한국어, 포르투갈어, 페르시아어, 러시아어, 스와힐리어, 터키어 등 9 개국 언어 교육 프로그램을 지원하고 있다. 초기에는 대학을 졸업한 학습자들을 대상으로 프로그램을 만들었지만 지금은 대학교 졸업자들 뿐만 아니라 초등학교부터 고등학교, 대학교 학부 프로그램도 지원하고 있다. 미국 정부는 이러한 프로그램을 통해 더 준비된 언어 전문가들을 양성할 수 있다고 보고 있다. 그 중에 한국어 플래그십은 하와이 대학교 마노아 캠퍼스에서 운영되고 있으며 overseas 프로그램의 일환으로 한국의 고려대학교에서 현지 교육이 이루어지고 있다. 한국어 플래그십 프로그램의 웹사이트에 의하면 이 프로그램은 미국에서 유일하게 전문가 수준의 한국어를교육하는 프로그램이며 그 목적은 미국인 학습자들이 각 분야에서 전문적인 한국어를 사용하여 활동할 수 있도록 학습자들을 준비시키는 것이다.[14] 한국어 전문가를 양성하기 위해서 현재 대학원 프로그램 (석사 과정), 대학 프로그램 (학부 과정), 자격증 프로그램, 그리고 대학 진학 준비 우수 학생을 위한 프로그램이 제공되고 있는데 이 중에서 대학원 프로그램 및 대학 프로그램이 가장 중요하고 규모가 큰 것들이다.

3.2. 교육 과정

앞에 언급한 바와 같이 석사 과정 및 학부 과정은 목적이 비슷하지만 유형은 조금씩 다르다.

---

[13] The Language Flagship 웹사이트, http://www.thelanguageflagship.org/about-us/overview. "The Language Flagship leads the nation in designing, supporting, and implementing a new paradigm for advanced language education. Through an innovative partnership among the federal government, education, and business, The Language Flagship seeks to graduate students who will take their place among the next generation of global professionals, commanding a superior level of proficiency in one of many languages critical to U.S. competitiveness and security."

[14] The Korean Language Flagship Center 웹사이트: "The KLFC's goal is to prepare American students to be capable of functioning in Korean as professionals in their chosen academic or professional fields."

먼저 석사 과정을 살펴보면, 1 년 동안 하와이 대학에서 한국어를 학습한 후 1 년 동안 한국의 고려대학교에서 1 년간 더 한국어를 심화시키는 총 2 년 과정이며, 이 과정을 성공적으로 마무리하면 "Korean for Professionals"라는 석사 학위를 받게 된다. 하와이에서 교육하는 1 년은 한국 역사, 정치, 문화, 사회 등 한국과 관련된 주제를 다루면서 한국어 능력을 향상시키기 위한 여러 가지 과제 중심 수업으로 이루어지고 있다. 매주 주제를 정해서 독해력을 향상시키는 "읽기 수업," 듣기와 읽기 능력을 향상시키는 "미디어 수업," 말하기 능력을 위한 "발표 수업"이 진행된다. 또한 "문화 수업" 및 "어휘 수업"이나 "특강" 같은 부가 수업이 주요 수업을 보완한다.

학부 과정은 4 년이며 대부분의 학습자들은 복수 전공을 선택하여 "Korean for Professionals"라는 전공 뿐만 아니라 자기의 관심사에 따라 다른 전공도 선택하여 졸업후 2 개의 학사 학위를 취득하게 된다. 한국어 전공을 위해서 교양 한국어 수업과 플래그십의 전공 한국어 수업, 그리고 한국 문화 및 역사와 관련된 수업을 성공적으로 마쳐야 한다. 석사, 학부 학습자들을 담당하는 교사가 따로 있고 학습자들에게 개인적인 도움을 주는 튜터링 프로그램도 제공되고 있다.

한국에서 학습하는 1 년 간 석사와 학부 학습자들은 학부생 끼리, 석사생 끼리 읽기, 듣기, 말하기 능력을 향상시키기 위한 수업을 하면서 한국인 학생들과 함께 고려대학교에서 개설된 전공 수업을 듣고 한국의 여러 국가기관 및 기업에서 인턴사원 근무를 한다. 또한 석사 학습자들은 한국어로 작성된 논문을 제출해야 과정을 마치게 된다.

한국어 플래그십 프로그램의 웹사이트에 의하면 이 두 과정의 최종 목표는 "professional-level proficiency"이며 구체적으로 International Language Roundtable (ILR) 스케일의 3 이상이거나 American Council on the Teaching of Foreign Languages (ACTFL) 지침에 따라 superior 이상이다.

외국인들에게 전문적인 수준의 한국어를 가르치고 뛰어난 레벨의 한국어 능력을 목표로 하고 있는 한국어 플래그십 프로그램은 미국 대학교에서 운영되고 있는 대표적인 고급 한국어 교육 프로그램으로 인정을 받고 있다. 또한 9 년 동안 시행착오를 거치며 많은 성과를 낸 이 프로그램은 타 학교나 기관들이 고급 한국어 프로그램을 설계할 때 한국어 플래그십 프로그램의 한국어 교육 과정을 참고하여 설계할 가능성도 있기 때문에 파급력이 강하다고 할 수 있다. 그렇기 때문에 미국 내 고급 한국어 교육을 연구하는 데에 있어서 한국어 플래그십 프로그램은 좋은 모델이 될 수 있을 것이다.

3.3. 기존 고급 한국어 교육과의 차이점

2 장에서 설명한 「국제 통용 한국어 교육 표준 모형 개발」에서 살펴볼 수 있듯이 한국어 능력을 평가에는 학습자의 특정 분야가 중요한 요소이다. 학습자들의 한국어 숙달도를 평가할 때는 학습자가 그의 특정 분야에서 한국어를 얼마나 유창하고 유용하게 사용할 수 있느냐가 가장 큰 비중을 차지하는 경우가 많기 때문이다. 현재 한국어 교육은 여러 가지 이유로 진행되고 있다. 그 중에는, 한국 대학에 입학해서 공부하거나 학문적 활동에 도움 될 수 있는 학문 목적 한국어 교육, 특별한 목적 없이 단순히 취미 활동으로서의 일반 목적 한국어 교육, 결혼이민자들을 위한 한국어 교육, 한국에서 취직하거나 근무에 한국어를 필요로 하는 자들을 위한 직업 목적 한국어 교육 등이 있다. 한국어 플래그십 프로그램의 학습자들은 일반 대학교와 대학원 수업을 듣고 있지만 프로그램의 최종 목표는 학습자들이 각 분야에서 일을 할 수 있게 하는 것이기 때문에 본문은 한국어 플래그십 프로그램의 교육과정이 직업 목적 한국어 교육이라고 하겠다.

앞에 언급한 것처럼, 최근에 한국 내에서 한국어를 학습하고 있는 유학생의 수가 급증하고 있다. 이로 인해 고급 수준의 학문 목적 한국어 교육에 대한 연구가 기하급수적으로 증가한 반면 직업 목적 한국어 교육의 고급 수준에 대한 연구가 상대적으로 잘 이루어지지 못하고 있다. 2003 년도의 '외국인근로자의 고용 등에 관한 법률'에 의거하여 '외국인 고용허가제'가 [15] 만들어지면서 더욱 많은 외국인 노동자들이 한국에서 체류하고 있으며 이를 포함해 한국에서 취업하려는 외국인은 약 57 만명에 해당한다. 한국에서 일하러 온 외국인들의 수가 증가하는 상황에서 고급 수준의 직업 목적 한국어 교육에 대한 연구가 이루어지지 못한 이유는 학습자 대부분이 일하러 오는 노동자들이기 때문이다. 외국인 노동자들은 한국어를 어느 정도까지만 능숙하게 구사하면 되지만 굳이 고급 수준까지 학습하지 않아도 충분히 한국에서 노동자로서 근무할 수 있고, 또한 이들이 일을 하는 데 바빠서 시간이 없고 그들에게 체계화된 양질의 교육기관이 존재하지 않기 때문에 대부분의 외국인 노동자들은 일상적인 대화와 근무 시에 필요한 한국어 숙달 정도에만 관심을 갖는다.[16]

---

[15] 외국인 고용허가제는 기업이 외국인 고용자를 합법적으로 고용할 수 있도록 한 한국의 제도이다. 2004 년 8 월 17 일부터 시행되었다. 이 제도는 외국인과 내국인 근로자 보두를 동등하게 노동관계법을 적용하며 산재 보험, 최저임금, 노동 3 권 등을 보장한다.

[16] 김명광, "국내외 한국어 교육의 현황과 지속 방안." 대구대학교 인문과학연구소, 2010.

반면 한국어 플래그십 프로그램의 학습자들 대부분은 외국인 노동자들과는 달리 육체노동을 하는 소위 블루칼라 노동자가 아니라 외교나 국방, 학계 등의 분야에서 일하게 될 소위 화이트칼라 노동자들이다. 한국어 플래그십의 목적에서 살펴볼 수 있듯이 학습자들은 특정 분야에서 한국어로 전문적인 일을 수행할 수 있는 수준의 한국어 능력이 필요하다. 즉 이 학습자들은 직업 목적 한국어 교육과정을 학습하고 있긴 하지만 기존 직업 목적 한국어 교육과 다른 새로운 개념이라고 할 수 있다. 따라서 이들을 위한 체계적인 교육 방식과 전략을 필요로 할 것이고 고급 수준 직업 목적 한국어 교육에 대한 연구가 이루어져야 할 것이다. 또한 한국어 플래그십의 교육과정은 직업 목적 한국어 교육과정의 새로운 개념을 반영하고 있기 때문에 그 과정이 진행되면서 본 요구분석과 같은 연구를 통해 교육과정을 평가해서 수정해 나갈 필요가 있을 것이다. 본 연구는 규모도 작고 교육 개념에 깊게 들어가지 못한다는 단점을 갖고 있지만 이러한 새로운 패러다임의 한국어 교육의 출발대가 될 수 있을 것이다.

4. 연구 방법

본 연구에서는 이 새로운 개념의 한국어 교육을 갖고 학습자들에게 요구 분석 설문조사를 실시함으로써 그들의 요구가 교육과정에서 반영되는지 파악할 것이다. 제 4 장에서는 연구 방법을 설명하겠다.

4.1. 요구 분석의 정의

제 2 장에서 살펴본 바와 같이 「국제 통용 한국어 교육 표준 모형 개발」은 외국어로서의 한국어 교육에 대한 교육과정을 제시하고 있다. 교육 기관들은 그 교육과정을 어떻게 가르칠 것인가에 대해서 고민해야하는 문제를 안고 있다. 즉, 각 등급 별 교육과정에서 제시되는 목표와 숙달도를 학습자들에게 달성시킬 수 있는 교수요목을 마련해야 한다. 교수요목 설계 방법과 전략은 다양하지만 서론에서 언급한 바와 같이 그중에 가장 중요한 방법은 학습자들의 요구 분석이다.

전통적인 외국어 교육에 있어서 외국어 교육 기관은 교육과정과 교수요목을 일방적으로 설계하고 학습자들의 요구는 그 과정에 반영되지 않는다. 그러나 60 년대 이후로 교육 과정을 설계하는 데 학습자들의 학습 동기와 목표 등을 검토하는 요구 분석이 중요한 요소로 대두되기 시작하였다.[17] 요구 분석이란 학습자들이나

[17] Richards, 「Curriculum Development in Language Teaching.」 Cambridge University Press, Cambridge, 2001.

교사들이나 교육 기관 운영자들 등 교육과 관계를 갖는 사람들의 요구를 조사하여 그들에 대한 정보를 수집하고 그 결과를 교육과정과 교수요목의 설계 및 평가에 적용하는 방법이다. 본고에서는 특별히 한국어 플래그십 프로그램 학습자들에 대한 요구 분석에 집중할 것이다. 그 이유는 이미 한국어 플래그십 프로그램의 교육과정과 The Language Flagship 의 설립 목적을 통해 교육 기관들의 요구를 파악할 수 있기 때문이다. 또한 미리 언급했듯이 미국의 고급 수준의 한국어 학습자들이 원하는 수업과 교육 방식이 충분히 반영되지 못했기 때문에 이러한 연구가 더욱 필요하다고 할 수 있다.

학습자들의 요구 분석에서는 학습자들의 나이, 숙달도, 교육 기간 등 다양한 정보를 얻을 수 있으나 "교수요목을 설계하는 자에게 가장 중심되는 문제는 '학습자가 외국어를 학습하는 목적과 동기가 무엇이냐'이다."[18] 어떠한 정보를 수집하는가에 따라 그 요구 분석의 유용성이 달라진다. 단순히 학습자들을 등급화해서 수업에 배정하기 위한 요구 분석일 경우 학습자들의 숙달도를 측정하는 설문조사 방식만 사용하면 된다. 그러나 학습자들에게 설문조사를 실시할 때 학습 목표와 요구에 대해 더 자세한 정보를 수집하는 것이 훨씬 효과적이고 유용하다. 예를 들어 교사나 교육 기관 및 학습자들의 의견 차이가 있을 경우, 교사가 요구 분석을 통해 그 차이점을 미리 파악해서 합의점을 찾도록 노력할 수 있을 것이다.[19]

지금까지 교수요목을 설계하는 데 학습자의 요구 분석이 왜 필요한지에 대해서 서술하였다. 그러나 요구분석은 설계 단계에서 뿐만 아니라 여러 가지 목적으로 이용될 수 있다. 기말 시험과 같은 외국어 능력을 평가하는 시험 출제자들, 새로운 교육과정에서 가르치게 될 교사들, 새로운 외국어 교육 교재 저자들 등 많은 사람들에게 요구 분석은 아주 유익한 정보가 될 수 있다.[20] 특별히 본 연구는 교육과정 및 교수요목 설계자들이 기존의 교수요목과 교육 방식을 평가하는 데 이용할 수 있는 정보를 제공할 것이다.

4.2. 연구 대상

고급 한국어 학습자들에게 무엇이 필요한지 그리고 한국어 플래그십 프로그램은 그들의 요구에 맞게 한국어를 가르치고 있는지 파악하기 위해서 설문 조사를 작성하여 현재 고려대학교에서 학습

---

[18] Nunan, 「Syllabus Design.」 Oxford University Press, Oxford, 1988. Pg. 14.

[19] Nunan, 「Syllabus Design.」 Pg. 17-18.

[20] Richards, 「Curriculum Development in Language Teaching. 」 Pg. 55-56.

중인 24 명의 학생에게 설문조사를 실시하였다.[21] 먼저 표본을 소개한다면, 총 24 명의 한국어 플래그십 학습자들 중에 15 명이 석사 학습자들이고 9 명이 학부 학습자들이다. 모든 학습자들은 미국 시민권자인데 24 명 중에 16 명은 Heritage 학습자들이고 8 명은 Nonheritage 학습자들이다. 이것은 교포들이 주류가 되는 북미의 한국어 교육 상황을 잘 반영하고 있다. 하지만 한국어 교육 과정을 설계할 때 이상적으로 학습자가 교포인지 아니면 전에 한국어와 전혀 관련되지 않은 사람인지 구별해서 설계해야 하는데 대부분의 경우에는 교포 학습자와 교포가 아닌 학습자들을 같이 가르쳐야 하기 때문에 실제적으로 대부분의 교육 기관들은 그렇게 하지 못하고 있다. 학습자들은 남성 11 명과 여성 13 명으로 나뉘어 있다.

5. 연구의 결과 및 분석

5 장에서는 설문조사의 결과를 분석하고자 한다. 요구 분석 설문조사는 크게 4 가지 부분으로 나누어 설계되었다. 먼저 1~5 번 질문은 연구 대상의 기초 정보를 파악하기 위한 질문이었다. 두번째로 6~7 번 질문은 학습자들의 학습 목표 및 목적을 묻는 질문이었다. 세번째로 8~9 번 질문은 고급 한국어 학습자들이 필요로 하고 중요하다고 생각하는 수업 및 교육에 대해서 집중적으로 물었다. 마지막으로 10~15 번 질문은 한국어 플래그십 프로그램의 학습자들이 프로그램의 장점과 약점이 무엇이라고 생각하는지 파악하기 위한 질문이었다.

먼저 고급 한국어 학습자들로서 학습자들이 자기 자신에게 무엇을 기대하고 있고 교육 기관에 무엇을 기대하고 있는지 파악하기 위한 부분을 분석하겠다. 이러한 질문은 학습자들의 목적/목표가 프로그램의 목적/목표와 동일한지 파악하기 위한 질문들이다. 따라서 먼저 학습자들의 개인적인 최종 목표가 무엇인지 물었다. "일반적 한국어 능력," "격식적 한국어 능력," "전문적 한국어 능력," 그리고 "원어민 수준의 한국어 능력"이 있었는데 58%는 "전문적 한국어 능력"을 선택하였다. 이 것은 앞에 설명한 플래그십의 목표와 동일하다. 더 낮은 수준인 "격식적 한국어 능력"을 선택한 학습자는 8%에 불과하였고 최종 목표를 "원어민 수준의 한국어 능력"으로 선택한 사람은 29%에 달했다. 이 결과에 의하면 한국어 플래그십 프로그램 학습자들은 프로그램의 목표와 비슷하게 높은 목표를 갖고 학습하고 있다는 것을 볼 수 있다. 또한, 한국어 학습자들이 한국어 원어민 수준을 도달할 수 있느냐는 질문에 다양하게 응답했다. 11 명은

[21] 설문조사는 부록 A 에 포함되어 있다.

"가능하다"를 대답한 반면 10 명이 "대부분의 경우에 불가능하다"라고 대답하였다. 그리고 학습자들이 어떠한 취지로 한국어를 공부하고 있느냐는 질문의 결과는 <표 1>에 나타난다.

14 명이 선택한 "나중에 취직하기 위해서"가 1 위를 차지하였고 "나의 배경을 더 잘 이해하기 위해서" (5 명), "한국어가 나의 취미이기 때문에" (3 명) 그리고 "학문적 학습에 도움을 얻기 위해서" (2 명) 그 뒤를 이으며 학습자들이 다양하게 응답하였다. 절반 이상의 학습자들은 한국어를 학습하는 동기가 취직하기 위함이라고 지적한 것은 이 교육과정이 직업 목적의 한국어라는 사실을 뒷받침하는 증거이다.

<표 1> 한국어를 학습하는 이유는 무엇입니까?

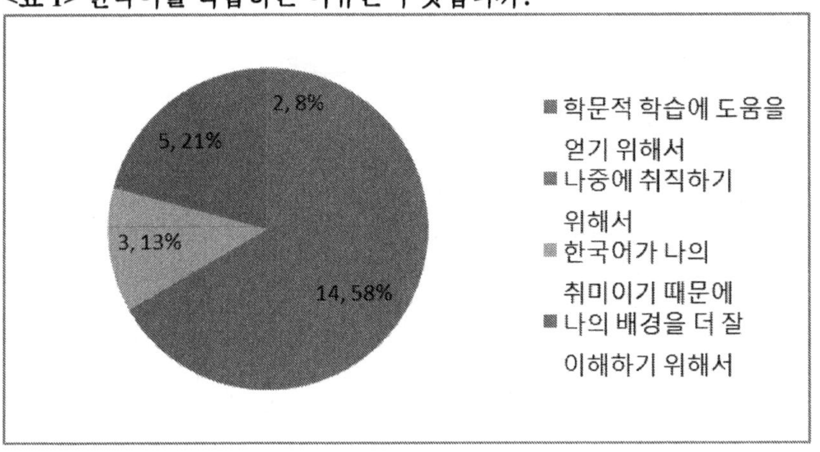

다음으로 설문 조사는 고급 한국어 학습자들이 필요로 하는 수업 및 교육에 대해서 조사했다. 여기서 고급 한국어 학습자들이 최종 목표를 달성하기 위해서 어떠한 수업을 듣고 싶은지 그리고 학습자들이 학습하고 싶은 것과 교육 기관이 실제로 가르치고 있는 것들이 동일한지를 파악하기 위한 질문을 포함한다. 먼저 문법, 말하기, 읽기, 쓰기, 듣기, 문화 등 6 개의 수업이 고급 한국어 학습자들에게 얼마나 중요한지에 대해 물은 다음 학습자들과 한국어 플래그십 프로그램이 그것들을 얼마나 중요하게 여기는 것 같은지에 대해 물었다. 그에 대한 응답을 6 가지 부문의 중요도 순으로 나열하였다. 그 결과는 <표 2>와 <표 3>에 나타난다.

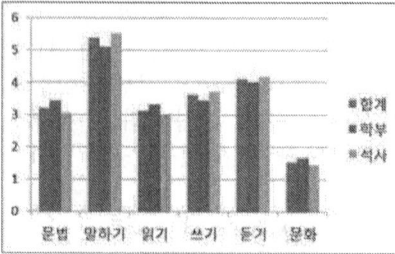

<표 2> 수업의 중요성 (개인)

<표 3> 수업의 중요성 (프로그램)

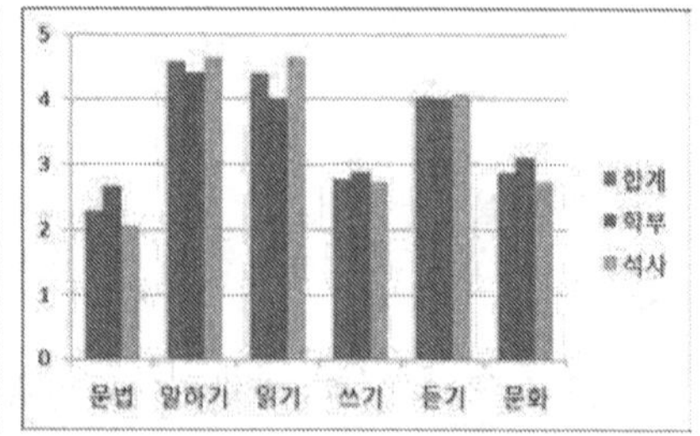

이 도표에서는 높은 점수일수록 중요도가 높다는 것을 의미한다. 물론 학습자들이 생각하는 프로그램의 중요도 순은 프로그램이 실제로 중요성을 두는 순서와 차이가 있을 수 있다. 그러나 이 질문을 물은 의도는 정말 프로그램의 중요도 순을 파악하기 위함이 아니라 학습자들이 선호하는 교육을 받고 있는지를 파악하기 위함이었다. 학습자들의 개인적인 중요도 순과 학습자들이 생각하는 프로그램의 중요도 순 사이에 차이가 나는 경우, 학습자들이 특정 수업을 듣고자 하지만 프로그램이 그러한 수업을 제공하지 않거나 다른 수업에 더 큰 비중을 둔다는 뜻이다. 플래그십 학습자들의 개인적인 중요도 순은 1. 말하기, 2. 듣기, 3. 쓰기, 4. 문법, 5. 읽기, 6. 문화 이었다. 그리고 학습자들이 생각하는 프로그램의 중요도 순은 1. 말하기, 2. 읽기, 3. 듣기, 4. 문화, 5. 쓰기, 6. 문법 이었다. 이 결과를 볼 때 학습자들에게 중요한 것과 프로그램이 중요하게 여기는 것 같은 것들 중에 동일한 것들이 있다. 예를 들어, 둘 다 말하기가 1 위로 꼽히고 있고 듣기도 높은 자리를 잡고 있었다. 그러나 어떤 것들은 불일치하였다. 특히, 학습자들은 쓰기를 학습하는 것이 3 번째로 중요하다고 생각하는 반면에 프로그램이 5 번째로 중요하게 생각하는 것 같다고 꼽고 있다. 또한 학습자에게는 문법이 4 번째로, 문화가 마지막으로 중요하게 여겨지는데 프로그램에는 반대로 문화가 4 번째로, 문법이 마지막으로 중요하게 여겨지고 있는 것으로 생각하고 있다. 왜 그렇게 평가하였느냐고 물었을 때 대부분의 응답자들은 다양하게 응답하였다. 개인적인 중요도 순에 대해서는 "졸업 후에 실제로 하게 될 일과 관련된 능력이 제일 중요해서 그렇게 정했다"와 비슷한 의견이 많았고 "문화나 읽기 같은 경우에는 혼자서 노력하면 어느 정도 발전할 수 있지만 말하기나 쓰기는 선생님이 피드백을 주지 않은 이상 나의 약점을 고칠 수 있는 방법이 없다"라고도 지적했다. 프로그램의 중요도 순에 대해서는 "프로그램에서 제공되고 있는 수업에 따라 그렇게 정했다"든지 "프로그램의 중요도 순은 시험에서 반영되고 있다"고 하였다. 또한 석사와 학부 학습자들을 나눠서 분석할 때 개인적인 중요도 순이나 학습자들이 생각하는 프로그램의 중요도 순에 큰 차이가 보이지 않는다는 것은 석사와 학부 학습자들은 비슷한 요구와 의식을 갖고 있다는 것을 의미한다.

다음으로 개인적인 발전을 막고 있는 것이 무엇이냐고 물었다. 이 질문을 통해서 학습자들이 구체적으로 어떤 부분에서 도움을 필요로 하는지를 파악할 수 있다. 이 질문에도 다양한 응답이 있었지만 그 중에 언급할 만한 것은 다음과 같다. 6 명이 "고급 어휘와 문법을 이해하고 바르게 사용하는 것"이 가장 큰 걸림돌이라고 꼽았다. "원어민 친구를 사귀지 못하거나 교실 안에 배운 것을 실생활에서 실천하지 못하는 것", "개인적인 노력이 부족하다는 것", 및 "시간이 부족하다는 것"이 가장 큰 제한이라고 대답한 학습자들은 각 3 명씩이었다. 그리고 2 명은 "학습 내용은 너무 쉽다"라고 지적했다.

설문조사의 마지막 부분에서는 학습자들이 학습하고 있는 프로그램에서 부재하고 있는 것이 무엇이라고 생각하는지 파악하려고 몇 가지 질문을 물었다. 먼저 한국어를 습득하는 데에 있어서 가장 도움이 되고 있는 수업이 무엇이냐고 물었는데, 역시 이에 대해서도 다양한 응답이 있었다. 가장 많이 언급한 것은 앞에 설명한 미디어 수업이었다. 15 명이 플래그십이 직접 교육하고 있는 이 수업이 가장 큰 도움이 되고 있다고 응답했다. 절반 이상의 응답자들은 이 수업을 언급한 것은 한국어 플래그십 프로그램이 설계한 이 수업에 대한 높은 평가이다. 그 다음으로 4 명이 고대생과 함께 듣는 전공 수업을 언급하였다. 1 명은 인턴사원 근무는 한국어 습득을 가장 많이 돕고 있다고 대답했고 1 명은 부가 수업을 언급했다. 그런데 플래그십이 제공하고 있는 수업들에 대해서 부정적인 생각을 갖고 있는 학습자들도 많다. 놀랍게도 이 질문에 3 명이 "내가 듣고 있는 수업들 중에 아무 수업도 도움이 되지 않는다"라고 대답하기까지 하였다. 그래도 현재 진행되고 있는 미디어 수업에 대해서는 다소 긍정적인 태도가 보인다.

학습자들에게 플래그십의 수업의 수와 질에 대해 얼마 정도 만족하냐고 물었을 때 그 결과는 <표 4>에서 드러나고 있다:

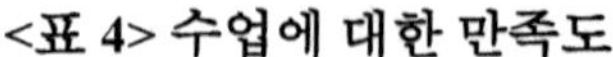
<표 4> 수업에 대한 만족도

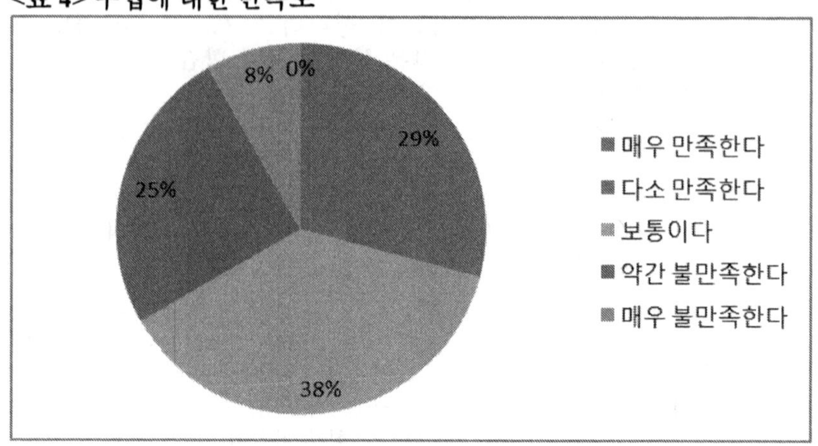

<표 4>에서 볼 수 있는 것처럼 29%의 학습자들만 만족한다고 대답했고 한 명도 “매우 만족한다”를 대답하지 않았다. 38%가 “보통이다” 응답했고 이것은 가장 많이 선택한 응답이었다. 하지만 33%가 불만족스럽다는 표시를 했는데 25%는 “약간 불만족한다”, 8%는 “매우 불만족한다”라고 응답하였다. 여기서 언급해야 할 것은 만족한다고 생각하는 학습자들보다 수업에 대해서 불만족한다고 생각하는 학습자들이 많다는 것이다.

그래서 현재 제공되고 있지 않지만 들었으면 한국어 능력에 도움이 될 수 있는 수업은 무엇이냐고 물었다. 이에 7 명이 대답한 “문법 수업”이 1 위를 차지하였고 “통역/번역 수업” (3 명)과 “말하기 수업” (2 명)과 “쓰기 수업” (2 명)이 그 뒤를 이었다. 또한 “한자 수업,” “전공에서 필요한 한국어,” “내용이 더 어려운 수업” 등도 지적되었다. 학습자들이 듣고 싶은 수업에서 왜 현재 제공되고 있는 수업에 만족하지 못하는지 예측할 수 있을 것이다. 고급 수준일수록 학습자들은 정확도에 대해서 더 예민해질 것이고 자기들이 하는 하는 실수에 대해서 더 쉽게 인식될 수 있을 것이다. 따라서 그 실수를 막고 정확성을 높이기 위해서 학습자들이 문법 수업을 선호하는 것으로 분석할 수 있다. 또한 2 위를 차지한 “통역/번역 수업”에 대한 요구는 나중에 이러한 일을 하게 될 학습자들의 직업 목적 성향을 반영하는 것이라고 할 수 있다.

마지막으로 고급 한국어 학습자들에게 가장 중요하지만 현재 교육과정에서 부재하는 것이 무엇이냐고 물었고 학습자들이 2 개까지 고르게 하였다. 그 결과는 <표 5>에서 볼 수 있다:

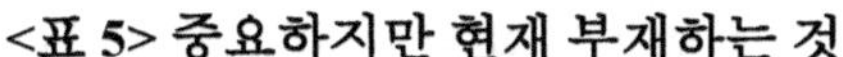

<표 5> 중요하지만 현재 부재하는 것

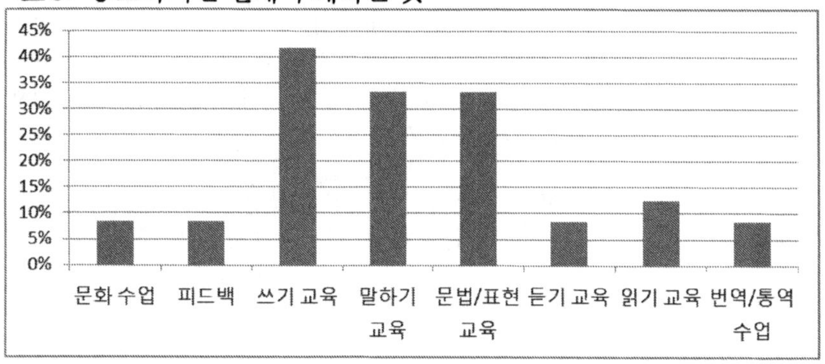

여기에서 학습자들이 원하는 것이 분명하다. 학습자들이 지적한 가장 중요한 3 가지는 "쓰기 교육" 및 "말하기 교육"과 "문법/표현 교육"이다. 42%의 학습자들은 "쓰기 교육"의 부재를 지적한 것은 의미 있는 결과이다. 앞에서 학습자들은 "쓰기 교육"이 고급 한국어 학습자들에게 매우 중요한 부분이라고 생각했다는 것을 언급했다. 하지만 거의 절반에 까가운 학습자들은 쓰기 교육을 받지 못하고 있다고 지적한 것이다. 이 결과를 석사와 학부 학습자들을 따로 분석하면 흥미로운 사실을 알 수 있다. "쓰기 교육"을 고른 10 명의 응답자들 중에 7 명이 석사 학습자들이었는데 석사 과정에서는 졸업 논문을 써야 하기 때문에 쓰기 교육의 필요성을 더 강하게 느꼈을 것이라는 예측을 할 수 있게 한다. 또한 33%의 학습자들은 "말하기 교육"과 "문법/표현 교육"을 필요로 한다고 대답했다.

6. 결론

하와이 대학교와 고려대학교가 운영하고 있는 한국어 플래그십 프로그램은 고급 한국어를 숙달하고자 하는 학습자들의 요구를 어느 정도 해소해 줄 수 있다고 본다. 따라서 한국어 플래그십 프로그램의 교육 이념, 목표, 교육과정을 높이 평가할 수 있을 것이다. 가장 중요하고 좋은 점은 학습자들의 목적과 목표는 프로그램의 목표와 동일하다는 것이라고 할 수 있다. 학습자와 프로그램의 목표가 모두 일을 성공적으로 수행할 수 있는 고급 한국어를 습득하는 것으로 동일하기 때문에 큰 갈등 없이 고쳐야 할 부분만 고치면서 쉽게 개선시킬 수 있을 것으로 보인다. 그러나 고급 한국어 교육 과정

자체에도 신중히 고려해서 개선해야 할 점도 분명히 있다. 이번 실시한 설문 조사에서 그 점들이 무엇인지 어느 정도 밝혀졌고 앞으로 더 많은 연구를 통해 좀 더 구체적으로 조사되어야 할 것이다. 하지만 이 연구를 통해 볼 수 있는 고려해야 할 점은 크게 두 가지라고 할 수 있다.

첫째, 가장 분명하게 나타난 것은 학습자들의 현재 제공되고 있는 수업에 대한 불만족이다. 한국어 플래그십 프로그램의 교육 과정을 살펴 봤을 때 석사의 졸업 논문이나 각 수업의 보고서 같은 과제를 통해 학습자들이 쓰기 교육을 하긴 하지만, 공식적인 쓰기 교육이 거의 진행되고 있지 않는다. 따라서 쓰기에 대한 지식이 적은 학습자들은 혼자서 쓰기를 학습하거나 시행착오를 거치면서 쓰기 능력을 발전시킬 뿐 정작 프로그램에서는 집중적인 수업이나 교육이 부재한다는 것을 학습자들이 인식하고 있다. 이것을 입증할 수 있는 것은 TOPIK[22]이나 다른 한국어 능력을 측정하는 시험에서도 쓰기가 큰 비중을 차지하고 있다는 것이다. 아마도 TOPIK 와 비슷한 시험은 쓰기에 중점을 두고 있기 때문에 학습자들도 쓰기를 중요하게 여기는 것이다. 따라서 고급 쓰기를 성공적으로 수행할 수 있게 하는 수업이 필요할 것이다. 물론 읽기나 다른 과제를 통해 쓰기를 자연스럽게 습득하리라는 이념 하에서 이러한 교육 과정이 설계되었을 것이지만 꼭 그렇게 해야 되는지, 아니면 학습자들이 요구하는 쓰기 교육을 넣어 줄 수 있는지 다시 한번 고려해 봐야 할 점이다. 또한 더 많은 연구를 통해 어떤 식의 쓰기 교육을 선호하고 고급 한국어 학습자들이 필요한 쓰기 교육이 무엇인지를 파악해야 할 것이다. 게다가 학습자들은 말하기나 문법/표현 교육이 더 필요하다는 요구가 분명하다. 미디어 수업을 통해 학습자들은 말하기 교육을 받고 있긴 하지만 그 교육이 충분하지 않거나 큰 도움이 되지 못하는 것으로 해석할 수 있다. 여기서 프로그램의 말하기 수업에 대한 더 구체적인 연구를 통해 학습자들이 왜 불만족스러워 하는지 파악할 필요가 있다. 또한 문법/표현 교육은 쓰기 교육과 비슷하게 한국어 플래그십 프로그램에 구체적인 교육이 이루어지지 않고 있지만 TOPIK 에 한국어 능력을 측정할 때 중요한 요소이다. 따라서 한국어 플래그십 프로그램은 학습자들에게 고급 한국어 문법을 더 본격적으로 교육하는 방법을 모색해야 할 것이다.

두번째는, 수업에서 학습한 내용을 수업 외에서 실천할 수 있는 방법을 모색해야 한다. 사실 고급 언어란 일상생활에서 사용되고 있는 언어와 약간 다른 것이기 때문에 이 문제는 해결하기 어려울 것이다.

[22] 한국어능력시험 (TOPIK; Test of Proficiency in Korean)은 국가기관인 국립국제교육원에서 관리하는 한국어 능력 시험으로 국가가 직접 운영하는 시험이다. 시험 대상은 외국인이나 재외동포 등 한국어를 모국어로 하지 않는 사람들이다.

한편으로는 플래그십 프로그램의 인턴사원 근무는 학습자들이 공식적이고 전문적인 상황에서 한국어를 사용하게 하기 때문에 이 문제를 일부 해소할 수 있을 것이다. 인턴십에 가서 사용하는 언어가 고급 언어일 가능성이 친구를 만나서 사용하는 언어보다 높기 때문이다. 그러나 설문조사의 결과에서 드러난 것처럼 학습자들은 아직도 상황에 맞는 어휘/문법의 사용 및 수업 외 한국어 사용에 대해서 고민하고 도움을 요청하고 있다. 따라서 학습자들에게 수업 외에 고급 한국어를 연습하고 더 강한 의욕을 줄 수 있는 방법을 모색해야 할 것이다.

무엇보다도 한국어 플래그십 프로그램은 교육과정이나 교수요목을 설계할 때 학습자들의 학습 동기 및 목적을 고려해야 한다. 본 연구에서 학습자들은 졸업 이후 실제로 사용할 언어 기능을 발전시키고 있는 직업 목적을 갖고 있는 것이 밝혀졌다. 따라서 프로그램은 프로그램과 학습자들의 최종 목표를 달성하기 위해 학습자들이 그러한 기능을 성공적으로 수행하여 일을 할 수 있게 해줘야 한다. 현재까지 한국어 플래그십 프로그램은 그 목표를 달성하기 위해 양질의 교육을 제공해 왔다고 평가할 수 있다. 앞으로도 계속해서 학습자들과 함께 시행착오를 거치며 화이트칼라를 위한 직업 목적 한국어 교육의 새로운 패러다임을 개선하고 구축해 나가는 것은 한국어 플래그십 프로그램의 과제이다.

참고문헌

김명광, "국내외 한국어 교육의 현황과 지속 방안." 대구대학교 인문과학연구소, 2010.

김영만, "고급 한국어 수업 구성에 관한 일고찰." 한말 연구학회 전국학술대회, 2003.

김중섭, 「국제 통용 한국어교육 표준 모형 개발.」 국제한국어교육학회, 국립국어원, 서울, 2010.

손호민, "미국에서의 한국어교육의 역사와 미래 조망." 「외국어로서의 한국어교육」, 연세대학교 언어연구 교육원, 서울, 2001.

손호민. "플래그십 언어교육 패러다임과 한국어교육." 서울대학교 국어교육연구소, 2009.

신현숙, "한국어교육의 어제와 오늘." KBS 한국어연구회, 2004.

유럽 평의회, 「언어 학습, 교수, 평가를 위한 유럽공통참조기준.」 한국독일어교육학회, 2007.

이영숙. "국내외 한국어 교육의 현황과 과제." 외솔회, 2010.

장미경, 강인범, 박종우, 김서형, "영어권 고급 학습자를 위한 한국어 화행 교육 모형 개발 연구." 국제한국어교육학회, 2008.

Chan, Wei Meng, "A Study of the Learning Goals of University Students of Korean as a Foreign Language." Electronic Journal of Foreign Language Teaching 2010, Vol 7, Suppl. 1, pp 125-140.

Nunan, 「Syllabus Design.」 Oxford University Press, Oxford, 1988.

Richards, Jack C. 「Curriculum Development in Language Teaching.」 Cambridge University Press, Cambridge, 2001.

The Korean Language Flagship Center 웹사이트:

The Language Flagship 웹사이트, http://www.thelanguageflagship.org/about-us/overview.

www.ingramcontent.com/pod-product-compliance
Lightning Source LLC
Chambersburg PA
CBHW071204090426
42736CB00014B/2710
* 9 7 8 1 6 4 0 0 7 1 9 0 2 *